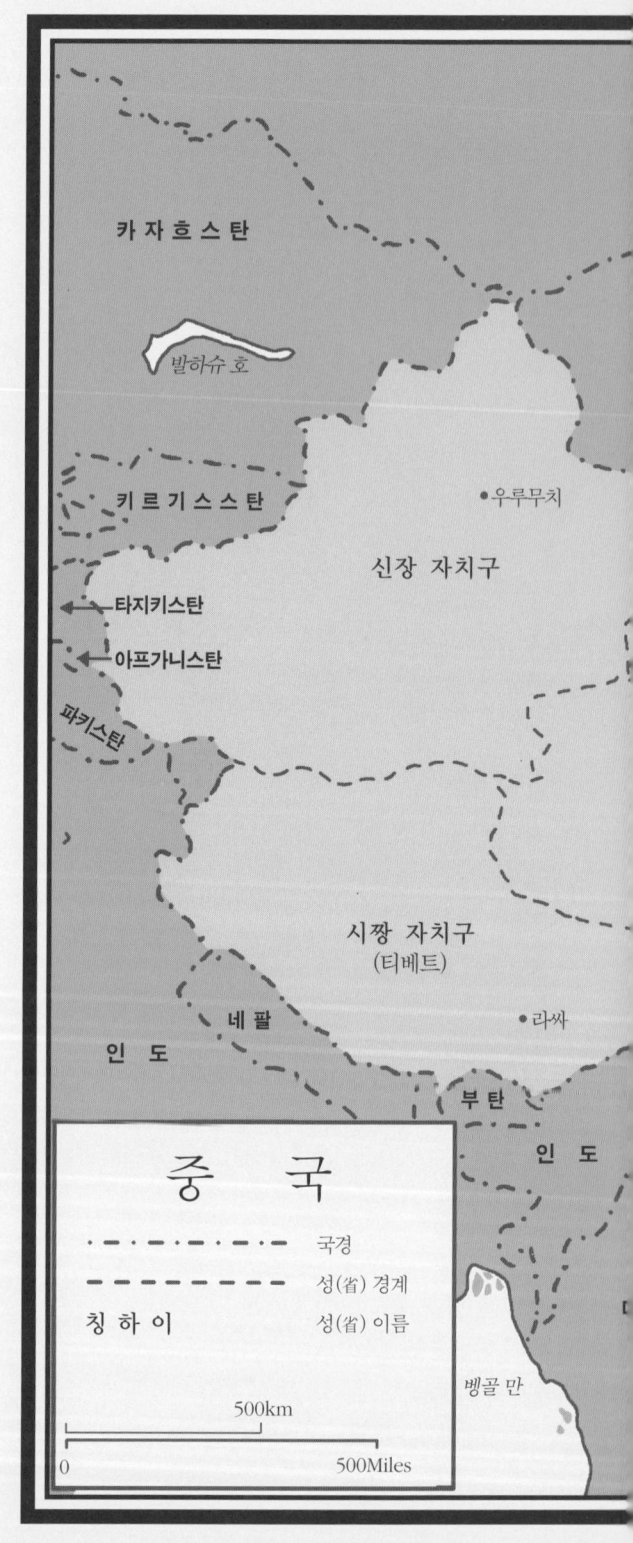

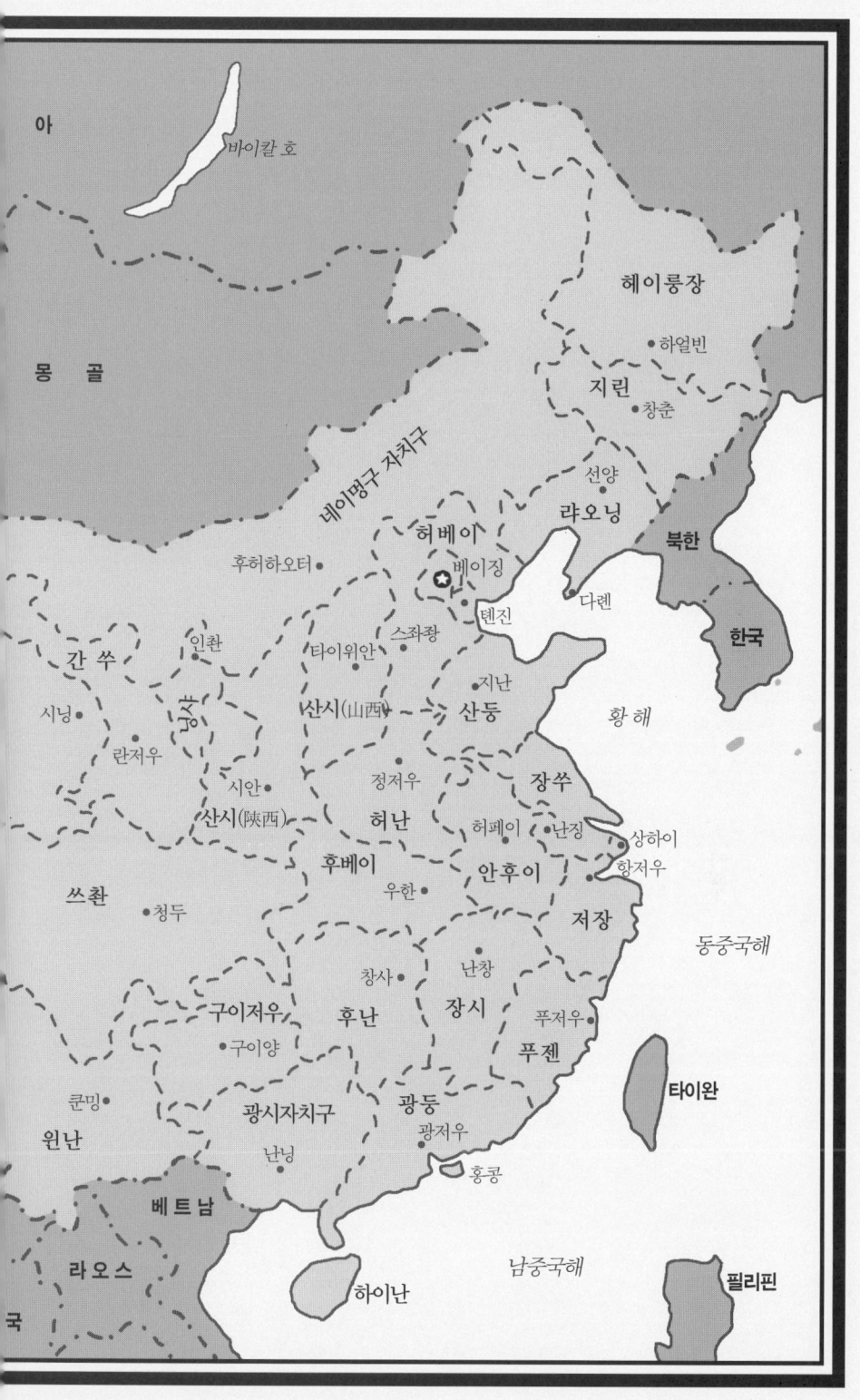

마오의 중국과 그 이후 2

Mao's China and After
A History of the People's Republic

Maurice Meisner

Yeesan Publishing Co.

마오의 중국과 그 이후 2

모리스 마이스너 지음 / 김수영 옮김

이산

마오의 중국과 그 이후 2

2004년 12월 23일 초판 1쇄 발행
2014년 3월 25일 초판 5쇄 발행
지은이 모리스 마이스너
옮긴이 김수영
펴낸이 강인황
도서출판 이산
서울특별시 마포구 양화로6길 57-18
Tel: 334-2847/Fax: 334-2849
E-mail: yeesan@yeesan.co.kr
등록 1996년 8월 8일 제 2-2233호

편집 문현숙·박연진·이선주
인쇄 한영문화사/제본 한영제책

ISBN 978-89-87608-41-9 04910
ISBN 978-89-87608-39-5 (전2권)
KDC 912(중국사)

가격은 뒤표지에 있습니다.

MAO'S CHINA AND AFTER 3rd ed. by Maurice J. Meisner
Copyright ⓒ 1977, 1986 by Free Press, a Division of Simon & Schuster Inc.
Copyright ⓒ 1999 by Maurice Meisner
All rights reserved.
Korean translation copyright ⓒ 2004 by Yeesan Publishing Co.
This Korean edition was published by arrangement with the original publisher,
Simon & Schuster Inc., NY through KCC, Seoul.

이 책의 한국어판 저작권은 KCC를 통한 Simon & Schuster Inc.와의 독점계약에 의해 도서출판「이산」에 있습니다.
저작권법에 의해 한국 내에서 보호를 받는 저작물이므로 무단전재와 무단복제를 금합니다.

www.yeesan.co.kr

하비 골드버그를 기리며

마오의 중국과 그 이후 2 · 차례

5부 문화대혁명과 그 여파, 1966~1976년

17장 문화혁명의 개념 427
문화혁명의 개념과 프롤레타리아 문화대혁명의 목적 432
사회적 불평등 439/사회주의적 비전의 쇠퇴 441/계급과 계급투쟁 443

18장 프롤레타리아 문화대혁명, 1966~1969년 453
홍위병 457/상하이 공사의 부침 469/탈권, 군대, 그리고 극좌현상(1967년 3월
~8월) 482/문화대혁명의 테르미도르 492

19장 문화대혁명의 사회적 결과 505
농민 그리고 도시와 농촌의 관계 510/노동계급과 공업에서의 노동분업 520
지식인, 학생, 그리고 문화 524/정치권력과 사회계급: 사회에 대한 국가의 지배 529

20장 문화대혁명의 여파와 마오주의 시대의 종언, 1969~1976년 535
린뱌오의 몰락 535/비림비공운동 557/'사인방'의 등장과 몰락 565

6부 덩샤오핑과 중국 자본주의의 기원, 1976~1998년

21장 마오주의 시대의 유산 581

22장 덩샤오핑의 등장과 마오주의 비판 599
덩샤오핑의 승리 603/1978~1981년의 민주화운동 611
마오쩌둥 문제와 '마오 사상'의 재해석 615/마오쩌둥에 대한 결의 623

23장 시장개혁과 자본주의의 발전 627
대외개방정책 636/농업의 탈집단화 642
도시의 공업과 노동의 상품화 655/관료자본주의 662

24장 민주주의를 위한 투쟁 669
신권위주의 683/「하상」 685/1989년의 민주화운동 691

25장 덩샤오핑 통치의 종말: 1990년대의 중국 709
남부 시찰 711/제15차 당대회 721/홍콩 반환 725/타이완 728
자본주의, 사회주의, 민주주의 734/사회주의와 민주주의 739

지은이 주 753
참고문헌 783
옮긴이의 말 811
찾아보기 817

마오의 중국과 그 이후 1 · 차례

한국어판 서문   9
제3판 서문   15

1부 혁명의 유산
1장 서양 제국주의와 중국의 미약한 사회계급   23
2장 지식인의 변절   33
3장 무산된 두 혁명: 부르주아 혁명과 프롤레타리아 혁명   47
4장 마오주의 혁명과 옌안의 유산   63

2부 새로운 질서, 1949~1955년
5장 새로운 국가   95
6장 도시: 국가자본주의의 성쇠   121
7장 토지개혁: 농촌지역의 부르주아 혁명   141
8장 공업화의 사회정치적 결과   157
9장 농업집단화, 1953~1957년   191

3부 유토피아적 이상주의, 1956~1960년
10장 백화운동: 사회주의, 관료제 그리고 자유   223
11장 연속혁명: 대약진운동의 사상적 기원   271
12장 대약진운동의 경제학   287
13장 인민공사와 '공산주의로의 이행,' 1958~1960년   299

4부 테르미도르의 반동, 1960~1965년
14장 관료제의 회복   337
15장 신경제정책, 1961~1965년   357
16장 사회주의 교육운동, 1962~1965년   373

지은이 주   393

일러두기

1. 이 책은 Maurice J. Meisner, MAO'S CHINA AND AFTER 3rd ed.(Free Press, 1999)을 완역한 것이다.
2. 중국어를 포함해서 모든 외래어는 외래어 표기법에 따라 표기했다.
3. 원주는 모두 후주로 처리했다.
4. 독자의 이해를 돕기 위해 옮긴이의 설명이 필요한 경우, 해당부분에 ＊†를 붙이고 같은 페이지 하단에 각주로 처리했다.
5. 원문의 강조부분(이탤릭체)은 방점을 찍어 표시했다.

5부
문화대혁명과 그 여파, 1966~1976년

『마오 주석 어록』을 치켜들고 환호하는 홍위병들.

17장
문화혁명의 개념

마오쩌둥의 마지막 혁명은 그의 오랜 경력 가운데 가장 큰 비극으로, 그리고 중국인민에게 비참한 결과를 안겨준 채 막을 내렸다. 1966년 72세의 마오쩌둥은 자신이 '프롤레타리아 문화대혁명'이라고 명명한 재앙적인 동란을 초래한 마지막 혁명극을 무대에 올렸다. 이것은 (자신의 눈에) 빈사상태에 빠진 혁명을 다시 살려보려는 마오쩌둥의 처절한 마지막 시도였다. 그러나 이 시도는 실패했다. 그것도 단순한 실패가 아니라 엄청난 실패였다. 인민공화국의 사회생활과 정치생활을 10여 년에 걸쳐 왜곡하고 지배했으며, 그 과정에서 마오의 역사적 이미지에 먹칠을 했기 때문이다. 문화대혁명에 착수하면서, 마오는 자신이 수호할 수 없는(또는 수호하지 않을) 원칙과 사상을 선포했고, 또한 자신이 통제할 수 없는 사회적·정치적 힘, 그리고 가공할 인간적·사회적 희생을 불러일으킬 힘을 방출시켰던 것이다. 이 연극은 완전히 끝나기도 전에, 그것이 원래 겨냥했던 수많은 사람들을 희생시켰을 뿐 아니라 사실상 이 싸움의 가장자리에 비켜서 있기를 원했던, 애당초 표적이 아니었던 수많은 사람들을 희생시켰으며, 더 나아가 공연을 추진하고 지원했던 사람들까지 희생시켰다. 말하자면 사실상 모든 사람을 육체적·정신적으로 완전히 탈진시켜버렸다. 마오주의 정권의 마지막 10년 동안 문화대혁명은 중국을 고통 속으로 몰아넣었고 거의 파산지경에 이르게 했다.

베이징에 있는 마오쩌둥의 후계자 대부분은 이런 마오의 마지막 혁명이 야기한 정치적 희생자 중 하나였다. 그들은 문화대혁명이 10년에 걸친(공식적으로 1966년 5월~1976년 10월) '재난'이며, 공식통계에 따르면 "인민공화국 성립 이래 당·국가·인민이 겪은 재난 중 가장 큰 손실과 가장 심각한 좌절을 낳았다"고 비난했다. 당시의 끔직한 범죄에 대해서는 마오쩌둥의 사악한 동료들, 특히 린뱌오와 '사인방'(四人帮)에 비난의 화살이 쏟아졌지만 사실상 이 운동 전반에 걸쳐서 주된 책임은 마오쩌둥에게 있었다. 다시 말해 "마오쩌둥의 사상체계와 불일치하는" 잘못된 '극좌'사상에 기초하여 이 운동을 "시작하고 이끈" 마오 자신에게 있었다. 그러나 마오 개인의 사상적·정치적 잘못은 궁극적으로 수백 년 동안 내려오는 더 뿌리 깊은 역사적 힘, 특히 중국의 오랜 봉건적 전통 때문이라고 간주되었다. 2천년 동안 내려온 소농 생산의 전통 속에 깊이 뿌리박혀 있는 유해한 '프티부르주아 사상'이 '극좌주의'라는 오늘날의 정치적 현상을 만들어냈으며, 이는 제일 먼저 대약진운동의 유토피아주의에서 그 모습을 드러냈고, 그 다음 문화대혁명과 그 '봉건 파시스트적' 산물을 통해 가장 비극적으로 정치의 장에 등장했다는 것이다. 그래서 사람들은 "수세기에 걸친 봉건독재의 사상적·정치적 악영향을 제거하는 어려운 과제가 여전히 남아 있다"고 인정했다.[1]

마오쩌둥의 사망 이후, 특히 1978년 이후 '문혁10년' 동안 일어났던 사건과 이로 인한 인간적 고통이 어떠했는지에 대해서는 많은 것이 이야기되고 알려졌다. 최근 공식 또는 비공식 중국문헌을 통해 밝혀진 내용은, 특히 문화대혁명에 대해 (어느 정도) 동정을 표시했던 사람들에게 문화대혁명의 결과에 대해서 재평가를 해야 할 필요성을 느끼게 하는 것이 사실이다. 그러나 최근 베이징에서 퍼져 나간 이런 사건들에 대한 견해를 무비판적으로 반복할 생각은 없다. 마오 이후의 시대에 문화대혁명에 대해 자유롭게 말하고 쓸 수 있는 사람은 대부분 그 당시 정치적으로나 육체적으로 고통을 당했던 희생자들이었다. 따라서 문혁10년을 완전한 재난으로 묘사하는 데 따르는 이들의 정치적·감정적 이해관계가 마오주의자들이 한때 문화대혁명을 혁명의 승리 가운데 가장 영광스러운 것으로 묘사할 때의 정치적 이해관계보다 결코 덜 밀접하지는 않다. 이에 대해 해리 하딩은 다음과 같이 경고하고 있다.

> 중국 당국이 공식적으로 문화대혁명을 부정하는 것은 사실상 또 다른 면을 보게 한다. 지금 우리는 의심을 가져야 한다. 오늘 문화대혁명을 비난하며 새로운 복음을 전파하는 중국인들은 문화대혁명에서 살아남은 당시의 주요 희생자들이며, 홍위병이 그토록 자주 때리고 고깔모자를 씌워 비난했던 '소귀신과 뱀귀신'(牛鬼蛇神)들이다. 수정된 공식 해석을 그대로 영어로 번역한다면 우리는 1960년대 후반 문화대혁명에 대한 당국의 이론적 설명을 곧이 곧대로 받아들일 때 범했던 실수를 되풀이하게 될 것이다.[2)]

현재 진행되고 있는 문화대혁명에 대한 보편적 비난이 과거에 무비판적으로 그것을 찬미했던 것보다 더 나은 역사적 이해를 도출할 것이라고는 말할 수 없다.

문화대혁명의 성격과 결과를 둘러싼 논쟁은 앞으로도 계속될 것이며, 혁명을 총체적으로 다룬 역사의 서술—어느 정도의 정확성과 이해를 갖춘 서술—이 나오기까지는 아마도 수십 년이 더 걸릴 것이다. 그러나 그때까지 이 '10년 동란'을 간과해서는 절대로 안되며, 이 시기의 사건을 '잃어버린 10년'으로 쉽게 지워버려서도 안된다. 문화대혁명은 마오주의와 마오주의 시대의 역사적 절정이었을 뿐 아니라 이 시기의 경험은 마오 이후의 시대에도 많은 중국인의 정치의식을 계속 지배하고 있기 때문이다. 문화혁명이 항상 불러일으키는 정치적 열정과 그것이 제기하는 도덕적·역사적 딜레마로 인해 문화혁명에 대해 간단한 초보적인 설명조차 쓰기가 아주 어려운 것이 사실이다. 중국의 기나긴 역사를 통해 이렇게 복잡하고 모순투성이이며 역사적 선례를 찾을 수 없는 시기는 없었다. 어떤 시대를 살펴봐도 그 역사적 유비는 발견되지 않는다. 어떤 사회도 그렇게 자신의 모순과 상처를 모두 드러내 보인 예는 거의 없으며, 그토록 이상하고 왜곡되고 기괴한 방식으로 전개된 사건 역시 극히 드물다. 근대역사에서 그토록 많은 아이러니와 역설로 가득 차고, 수단과 목적이 전혀 일치하지 않았으며, 결과가 의도와 그토록 달랐던 에피소드는 거의 찾아볼 수 없다.

대중민주주의 원칙을 선포하는 지도자들의 큰목소리와 함께 문화대혁명은 시작되었지만 그 선포에 귀를 기울였던 인민대중은 오히려 처음부터 대중의 집단의지의 화신으로서 자신을 드러내고자 했던 '위대한 조타수'인 마오쩌둥의 사상과 그 개인에게 자신을 종속시켰다. 이 운동은 관료적 특권과 억압에 반대하는 전쟁으로 (대중의 엄청난 지지를 받으며) 선포되었다. 그러나 이 운동은 곧바로 국가 관료기구 가운데 가장 억압적이고 가장 위계적인 중국군대의 손아귀에 들어갔다. 마오주의 지도자들은 초기에 중국공산당을 공격하도록 대중을 자극하면서 한층 민주적인 정치구조를 약속했다. 그러나 문화대혁명이 원래부터 당을 '공고히 하는' 목적을 가졌다고 선포한 사람들도 바로 이 지도자들이었다. 이후 운동은 곧바로 당 기구를 장악하기 위한 공산당 지도자들 사이의 잔인한 투쟁으로 전락해버렸다. 처음에 문화대혁명의 지도자들은 '4구'(四舊), 특히 중국의 봉건적 전통으로부터 이어져온 미신의 영향을 공격했지만, 나중에는 결국 마오쩌둥에 대한 미신적 숭배와 이런 숭배를 위한 원시적 의례들로 대체되었을 뿐이다. 이 운동이 처음에 선포했던 중요한 목적의 하나는 중국청년들을 5·4세대 혁명지도자들의 '혁명 후계자'로 양성하는 것이었다. 그러나 결과는 전체 중국청년들 사이에 오히려 정치적 환멸과 냉소를 초래했고, 이들 중 상당수는 (재난의 결과) 자신들을 뭉뚱그려 '잃어버린 세대'로 지칭했다. 또한 문화혁명은 1927년 장제스의 군대가 그토록 잔인하게 프롤레타리아트를 붕괴시킨 이래 처음으로 중국의 도시 노동계급을 정치무대에 등장시켰다. 그러나 초기의 운동과정에서 형성되었던 진정한 노동자조직은 운동이 공식적으로 막을 내리기 훨씬 전에 이미 해체되고 탄압받았다. 이후 중국의 노동계급은 또다시 정치적 수동상태에 빠져들었다. 문화대혁명의 이데올로기는 착취적인 도시에 대항하여 농민의 편에서 말하는 것이었지만 대부분의 농민은 이 동란에서 얻은 것이 거의 없었고 어떤 농민은 오히려 많은 것을 잃었다. 초기에 문화대혁명 지도자들은 인텔리겐치아에게 관료독재에 대항하는 십자군에 참가할 것을 호소했고 많은 지식인도 여기에 호응했지만, 사회집단으로서 지식인은 결국 이 운동이 보여준 혹독한 반(反)지성주의의 주요 희생자가 되었다. 중국에서 사회주의 정신을 부활시킨다는, 그래서 '부르주아 복귀'의 위험을 막고 '사회주의로의 이행'을 보장한다는 목표 아래 일어났던 이 동란은 오히려 마르크스주의에 대한 '신앙의 위기'를 낳았고 인민공화국에 남아 있던 그토록 빈약한 사회주의 기반마저 붕괴시키면서 결국에는 많은 중국인의 마음에 사회주의 사상에 대한 불신만 심어주었다. 투쟁을 장려하고 허용했던 것은 궁극적으로 더 낳은 미래를 위해 인민 사이의 단결을 더 높은 수준으로 끌어올리기 위한 방편이었지만 폭력과 보복의 끝없는 악순환만 가져왔을 뿐이다.

문화대혁명을 일으킨 의도와 그 동란으로 인한 현실적 결과 사이에는 엄청난 괴리가 존재한다. 이 운동의 결과는 처음에 선포했던 이상이나 목표와 전혀 딴판이었다. 역사는 사람들이 무슨 말을 했는가가 아니라 그들이 어떤 행동을 했는가에 우선적으로 기초하여 서술되어야 함은 굳이 강조할 필요도 없다. 따라서 다른 역사적 행위자들과 마찬가지로 마오쩌둥을 판단할 때도 궁극적으로는 그의 말이나 의도가 아니라 그 행동이 가져온 결과에 근거해서 판단해야 한다. 그러나 목적과 의도가 역사적으로 중요하지 않다는 것은 아니며, 분명 도덕적으로 무관하지도 않다. 1966~1969년에 중국에서 전개된 (그리고 중국을 삼켜버린) 사건들의 의미를 진정으로 이해하려면, 아직도 미완성의 과제인 "문화대혁명의 기저에 흐르는 의도와 이를 엉뚱하게 왜곡시킨 상황들을 분리해내는" 일부터 시작해야 한다.³⁾ 마오의 의도와 그가 당면한 환경의 충돌은 문화대혁명이 초래한 비극의 핵심을 이루고 있다. 따라서 실패의 정도를 알고 싶다면, 우선 문화대혁명의 목적과 목표를 점검하는 데서 논의를 시작해야 한다.

문화혁명의 개념과 프롤레타리아 문화대혁명의 목적

마오쩌둥은 '문화혁명'(文化革命)이라는 어휘와 개념의 발명자는 아니었다. '문화혁명'은 중국 근대 인텔리겐치아의 사상 속에 깊이 뿌리박혀 있는 관념의 하나였다. 마오가 프롤레타리아 문화대혁명의 막을 올리기 반세기 전, 사실상 중국에 마르크스주의자들이 존재하기 전에, 서양 지향적인 중국지식인, 특히 『신청년』 잡지에 참가한 지식인들은 신문화운동(1915~1919년 무렵),⁴⁾ 다시 말해 전 국민의 문화와 심리상태의 근본적인 변용을 위한 '문화혁명'을 일으켰다. 1920년대 중국의 급진적인 민주지식인들이 사용했던 이 용어는 현대중국인의 사상과 정치에서 아직도 중요한 의의를 갖는 두 가지 관념을 전해주었다. 첫째, 중국의 반(反)전통적 지식인들은 중국의 전통 문화유산을 완전히 배척할 것을 주장했다. 그들에게 중국의 전통유산은 중국이 근대국가로 재탄생하는 데 쓸모없는 것일 뿐 아니라 도덕적으로도 본디 부패해 있었다는 것이다. 두 번째로 그들은 문화적·지적 변화가 효율적인 정치행동과 사회경제발전을 위한 필수불가결한 전제조건이라고 믿으면서 역사를 형성하는 데 있어 인간의식의 역할을 특별히 강조했다.

이런 관념은 마오쩌둥이 성장하는 중요한 시기에 많은 영향을 미쳤으며 둘 다 결국에는 마르크스-레닌주의의 마오주의적 전환에서 중요한 부분을 차지하게 되었다. '마오쩌둥 사상'이라고 찬양되어왔던 교의들이 무엇보다 크게 의지하고 있던 것은 인민이 올바른 사상과 의지로 무장한다면 어떤 물리적 장애물도 극복할 수 있으며 그들의 사상에 따라 사회현실을 만들어갈 수 있다는 신앙이었다. 마오는 정통 마르크스주의에서 주장하는 역사적 발전의 이른바 '객관적 법칙'에 여전히 사상적인 존경을 표하고 있었지만, 역사의 길은 궁극적으로 사람들이 무엇을 생각하는가에, 그리고 혁명활동에 참가하려는 이들의 의지에 의해 결정된다는 것을 굳게 믿고 있었다. 인민에게 '올바른 의식'을 불러일으키는 일에 대한 마오주의의 지대한 관심, 그리고 '이데올로기의 전환'과 '사상개조'에 대한 강조는 바로 이런 신념에서 유래하고 있었다. 사람이 "기계보다 더 중요하다"는 금언이 혁명을 실현하고 전쟁을 수행하기 위한 마오주의의 지도원칙이었던 것처럼, 혁명 이후의 발전에 대한 마오주의의 전략 역시 중국인민의 의식에, 대중의 '끝없는 창조력'이라고 마오 자신이 그토록 자주 찬양했던 것에 의존했다.

의식적인 인간의 활동이 궁극적으로 역사의 결정적인 요소가 된다는 마오의 신념은 중국의 전통문화에 대한 그의 극단적 비판과 밀접히 연관되어 있었다. 마오주의 관점에 따르면 '올바른 의식'은 유해한 전통적 가치와 낡은 사상의 완전한 제거를 필요로 했다. 문화적 반전통주의와 인간의 의식적 활동을 역사의 결정적 힘으로 간주하는 신념은 마오의 문화혁명관을 구성하는 핵심요소였다. 그리고 이런 개념은 신문화시기 마르크스주의를 받아들이기 전의 지식인들로부터 물려받은 것이었으며 옌안의 혁명시기와 혁명 이후 인민공화국의 역사를 통해 계속해서 마오의 마르크스주의 세계관에서 중심을 차지해왔다.[5]

문화혁명의 개념은 중국의 근대적인 지적 전통일 뿐 아니라 마르크스주의 전통의 한 부분이기도 했다. 이는 1917년 볼셰비키 혁명 직후 러시아에서도 한때 주목받은 바 있었다. 당시 '문화혁명'을 지지했던 러시아인 가운데 레닌도 있었으며, 그는 마오와 같이 후진국이 근대적인 경제변용을 이룩하기까지 긴 세월 동안 어떻게 혁명의 사회주의 정신을 유지할 것인가에 관심을 두고 있었다. 그러나 문화혁명에 대한 레닌의 생각은 마오의 말년의 생각과는 크게 달랐다. 그리고 그 차이는 레닌주의와 마오주의 사이의 사상적 차이를 의미하는 것이기도 했다.[6] 레닌이 문화혁명을 외쳤을 때, 그는 일반적으로 아직까지 '봉건적' 습관·관습·작업방식에 빠져 있는 낙후된 땅의 대중에게 근대적인 '부르주아 문화'의 열매를 가져다주어야 한다고 생각했다. 사회주의 문화의 건설은 미래의 임무였으며 이는 사회주의 사회를 건설하기 위한 물질적·사회적 전제조건을 먼저 확립할 수 있는가에 달려 있었다. 레닌에게 있어 근대문화의 전달자는 올바른 정치의식과 기술지식을 갖춘 지식인, 그리고 좀 적기는 하지만 도시의 노동계급 중 가장 선진적인 부문에 속한 사람들을 의미했으며, 이들이 낙후된 농촌의 농민에게 근대적인 도시의 공업문화의 성과를 가져다줄 것이라고 믿었다. 더구나 레닌은 인민이 근대문화를 수용해 스스로를 변화시키는 것은 먼저 근대 공업경제의 건설이 이루어져야 하기 때문에 점진적으로 진행될 수밖에 없다고 생각했다. 대중(특히 농민)의 문화적 수준을 높여야 할 필요성을 강조하면서 레닌은 "문명화되기 위해 우리는 먼저 물질적인 생산수단을 어느 정도 발전시켜야 하며, 물질적 기반을 어느 정도 가져야 한다"고 강력히 주장했다.[7] 또한 레닌은 문화혁명이 과거의 문화유산을 물려받아야 한다는 점을 당연시했고 "자본주의가 남긴 모든 문화를 손에 넣어 그것으로부터 사회주의를 건설하는 것이" 필수적이라고 주장했다.[8]

이 모든 점에서 문화혁명에 대한 마오쩌둥의 개념은 레닌의 그것과 달랐고, 일반적으로 말하는 서양 마르크스주의 전통과 결별하고 있었다. 레닌은 러시아 인민의 문화적 발전은 러시아 국가의 근대적인 공업 발전을 그 전제로 한다고 가정했던 반면, 마오쩌둥은 이런 정통 마르크스주의의 주장에 전혀 구애받지 않고 중국이 '끊임없는' 혁명을 통해 사회주의와 공산주의로 빠르게 이행하는 것을 상정하고 있었다. 마오는 사회주의 사회든 공산주의 사회든 물질적 생산력의 발전이 선행되어야 한다는 주장에 의존하지 않았다. 사회주의 사회나 공산주의 사회의 필수적인 전제조건은 사람들의 의식을 '프롤레타리아화'하는 것이며, 이는 문화혁명이라는 수단을 통해 실현될 수 있었다. 마오에게 대중의 문화적 '프롤레타리아화'는 근대적 경제발전의 산물이 아니라 오히려 그 전제였다. 사회주의를 건설할 때 "중요한 문제는 사람을 개조하는 것"이라고 마오는 거듭 강조했다.[9]

문화혁명을 옹호하면서 레닌은 자본주의 문화의 형식과 기술이 전(前)자본주의 단계의 땅에 사는 낙후된 인민 사이에 전파되는 것이 역사적 진보라고 찬양했다. 그러나 이 말은 훨씬 더 낙후된 땅을 통치하던 마오에게는 해당되지 않았다. 마오에게 서양 부르주아 문화와 자본주의 방식은 과거 중국의 유교적인 봉건문화만큼이나 유해하고 사회주의 목표와 양립할 수 없는 것이었다. 문화혁명은 이 두 가지 악영향을 모두 제거하기 위한 것이었다. 실제로 마오는 자본주의가 역사발전의 진보적 단계라는 마르크스주의 명제를 거부했다.(레닌은 결코 그런 적이 없었다.) 오히려 그는 중국이 오랜 시간을 요하는 자본주의적 발전단계를 피할 수 있게 되어 다행이라고 주장하면서, 중국의 후진성이 가져다

주는 사회주의적 이점을 찬양했다.[10]

문화혁명에 대한 마오의 개념은 누가 근대문화의 전달자인가 하는 점에 있어서도 레닌과 크게 달랐다. 레닌에게 있어 지식인의 역할은 결정적이었다. 혁명정당에 대한 레닌의 개념이 요구했던 것은 지식인의 '의식'이 무정형적인 대중의 '자발적인' 운동에 부여되어야 한다는 것이었다. 이와 마찬가지로 레닌은 기술적으로 능숙한 지식인이 러시아의 공업을 변용시키는 데 앞장서야 하며 그 과정에서 근대문화를 대중에게 가져다주어야 한다고 가정했다. 이와 대조적으로 지식인을 불신했던 마오쩌둥은 대중의 자발성에 대한 인민주의적 신념을 갖고 있었다. 그는 대중 스스로 혁명활동을 통해 문화인으로 성장할 수 있으며, 그럼으로써 "사회주의 의식을 가진, 문화를 소유한 노동자"의 국가라는 이상을 실현할 수 있다고 믿었다. 자력갱생의 원칙은 마오에게 내적으로나 외적으로 모두 중요한 것이었다. 중국이 경제적으로 자립하여 다른 나라에 종속되지 말아야 하는 것처럼 중국인민 역시 자립하여 지식인-기술 엘리트에 종속되지 말아야 했다. "대중 스스로가 문화와 과학의 주인이 되어야 한다"는 대약진 시기의 마오주의 슬로건은 문화대혁명의 시기에 다시 울려 퍼진다.

도시 인텔리겐치아에 대한 마오의 불신은 도시 전체에 대한 불신으로 확대되었다. 레닌은 근대적 역사발전의 동력이 도시에 내재한다는 마르크스주의 신념을 확고히 품고 있었으며 따라서 문화혁명이 도시에서 농촌지역으로 퍼져 나갈 것이라고 자연스럽게 가정했던 반면, 마오쩌둥은 농촌에서 오랫동안 혁명을 수행하는 과정에서 형성된 강한 반(反)도시적 편견을 갖고 있었다. 마오주의 혁명전략이 농민을 동원해 보수적인 도시를 "포위하고 압도하는" 방식을 택했던 것처럼, 혁명적 발전의 올바른 방향에 대한 그의 생각 역시 사회적·문화적 창조력의 진정한 보고인 농촌을 중심으로 형성되었다. 혁명 전과 마찬가지로 혁명

후에도 도시는 문화적·사상적 부패를 낳는 근원이라고 마오는 의심했다. 레닌은 도시의 프롤레타리아트를 농촌으로 파견해 농민의 문화 수준을 높일 것을 주장한 반면, 마오는 도시주민을 농촌에 보내 농민한테 '프롤레타리아의 미덕'을 배우게 하라고 주장했다. 그리고 그는 문화대혁명 동안 이를 대대적으로 시행했다.

아마도 '문화혁명'에 대한 마오주의 개념과 레닌주의 개념의 가장 큰 차이는 이들이 마음속에 그리고 있는 새로운 사회와 과거의 문화유산 사이의 관계에서 찾을 수 있을 것이다. 레닌은 마르크스처럼 사회주의 사회는 선조의 문화적·물질적 업적 모두를 물려받는다(그리고 그 위에 세워질 것이다)고 가정했다. 그래서 그는 러시아의 문화적 후진성을 한탄했으며, 1924년 임종 직전에도 러시아 혁명이 타락한 것은 바로 러시아의 후진성 때문이라고 이해했다.[11] 이와 대조적으로 마오쩌둥은 문화가 부재한 바로 그 사실, 또는 최소한 '고급문화'가 부재한 현실을 찬양하는 듯했다. "역사를 보면" "문화수준이 높은 사람들을 딛고 승리의 개가를 올리는 사람들은 항상 문화수준이 낮은 사람들이었다"고 마오는 지적했다.[12] 이런 마오의 지적은 이른바 후진성의 사회주의적 이점에 대한 오랜 마오주의적 신념을 반영하고 있는 것이었다. 이 신념은 1958년 대약진운동을 개시하면서 마오쩌둥이 선포한 '빈곤과 백지상태'라는 유명한 테제에 가장 극단적으로 표현되었다.

> 다른 성격은 차치하고, 중국의 6억 인구는 두 가지 뚜렷한 특징을 갖고 있다. 우선 무엇보다 가난하고, 두 번째로 백지상태에 있다는 것이다. 이는 해로운 것으로 보일 수도 있지만 사실은 이로운 것이다. 가난한 사람들은 변화를 원하고, 무엇인가 하기를 원하고, 혁명을 원한다. 깨끗한 백지는 한 점의 얼룩도 없으며 따라서 가장 새롭고 가장 아름다운 글이 그 위에 쓰일 수 있고 또 가장 새롭고 가장 아름다운

그림이 그 위에 그려질 수 있다.[13]

　새로운 사회는 반드시 과거의 업적(과 모든 짐)을 물려받을 것이라는 마르크스와 레닌의 신념과 마르크스주의 역사관의 논리[14]에 이보다 더 격렬하게 반대하는 정식을 만들기는 어려울 것이다. 중국인민을 '백지'라고 선언하면서 마오쩌둥은 역사에서 벗어나려는 유토피아적 충동과 역사적·문화적 과거를 청산하고 새롭게 시작하려는 반전통주의적 충동에 따라 움직이고 있었다. 중국 전통문화의 유산을 거부한 마오는 그 감정상의 공허함을 더욱 반전통주의적인 선언, 즉 오늘날 과거는 존재하지 않는다는 선언으로 채워 나가려 했다. 새로운 문화는 새 도화지 위에서, 역사적 오점이 묻어 있지 않은 '깨끗한 백지' 상태인 무로부터 창조될 수 있다고 마오는 믿은 것 같다. 철저한 반전통주의, 그리고 역사를 만들어가는 데 있어 인간의식의 힘에 대한 이런 믿음이라는 면에서, 문화혁명에 대한 마오의 개념은 마르크스-레닌주의 전통보다는 5·4운동의 지적 전통에 훨씬 더 가까웠다.

　그러나 1958년 대약진운동을 시작할 때 마오가 중국을 그렇게 낙관적으로 묘사했던 '깨끗한 백지'는, 1960년대 초 그가 비관적으로 결론내리고 있었던 것같이, 온갖 종류의 정치적·사상적 얼룩으로 더러워진 도화지로 변해버렸다. 1964년 마오쩌둥은 그의 오랜 친구이자 프랑스 문화부장관을 역임했던 앙드레 말로와의 대화에서 "1949년까지 존재했던 중국의 사상·문화·관습은 사라져야만 하고 아직 존재하지 않는 프롤레타리아 중국의 사상·관습·문화가 나타나야 한다"고 강조했다.[15] 계승이 아니라 파괴(아직 건설이 아님)가 1966년 문화대혁명의 막이 올랐을 당시 마오주의의 훈령이었다. 이는 반세기 전에 신문화운동이 시작되었을 당시 아직 마르크스주의를 수용하기 전이었던 천두슈의 훈령이기도 했다. 문화대혁명이 '유토피아' 운동이었음에도 불구하고, 그것은 이상하게도 (대약진과는 달리) 부정적인 유토피아주의로서의 성격이 두드러졌던 운동이었으며, 그 창시자가 미래의 긍정적 비전보다는 과거의 짐에 더 많이 집착했던 운동이었다.

1960년대 중반 마오쩌둥이 일으킨 동란(그 결과는 그의 통치 마지막 10년을 지배하게 된다)은 물론 단순히 그가 갖고 있던 문화혁명 개념의 산물이 아니었다. 마오쩌둥이나 그 밖의 공산당 지도자들의 개인적인 정치적 야망과 정치적 역학관계가 문화대혁명의 발발과 그 고통스러웠던 진행과정에 아주 많이 연루되어 있었다는 것은 두말할 필요도 없다. 그러나 이 극도로 기이한 정치적 동란이 혁명 이후의 시기에 등장했던 일련의 사회문제, 즉 점점 커져가는 사회적 불평등, 지도자와 대중 모두에게서 사회주의 비전이 점점 사라지고 있는 현실, 새로운 관료 엘리트의 공고화 등의 문제를 해결하기 위해 벌어졌다는 점은 오늘날 쉽게 무시되고 있기 때문에 여기서 특별히 강조할 필요가 있다. 새롭게 나타난 각종 사회문제는 중국이 소련처럼 되어가고 있다는 공포감을 불러일으켰으며 동란의 전야에 마오주의자들은 '관료 특권층'이 권력을 탈취했다고 소리 높여 비난했다.[16] 마오주의자들이 알리려고 했던 사회·정치 문제는 실제 현실에서 나타난 문제들이었다. 마오의 '잘못된' 사상과 총체적 권력에 대한 그의 갈증말고도 이처럼 많은 문제들이 문화대혁명이 전개되는 과정에 연루되어 있었다.

사회적 불평등

소련식 모델을 따랐던 제1차 5개년계획 기간(1953~1957)에 점점 커졌다가 대약진의 평등주의로 잠시 주춤했던 사회적 불평등은 1960년대 초에 다시 훨씬 더 빠른 속도로 심화되어갔다. 적어도 공식 이데올로기에서 중국공산당은 '3대 격차'(三大差別), 즉 정신노동과 육체노동, 도시와 농촌, 노동자와 농민의 격차를 좁히고 궁극적으로는 없애겠다고 약속했다. 그러나 대약진의 붕괴로부터 다시 일어서기 위해 류사오치주의 정권이 추진하던 정책하에서 이들 격차는 확실히 더 벌어지고 있었다. 도시의 공업부문에서 관리자와 기술자의 권위를 강화하는 것은 공장에서 공장장과 노동자의 격차를 다시 벌리는 것이었으며, 이는 결국 정신노동과 육체노동의 격차가 대폭 커졌음을 의미했다. 지식인이 자기의 통상적인 전문적·사회적 위치로 회복되자 정신노동과 육체노동의 격차는 눈에 띄게 벌어질 수밖에 없었다. 이로 인해 지식인이 "힘센 고위 관료"처럼 행동한다는 마오주의적 불평이 다시 터져 나왔다. 생산성을 향상시키기 위해 고안된 생산량 기준의 임금제도와 상여금제도가 점점 더 확대되면서 도시 노동계급 내에서조차 사회경제적 격차가 벌어지는 현상이 나타났다. 또한 국가고용자수가 급감함으로써 평생직장이 보장되는 등 상대적으로 특권을 누리던 정규직 공장노동자와 사실상 수적으로 더 많은 임시직 또는 계약직 노동자인 반(半)프롤레타리아트 사이의 분열이 극심해졌다.[17]

농촌지역에서 인민공사의 쇠퇴, 자류지의 확대, 농촌시장의 성장, 집단노동의 감소는 농민들 간의 사회경제적 격차를 더 벌려놓았다. 농촌의 "자발적인 자본주의 경향"이라고 하여 공식 이데올로기에서는 비난받았던 것들이 사실상 용인되었고 또 종종 공식정책에 의해 많은 농촌지역에서 장려되고 있었다.

반(半)시장경제 속에서 소수의 농민이 부유해진 것은 사실이지만, 전반적으로 농촌은 도시보다 덜 대접받고 있었다. 전국이 대약진의 후유증으로부터 회복하기 위해 안간힘을 쓰고 있을 때, 더구나 기근이 일부 농촌을 파괴하고 있을 때조차 국가의 재정경제정책은 도시주민, 특히 관료, 지식인, 그리고 국가에 의해 정식으로 고용된 노동자에게 더 많은 혜택을 주었다. 국가의 긴축정책은 대약진 기간에 건설된 지방의 농촌공업기업에 더 혹독하게 적용되었고 결국 대다수 농촌 공업기업 문을 달아야 했다. 이렇게 해서 농민과 노동자의 격차를 좁히려는 가장 독특한 마오주의 정책은 훼손되었다. 관료의 자녀들을 위해 마련된 특수학교를 비롯한 도시의 교육기관이 선호되고 지방의 비정규 학교는 뒷전으로 밀려났다.[18] 대약진 기간에 세워진 농촌의 보건소 중 많은 수가 강제로 문을 달을 수밖에 없었던 반면, 도시의 의료시설은 더욱 확대되었다. 대약진 이후 도시와 농촌간의 격차는 다른 형태의 불평등과 더불어 1950년대보다 더욱 빠른 속도로 벌어지고 있었다.

사회주의적 비전의 쇠퇴

1960년대 초 사회적 불평등이 점점 심해지자 집단주의적 가치는 쇠퇴했고, 마르크스주의의 사회주의적 목표는 여전히 선포되고 있었지만 점점 더 사회적·정치적 실천과는 거리가 먼 방향으로 흘러갔다. 대약진이 붕괴된 이후 정치에 환멸을 느낀 중국인은 사적인 일과 가족에 대한 책임에 더 많은 관심을 갖게 되었다. 이런 현상은 자유시장이 전통적인 종교신앙 및 사회관습과 동시에 부활했던 농촌에서 두드러지게 나타났다. 대중의 정치적 무관심은 당 지도자 다수의 보수주의로 인해 더 심해졌다. 보수적인 당 지도자들은 전면에서는 급진적인 마오주의적 수사를 사용하면서도 뒤로는 경제발전, 전문기술, 그리고 무엇보다도 점점 더 관료화되는 당 기구의 권력에 관심을 쏟고 있었다.

당과 대중의 보수주의는 상당부분 대약진의 붕괴에서 기인했다. 공산주의 유토피아와 경제적 풍요가 곧 실현될 수 있다는 성급한 기대감과 함께 일어났던 운동이 곧바로 단순한 육체적 생존을 위한 처절한 투쟁으로 바뀌면서 대중의 사기는 땅에 떨어지고 대다수 당 지도자는 마오의 유토피아적 계획을 의심하게 되었다. 그러나 이런 대약진의 직접적 영향과는 별도로, 중국혁명의 급진주의를 완화시키는 또 다른 힘이 오랫동안 작용하고 있었다. 그 중 하나가 바로 혁명의 성공이었다. 좀 더 정확히 말하면 혁명을 이끌어왔던 공산당의 성공이다. 새로운 사회질서를 건설한 이후 중국공산당은 이제 그 질서를 유지하는 일에 최우선적인 관심을 두었다. 공공기관으로서 당은 '연속'혁명을 요구하는 마오의 호소에 관심이 없었다. 당 자신의 지배를 영속화하는 데만 관심을 가졌는데, 이는 자신이 통치하는 사회의 안정을 전제로 하는 것이었다. 1960년대 초 당은 약 2천만 명의 당원을 가진 거대조직으로 성장했고, 류사오치가 작성한 레닌주의 조직 원칙에 따라 마치 군대와 같이 일사불란하게 움직이고 있었다. 당은 원래 혁명의 목표를 달성하기 위해 조직되었으나 이제는 조직의 권력 자체가 주요 목표가 되어버린 것처럼 보였다. 이에 대해서 어느 저명한 정치이론가는 "급진적 운동의 조직력과 급진주의를 유지하는 힘은 서로 상반된 관계에 있다"고 분석한 바 있다.[19] 이 분석이 진실이라는 것은 문화대혁명 직전 중국공산당의 보수적 성격을 보여주는 꽤 많은 양의 문건에서 확인할 수 있다.

급진적 혁명정신이 죽어가는 데 대한 마오의 두려움은 결코 근거 없는 것이 아니었다. '부르주아' '수정주의' '봉건주의'적인 사상경향이라고 그가 간주하고 있던 현상들이 확산되어간 것은 그 자체로도 심각한 일이었지만, 사실은 더 심각한 정신적 타락과 정치적 퇴보를 예고하는 일일 수도 있었다. 자신을 비롯해서 아직 살아있는 5·4세대 혁명지도자들이 조만간 정치무대에서 사라지게 될 것이라는 사실을 아는 마오로서는 근심이 더욱 깊어질 수밖에 없었다. 여기에는 그만한 이유가 있었다. 세대가 바뀌면서 보통 급진적 변화를 좋아하지 않기 때문이다. 혁명사업을 계속 하기 위해 마오는 정치상의 직계 후계자에 의존하려

하지 않았다. 오히려 5·4시기의 선배들처럼 중국의 청년들에게 의지했다. 청년을 '혁명의 후계자'로 훈련하는 운동은 1964년에 시작되었으며, 새로운 혁명세대를 창조하려는 마오의 희망은 다가오는 문화대혁명의 가장 두드러진 테마가 되었다.

마오의 관점에서는 생기 넘치는 사회주의적 비전이 부재하면 사회주의는 중국에서 오랫동안 생존할 수 없었다. 프롤레타리아 문화대혁명에서 가장 중시된 마오주의의 목표는 한때 혁명적이었던 당과 인민을 다시 정신적으로 혁명화하는 것이었다.

계급과 계급투쟁

문화대혁명의 기원과 관련된 많은 논의 가운데 혁명 이후 중국사회에서 형성된 계급구조의 성격을 둘러싼 문제보다 더 중요한 것은 아마 없을 것이다. 사실상 문화대혁명의 주요 사상투쟁의 많은 부분이 바로 이 문제를 둘러싸고 전개되었을 뿐 아니라, 바로 이 부분에서 마오주의 이론이 대담함과 가장 큰 야망을 드러냈기 때문이다.

1949년 이후 중국사회에서 실제로 어떤 일이 일어났는지에 대해서는 어느 정도, 최소한 대략적인 윤곽만 확실히 알 수 있다. 토지개혁의 완성과 함께 전통적인 지주-신사 지배계급은 완전히 무너졌다. 1955~1956년의 집단화운동은 하나의 독립된 계급으로서 부농은 물론이고, 농민 내부의 다른 대부분의 주요한 사회경제적 차별도 완전히 없애버렸다. 아울러 1949년 매판 부르주아지가 중국에서 도망치고 사업을 포기하게 되는 등 도시 부르주아지 역시 사회계급으로서 더 이상 존재하지 않게 되었다. 남아 있던 '민족부르주아지'의 자산은 1953~1956년의 '사회주의 개조'를 거치면서 국유화되었고, 생존자들은 그들의 공업기업과 상업기업에 대한 대가로 받은 국채에서 나오는 얼마 안되는 이자를 받는, 나이 든 연금생활자의 위치로 전락했다. 1956년에 이르면 생산수단의 사적 소유는 도시와 농촌에서 대부분 소멸했고 옛 사회의 착취계급은 모두 제거되었다. 그들의 빈자리에서 겉으로는 노동자와 농민의 대표로 행동하면서 안으로는 옛 착취계급의 경제적 기능을 담당하는 국가와 당 관료집단이 점점 증가했다. 소련에서 그랬듯이 옛 경제적 지배계급의 소멸은 새로운 정치적 관료지배계급의 등장을 가져왔던 것이다. 비록 아직은 맹아단계에 있었고 '인민의 공복'을 자처하긴 했지만.

중국의 '사회주의 개조'과정에서 사회적으로 무슨 일이 일어났는지는 너무나 명백했다. 그러나 중국 마르크스주의 이론은 명백하지 않았다. 그것의 창시자들은 새로운 관료주의 현상을 이론적으로 설명할 준비가 되어 있지 않았을 뿐더러 정치적으로 그렇게 할 마음이 없었기 때문이다. 1956년 중국공산당 제8차 당대회에서(정치보고를 할 때) 류사오치는 과거의 착취계급이 소멸했음을 축하하고 사회주의의 결정적 승리를 선포했다.[20] 덩샤오핑 역시 자본주의가 패하고 계급대립이 사실상 사라졌다고 공언했다. 이제 사회적 격차는 "같은 계급 내의 분업문제"일 뿐이었다.[21] 중국사회의 주요 모순은 이제 더 이상 적대적인 사회집단들 사이의 모순이 아니라 "선진적인 사회제도와 낙후된 사회생산력 사이"에 존재한다고 설돈시있다.[22] 이는 20여 년 뒤 마오 이후 시대의 주된 정통사상으로 다시 등장하게 된다. 새로운 사회주의 시대에 당이 직면한 주요 과업은 계급투쟁의 촉진이 아니라 경제발전이었다.

물론 계급과 계급투쟁은 완전히 무시될 수 없었다. 자산을 몰수당한 계급의 잔여가 아직 존재했으며 따라서 그들의 사상적 잔재 역시 남아 있었다. 이렇게 과거로부터 남겨진 유산은 공식적으로 각 시민에게 적용하는 계급성분과 정치적 꼬리표의 체계를 만드는 데 계속 영향을 주었으며 당과 비밀경찰의 문서철에 보관된 그들의 신상기록부에도 자세히 기록되었다. 부르주아지·지주·부농 같은 계급은 사회 속에서 더 이상 실제로 존재하지 않았지만, 이 계급에 속했던 개인(그리고 그들의 자녀)은 국가와 당의 서류에 여전히 같은 계급으로 기록되었다. 공식적으로 기록된 계급성분은 개인의 정치적 경력과 행위에 대한 당의 평가에 기초하여 새롭게 만들어진, 복잡하고 계속 바뀌는 정치적 꼬리표의 체계[23]와 함께 그때그때 정치적 필요에 따라 강조될 수도 무시될 수도 있었다. 1956년에는 '사회주의'의 승리를 경축하는 데 도취되어 계급투쟁뿐 아니라 계급배경도 지금까지만큼 강조되지 않았다.

공식 이데올로기가 과거 지배계급의 소멸을 받아들이고 있었던 반면, 1956년의 당대회는 이제까지 농촌의 지주와 도시의 자본가가 수행해온 경제적 기능을 이어받은 관료의 사회적 지위에 대해서 언급하지 않았다. 관료는 개인자산에 대한 어떤 권한도 갖고 있지 않았지만, 그들에게 자리를 내준 과거의 지배계급이 누렸던 사회적·경제적 특권 중 상당부분을 점점 차지해갔다. 혁명 이후의 새로운 관료들의 문제에 대해, 제8차 당대회는 '관료주의 행위'에 대한 일반적인 경고를 보내고 대중으로부터 이탈해서는 안된다고 당원들에게 관례적으로 충고하는 데 만족했다.

'사회주의 개조'가 완성된 이후인 1956년의 중국은 사회구조와 공식 이데올로기에서 소련과 본질적으로 비슷했다. 소련에서와 같이 구정권의 자산계급은 붕괴되었고 새로운 관료들이 사회의 경제 관리인이 되어 국가와 집단의 자산을 (법적으로 소유하지는 않았지만) 통제했다. 그리고 소련의 이데올로기처럼, 중국공산당의 이데올로기는 착취계급의 소멸을 경축했고 계급투쟁의 종말을 선언했으며 새로운 관료지배집단에 대해 무관심했다(또는 그 존재를 부인했다). 또한 소련에서와 같이 중국에서도 생산자산에 대한 사적 소유의 붕괴와 혁명이 가져온 명백한 사회적 결과 중 하나는 독립적이고 특권화된 관료지배가 등장했다는 것이다. 관료들의 권력과 특권, 그리고 그 기원은 레닌주의 정당이 정치권력을 독점하고 있다는 사실에 뿌리를 두고 있었다. 아울러 분명한 것은 공산당 지도자들이 자신의 관료주의적 후예들의 사회계급지위를 무시하는 데 강한 흥미를 가졌다는 점이었다. 공산당 관료들에게는 새로운 사회가 새로운 지배계급을 낳을지도 모른다는 가능성을 고려하는 일보다는 지금은 존재하지 않는 혁명 이전의 각 사회계급 구성원 개개인이 현재 어떤 '계급성분'에 속하는지에 관여하는 일이 자기 적성에 훨씬 더 잘 맞았던 것이다. 이런 기만은 마르크스주의 이론을 조잡하게 해석하여 각 계급을 사유재산의 소유 여부로만 편협하게 정의함으로써 이데올로기적으로 수월해졌다. 바로 이런 정의로부터 보편적인 공산주의 정통이론(1936년 스탈린에 의해 처음으로 제창), 즉 생산수단의 사유가 소멸된 사회에서는 어떤 새로운 착취계급도 나타날 수 없다는 논리가 뒤따랐다.

1956년 마오는 사회주의의 승리와 함께 적대적인 계급모순이 사라졌고('부르주아적 잔재'와 한 줌의 반혁명분자들을 제외하고), 따라서 계급투쟁의 필요성이 줄어들었다는 당의 공식 관점에 확실히 동의했다. 1956년 12월 그는 "계급이 소멸한 이후 스탈린이 그랬던 것처럼, 계급투쟁이 마치 첨예한 것처럼 계속 강조되어서는 안된다. 그렇게 되면 사회주의 민주의 건강한 발전은 방해받게 될 것이다"라고 말했다.[24] 1960년대 초 대약진운동이 실패하고 그 결과 계급 없는 공산주의적 유토피아에 대한 기대가 사라지면서[25] 이제 정치적으로 힘을 잃어버린 마오쩌둥은 사유재산이 소멸한 혁명 이후의 사회에서 사회계급관계를 분석하는 문제, 특히 새로운 사회의 정치적 구조 속에서 탄생한 새로운 계급이라는 문제에 직면했다. 그는 과거 어느 때보다도 더욱 강력하게 사회주의 사회에서도 계급투쟁이 계속되고 있음을 강조했다. 이는 특히 1962년 9월 8기 10중전회에서 행한 마오의 연설에서 뚜렷이 나타났데, 여기서 앞으로 다가올 문화대혁명의 주된 슬로건의 하나인 "계급투쟁을 잊지 말라"가 탄생했다. 마오는 혁명으로 타도된 계급들이 "아직도 복귀를 기도하고 있다"고 경고하면서 더욱 의미심장하고 불길한 경고를 덧붙였다. "사회주의 사회에서 새로운 부르주아적 요소는 계속 만들어질 것이다"라고.[26]

마오는 '부르주아'라는 용어를 모호하고 헷갈리게 사용하고 있었지만, 사회주의 사회에서 만들어지는 '새로운 부르주아적 요소'라는 개념을 설명할 때 그는 이미 자산을 몰수당한 옛 사회계급들의 사회적·사상적 영향을 더 이상 마음에 두고 있지 않았음이 분명하다. 이제 그의 관심은 혁명으로 탄생한, 새로운 사회가 산출하고 있던 불평등의 형식, 즉 자산의 소유가 아니라 정치권력의 소유에 기초하는 불평등과 사회관계에 주목하기 시작했다. 1960년대 초 그는 조직화된 불평등체계 전반에 점점 더 비판을 가했다. 그것은 당과 국가 행정기관 속에서 자라고 있던 관료등급과 지위의 위계에 뿌리를 내리고 있었고 사실상 사회 전체를 엄습하며 위협하고 있었다. 마오는 중국공산당이 정의와 평등을 위해 자기를 희생하고 싸우는 투사의 혁명조직으로부터 보수적인 관료조직으로 타락했음을 한탄했다. 그는 당 간부들이 쾌락주의적이고 부패하며 오직 권력과 지위, 사치만을 추구한다고 불평했다.[27] 그리고 다음 세대도 자기 부모의 실수를 계속 이어갈 수밖에 없다고 믿었다. "간부들의 자식은 우리를 낙심하게 한다. 그들은 실생활과 사회적 경험도 없으면서 정말 잘난 체하며 강한 우월감을 갖고 있다."[28] 소련역사에서 불평등이 보편화되고 제도화되는 현상을 정확히 반영하는 슬로건이기도 했던 "간부들이 모든 것을 결정한다"는 스탈린의 훈령에 마오는 상당히 비판적이었다.[29]

문화대혁명 직전 몇 년 동안, 마오는 지금까지 권력을 장악했던 어떤 마르크스주의자도 받아들이려 하지 않았던 결론에 도달했다. 이제 그는 사회주의 사회가 새로운 착취계급을 탄생시킬 수 있다고 믿었다. '사회주의로의 이행'을 막는 주요 장애물은 과거의 부르주아적 잔재가 아니라 오히려 오늘의 관료들이었다. 한때 혁명가였던 이들은 혁명 덕분에 지배자로 변신했으며 자기의 정치권력으로 새로운 사회를 지배하고 그 과정에서 사회적 노동의 결실 중 많은 부분을 가져가고 있었다. 마오는 이에 대해 아주 노골적으로 그리고 퉁명스럽게 말했다. 관료계급은 "노동계급과 빈농·하(下)중농과 첨예하게 대립하는" 계급으로서 "노동자의 피를 빨아먹는 부르주아적 요소"가 되어가고 있다고 마오는 (1965년에) 비난했다.[30] 또 이런 "새로운 부르주아적 요소" 또는 그들의 지도자가 누구이며 그 근원이 무엇인지 밝히는 데도 주저하지 않았다. 그들은 바로 "자본주의 노선을 걷는 당내 실권파"라고 마오는 문화대혁명 전야에 거센 비난을 퍼부었다. 당시에는 이데올로기적으로 과장된 것처럼 들렸던 이 말이 중국 공산주의 사회의 미래에 대한 놀라울 정도로 정확한 예언이었음이 곧 밝혀진다.

    사회주의 혁명이 관료지배자라는 새로운 착취계급을 탄생시킬 수 있음을 인지한 사람들 가운데 마오쩌둥이 첫 번째는 아니었다. 그 이전에 이미 많은 사람, 이를테면 막스 베버, 레온 트로츠키, 밀로반 질라스 등이 있었다. 그러나 새로운 관료지배계급에 대한 마오의 인식이 독특했던 점은 그 현상에 대한 분석에 있었던 것이 아니라(어쨌든 이는 이론적으로 잘 정립된 것이 아니었다), 이 사상이 바로 공산주의 국가의 지도자에게서 나왔다는 사실이다. 이는 전에 없었던 일이며 앞으로도 다시 있을 것 같지 않다. 마오의 관념은 여러 가지 마르크스-레닌주의 이데올로기 안에서 대단히 이단적이고 정치적 폭발성이 큰 것이었다. 이들 이데올로기가 합리화하고자 했던 공산당 정권의 정당성에 의문을 제기하고 있었기 때문이다. 마오의 시각에서 보면, 중국의 관료는 실제로 새로운 착취계급의 모습을 띨 뿐 아니라 정치권력을 이용하여 노동자·농민이 생산한 잉여의 많은 부분을 전유했다. 이들은 사유재산이 아니라 그들이 지배하는 국가의 '공유제'를 통해 많은 이익을 얻었다. 그들은 공유제를 이용하여 자기자신과 가족을 위해 사회적·경제적 이득을 챙겼다. 대부분 하찮은 것이었지만 그들은 자기의 지위와 특권, 다시 말해서 재산의 소유권이 아니라 실제적으로 (마르크스의 말을 빌리면) '생산조건의 소유자'라는 자기의 신분에 의존했던 것이다. 마오가 보기에 그들은 재산은 없지만 기능적으로는 부르주아지였으며 적어도 그렇게 되어가고 있었다.

마오는 혁명 이후 건설된 '사회주의 사회'의 이런 근본적이고 초보적인 현실을 명확히 인식하고 때때로 그것을 언급하기도 했지만, 중국의 관료를 새로운 지배계급과 동일시하는 데 따르는 정치적 분쟁은 궁극적으로 피하려 했다. 그러기 위해서는 단순히 문화혁명이 아니라 정치혁명이 필요했고, 단순히 정신 개조가 아니라 기존의 공산당 국가를 폭력적으로 타도해야 했기 때문이다. 마오는 문화대혁명을 "사람들의 영혼 깊숙한 곳을 건드리는" 가장 "심오한" 혁명으로 특징지었지만, 무엇보다도 마오 자신이 정신부흥운동과 진정한 혁명의 차이를 잘 알고 있었다. 말할 필요도 없이 거기에는 정치적 자제뿐 아니라 감정적인 억제도 들어 있었다. 마오가 그토록 환멸하게 된 관료들은 그래도 한때는 그의 혁명동지였으며 간부들이었다.[31] 이들을 완전히 부정하는 것은 그가 이끌었던 혁명을 부정하는 것이며, 그가 중심적 위치에서 건설했던 새로운 사회를 부인하는 것이었다. 마오는 이들 대부분이 원래 과거의 모습대로 개혁될 수 있고 사상적으로 개조될 수 있다고 믿고 싶었다. 모든 용어상의 비난과 분노에도 불구하고 문화대혁명은 혁명운동이라기보다는 비폭력적 개혁운동을 목적으로 하고 있었던 것이다. 그것이 엄청난 폭력을 초래했던 것은 마오의 마음상태가 아니라 당시 중국의 사회조건과 더 깊은 관련이 있었다.

중국이 새로운 관료지배계급의 통치 아래 있다는 관점에서 한발 후퇴하여, 마오는 개인의 정치적 행동을 기준으로 하는 계급개념에 도달했다. 각 개인은 경제적 지위나 정치적 지위 같은 비교적 객관적인 기준에 의해서가 아니라 사상적 경향, '정치의식'의 수준, 정치적 행동과 같은 주관적 요인에 의해 자신이 속하는 계급이 결정된다는 것이었다. 사회주의 사회에서 누가 어떤 계급에 속하는가를 결정하는 것은 과거든 현재든 경제적 또는 정치적 지위가 아니라 그 사람의 '계급적 입장'이라고 마오는 결론지었다.[32] 이런 정의는 계급과 계급투쟁이 (새로운 부르주아적 요소들을 포함하여) 사회주의 사회에서도 계속 존재한다는 주장을 견지할 수 있게 해주는 반면에, 1956년 이후부터 더 이상 사회적 현실과 부합하지 않는 과거의 계급성분제도를 대신할 수 있으며 동시에 당 관료 전체를 적대계급으로 비난하지 않아도 된다는 이점이 있었다. 이는 계급을 사회경제구조 속에서 한 집단(또는 개인)이 차지하는 지위에 의해서가 아니라 혁명적 행동(1960년대의 경우 반혁명적 행동의 가능성이라는 정치적 평가)에 의해서 정의하려는 마오의 오랜 성향과 일치했다. 그러나 이 같은 계급개념의 주관적인 기준은 정적(政敵)을 '계급의 적'으로 자의적으로 분류하는 데 이용되기 쉬웠고, 사회집단의 정치행동이 아니라 개인의 정치행동에 더 많이 관여하게 만들었다.

결국 문화혁명 전야에 중국 공산주의 이데올로기는 세 종류의 계급이론을 전파하고 있었다. 첫째, 구정권으로부터 물려받은, 여전히 공식적인 '계급성분' 제도 속에 남아 있는 1956년 이전 중국의 사회계급 구조의 모습이었다. 두 번째는 새로운 사회가 만들어낸 새로운 관료지배계급 이론으로, 이 개념은 마오에 의해 돌발적으로 주장되었고 더욱 급진적인 그의 일부 동료들에 의해 추진되었다.[33] 세 번째, 계급적 지위는 개인의 정치의식과 행동에 의해 결정된다는 이론이다. 첫 번째는 1956년 이후의 사회정치적 질서를 정당화하기 위한 보수적인 정치적 의미가 포함되어 있었으며 따라서 당연히 대부분의 당 관료와 간부들이 선호하는 것이었다. 두 번째는 기존의 정치질서에 대한 혁명이 필요하다는 의미를 담고 있었다. 세 번째는 본질적으로 개량주의적 이론으로서 문화대혁명이 시작될 당시 마오가 견지했던 것이며, 이는 또한 간부의 95%는 기본적으로 옳고 당 자체는 사상적으로 개조될 수 있으며 부르주아의 영향을 없앨 수 있다는 의미를 담고 있었다. 그러나 사실상 그것은 오직 대중동원과 계급투쟁이라는 과격한 방법을 통해서만 가능했다.

이 세 가지 계급개념 ― 보수적·혁명적·개량적 ― 은 모두 문화혁명이 '부르주아지'와 '프롤레타리아트' 사이의 첨예한 계급투쟁의 결과라고 배워온 중국인민의 정치의식을 구성하고 있다. 그러나 어떻게 '부르주아지'를 정의할 수 있는가? 계급투쟁은 누구에 대항하여 전개되어야 하는가? 수년 동안 베이징에서 제기되었던 계급과 계급투쟁에 대한 혼란스럽고 모호한 견해들 속에는 이런 질문에 대한 명확한 대답이 들어 있지 않았다. 오히려 그 견해들은 각 개인이 어떤 계급분석의 입장을 받아들이고 의지하는가에 따라 다른 대답을 주고 있었다. 그리고 문화대혁명에 가담했던 다양한 정치적 집단과 관계자들은 각각 자신의 특정한 정치적·사회적 이해와 가장 잘 맞아 떨어지는 견해를 채택했다. 계급과 계급투쟁 문제에 대한 이런 이론적 혼돈은 문화대혁명이 곧 혼돈상태에 빠지게 되는, 그리고 여러 이론적·정치적 이유로 인해 너무나 쉽게 '계급의 적'으로 낙인찍힐 수 있는 집단이나 개인들이 무차별적으로 박해를 당하는 한 원인이 되었다.[34]

18장
프롤레타리아 문화대혁명, 1966~1969년

'프롤레타리아 문화대혁명'이 공개적으로 인구에 회자되기 시작한 것은 1965년 11월 젊은 문학 비평가 야오원위안(姚文元, 훗날 사인방의 한 명으로 비난받음)이 대중희극 『하이루이의 파면』(海瑞罷官)을 비판하면서부터였다. 역사가이자 당 관료인 우한(吳晗)이 5년 전에 쓴 『하이루이의 파면』은 명조를 배경으로 한 풍자극이었다. 탐욕스런 지주와 부패한 관료들이 농민의 토지를 겸병하는 것에 항의한 한 관료가 전제군주에 의해 파면된다는 내용으로, 그 청렴한 관료의 영웅주의를 찬미하는 것이었다. 여기서 전제군주는 마오쩌둥을, 청렴한 관료는 펑더화이(彭德懷)를, 그리고 농민토지의 겸병은 1959년 펑더화이가 자신의 정치적 몰락을 감수하고 그토록 강력히 반대했던 대약진을 암시한다는 것은 정치적으로 예민한 중국독자들이 간파하기에 그다지 어려운 일이 아니었다.

우한의 희곡은 대약진이 붕괴한 직후의 '어려운 시기'에 쓰인 많은 반(反)마오주의적인 역사 알레고리와 정치 풍자물 가운데 하나였다. 그리고 그런 작가들은 결코 고립된 지식인이 아니었다. 류사오치, 덩샤오핑, 펑전(彭眞) 같은 마오의 강력한 정적들이 그들을 안전하게 보호해주고 있었다. 이런 문학작품 가운데 주목할 만한 예로는 『옌산 야화』(燕

山夜話)와 『삼가촌찰기』(三家村札記)라는 제목으로 연속 출판된 수필이 있었다. 이들 작품은 마오쩌둥을 다른 결점은 차치하고라도 자신의 약속마저 잊어버린 심각한 정신질환을 앓고 있는 건망증 환자로 묘사했다.[1]

이런 풍자적 공격이 대체로 중단되는 것은 1962년 9월 8기 10중전회에서 마오의 연설이 행해지고 사회주의 교육운동의 시작과 함께 정치적·사상적 통제가 전반적으로 강화되면서였다. 당시 중국에서 문학과 정치의 관계가 얼마나 밀접했는지를 마오는 잘 알고 있었다. "반당활동을 하기 위해 소설을 이용하는 것은 위대한 발명"이라고 냉소적인 대꾸를 하는 동시에, 마오는 "정권을 전복하려는 사람은 누구나 여론을 조성해야 하며 이데올로기 방면의 공작을 해야 한다"고 노골적으로 지적했다.[2] 마오에 대한 공공연한 문학적 공격은 1962년에 이미 끝났지만, 마오는 이른바 그의 건망증에도 불구하고 이를 결코 잊지 않았다. 1965년 11월 우한을 비판하는 야오원위안의 논문이 출판된 것은 마오의 직접적인 지시(마오의 부인 장칭[江靑]의 도움을 받아)에 의한 것이었다. 우한은 명조의 역사적 사실을 왜곡했을 뿐 아니라 농민에게 "토지를 되돌려준다는" 이 희곡의 메시지는 "인민공사를 붕괴시키고 지주와 부농의 범죄적인 통치를 회복하기를" 원하는 자들에게 사상적 지원을 하고 있다는 것이 야오원위안의 주장이었다. 이 모든 것은 "프롤레타리아 독재에 대한 부르주아적 반대투쟁의 조짐"이라는 것이다.[3] 앞으로의 사건진행에서 곧 밝혀지듯이, 사실상 이 반대는 부르주아적이라기보다는 오히려 레닌주의적이었다.

이후의 마오주의자들은 문화대혁명의 시작을 야오원위안의 논문이 등장하는 시기로 보고 있지만, 사실 당시에는 그의 논문이 그다지 큰 의의를 갖지는 않았다. 문학단체나 사상단체 내부에서 논쟁이 6개월간 계속되는 동안 어떤 특별한 일도 일어나지 않았다. 만약 그 당시 문화대혁명이 진행되고 있었다면, 그것은 학술단체나 문학단체에만 해당된다고 말할 수 있다.

그러나 마오는 문화계에서 사상정화 이상의 것이 일어나기를 원했다. 당시 드러나고 있던 문화적·사상적 부패의 증상 밑에 훨씬 더 위험한 사회적·정치적 폐단이 숨어 있다고 마오는 생각했다. 그리고 기존의 당 기구는 이 폐단을 시정할 마음이 없는 것처럼 보였다. 당시 마오는 이미 중국에서 사회주의의 주요 적을 "자본주의의 길을 걷고 있는 당 내부의 실권파"로 보고 있었다. 1965년 1월 정치국 상무위원회 회의에서 이런 불길한 테제를 들고 나온 마오는 '문화혁명'을 일으키도록 당 지도자들을 설득할 수 있었다. 아직 모호하고 또 그다지 위험스러워 보이지 않는 개념을 실현하도록 권한을 위임받은 사람들이 '5인 소조(小組)'를 구성했다. '5인 소조'를 주재한 펑전은 정치국 서열 제5위이며 베이징 시위원회 서기이자 베이징 시장이었다. 다섯 사람 중 오직 한 사람 캉성(康生)만이 마오주의자라고 할 수 있었다. 5인 소조는 별 다른 활동을 하지 않다가 11월에 야오원위안의 논문이 발표된 이후 본격적인 활동에 들어갔는데, 그것은 어디까지나 마오주의자들의 공격이 가져올 정치적 영향을 약화시키려는 것이었다. 1966년 2월 펑전은 야오원위안을 비롯한 마오주의자들이 "순수한 학문적 문제를 정치적 문제로 다룬다"고 비난했다. 정치적 문제들이 명백히 포함되어 있었음에도 펑전과 당 조직은 용케도 1966년 봄까지 이 논쟁을 대부분 학문적이고 역사적인 문제로 국한시켜 나갔다. 그러는 동안 마오는 공식 석상에 더 이상 모습을 드러내지 않고, 자기의 정책에 대한 지지세를 규합하기 위해 1965년 11월, 6개월에 걸친 지방시찰을 시작했다.

이듬해 봄 마오가 베이징에 돌아오자 사건은 어지러울 정도로 빠르게 전개되었다. 우한은 물론이고 다른 문학적·정치적 적(이들은 '흑방'으로 불림)에 대한 공격도 더욱 첨예해졌고 점점 더 정치적이 되었다.

그해 초 총참모장 뤄루이칭(羅瑞卿, 전에 비밀경찰의 우두머리였던 뤄루이칭은 마오의 사상보다 군사업무를 더 우선시한다는 이유로 비난받음)을 숙청한 이후 군대는 이제 더욱더 확실하게 린뱌오의 통제 안에 들어갔다. 당시 군대는 스스로를 "프롤레타리아 독재의 주춧돌"이라고 선포했고 문화대혁명의 끊임없는 발전에 중요한 역할을 할 것임을 선언했다. 5월 초 『해방군보』는 사설에서 문화계의 "반(反)사회주의 분자"를 숙청할 뿐 아니라 "당 내부의 우경기회주의 분자를" 제거할 것을 요구했다. 마오가 초안하고 당 중앙위원회 명의로 선포된 「5·16통지」는 5인 소조를 해체했고 문화대혁명을 방해한다는 이유로 펑전을 비난했다. 또한 「통지」는 "부르주아지의 대표적 인물들"이 당의 각급 조직(중앙위원회도 포함)에 파고 들어가 있으며, "부르주아 독재"를 건설할 준비를 하고 있다고 주장했다. 그리고 "흐루시초프 같은 사람들이 여전히 우리 곁에 바싹 다가와 있다"고 경고했다.[4]

결국 문화대혁명은 빠르게 정치혁명으로 변해갔고, 이로 인해 실각한 첫 번째 당 고위 지도자가 펑전이었다. 펑전과 그의 추종자들은 직위에서 쫓겨났고 베이징 시위원회와 시정부는 리쉐펑(李雪峰)이 이끄는 충성스러운 마오주의자들을 중심으로 재편되었다. 그리고 곧바로 수도의 중앙 선전부와 문화부에 대한 전면 숙청작업이 뒤따랐다. 그 중 가장 유명한 희생자는 중앙선전부장이었던 (또한 권위 있는 『인민일보』를 통제하던) 루딩이(陸定一)와 오랫동안 중국 문학계와 문화계의 제왕이었던 저우양이었다. 새롭게 조직된 '문혁소조'(文革小組)의 지시 아래 마오주의자들은 이제 베이징과 전국의 주요 보도기관을 장악했다. 장칭과 천보다(陳伯達)의 지휘 아래 주로 급진적인 지식인들로 구성된 '문혁소조'는 문화대혁명을 이끌기 위해 설립된 준정부기구였다. 문화대혁명 기간 중에 문혁소조는 다방면에서 당 중앙위원회와 정치국의 권력을 행사했다.

그러나 마오의 목적은 단지 베이징에서의 지배권 획득이 아니었다. 마오주의의 목표는 국가의 정치구조와 전 국민의 사회생활, 그리고 무엇보다 인간의 정신을 총체적으로 개조하는 것이었다. 사회주의와 자본주의 사이의 이른바 "사활을 건 투쟁"의 결과를 결정짓는 데 혁명정신과 의식이 결정적 요소로 간주되었다. 문화대혁명의 저변에 흐르는 마오주의적 가정은 기존의 국가와 당 기구가 '부르주아 이데올로기'의 지배를 받았으며 따라서 사회 전반에서 자본주의 양식의 사회경제 관계를 생산해내고 있다는 것이었다. 오직 인민대중의 정치의식을 고양시키고 사회주의 정신과 혁명의 이상을 부활시켜 '프롤레타리아 이데올로기'의 지도 아래 국가구조를 새롭게 해야만 자본주의로 후퇴할 위험을 미연에 방지할 수 있다는 것이었다. 그리고 마오주의가 특별히 좋아하는 것으로 봐도 그렇고, 객관적인 정치적 필요성으로 봐도 그렇고 그런 목표들은 마오주의에 의해 촉발된 혁명활동에 대중을 동원함으로써 실현될 수 있었다. 혁명투쟁을 거치면서 대중이 자신을 둘러싼 객관적 세계를 변화시키는 동시에 정신적으로 스스로를 변화시킬 것이라는 믿음을 마오는 버리지 않았다. 마오가 요구했던 것은 "사람들의 영혼 깊숙한 곳까지 건드리는" '심오한' 혁명이었다. 마르크스는 사회적 존재가 의식을 결정한다고 믿었지만, 마오는 사회적 존재를 결정하는 것은 궁극적으로 의식 그 자체(정치행동과 국가기구를 통해 매개되는)라고 믿었던 것 같다.

홍위병

밑으로부터의 자발적인 대중운동은 얼마 지나지 않아 곧 나타났다. 어쨌든 마오의 문혁소조와 린뱌오의 군대로부터 큰 도움을 받긴 했지만, 대학생과 중학생은 기존의 권위에 반기를 들라는 마오주의자들의 호소에 가장 먼저 반응한 사회집단이었다. 그 밖에 문화대혁명이 선포한 사상과 목표에 진정으로 고무된 사람들, 학문적·정치적 위계 속에서 자신의 특수한 사회적 이익을 추구하는 사람들, 또 공식 당 기구가 조직한 '조반파'(造反派)에 소속되어 마오주의적 공격의 급진적 경향을 탈피하려는 사람들이 여기에 포함되었다. 이렇게 다양하게 뒤섞인 동기와 목적이 거대할 뿐 아니라 너무나 복잡하고 파편화된 청년운동을 낳았다.

곧 각급 학교에 들이닥칠 혼란은 1966년 5월 25일 베이징 대학에서 시작되었다. 젊은 철학강사 녜위안쯔(聶元梓)의 지도 아래 학생들은 우한 사건에 대한 논의를 억압하는 대학총장을 비난하고, "혁명지식인들이 모두" "전투에 참가할 것을" 호소하는 성명서를 학교 벽에 붙였다. 이 첫 '대자보'(이후 문화대혁명 기간에 대자보는 대중의 정치적 커뮤니케이션의 주요 형식이 되었다)는 학교 당 조직에 의해 즉시 뜯겨 나갔고 관련자들은 곧바로 징계를 받았다. 그런데 정확히 1주일 뒤 마오쩌둥이 이 대자보를 일컬어 "1960년대 베이징의 코뮌 선언"이라며 환호를 보냈다.(이때 그는 1871년 파리 코뮌을 직접적으로 언급함으로써 중국이 조만간 "완전히 새로운 형식의 국가기구"를 보게 될 것임을 예언했다.) 이것이 베이징 라디오에 방송되고 『인민일보』에 실리자, 전국의 학교에서 각양각색의 조반(造反)*학생조직이 엄청나게 빠른 속도로 만들어졌다. 6월 18일 교육제도 전반을 재정비하기 위해 6개월 동안 대학입시를 연기한다는 포고령이 발표되자, 학생활동가들은 이에 고무되어 학교 당국과 교사, 특히 학교의 당 위원회를 정치적으로 때로는 육체적으로 공격하기 시작했다.

조반파 학생들은 학교 당 조직과 교육관리기구를 공격했을 뿐 아니

---

* 반란을 일으킨다는 뜻.

라 곧이어 자기들끼리 싸우기 시작했다. 6월 초 학생들의 소동이 벌어지기 시작하자 이제 막 일어나고 있던 이 운동을 당의 조직적 통제 아래 두기 위해 류사오치는 서둘러 당의 공작조를 각 학교에 파견했다. 그리고 공작조는 당 관료의 자녀들이 이끄는 '조반'학생조직을 새로 만들었다. 이들 새로운 조직은 학교의 당 위원회를 지지했고, 문화대혁명의 공격방향을 마오주의자들의 목표인 '실권파'에서 '부르주아적인 권위'와 계급출신이 '안 좋은' 사람들로 바꾸려 했다. '부르주아적인 권위'는 말할 것도 없이 대부분 지식인·교수·교사·작가 등을 의미했는데, 이들은 사실상 정치적 공세 앞에서 자신을 지킬 힘이 없는 사람들이었다. 현재 알려진 사실과는 정반대로, 문화대혁명 동안 지식인에게 자행된 끔직한 박해는 급진적 마오주의자들에 의해 시작된 것이 아니라, 마오주의자들의 공격으로부터 당 관료를 보호하기 위해 당이 조직한 '조반파'에 의해 시작되었다. 첫 희생자 가운데 하나였던 가오이성은 베이징에 있는 철강연구소 소장이었는데, 1966년 7월 지방 당의 공작조에 시달리다 결국 자살했다.[5] 앞으로 몇 달 또는 몇 년 안에 많은 사람들이 이와 비슷한 운명을 겪게 된다. 중국사회에서 가장 비난받기 쉽고 '부르주아지'와 가장 동일시되기 쉬운 집단이었던 지식인은 문화대혁명이 진행되는 동안 사실상 모든 정치진영으로부터 무차별적인 공격을 받았다. 그러나 이 고약한 일을 맨 처음 시작한 주동세력은 기존 당 기구—마오주의자들의 공격을 받았던—의 지원 아래 활동하던 집단이었다.

당 공작조에 의해 만들어진 학생조직들은 지식인을 박해하는 것 외에도 출신이 '안 좋은' 동료학생, 즉 이전에 지주·부농·자본가의 자녀 또는 지식인 부모를 둔 학생들을 공격하기 시작했다. 이들은 이미 시대에 뒤떨어진 계급성분제를 계속 유지하는 것이 자신들에게 사회적으로 이득이며 정치적으로 유리하게 작용한다는 것을 잘 알고 있었다. 실제로 그들은 '혈통론'(또는 '자래홍'[自來紅]이론)을 만들어서, 현재 정부관료와 당 간부가 되어 있는 과거 혁명가였던 부모들의 혁명정신을 물려받았다고 주장했다. 이런 비밀스러운 '계급분석' 이면에 있는, 그리고 지식인 전반에 대한 공격 뒤에 감추어져 있는 정치적 의도는 한결 같았다. 다름 아닌 바로 기존의 당 기구를 보호하는 것이었다.

혁명 이후의 중국역사에 나타난 아이러니의 하나로서 문화대혁명 기간 중에 완전히 그 모습을 드러낸 것은 구정권 아래에서 억압받는 계급에 속했던 혁명가들이 이제 새로운 사회질서 속에서 사회적·정치적으로 보수적이 되어간다는 사실이었다.(이런 경향은 세월이 갈수록 더욱 뚜렷해졌다.) 그러나 이와는 대조적으로 '해방' 이후의 중국에서 사회적·정치적으로 급진적이었던 사람은 종종 1949년 이전의 중국에서 특권계급을 구성했던 가정의 자녀들이었다. 이 역설을 해명하는 데 거창한 사회학적 통찰이 필요한 것은 아니다. 대부분 빈농과 노동계급 출신이던 과거의 혁명가들과 그들의 자녀는 1949년 이후의 사회에서 정치적 지위, 교육기회, 취업 면에서 많은 혜택을 보았다. 새 정권 아래에서 그들은 과거에는 맛볼 수 없던 높은 사회적 지위를 누리고 있었다. 반대로 과거의 자본가·지주·지식인의 자녀들은 각종 사회적·경제적·정치적 차별을 받고 있었다. 그리고 이런 차별은 교육제도에서 가장 심하게 나타났다. 결국 하층계급의 혈통을 가진 사람들(최소한 정치권력에 접근이 용이한 사람들)은 혁명 이후에 나타나는 사회질서와 새로운 불평등에 보수적인 이해관계를 갖고 있는 반면, 옛 통치계급의 자녀들은 더 이상 특권이 없는 사람들이었다. 후자에 속한 사람들이 관료적 특권에 대한 급진적 마오주의자들의 비판과 더 큰 평등에 대한 호소에 그렇게 열정적으로 반응했던 것은 놀랄 일이 아니다. 반면 전자에 속한 사람들은 공산당을 방어하기 위해 모였고 그들의 이른바 '혁명'역량을 옛 특권적 사회계급의 자녀들을 공격하는 데 집중시켰다. 1966년 여름 학생운동에 나타난 정치적 분열(문화대혁명 이후에도 계속 남게 되는)은 당시의 사회적 이해관계의 충돌양상을 상당히 이성적으로 표출하고 있다. 비록 학생운동이 다른 면에서는 얼마나 비이성적이었는지는 모르지만 말이다. 부모가 당 간부가 아닌, 중학교와 대학교에서 낮은 비율을 차지하고 있던 노동자·농민가정 출신의 학생들은 급진적인 '조반파' 조직과 보수적인 '조반파' 조직에 보통 비슷한 비율로 나뉘어 참가했다.[6)]

모호하게 구분된 '마오주의'와 '류사오치주의' 학생단체들 사이에 언어적 또는 종종 육체적으로까지 이어진 투쟁은 1966년 여름 내내 계속되었다. 그리고 이때 당의 공작조는 자신들에게 유리한 쪽으로 상황을 이끌어가는 데 어느 정도 성공하고 있었다. 두 종류의 조직은 모두 똑같이 마오주의 슬로건을 소리 높여 외치며 마오와 그의 '사상'에 대한 충성을 선언했다. 그러나 이들은 마오 주석의 사상을 자기들의 목적에 따라 다르게 해석했으며, 특히 사회계급에 대한 해석에서는 차이가 더 심했다. 류사오치의 반대를 무릅쓰고 마오쩌둥이 '50일간의 백색테러'를 비난하며 학교에서 공작조를 철수시키라고 명령한 것은 7월 하순이었다. 이로써 조반파 학생들은 당 조직의 명령에 구애받지 않고 전적으로 마오의 사상적 권위에 의지하여 자유롭게 자기의 조직을 만들 수 있었다. 그들은 신속하게 새로운 조직을 일으켜 스스로 홍위병(紅衛兵)으로 거듭났다. 그러나 6월과 7월 학생운동을 특징지었던 사회적·정치적 분열은 겉모습만 바뀌었을 뿐 여전히 재생산되고 있었다.

'홍위병'이라는 이름은 마르크스주의 혁명전통에서 신성한 자리를 차지한다. 원래 홍위병은 1917년 볼셰비키 혁명에서 정권을 획득한, 무장한 러시아 노동자와 병사들을 의미했다. 그러나 1930년대와 1940년대 중국 공산주의 혁명운동 과정에서 정규군인 홍군 병사를 지원하는 지방의 무장농민을 홍위병이라 부르기 시작했다. 1966년 8월 초, '홍위병'이라는 글자를 새긴 완장을 찬 어린 학생들이 베이징 거리를 활보하기 시작했다. 몇 주일 안에 수도에 있는 마오주의 지도자들의 격려를 받으며 사실상 전국의 모든 대학교와 중학교에 홍위병 조직이 만들어졌다. "반란을 일으키는 데는 이유가 있다"(造反有理) "낡은 것을 파괴하지 않고서는 새로운 것을 세울 수 없다"(不破不立)라는 슬로건 아래 모인 조반파 청년들은 곧이어 수백만 명에 이르렀고, 전국의 도시와 시장마을 거리를 행진하면서 모든 "소귀신과 뱀귀신"을 일소하라는 마오주의 지령을 전달했다. 이들은 마오 주석에게 직접 승인을 받기 위해 베이징으로 몰려들었다. 마오의 승인은 극적인 모습으로 이루어졌다. 8월 18일 수백만 명의 청년들이 1919년 5·4사건 이래 혁명적 동요의 상징적 장소가 된 천안문 앞 광장에 모였다. 해뜰 무렵 마오는 마치 신과 같은 모습으로 천안문 위에 모습을 드러냈다. 빨간 완장을 근엄하게 두른 마오쩌둥은 이제 홍위병의 '위대한 스승' '위대한 지도자' '위대한 조타수'일 뿐 아니라 그들의 '최고사령관'이 된 것이다. 한 달 전에도 72세의 마오 주석은 자신을 신격화하는 또 다른 극적인 행동을 보여준 적이 있었다. 양쯔 강에서 65분 동안 약 15km를 헤엄치는 모습을 대대적으로 언론에 보도함으로써 마오는 자신의 정치적 패권과 육체적 활력을 과시했다.

신격화된 노령의 마오쩌둥과 젊은 홍위병의 조반 에너지는 문화대혁명의 계획을 실행하는 데 필수적이었다. 사실상 후자는 전자가 반포하는 각종 '지시'와 '가르침'을 실행에 옮기기 위해 선택된 도구였다. 문화대혁명의 계획은 열이틀간의 열띤 당 중앙위원회 회의 끝에 마침내 통과된 「16조」(十六條)*에 설명되어 있다. 8월 초에 열린 8기 11중전회에서 비마오주의적 당 지도자들의 상당수가 제거되고 그 자리를 홍위병 대표들이 차지했다. 「16조」에 공식 규정된 운동의 목적은 "자본주의 노선을 걷는 당내 실권파"를 타도하는 것이었다. 이와 밀접히 관련된 것으

---

* 정식명칭은 「프롤레타리아 문화대혁명에 관한 결정」.

로 두 번째 목적은 '4구'(四舊)를 파괴하는 것이었다. "부르주아지가 전복되었다고 하더라도" "그들은 아직도 착취계급의 구사상·구문화·구풍속·구관습을 이용해 다시 돌아오려 기도하고 있다"고 「16조」에 쓰여 있다.[7] 이처럼 '부르주아지'는 '구사상'의 보유자로 판단되는 사람들과 동일시되었으며, 반면에 '구사상'은 '마오쩌둥 사상'에 순응하지 않는 모든 사상이었다. 이제 마오의 사상은 정치적 합법성의 유일한 원천으로서 당의 조직적 권위를 대체했다.

'부르주아의 복귀' 위험성이 무엇보다 당 내에 존재하고 있다는 사실은 너무나 명백했기 때문에 당을 정화하고 사회 전체에서 부르주아의 영향을 제거하는 임무가, 과거의 정풍운동 때와 같이 당에 맡겨질 수는 없었다. 그보다는 오히려 문화혁명의 수단은 "용감하게 대중을 동원하는 것"이었다. "유일한 방법은 대중 자신이 스스로를 해방시키는 것이며 대중의 입장에서 일을 대신 해주는 식의 방법은 절대로 사용해서는 안된다"고 「16조」는 반복해서 선포했다. 당시 이런 대중운동을 자극하는 행위자는 홍위병이었다. 나이든 사람들은 "다수의 혁명적 젊은이들은 이전에는 볼 수 없었던 용감한 개척자"라고 하면서 홍위병을 칭찬했다. 당 공작조의 관료적인 비호 아래 이루어졌던 대중동원 대신 이제 '자유로운 대중동원'이라는 원칙이 새롭게 선포되자 '개척자'의 급성장이 용이해졌다.

이 모든 것이 당 지도자들을 걱정하게 할 만한 것은 못되었을지도 모른다. 그러나 밑으로부터의 혁명이 가져올 궁극적인 정치적 결과가 과거의 레닌주의 형식을 그대로 유지한 채 약간의 개정만을 거친 공산당이 될 것임을 「16조」는 결코 보장하고 있지 않았다. 오히려 「16조」는 미래의 정치권력이 전위당이라는 레닌주의 개념이 아닌, 파리 코뮌에 대한 마르크스의 묘사에 따라 재편될 것임을 암시했다. 동란 초기에 나타났던 새로운 정치조직, 즉 "문화혁명소조, 문화혁명위원회, 문화혁명대표회의"는 "임시조직이 아니라 장기적인 상설 대중조직이어야 한다"고 선포했던 것이다. 이들 조직은 학교나 경제기업뿐 아니라 도시와 농촌의 정부기관에서도 적합한 조직형식으로 인정받았다. 그 밖에 「16조」는 "파리 코뮌과 같이 보통선거제도를 시행할 필요가 있다"고 주장했다. 실제로 7월에 마오는 당시 찬양되고 있던 녜위안쯔의 대자보가 바로 "중국의 파리 코뮌 선언서"라고 선언함으로써 프롤레타리아 독재에 대한 마르크스주의의 최초 모델을 직접 승인하고 나섰다. 그리고 그는 그것의 의의가 파리 코뮌보다 훨씬 크다고 덧붙였다.[8]

새로운 정치질서에 대한 문화대혁명 지도자들의 비전—그리고 그 속에서의 당의 위치—은 모호한 채 남아 있었던 반면, 기존의 당과 조직에 맞서 반란을 일으키라는, 대중을 향한 마오쩌둥의 호소는 당과 당주석 명의의 호소였음에도 불구하고 전혀 모호하지 않았다. 하지만 꽤나 놀라운 것인 것만은 분명했다. 8월 5일 마오쩌둥은 중앙위원회 회의가 열리는 회의실의 문에 자기가 쓴 대자보를 붙여놓았다. 대자보에는 '부르주아 독재'를 시행하는, 그의 당 내 반대세력들의 "사령부를 폭파하라"고 그의 학생 추종자들에게 호소하는 내용이 담겨 있었다. 사흘 뒤 「16조」는 공식적으로 문화대혁명의 헌장으로 공포되었다. 8월 18일 마오 사상의 인도를 받으며 그의 직접 지시에 따라 행동하는 홍위병이 당과 국가의 권력기구에 대항하는 대중혁명의 선봉으로 임명되었다. 이와 동시에 마오의 '가장 절친한 동지'로 알려진 린뱌오가 마오의 비공식 후계자로 지명되었다. 이때부터 마오주의자들은 당 조직 전체와 고위 지도자 대부분을 공격하기 시작했다. 그들 중에서도 특히 "자본주의 노선을 걷는 당내 실권파" 또는 "중국의 흐루시초프" 등[9] 다양하게 지칭되던 류사오치와 당시 "자본주의 노선을 걷는 제2인자"로 알려진 당 총서기 덩샤오핑에게 공격이 집중되었다. 당시에는 류사오치의 이름이 공식 출판물에 아직 등장하지 않았다.(1968년 가을에 가서야, 즉 중국 최고의 레닌주의자인 류사오치가 '반혁명분자'로 낙인찍히고 자신이 일생을 바쳐 조직한 당에서 공식적으로 쫓겨나면서 그의 이름이 직접 언급된다.) 그러나 1966년 11월 이후부터 류사오치는 이미 더 이상 공식석상에 모습을 보이지 않고 있었다. 그는 체포되어 베이징에서 허베이로 이송되는 도중인 1969년에 폐렴으로 사망했다.(이 사실은 이로부터 10년이 지난 뒤에야 밝혀진다.) 1966년 후반, 인민공화국 주석이 정치적으로 몰락하자, 이후 문화대혁명 기간 동안 국가원수의 의례적 직무는 쑨원의 부인이며 당시 인민공화국 부주석이었던 쑹칭링(宋慶齡)이 맡았다.

이 사건이 혁명 이후의 역사 속에서 그토록 독특한 현상으로 나타나는 것은 기존 정치질서에 맞서 반란을 일으키라고 요구한 사람이 다름 아닌 그 질서를 세운 사람이었기 때문이다. 이 사건은 바로 혁명의 원로들—그 중 마오쩌둥은 가장 덕망 있고 존경받는 사람임에 틀림없었다—의 요구, 즉 자신들이 추구하고자 하는 혁명적인 사회변혁의 도구가 아니라 오히려 걸림돌이 되고 있는 국가와 당 조직을 건설한 사람들의 요구였다는 것이다. 그러나 문화대혁명에 대한 더 중요한 의문은 마오가 왜 반란을 일으키라고 호소했는가 하는 것이 아니라 도대체 왜 수천만 명에 이르는 수많은 보통의 중국시민들이 그의 호소에 반응했는가 하는 것이다.

* * *

8월 18일 천안문 광장에서 장대한 집회를 개최한 이후 홍위병은 베이징을 비롯한 여러 도시의 거리를 돌며 '4구'(四舊)에 반대하는 열광적인 운동을 벌여 나갔다. 이들은 연장자들이 기대하고 원했던 것보다 훨씬 더 폭력적이고 무차별적으로 행동했다. 물론 「16조」는 이들에게 "모든 일에 대담하라"고 요구하고 있었지만, 또 한편으로는 "인민 내부의 모순"은 "강제나 폭력이 아닌 논의를 통해" 해결해야 하며 "반(反)사회주의적 우파분자"조차 "새 생활을 시작할 수 있도록" 해야 한다고 경고했다. 더 나아가 "문화혁명과 생산은 서로 방해하지 않고 [진행되어야 한다]"는 조건을 내세웠다. 실제로 「16조」는 운동의 목적이 생산을 붕괴시키기 위해서가 아니라 증가시키기 위해서 대중의 의식을 혁명화하는 것임을 강조했다. 그러나 초기에 홍위병은 그런 구별과 절제 따위에는 거의 관심을 기울이지 않고 공격을 가했다. 나이어린 반란자들은 오히려 초기의 홍위병 선언서에 들어 있는 신비스러운 무정부주의 정신에 따라 행동했다. 이 선언서는 "싸우면 반드시 이기는 마오쩌둥의 위대한 사상"에서 '법력'(法力)과 '신통력'을 얻어 "옛 세상을 뒤엎고 산산조각을 낸 후 완전히 가루로 만들고 혼란에 혼란을 불러일으킨다. 혼란은 크면 클수록 더 좋다"고 선언했다.[10]

혼란으로 점철된 1966년의 마지막 몇 달 동안, 수백만의 홍위병은 마오의 초상화를 들고(마오는 "우리 마음속의 가장 붉은 태양"이라고 반복해 외쳤다) 주석의 '붉은 소책자'(어떤 사람들은 이 책이 거의 마술적인 힘을 지녔다고 생각했다)를 흔들며 도시의 거리를 행진하고 전국을 돌아다녔다. 이렇게 도시와 농촌을 여행하며 이들은 봉건적인 과거의 모든 상징과 오늘의 부르주아적 영향에 반대하는 운동을 펼쳤다. 박물관과 집이 약탈당했으며 고서적과 예술작품이 파괴되었다. 고대의 유교경전에서 현대의 베토벤 음반에 이르기까지 모든 것을 찾아내 쓰레기통에 던져버렸다. 거리의 표지판과 건물마다 새로운 혁명적인 이름이 나붙었고, 그 옆에는 마오쩌둥의 초상화와 그의 어록이 항상 나란히 세워졌다. 양복과 홍콩식 헤어스타일을 한 시민은 영락없이 공격받고 수모를 당했으며, 불교와 도교의 기념품을 소지한 사람들도 마찬가지로 당했다. 문화대혁명은 곧바로 문화뿐 아니라 사람들도 파괴하기 시작했다. 홍위병의 맹공 대상이 '4구'를 뿌리 뽑는 것에서 '실권파'를 공격하는 것으로 옮겨가자, 당 관료와 행정간부들은 '체포'되어 고깔모자를 쓰고 거리를 행진해야 했으며 또 대중대회장에서 자신의 '범죄행위'를 고백하고 각종 비판투쟁대회에 끌려가 심리적으로뿐 아니라 육체적으로도 종종 학대를 받았다. 적지 않은 수가 맞아 죽거나 자살했다. 이 공격을 정면에서 받아야 했던 사람들은 여러 사회세력 중 가장 취약하고 저항할 힘이 없는 지식인 집단이었다. 초기의 희생자 중 하나는 중국에서 가장 유명한 희곡작가이며 유명한 『뤄터샹쯔』의 저자 라오서(老舍)였다. 그는 중학교 홍위병들에 의해 끊임없이 '학습' 대회와 '투쟁' 대회에 참가하도록 명령을 받았다. 그의 집은 약탈당했고 그의 책은 모두 불살라졌다. 1966년 8월 말, 67세의 노작가는 베이징 근처의 타이핑 호수에서 시체로 발견되었다. 그는 호수에 투신자살한 것으로 보도되었다.[11]

홍위병의 활동이 아무 도전도 받지 않고 계속 진행된 것은 아니었다. 젊은 투사들이 공장과 공사에 들어가 경쟁적인 노동자·농민의 반항집단과 마주칠 경우 가끔 유혈충돌이 일어나곤 했다. 그러나 이보다 더 처절한 싸움은 홍위병 내부에서 일어났다. 처음부터 학생운동에 두드러지게 나타나던 사회적·정치적 분열은 시간이 갈수록 점점 더 심해졌고, 운동 내에서 '보수'파와 '조반'파 사이에 끝없는 폭력과 보복의 악순환이 계속되었다. 과거 농촌에서 노동하기 위해 파견되었던 도시의 젊은이들이 문화대혁명에 참가하기 위해 도시로 돌아오면서 홍위병의 수가 점점 불어났고 이 운동의 폭력성과 파벌투쟁이 격화되었다. 도시에서의 교육과 취업의 기회를 잃은 사람들은 청년들 중에서도 가장 불만이 많은 집단이었다. 이들은 당에 대해, 특히 그럭저럭 하방에서 면제되어 대학에 우선적으로 입학한 당 간부와 인민해방군 간부의 자녀들에 대해 원한과 불만을 품고 있었다. 이 '도시로 돌아온 청년들'은 거의 모두 가장 급진적인 홍위병조직에 가담했다.[12]

베이징의 나이든 문화대혁명 지도자들은 젊은 '개척자들'의 활동을 제한하는 동시에 격려했다. 그들은 홍위병에게 폭력을 사용하지 말라고 권고했고 노동자와 농민의 생산활동을 방해하지 말라고 명령했다.

그리고 '주자파' 개인이 아닌 지방과 성(省)의 당 조직에 대한 무차별적인 공격은 삼가라고 엄중 경고했다. 또한 공통의 투쟁목표를 위해 대중을 단결시키기는커녕 대중 사이의 분열을 조장하는 행위를 비난했다. 그러나 점점 더 불어나는(그리고 점점 더 파벌화되는) 운동을 어느 정도 중앙의 통제 아래 두려는 이런 노력은 좌절되었다. 동시에 인민해방군이 홍위병을 지원하도록 명령받았기 때문에 홍위병은 철도·버스·트럭을 공짜로 이용할 수 있었으며 가는 곳마다 음식과 숙소를 제공받을 수 있었다. 이런 특권이 홍위병의 여행을 억제하지 못하게 만들었음은 말할 필요도 없다. 또한 10월 말에 학교가 1년 동안 문을 닫을 것이라고 선포한 것도 이런 반란활동을 누그러뜨리는 데 전혀 도움이 되지 못했다. 그해(1966)가 다 가기 전에 1,200만 홍위병이 마오쩌둥을 보기 위해 (그리고 마오쩌둥에게 보이기 위해) 베이징에 상경했다. 그리고 천안문 광장에서 거행된 거대한 집회(마지막 집회인 8차는 11월 26일에 있었다)와 마오쩌둥이라는 매력적인 존재도 이 운동을 억제하지 않았다. 특히 린뱌오 등의 연설은 '극좌' 행위에 대한 비판은커녕 오히려 그 혁명적 열정을 찬양했다. 홍위병은 '혁명의 후계자'로서 자신을 단련시키기 위해 농촌지역을 가로지르는 '대장정'을 계속했다. 그들은 "혁명경험을 교환하기" 위해 전국 방방곡곡을 자유롭게 여행했다. 동시에 이들은 지방당의 조직사령부를 더욱 강하게 '폭파'해 나갔으며, 간부·지식인·구자본가 그리고 나쁜 정치적 꼬리표나 계급성분을 가진 사람들을 개별적으로 박해했다.

1966년 말, 베이징의 중앙 문화혁명소조 구성원 대다수의 눈에 홍위병은 더 이상 정치적 유용성이 없는 것으로 보였다. 홍위병은 자신들에게 할당된 "자본주의 노선을 걷는" 당 지도자들을 '폭로하는' 임무에서 이탈하여 이제는 당 조직 전체를 수세에 몰아넣고 있었기 때문이다. 그리고 모든 권위에 대한 공격은 사실상 무정부주의적 위험을 낳고 있었으며 "간부의 95% 이상을 단결시킨다"는 마오주의의 목표와도 부합하지 않았다. 그들은 "대중을 과감하게 동원하라"는 마오쩌둥의 명령을 실천에 옮겼지만, 결국 노동자와 농민이 기존 질서를 수호하기 위해 이 젊고 오만한 침입자들에게 대항하는 결과만을 초래했다. 게다가 이 운동에 두드러지게 나타났던 규율의 전반적 부재현상, 폭력적 파벌주의, 문화예술의 파괴, 그리고 가끔씩 드러난 직접적인 폭력으로 인해 베이징의 마오주의 지도자들은 홍위병에게 그 정치적 책임이 있다는 결론에 이르고 있었다. 1967년 문화대혁명의 '선봉'을 정치무대에서 제거하기 위해 아주 엄격하고 다양한 조치가 취해졌다. 그러나 홍위병을 불러들이기는 쉬웠지만 해산시키기는 쉽지 않았다.

홍위병의 정치생명을 끝장낸다고 문화대혁명이 끝나는 것은 아니었다. 1967년 프롤레타리아 문화대혁명은 새로운 단계, 즉 지방·성·지구의 당 권력기관으로부터 "권력을 빼앗는"(奪權) 단계로 이동했다. 그리고 새로운 정치배우들이 정치무대의 중심에 등장하기 시작했다. 노동자와 병사가 바로 그들이었다. 이 새로운 단계는 홍위병이 무대를 지배했던 지난 6개월보다 훨씬 소란스러웠다.

상하이 공사의 부침

1966년 여름과 겨울, 문화대혁명이 베이징에서 다른 대도시와 각 성으로 퍼져 나가자 마오주의자들은 이 운동이 가져올 혼란과 이에 저항할 수 있는 지방 당 조직의 힘을 과소평가했다는 것을 깨닫게 된다. 10월 말 마오쩌둥은 한 공작회의에서 "내가 녜위안쯔의 대자보를 승인한 이후 문화대혁명은 대파괴를 불러왔으며" "나 자신도 이를 예견하지 못했다. ······전국이 혼란 속으로 빠져들 것임을. ······이 대파멸을 초래한 사람은 나이기 때문에 여러분이 나를 비난한다 해도 수긍할 만하다"고 시인했다.[13] 동시에 문화혁명소조의 조장인 천보다는 대중조직이 단결하여 새로운 정치구조를 만들어내는 데 왜 실패했는가를 설명하려 했다. 그는 지방 당 지도자들이 "자기 지위와 특권을 잃어버릴까 봐 두려워하여" "노동자와 농민을 학생들과 싸우도록 유도했다"고 비난했다.[14] 물론 천보다는, 베이징에 있는 자신을 비롯한 다른 마오주의 지도자들 역시 그들 자신의 정치적 목적을 위해 대중운동을 이용하려 했다는 점에서 비마오주의파 당 관료들과 다를 바가 없다는 사실은 언급하지 않았다.

마오주의자들이 과소평가한 것이 또 하나 있었다. 도시노동계급의 자발적인 사회적·정치적 급진주의가 곧이어 그 자체의 동력을 획득할 것이라는 사실이었다. 그러나 1966년 말 마오주의자들의 관심은 도시와 성(省)에서 점점 커지고 있던 대중운동의 내분을 이용해 자신을 보호하려 애쓰는 도시와 성의 당 관료기구의 회복력에 집중되어 있었다. 당시 전국조직으로서의 당은 사실상 존재하지 않는 것이나 마찬가지였다. 베이징에서는 마오와 문화혁명소조가 권력을 장악하고 있었고 중앙위원회 명의로 모든 지시를 내리고 있었다. 그러나 수도 이외의 성·지구·도시에서는 현지 당 조직이 계속 살아남아 자기의 세력범위를 고수하고 있었다. 전국 곳곳에서 옛 관료기구들이 공격을 받았지만 사실상 거의 모든 곳에서 옛 기관의 각 조직이 그대로 존재해 있있다. 지방의 지도자들은 한편으로 마오의 사상에 경의를 표하는 동시에 다른 한편으로는 지방에서 활동하는 주석 지지자들의 공격을 막아내고 있었다. 이런 정치적 교착상태를 깨뜨리기 위해 베이징의 지도자들은 「16조」에서 선포한 목적의 하나를 곧바로 시행할 것을 요구했다. 그것은 바로 "프롤레타리아 혁명가들이 권력을 탈취하는 것"이었다. 그리고 그 첫 시도는 상하이에서 이루어졌다. 1967년 초 몇 달 동안 인구 1,100만의 도시에서 일어난 사건들은 문화대혁명이 당면한 객관적 제약과 문화혁명가들의 주관적 한계를 보여주었고, 이것은 앞으로 전국 규모의 투쟁이 전개될 방향을 결정짓는 역할을 했다.

* * *

상하이는 중국에서 가장 인구가 많은 도시일 뿐 아니라 가장 공업화된 도시이기도 했다. 비대해진 대도시의 거대한 근대식 공장 안에는 가장 크고 가장 집중된 중국의 프롤레타리아트, 즉 1920년대의 잔인한 혁명투쟁 속에서 형성된 전투적 전통을 가진 노동계급의 후계자들이 일하고 있었다. 상하이는 중국의 도시 중에서 문화적으로 가장 국제적이고 정치적으로 가장 급진적이었으며 원숙한 노동계급의 발생지이자 근대 중국의 급진적 인텔리겐치아의 오랜 중심무대이기도 했다. 1921년 중국공산당이 공식 성립된 곳도 상하이였고, 1965년 마오쩌둥 역시 상하이의 급진적 지식인들에게 문화대혁명을 일으키도록 요구했다. 만약 중국이 '프롤레타리아 문화대혁명'을 전개한다면 상하이가 그 자연스런 출발점이 되는 것은 당연했다. 1966년 말과 1967년 초에 이 거대도시에서 전개된 극적인 사건들은 다른 많은 도시에서 앞으로 일어날 일을, 작은 규모이기는 했지만 미리 보여주었다.

베이징에서 일어나는 마오주의의 동란에 고무되어 상하이에서도 1966년 여름이 되자 수도를 모방하여 학생들이 홍위병 집단을 조직하면서 문화대혁명이 시작되었다. 다른 곳과 마찬가지로 상하이의 홍위병도 격렬한 내분에 휩싸였다. 부분적으로는 그들 스스로가 자초한 일이기도 했지만, 부분적으로는 당 관료에 의해 조장된 것이기도 했다. 그러나 아무리 파벌로 분열되었다고 하더라도 이 운동은 점점 규모가 커지고 더욱 급진적인 성향을 띠어갔다. 대자보와 대중집회를 통해 당 지도자들을 공격하는 것에서 정부기관을 물리적으로 공격하는 것으로, 학교에 있는 '부르주아 지도자들'을 비판하는 것에서 상하이 시장 차오디추(曹荻秋)와 당 중앙 화둥국 제1서기 천피셴(陳丕顯)이 이끄는 기존의 당 기구와 국가 관료기구에 집단적으로 도전하는 것으로 급속히 확산되었다.[15]

다른 곳에서도 그랬던 것처럼 상하이 운동의 초기에 일어났던 특별히 폭발적인 정치적 쟁점과 그리고 지배자에 대한 대중의 깊은 분노를 명백히 보여주었던 것은 '비밀서류'(黑色檔案), 학교·공장·주민위원회·대중조직 안에서 활동하는 당과 공안의 공작요원들이 작성한 시민에 대한 정치적 신상기록인 '블랙리스트'(黑名單)였다. 이 블랙리스트는 반란을 일으키라는 마오주의적 요구에 관심을 갖는 많은 사람들, 특히 노동계급의 정치적 행동을 억제하고 있었다. 당이 다시 본래의 지위를 회복할 경우 자기에게 돌아올 경제적·정치적 보복이 두려웠기 때문이었다. 10월 5일 베이징에서 블랙리스트를 공개 소각하라는 지시가 내려오자 여기에 고무된 조반파 학생들은 블랙리스트 파기를 요구하고 나섰다. 그러나 당 관료들은 이 문서가 '국가기밀' 자료라는 이유로 제출을 거절했다. 11월 초 더욱 전투적인 일부 홍위병이 야간에 당 사무실을 습격하여 블랙리스트를 탈취하려던 중에 당 간부 및 경찰과 무력충돌이 벌어졌다. 11월 16일 베이징에서 또다시 내려온 지시는 이 문서를 파기하라고 요구하고 있었지만, 어디까지나 폭력이 아닌 설득을 통해 해결하라고 주문했다. 그러나 당 지도부는 설득당하지 않았고 결국 정치적 신상기록은 파기되지 않았다. 이 사건은 당 간부와 민관시민 사이의 적대감을 더욱 증폭시켰으며, 문화대혁명이 끝나고 나서도 오랫동안 계속되는 불신의 유산을 남겼다.

상하이 당 기구의 위신은 '블랙리스트'를 둘러싼 갈등으로 인해 손상되었다. 그러나 마침내 그 기구의 권력을 붕괴시킨 것은 바로 상하이의 노동계급이었다. 1966년 가을 조반운동은 학교에서 공장으로 확산되어갔고, 드디어 '프롤레타리아 문화대혁명'의 드라마에 진정한 프롤레타리아트가 등장하게 된다. 그러나 노동자들은 하나의 단합된 조직으로 이 전투에 참여하지 않았다. 이들은 나이든 노동자와 숙련공 및 나이 어린 비숙련공과 실습노동자로 나뉘어 있었다. 전자는 기존의 월급 및 상여금 제도에서 득을 보고 있었으므로 일반적으로 기존의 사회정치제도가 그대로 유지되기를 바랐으며, 후자는 자기의 생활조건과 노동조건으로 인해 당 관료조직에 대항하는 경향이 있었다. 그러나 이보다 훨씬 더 큰 간극은 국가에 영구 고용된 정규 노동자와 임시직 또는 계약직 노동자로 구성된 거대한 반(半)프롤레타리아트 사이에 놓여 있었다. 후자는 대부분 근처 공사의 농민으로 이루어져 있었으며(이보다 적은 수이지만 도시의 실업자도 여기에 포함됨) 일정기간 동안만 고용되었고 곧바로 해고를 당할 수 있었다. 겨우 생존의 선상에서 살아가는 계약직 노동자들은 형편없는 임금을 받으며 노동하고 있었을 뿐 아니라 정규직 노동자가 향유하고 있던 아주 기초적인 사회복지혜택과 고용보장조차 누리지 못하고 있었다. 원래 노동자와 농민의 격차('3대 격차'의 하나)를 줄이기 위한 수단으로 고안되고 또 적어도 이론적으로 정당화되어왔던 계약제는 국가기업에 값싼 노동력을 제공하고 공산주의 국가에 이윤을 가져다주는 원천이 될 뿐이었다. 계약제는 다른 형태의 노동착취와 마찬가지로 문화대혁명 직전까지 폭넓게 확산되어 있었다.[16]

이전에 강제로 농촌에 파견되었던 젊은 노동자와 학생들이 일과 집을 요구하며 도시로 돌아오기 시작하자 상하이 노동계급의 규모는 더욱 커졌다. 다양한 임시직 또는 비정규직 육체노동자들과 함께 당시 일자리를 구하고 있던 사람들 중에는 제대한 병사들도 있었다.

이렇게 다양한 상하이 노동계급과 도시빈민이 외치는 사회경제적 요구는 서로 달랐고 종종 충돌하기까지 했다. 그리고 이는 곧바로 경제주의적인 정치조직의 형태로 나타났다. 인민공화국 역사상 처음으로 문화대혁명은 불만을 가진 노동자와 그 밖의 사람들이 공산당의 조직적·사상적 제약을 받지 않고 자유롭게 자기의 고충을 표현하고 자유롭게 자기의 조직을 (비록 단기간이긴 했지만) 설립할 수 있게 했다. 결과적으로 혼란스러울 정도로 다양한 대중의 조반조직이 자발적으로 등장했으며, 이 조직들은 모두 마오쩌둥과 마오주의 원칙에 충성을 선언했다. 단 이들은 그런 원칙을 자신들의 특수한 이해관계에 따라 해석했다. 11월 초에 이르자 여러 개의 조반조직이 '상하이노동자혁명조반총사령부'(이하 '노동자총사령부'로 줄임)라는 이름 아래 느슨한 동맹을 이루었다. 방직공장 젊은 노동자이자 중간간부인 왕훙원(王洪文)의 지도를 받은 '노동자총사령부'는 베이징의 지시 없이 거의 상하이 노동자들 스스로 만든 조직이었다. 실제로 수도에서 내려오는 마오주의 훈령은 노동자의 생산적 역할을 혁명적 역할보다 더 강조했으며, 문화대혁명에 참가하기 전에 8시간의 노동을 완수해야 한다고 명령했다. 수도의 지도부가 막연하게나마 마음속에 그리고 있었던 것은 노동자위원회(이것도 여가시간에 만들어야 한다고 강조)가 관리간부들과 협력하여 공장에서의 생산관계를 평화롭게 전환하는 것이었다. 생산이 붕괴되는 것을 우려했던 베이징은 이듬해 초가 되어서야 비로소 노동자에게 '혁명조반파'로서 스스로를 조직하라고 호소했다.

그러나 상하이에서 혁명의 고조는 마오주의자들이 기대했던 것보다 더 빠르게 진행되었다. 11월 8일 '노농자총사령부'는 자신의 요구를 상하이 시 당 위원회에 제출했는데, 여기서 그들은 옛 관료행정기구를 새로운 인민정권기관으로 대체할 것임을 분명히 예고했다. 노동자들은 '노동자총사령부'가 '프롤레타리아 독재' 아래에서 합법적 조직으로 인정되어야 한다고 요구하면서 당의 정치권력 독점에 반기를 들었다. 그리고 도시의 모든 공장을 조직할 수 있는 수단을 노동자에게 부여해야 한다고 주장하고 아울러 시 정부가 자신의 행정에 대해 공개적으로 설명하라고 요구하기도 했다. 이런 요구들이 거절당하자 일부 더 급진적인 노동자들은 그들의 요구사항을 마오에게 직접 제출하기 위해 11월 10일 베이징행 기차를 징발하여 탑승했다. 이에 당 지도부는 상하이 외곽의 작은 도시 안딩(安亭)에서 이 기차를 멈춰 세웠으나, 노동자들의 절반은 상하이로 돌아가라는 명령을 거부하고 사흘 동안 점거농성에 들어갔다.

수도에 있는 지도자들은 안딩에서의 이런 위기에 늑장을 부리며 모호하게 반응했다. 가장 먼저 나온 반응은 천보다가 보내온 전보인데, 여기서 그는 "당의 훈령에 불복하는 것은 심각한 문제"라고 경고했다. 또 노동자의 주된 일은 노동이고 "혁명에 참가하는 것은 부차적인 일"이라고 덧붙였다.[17] 그러나 상하이 시 당 위원회가 명령을 집행하기 전에 베이징에서 또 하나의 새로운 지시가 내려왔다. 이 지시는 상하이 시 당 위원회 서기였다가 7월에 '문화혁명소조'의 지도자가 되기 위해 수도로 떠났던 장춘차오(張春橋)에 의해 직접 전달되었다. 11월 14일 장춘차오는 '노동자총사령부'가 합법적인 혁명조직임을 선포하고 중앙위원회 명의로 노동자의 요구를 승인하는 서명을 했으며, 노동자의 요구를 거부하던 상하이 시장 차오디추에게도 서명을 강요했다. 베이징의 마오주의자들은 최소한 상하이에서는 '프롤레타리아' 혁명이라고 불리는 이 운동에 프롤레타리아트가 참가하는 것을 허용할 때가 왔다는 결론에 확실히 도달했던 것 같다. 이때까지 마오쩌둥은 문화대혁명에서 진정한 프롤레타리아트의 역할에 대해 아무런 언급도 하지 않았다. 그러나 상하이와 그 밖의 지역에서 일어난 이후의 사건들은 노동계급에 대한 그의 신뢰가 일시적인 것이었음을 곧 보여준다.

11월 중순 '노동자총사령부'가 승리하면서 상하이에서 당과 정부 조직의 역량이 급속히 와해되자 조반파들은 자유롭게 도시를 활보하면서 노동자를 비롯한 시민을 조직해 나갔다. 대중운동은 거대한 규모로 광란에 가까운 속도로 증폭되어갔고, 느슨하게 동맹을 이루면서 점점 다양해지고 있던 노동계급조직들과 홍위병조직들은 대중의 지지와 권력을 놓고 서로 격렬한 경쟁을 벌였다. 당시 유명했던 혁명조직 가운데 '노동자총사령부'와 가장 먼저 동맹을 맺었으나 조직적으로 분리되어 있었고 정치적으로 훨씬 급진적이었던 조직이 '노동자 제2병단'(성미가 불같은 겅진장〔耿金章〕이 이끄는 50만 육체노동자의 강력한 조직)과 '노동자 제3병단'('노동자총사령부'에서 갈라져 나온 수십만의 급진적 노동자와 학생들이 결성한 집단) 그리고 제대 군인들의 느슨한 전국적 연맹의 한 부분인 '홍기군'(紅旗軍)이 있었다.[18] 이런 급진적 노동자들에 반대하는 조직으로는 자칭 '마오쩌둥 사상을 수호하기 위한 노동자적위대(赤衛隊)'가 있었다. 노동자적위대는 주로 숙련노동자와 기술자로 구성된 비교적 보수적인 조직으로 회원은 80만 명이었다. 이 조직은 원래 급진주의자들의 공격을 막기 위해 옛 당 기구가 조직한 것이 분명하다. 그러나 '적위대'는 상하이 시 당 위원회가 조반파의 사회적·경제적 요구에 항복하자 곧바로 당 위원회를 비난하기 시작했다. 문화대혁명 이전의 질서가 유지되기를 바라는 동시에 마오와 그의 사상에 대한 충성을 소리 높여 외치는 상하이의 노동자와 시민 상당수가 이들의 깃발 아래 모여들었다.

  12월 중순, 상하이는 대략 서로 경쟁하는 두 개의 거대한 연맹으로 분열되어 있었다. 양쪽 보두 조직형대를 이루고 있었던 것은 아니지만, 하나는 보수적인 적위대가, 다른 하나는 '노동자총사령부'가 이끌었다. 그 해 말에 두 조직 간 경쟁이 대규모 폭력투쟁으로 발전하자, 공장에서는 생산이 사실상 중단되었고 시정부의 기능은 심각한 손상을 입었다. 끊임없이 이어지는 파업, 정치시위, 행진, 그리고 점점 심해지는 폭력의 소용돌이 속에서 적위대가 마침내 12월 31일 총파업을 선언하자 거대 도시의 경제는 마비되어버렸다. 이에 옛 관료들은 절망적인 자구 노력의 일환으로 마지막 남아 있던 도시와 공장의 자원을 모두 써버렸으며, 혼란은 더욱 가중되었다. 시위원회는 각 부문 노동자들의 경제적 요구에 부응하기 위해, 정치적으로 수동적인 노동자들을 매수하기 위해 상여금 지급, 임금의 소급 인상, 현금 보조 등을 허락했다. 이후 나타난 "경제주의의 요사스러운 바람"(妖風)은 사실상 상하이의 옛 당 기구가 절망 속에서 내뿜는 마지막 숨결과도 같았다. 이제 당 관료들은 자신의 경제적·정치적 자본을 다 소진해버리고 그들을 전복시키려는 대중운동의 흥기를 가만히 지켜볼 수밖에 없었다.

'1월혁명'이라고 찬양되는 이 전복은 1967년 첫 주에 일어났다. 1월 5일 '노동자총사령부'와 느슨한 연맹을 이루고 있던 12개의 조반파 조직은 (수도의 문화혁명소조원들의 격려와 지원을 받으며) 바로 이틀 전 자신들의 손에 들어온 상하이의 주요 신문인『문회보』(文滙報) 지상에「상하이 시 인민 모두에게 알리는 글」을 발표했다. 이 글은 끓어오르는 대중의 혁명운동 속에 나타나는 분열양상을 통탄하면서(그리고 그렇게 만든 적위대와 당 지도부를 비난하면서) 노동자들에게 공장으로 돌아갈 것을 호소하고 노동자·학생·지식인·간부들의 단결을 외쳤다. 단결을 위한 호소는 이튿날인 1월 6일 극적으로 표현되었는데, 백만이 넘는 시민이 시 중심부 광장에 모여 대중집회를 열었고 집회의 실황이 텔레비전으로 방송되어 수백만 명이 이를 지켜보았다. 이 집회에서 시장 차오디추를 비롯한 고위 당 관료들은 비난을 받고 직위에서 물러나야 했으며 공개적으로 자기의 죄를 인정해야 했다. 이후 며칠 동안 하급 관료들 역시 비슷하게 모욕을 당하고 굴욕적인 판때기를 목에 걸고 고깔모자를 쓴 채 거리를 행진해야 했다. 드디어 구 시당 위원회가 무너진 것이었다.

그러나 구 시당 위원회의 자리는 '1월혁명'을 일으킨 노동자들이 아니라 장춘차오가 차지했다. 장춘차오는 1월 6일 상하이에 다시 나타났다. 성공적인 대중운동의 지도자 자리에 오르기 위해서뿐 아니라 대중운동을 통제하여 도시의 질서를 다시 확립하기 위해서 온 것이었다.[19] 베이징의 문화혁명소조에서 파견된 그의 조수 야오원위안과 함께 장춘차오는 당시 '노동자총사령부'를 이끌고 있던 왕훙원과 정치협상을 시작했다. 이 협상은 10년 뒤에 '사인방'으로 구속될 사람들 중 세 사람이 제휴를 하는 계기가 되었다. '노동자총사령부'는 이제 장춘차오의 중요한 대중적 지지기반이 되었으나, 그는 상하이의 질서를 회복하기 위해 대중에게 의존하지만은 않았다. 그는 지방 당 조직을 접수한 뒤 과거에 자신이 만들어놓은 네트워크를 이용하여 하급 간부들의 협조를 얻는 데 성공했다. 더 나아가 장춘차오는 도시의 비밀경찰 요원들과 인민해방군의 지방부대를 장악해 나갔다. 그는 노동자들이 공장으로 돌아가도록 촉구하고 임금인상을 주장하는 '경제주의적' 요구를 거부했다. 그리고 파업을 탄압하고 정치질서를 재확립하는 데 비밀경찰과 인민해방군을 최대한 이용했다. 그 결과 1월이 다 가기 전에 상하이는 경제적·행정적으로 어느 정도 정상적인 기능을 되찾을 수 있었다.

장춘차오는 1월 초의 짧은 기간에 이루어진 대중운동의 통일을 유지하는 데는 이전만큼 성공적이지 못했다. 적위대는 해체되어 상당수가 '노동자총사령부'에 가담하는 듯했지만, 또 다른 한편으로 1월혁명에 가담했던 더욱 급진적인 단체들이 그 반대편에 서 있었다. 장춘차오의 새로운 정권이 구 시당 위원회와 멀로 나트지 않을지도 모른다고 두려워하면서 육체노동자와 룸펜프롤레타리아트를 대표하는 조직들(특히 경진장의 제2병단)은 장춘차오 통치의 혁명적 합법성에 도전장을 내밀었다. 1월의 마지막 두 주에 걸쳐 파벌투쟁은 재개되었고 이는 종종 폭력투쟁으로 발전했다.[20]

대중운동이 표면상 잠시 단결할 수 있었던 것은 새로운 질서가 마르크스주의 모델인 파리 코뮌의 민주적 원칙에 따라 건설될 것이라는 장춘차오의 약속 때문이었다. 문화대혁명 시작 때부터 크게 선전되었던 파리 코뮌의 원칙들은 상하이의 정치활동가들 사이에서 거의 보편적인 지지를 받고 있었다. 그도 그럴 것이 과거의 당 독재를 그들이 불신했기 때문이다. "모든 권력을 공사(公社)로"는 (반드시 장춘차오에게로는 아닐지라도) 1967년 초 상하이 전체에 울려 퍼진 슬로건이었다.

파벌투쟁으로 인해 어느 정도 지체되기는 했지만 마침내 2월 5일 상하이 인민공사가 공식 선포되었다. 수백만의 노동자들이 대규모 집회에서 "프롤레타리아적이고 혁명적인 상하이 역사에서 가장 위대한 날"이라며 공사의 탄생을 축하했다. 그러나 1871년 마르크스가 제시한 원칙에 기초하여 '프롤레타리아 독재'를 건설하려는 시도는 처음부터 균열이 생기고 있었다. 마르크스주의 모델은 '생산자의 자치정부,' 즉 민주적으로 선출된 관료들이 대중의 감독을 받고 대중에 의해 곧바로 소환되는 정부를 의미했던 반면, 상하이 공사의 지도자들—장춘차오와 야오원위안—은 베이징에서 임명한 사람들이었기 때문이다. 장춘차오와 야오원위안의 권위와 합법성은 상하이의 노동자로부터 나온 것이 아니라 마오 주석이라는 최고 권위에서 나오는 것이었다. 마르크스는 상비군과 경찰의 폐지를 주장한 반면, 장춘차오는 공사의 이름으로 자기의 권력을 공고히 하고 불평분자를 억압하기 위해 인민해방군과 공안의 힘을 이용했다. 그는 공사 정부의 출범식 때 공사가 군대의 지원을 받고 있다고 강조했다. 게다가 장춘차오가 공사의 계획·조직·지도부에서 정적들을 제외시키자, 정적들은 '신(新) 상하이 인민공사'의 성립을 선언하고 장춘차오의 억압적인 정책을 알리기 위해 베이징에 대표단을 파견했다.[21]

그럼에도 불구하고 공사와 공사가 찬양하는 원칙들이 상하이에서 선포되었다. 그리고 무엇보다 중요했던 것은 마르크스주의의 이상인 공사가 도시주민 사이에 뿌리를 내렸다는 사실이다. 아무리 그 기원이 의심스러운 것이었다 하더라도 어쨌든 이 맹아적인 조직은 기회와 자유를 부여받았으며 대중의 지원과 참가에 기초하여 성숙하게 성장할 수도 있었다.

그러나 일은 그렇게 진행되지 않았다. 1월혁명 때와 똑같이 베이징에서 공사를 열정적으로 환영해주기를 상하이 인민들이 기다리고 있는 동안, 사실상 마오쩌둥은 아주 다른 정치 모델에 마음이 끌리고 있었다. 1월에 상하이 이외의 지역에서 '탈권'사건이 두 번 일어났는데, 한 번은 산시(陝西) 성에서 또 한 번은 하얼빈(哈爾濱) 시에서 일어났다. 두 경우 모두 인민해방군이 '혁명운동'에서 가장 중요한 역할을 수행했으며, 두 경우 모두 지방 당 지도부를 전복시킨 정치적 결과는 공사(=코뮌)의 설립이 아니라 '혁명위원회'의 성립이었다. 혁명위원회는 대중 혁명조직 대표, 당 간부, 군대로 구성되기 때문에 나중에 '삼결합'(三結合)이라고 불리는데, 그 중에서 군대가 가장 지배적인 지위를 차지했다. 한 달 안에 베이징의 마오주의 지도자들은 '혁명위원회'가 정치권력 재편에 유일하게 적합한 구조라고 선언했다. 그러는 사이 상하이 공사에 대해서는 어떤 공식적인 언급도 하지 않았다. 이 결정은 2월 중순 마오쩌둥이 장춘차오와 야오원위안을 베이징에 소환했을 때 직접 전달되었다. 어떤 상하이 혁명가들이 모든 '지도부'의 폐지를 요구하고 있다는 말을 듣고 마오는 이 문제에 대한 자신의 생각을 장춘차오와 야오원위안에게 다음과 같이 말했다. "이것은 극단적 무정부주의이며, 대단히 반동적이다. ……현실에서는 항상 지도부가 있어야 한다." 상하이 공사 자체에 대해서도 마오는 그 급진적인 원칙들이 상하이 이외의 다른 곳에서 실행될 수 있을지 회의적이었다. 그리고 그런 형태의 정치조직이 과연 상하이에서조차 혁명을 지켜낼 역량이 있을지 의구심을 갖고 있었다. "공사는 반혁명분자를 진압하는 면에서 너무 심약하다. 사람들이 내게 와서 공안국이 사람들을 체포할 때 앞문으로 들어가서 뒷문으로 나온다고 불평했다." 결국 마오의 제안은(당시 주석의 제안은 지상명령이었다) 상하이 공사가 '혁명위원회'로 바뀌어야 한다는 것이었다.[22] 또한 마오는 중국은 앞으로 당분간 당과 노련한 당 간부들을 필요로 할 것이라고 주장하면서 공사의 구조가 공산당을 위한 정치적 자리를 어느 정도 남겨놓을 수 있을지 의심스러워했다. 이는 문화대혁명의 미래를 보여주는 지시였다.[23]

상하이에 돌아오자마자 장춘차오는 2월 24일 텔레비전 연설을 통해 도시주민에게 왜 공사가 더 이상 존재해서는 안되는지를 설명해야 했다. 이는 쉬운 일이 아니었다. 프롤레타리아 독재의 마르크스주의 모델을 마오가 그토록 찬양해왔다는 사실은 차치하더라도, 마오 주석이 파리 코뮌의 유산을 이어받았을 뿐 아니라 "더욱 발전시키고 풍부하게 했다"는 마오주의 이론가들의 주장이 공공연하게 알려진 상황에서 참으로 난감한 일이었다. 어쨌든 상하이 인민공사는 별일 없이 19일 동안 존속한 뒤 '상하이 시 혁명위원회'로 바뀌었다. 이는 상하이 노동자들이 아니라 베이징에서 내린 결정이었다. 다른 도시들은 공사를 건설하려던 계획을 즉시 포기하고 모두 '삼결합'으로 선회했다. 상하이 공사 자체도 흐지부지되면서 문화대혁명의 공식기록 어디에서도 그 탄생과 소멸에 대한 이야기를 찾아볼 수 없게 되었다.

상하이 인민공사의 성립 선포가 상하이에서 실제 정치권력구조를 아무것도 변화시킨 게 없다고 할지라도 공사의 몰락에는 단순한 개명(改名) 이상의 의의가 있다. 공사의 소멸은 원칙을 포기하고 희망을 파괴하는 것을 의미했다. 다른 곳과 마찬가지로 상하이에서 '혁명위원회'는 대중의 민주적 지배기관이 아니라 본질적으로 관료기구였다. 처음에는 군대가 이를 지배하다가 결국에는 개조되긴 했으나 여전히 레닌주의적인 당의 통제를 받게 되었다.

1967년 2월의 사건들은 문화대혁명의 원래 목표에서 마오주의자들이 후퇴하는 일련의 긴 과정의 시작을 의미했다. 또한 이 사건들은 중국에서 모든 정치권력은 궁극적으로 한 사람과 그의 '사상'에 내재하며 종속된다는 것을 여실히 보여주었다. 인민의 정치권력은 "공익을 그 자신의 독재의지에 예속시키는 행정권력 속에서 궁극적으로 스스로를 드러낸다"고 카를 마르크스가 한때 설명한 것과 이는 아주 유사한 현상이었다.[24] 마오쩌둥 숭배는 이제 너무나 확산되어 주석이 각 개인의 운명뿐 아니라 사회운동의 운명까지 결정할 수 있게 되었다. 자신들의 정치적 권력을 획득할 수 있었던, 그리고 1월 초의 짧은 기간에 그토록 찬양되던 문화대혁명의 목표인 "프롤레타리아 혁명가들의 위대한 동맹"을 현실화할 수 있었던 상하이 노동자들은 이제 그 권력을 "더 높은 권위"에 종속시켰다. "과감하게 반란을 일으킬" 문화대혁명의 권리는 인민의 고유한 권리가 아니라 신격화된 마오의 권위가 인민에게 부여하는 권리인 만큼 마오에 의해 언제든지 철회될 수 있는 권리였다. 1967년 2월 상하이 노동자들을 위해 마오는 반란의 한계를 정했고, 반란의 정치적 결과까지 결정했다.

탈권, 군대, 그리고 극좌현상(1967년 3월~8월)

1월혁명에서 절정에 달한 상하이의 사건들과 유사한 방식의 사건들이 1967년 중국의 다른 지방에서 아주 다양하게 반복적으로 일어났다. 그러나 대부분의 다른 도시와 성에서 대중운동은 훨씬 약했고 더 파벌화되었으며 상하이에서보다 경험이 적은 지도자들의 지도를 받고 있었던 반면 지방 당 조직의 힘은 상대적으로 컸다. 게다가 "밑으로부터 탈권"을 공식적으로 인정받은 이 운동에 유일하게 허용된 '탈권'의 정치적 결과는 '삼결합'에 기초한 혁명위원회였다. 이론적으로는 파리 코뮌의 마르크스주의 원칙을 여전히 칭송하고 있었다 하더라도, 실제로는 파리 코뮌의 모델을 능가하는 급진적인 실험이 허용되지 않았다. 더구나 1월 23일 린뱌오는 마오의 명령에 따라 인민해방군에게 정치투쟁에 참가하여 '혁명적 좌파'를 지지하는 동시에 질서를 유지하라는 지시를 내렸다.

군사적 개입을 지지하는 이 결정은 중대한 것이었지만 사실 모순되는 것이기도 했다. 국가기구 중 관료주의가 가장 강한 기구인 군대가 관료 엘리트주의에 반대하는 대중의 혁명운동을 지지하기 위해 불러들여졌기 때문이다. 그럼에도 마오에게는 이런 중대한 조치가 아마도 이후의 비평가들에게 보였던 것만큼 그렇게 모순되게 보이지 않았을지 모른다. 그리고 이는 당시 투쟁에 연루되었던 많은 중국인에게도 마찬가지였을 것이다. 의심할 바 없이 마오는 자기희생과 단결이 극도로 부족해 보였던 도시대중보다 대부분 농민으로 구성된 군대를 더 믿을 만하고 확실히 더 효율적인 혁명역량으로 여기고 있었다. 게다가 그는 항상 군대를 투쟁과 평등주의적 가치라는 혁명유산을 가장 많이 지니고 있는 조직으로 간주했다. 린뱌오의 지휘 아래 인민해방군은 문화대혁명이 일어나기 몇 해 전부터 '마오쩌둥 사상'을 통해 '살아 있는 사상교육'을 진행하고 있었다. 그래서 마오쩌둥은 인민해방군이 혁명적 역할을 완벽하게 수행할 준비가 되어 있다고 생각했다. 그러나 이런 견해를 주석의 추종자 모두가 공유한 것은 아니었다.

마오는 위로부터의 혁명을 시행하기 위해 군대를 불러들인 것이 아니었으며, 인민해방군 역시 '질서'라는 이름 아래 전복을 기도하려 하지 않았다. 군대는 문화혁명소조 전체는 아닐지라도 마오의 비군사적 권위에 대체로 복종했다. 그럼에도 당이 전국적 조직으로서 더 이상 기능할 수 없고 대중운동이 치유할 수 없을 정도로 분열되는 등 점점 더 혼란이 극심해지는 상황에서는 군대가 문화대혁명 투쟁의 중재자로 등장할 수밖에 없었다. 상황이 갈수록 악화됨에 따라 군대는 국가의 정치생활과 경제생활에서 점점 더 중요한 역할을 수행했다. 병사들이 공장과 공사에 진입했으며, 이 소란스러운 시기에 도시와 농촌에서 생산이 유지된 것은 대부분 인민해방군이 규율을 강제했기 때문이다. 혁명위원회가 설립된 곳을 보면 군대가 '삼결합'에서 보통 지배적인 위치를 점하고 있었고 대중조직 대표들보다 옛 간부들과 한 편이 되는 일이 많았다. 모두 자기가 마오 주석의 진정한 추종자라고 주장하는 다수의 집단 가운데 어느 집단이 '혁명적 좌파'인지를 결정해야 하는 딜레마에 직면한 군대는 안정을 위해 통상적으로 덜 급진적인 조직을 지지했다. 대중의 혁명적 노력을 지원하는 동시에 사회적·경제적 질서를 유지해야 하는, 서로 충돌할 수밖에 없는 임무를 부여받은 군지휘관들은 대개 질서를 선호했다.

질서를 우선시함으로써 군대가 급진적인 대중조직을 탄압하는 일이 빈번히 일어났다. 1967년 2월과 3월, 훗날 '3월 흑풍'(三月黑風)이라고 비난받기도 한 이 기간에 군대는 쓰촨·안후이(安徽)·후난·후베이·푸젠 성에서 급진적인 학생과 노동자 조직을 강제로 해산했다.(그리고 군사공격을 자행하곤 했다.) 수천 명이 체포되고 죽거나 다쳤다.[25] 사실상 문화대혁명에 가담한 다양한 정치적 성향의 집단들이 모두 폭력을 사용했지만, 이 동란 속에서 목숨을 잃은 대부분의 경우는 보통 알려진 것처럼 '급진적 마오주의자들'의 소행이 아니라 군내의 소행이었으며 급진주의자들은 오히려 희생자가 되곤 했다. 무력을 사용하지 않아도 되는 곳에서는 인민해방군은 문화대혁명을 마오쩌둥 사상을 학습하는 대중운동으로 규정하려 했다. 이홍영 교수가 분석하고 있듯이, 마오의 사상을 행동지침이 아니라 학습대상으로 삼음으로써 혁명적 행동주의를 다소 잠재울 수 있었으며, 군대의 딜레마인 "혁명에 대한 입에 발린 충성과 현실에서 나타나는 보수적인 행동" 사이의 모순을 해결하려 했다.[26] 1월혁명 이후 인민해방군, 당 간부, 보수적인 대중조직이 사실상 동맹관계를 형성하자 많은 부분에서 마오주의의 목표는 제약을 받기 시작했다.

군대의 개입은 문화대혁명의 급진적 성향을 약화시켰다. 그러나 인민해방군의 행동은 대체로 당시 마오가 추구하고 있던 비교적 온건한 방향과 일치하는 것이었다. 1967년 2월 "모든 것을 의심하고 모든 것을 타도하라"는 슬로건은 반동적인 것이라고 선언하면서 마오는 한 해 전에 그가 방출시킨 무정부주의적 경향을 다시 제거하는 쪽으로 방향을 틀었다. 계약노동자, 견습공, 제대 군인, 농촌에서 돌아온 학생 등이 결성한 각종 조직—이제는 지나치게 급진적이고 폭력적으로 보인—은 '반혁명적' 조직으로 선포되었고 공식적으로 금지되었다. 홍위병의 활동을 정치의 장에서 완전히 제거하는 것은 아닐지라도 이들을 억제하기 위한 새로운 조치들도 취해졌다. 학생들은 학교로 복귀하라는 권유를 받았다. 실제로 학교는 3월에 다시 문을 열었다. 정부기관에 대한 공격, 공문서 탈취, 국가와 당 간부들에 대한 육체적 학대행위에 대해서는 엄벌에 처하기로 했다. 그러나 4월이 되자 새로운 공격이 나타나기 시작했다. 이는 매국노이자 주자파(走資派)로 비난받으면서도 (아직 직접 이름이 거론되지는 않았지만) 침묵을 지키고 있는 류사오치를 향한 것이었다. 이 새로운 공격은 "목표를 축소시킴으로써" 파벌화된 운동을 하나로 만들려는 목적을 갖고 있었다. 그러나 이보다 더 중요한 것은 저우언라이를 중심으로 하는 국가기구의 기능을 재확립하고, 그 다음에는 당—류사오치 추종자들이 통제하는 조직은 제외하고—의 합법성을 재확립하는 것이었다. 모든 노력이 당 간부들의 복권에 집중되었다. 대다수 당 간부는 훌륭하고 충성스러운 혁명가이거나 최소한 개조 가능한 사람으로 간주되었다. 그리고 간부들은 이제 '탈권투쟁의 중추'로 묘사되었다. 저우언라이는 대중조직이 간부들에 대한 무차별적 공격을 끝내고 그들과 단결하여 공동의 투쟁을 진행하도록 대중조직을 설득하려고 노력했다.

대중운동을 통일하려는 많은 노력이 이루어지고 인민해방군이 정치의 장에 개입했음에도 불구하고 '탈권'과 혁명위원회를 건설하는 사업은 더디고 힘들었다. 많은 시도가 실패로 끝났으며, 어떤 것들은 이를테면 기존의 당 위원회가 단지 이름만 바꿀 경우, '잘못된 탈권'으로 비난받기도 했다. 또한 인민해방군은 너무 급진적으로 보이는 대중조직들이 권력을 장악하지 못하도록 막았으며 이를 '거짓 탈권'이라고 불렀다.[27)] 1967년 4월 말, 상하이와 베이징을 제외하고[28)] 중국의 27개성(省)과 자치구(自治區) 가운데 오직 4개성에서만 공식 승인된 혁명위원회가 세워졌다. 산시(陝西)·헤이룽장(黑龍江)·구이저우·산둥이 바로 그곳이었다. 그 밖의 지방에서는 각종 조반조직으로부터 공격을 받으면서도 원래의 당 조직이 확고히 유지되고 있었다. 그러자 이제 조반조직들은 명목상 그들을 지지하기 위해 파견된 군대와도 충돌하고 심지어는 자기들끼리도 충돌했다. 혼란스러웠던 탈권투쟁은 막다른 골목에 도달한 것 같았다. 그리고 문화대혁명은 피로 얼룩졌지만 결론이 없는 종말을 맞는 듯했다.

혁명의 불길은 나중에 '극좌파'로 비난받게 될 급진적 마오주의 지도자 및 조직들에 의해 곧 되살아났다. 1967년 봄 군대에 대한 적대감이 점점 커졌다. 각지의 군지휘관들은 '질서' 회복에 착수되어 많은 지방에서 남아 있는 기존의 당 기구를 보호하고 보수적인 대중조직을 지지하며 정치적으로 현상유지를 하려 했기 때문이다. 군대의 개입에 대한 대중의 분노는 당시 베이징에서 저우언라이가 간부들의 복권운동을 추진하자 더욱 격화되었다. 이런 반대는 결코 소수의 급진적인 극단주의자에게만 국한된 것이 아니었다. 문화대혁명의 역사는 노동자·학생·농민이, 공식적으로 '반(反)사회주의적 우경주의자'로 불리는 '일부 극소수'

개인에 대해서만이 아니라 당 간부들 전반에 대해 깊은 불만을 품고 있었다는 사실을 명확하게 보여주고 있었다. 관료의 특권에 대한 폭넓은 대중의 불만을 이야기하지 않고는, 반란을 일으키라는 마오주의자들의 호소에 왜 수백만이 반응했는지를 설명하기란 거의 불가능하다.

군대의 개입과 옛 간부들의 부활을 반대한다는 것은 이제 마오주의의 정통적 정치공식이 되어버린 혁명위원회에 대한 반대를 의미했다. 대중이 삼결합에서 제외되고 있음이 밝혀지자 혁명위원회에 대한 반대는 곧바로 외부로 표출되었다. 실제로 거의 모든 지방에서 정치권력은 군대에 집중되어 있었고, 군대는 행정질서와 생산을 유지하기 위해 숙련된 민간인 간부들에 의존하고 있었다.

5월, 이런 분노는 이미 몇 달 동안 진행되고 있던 이른바 '2월 역류'와 '흑풍'을 되돌리고자 하는 급진적인 운동과 함께 터졌다. 운동은 곧바로 모든 권위에 대한 대중의 광포한 폭력으로 나타났다. 4월 말 저우언라이를 '붉은 자본가 계급'의 지도자라고 비난하는 대자보가 베이징에 등장했고, 이에 따른 극좌적 공격은 국무원의 기관과 각 부서, 특히 외교부에 집중되기 시작했다. 홍위병 조직은 외교부 사무실을 수차례 습격했고, 문서보관실에 있는 비밀서류들을 빼앗아 파기했다. 또한 홍군의 퇴역장군이었고 당시 외교부장이었던 천이(陳毅)의 추방을 요구했다. 공장·학교·거리에서 경쟁적인 대중조직들 사이에 폭력투쟁이 있었다는 불길한 보고가 각 성의 도시에서 계속 올라왔다. 베이징에서 문화혁명소조가 폭력을 금하는 명령을 내렸음에도 불구하고 불법체포, 인민해방군 무기고의 무기탈취 등 싸움의 규모와 범위가 점점 도를 더해갔다. 7월에는 전국적인 폭력과 혼란을 배경으로 과거에 마오주의가 호소했던 '중국공사'를 실현하자는 요구가 새롭게 나타났다.

적대적인 파벌들을 화해시키고 '혁명대연합'을 구축하기 위해 정부와 군대의 고위 지도자들이 베이징에서 각 성으로 파견되었다. 주요 공업중심지이며 중국 철도체계의 심장인 우한에서 특히 위험한 상황이 벌어지고 있었다. 양쯔 강변에 위치한, 이미 마비된 이 도시 내의 대부분 지역이 7월 초부터 두 개의 큰 대중조직의 전장이 되어 있었다. 하나는 '백만웅사'(百萬雄師, 50만의 숙련된 기술노동자, 국가공무원, 민병으로 구성)로서, 지방 당 조직과 우한 군구(軍區) 사령원(司令員) 천짜이다오(陳再道)의 지지를 받았다. 천짜이다오는 조반조직에 대한 공격을 자제하라는 공식 명령을 오랫동안 무시했다. 또 하나의 조직은 보다 급진적인 (아주 젊은) 노동자와 학생 홍위병 조직들로 구성된 일종의 연맹인 '우한 노동자총사령부'였다. 이 조직은 지난 1월 탈권을 기도했다가 실패한 적이 있었다. 당시 40만의 회원을 확보하고 있던 우한 노동자총사령부는 천짜이다오가 제공하는 무기와 군대를 보유한 '백만웅사'에게 포위공격을 당하고 있었다.[29] 천짜이다오가 봉쇄를 해제하라는 저우언라이의 명령에 불복하자 두 명의 유명한 문화혁명소조원 왕리(王力)와 셰푸즈(謝富治)가 우한에 파견되었다. 7월 16일 우한에 도착한 베이징의 두 특사는 천짜이다오와 군구의 다른 장교들에게 노동자총사령부를 위해 백만웅사에 대한 지원을 철회하고 공개적인 자기비판을 하라고 명령했다. 우한의 군지도자들의 반응은 아주 민첩했다. 7월 20일 새벽 인민해방군의 병사들이 셰푸즈를 억류했고 인민해방군의 사주를 받은 백만웅사가 왕리를 납치했다. 공안부장인 셰푸즈는 가택연금상태에 처해졌고 급진적 지식인 왕리는 군구의 사령부로 끌려가 야만적인 구타를 당했다. 이 소식이 수도에 전해졌을 때 저우언라이는 분규를 중재하기 위해 비행기를 타고 우한으로 날아갔으나 그를 반대하는 군대와 탱크가 비행장을 봉쇄하는 바람에 착륙할 수가 없었다. 저우언라이의 시도가 실패하자마자 베이징도 똑같이 민첩하게 움직였다. 세 개의 보병사단과 한 개의 공수부대가 우한에 집결했고 해군의 군함이 양쯔 강을 따라 올라오고 있었다. 천짜이다오가 항복한 것은 오직 월등히 우월한 군사력의 위협 때문이었다. 7월 25일 왕리와 셰푸즈는 베이징에 돌아가 천안문 광장에서 열린 대중집회에서 영웅적인 환영을 받았다. 우한 군구의 지도자들은 체포되었고 치욕스럽게 베이징으로 돌아가야 했다. 그러나 그로부터 몇 달 뒤에 왕리가 '반혁명분자'로 숙청당하고, 1년 뒤에는 폭동의 지도자였던 천짜이다오 장군이 마치 마오와 문화대혁명의 충성스런 지도자인 양 인민공화국의 최고 지도자들과 나란히 대중 앞의 연단에 서게 될 줄은 아무도 예상하지 못했다. 그것은 아이러니컬한 사건의 전환이었지만, 문화대혁명의 원칙으로부터 후퇴하고 있는 무정한 정치논리에서 벗어나는 일은 아니었다. 그런 조짐은 이미 2월부터 나타나기 시작했다.

　우한의 폭동은 내전이 일어날지도 모른다는 두려움을 불러일으켰다. 국가적으로 유일하게 안정된 세력이었던 인민해방군 역시 결코 일사분란한 통일체가 아니었음이 드러났던 것이다. 이 두려움은 1967년 8월에 더욱 불길하게 다가왔다. 극좌적인 지도자들이 군대의 혁명적 신임장에 대해 소란스럽게 의구심을 제기하고 반란대중이 군대를 물리적으로 공격하자, 당을 이미 산산조각 내고 대중운동을 수많은 적대적인 당파들로 갈라놓은 정치적 분열현상이 군대에도 생겨날 위험이 있었다. 마오 주석은 공개적으로는 침묵을 지키고 있었지만 장칭(江青)은 그렇지 않았다. 7월 24일의 연설에서 우한 사건을 언급하며 그녀는 분노의 목소리로 홍위병들에게 "이치나 여론으로 반대파를 공격하고 무력으로 자기편을 보호하라"고 충고했다. 이에 전국의 조반파 조직은 즉시 가능한 한 많은 무기를 수집하기 시작했다.(인민해방군은 일시적으로 문화혁명소조에 복종하여 홍위병조직과 노동자조직이 구식 무기를 '수집'하는 것을 허용했지만, 다른 한편으로는 성능이 더 뛰어난 무기를 보수적인 조직들에 제공함으로써[30] 경쟁집단들 간의 대규모 유혈사태를 피할 수 없게 만들었다.) 7월 31일자 『홍기』의 사설은 「프롤레타리아트는 총자루를 확실히 쥐고 있어야 한다」는 도발적인 제목 아래 당과 군대 내에서 "자본주의 노선을 걷는 실권파"를 전복하라고 요구했다. 8월 9일 린뱌오는 "대중운동을 진압한" 무명의 군대 지도자를 비난하며 이들의 공개적인 자기비판을 촉구했고 이들이 '혁명조반파'를 스승으로 삼아야 한다고 충고했다. 그러면서도 그는 우한 사건을 폭동이 아니라 올바른 사상적 정풍이 가능한 정치적 실수로 취급하려 애쓰고 있었다.[31] 그러나 왕리를 비롯한 문화혁명소조의 급진적인 지도자들은 당에서와 마찬가지로 군대에서도 권력을 탈취한 '일부 극소수 수정주의분자'를 축출하라고 요구하는 공개적인 연설을 하기 시작했다.

수많은 군대 지도자들은 문화대혁명 초기에 비판을 받았다. '홍군의 아버지' 주더(朱德)도 예외는 아니었다. 그는 한때 "당 내에 몰래 기어든 대군벌"로 묘사되기도 했다. 그러나 모범적인 마오주의의 도구인 "프롤레타리아 독재의 주춧돌" 그 자체가 전반적으로 '부르주아'와 '수정주의'에 감염되었으며 따라서 이들도 다른 모든 조직과 기관처럼 문화혁명의 정화과정을 거쳐야 한다고 문화운동 지도자들이 주장한 것은 처음이었다.

우한 사건으로 일어난 분노와 극좌적인 지도자들의 격렬한 연설로 인해 8월부터 베이징에서 새롭게 나타난 극좌적인 공격은 중앙 국가기구에 집중되었다. 천안문 광장은 1주일 동안 류사오치를 대중의 공개재판에 회부하라고 외치는 수십만의 시위대로 가득 찼다. 성난 군중은 저우언라이의 사무실을 습격했다. 그리고 조반파가 2주일 동안이나 외교부를 점거하는 사건이 발생했는데, 이 사건은 문화대혁명의 가장 기괴한 에피소드 가운데 하나로 꼽힌다. 천이 대신 사실상의 외교부장이었던 사람은 야오덩산(姚登山)이었다. 그 전에 인도네시아 주재 외교관이었던 야오덩산은 4월에 자카르타의 중국대사관이 약탈당할 때 대사관을 지켜내기 위해 영웅적인 행동을 하여 대중의 갈채를 받았던 적이 있다. 문화대혁명이 시작된 이래 중국의 외교정책은 거의 정지상태에 있었으나 이제 새로운 '혁명 국제주의' 정책이 선포되었다. 이는 린뱌오가 1965년에 했던 연설 「인민전쟁 승리 만세」를 글자 그대로 해석한 데 따른 것이다. 새로운 '혁명적' 훈시를 담은 전보가 베이징에서 해외의 중국 대사관으로 타전되었다. 중국의 수도에서 중국 주재 외국대사관들은 쉴 새 없이 공격을 받았고, 홍콩에 감금된 중국기자의 석방을 요구하는 최후통첩이 영국정부에 전달되었다. 외교정책의 측면에서 '프롤레타리아 국제주의'가 시행된 이 짧은 기간은 1967년 8월 22일 베이징 주재 영국 대리 대사관 사무소가 불타면서 절정을 이루었다.(그리고 끝이 났다.)

중앙정부의 기능은 곧바로 회복되었지만 다른 도시와 성도의 상황은 훨씬 더 어려웠다. 대중 조반조직은 군대의 무기고에서 빼앗은, 어떤 경우에는 베트남으로 향하는 무기수송 군함에서 탈취한 무기로 무장하고 전국의 많은 지역에서는 인민해방군 병사들과 격렬한 전투를 벌이고 있었다. 어떤 곳에서는 농민들이 도시와 진(鎭)으로 행진하여 정부청사를 공격했다. 이제 인민해방군은 "용감하게 반란을 일으키는" 대중으로부터 자신을 보호해야 했을 뿐 아니라 현지에서 직무를 수행하는 민간 행정기구―그것이 새롭게 건립된 혁명위원회건 과거의 당 조직이건 간에―를 보호해야 했다. 종종 잔혹하고 아무 결과도 없었던 이 전투는 점점 확산되었고, 경제와 정치 전반에 혼란을 야기할 것 같았다.

8월 말 중국은 무정부상태에 빠진 것처럼 보였다. 각 성을 '시찰'하고 베이징에 돌아온 마오쩌둥은 문화대혁명을 이렇게 대중이 주도하는 운동으로 지속하게 내버려둔다면, 거대한 내전의 위험을 감수해야 할 것이라고 확신했다. 결국 그는 질서, 즉 문화대혁명의 종말을 선택했다.

문화대혁명의 테르미도르

1967년 9월 5일 군대는 질서를 회복하라는 명령을 받았다. 대중은 무기를 반납하고 인민해방군의 임무에 간섭하는 것이 금지되었다. 인민해방군은 "우리의 위대한 지도자 마오 주석이 직접 건설했고 지도하고 있는, 그리고 부총사령관 린뱌오의 통제를 받는" "유일한 인민의 군대"로서 환영받았다. 명령이 확고부동하다는 사실에 어떤 의심도 불러일으키지 않기 위해, 지시는 당중앙위원회, 문화혁명소조, 국무원, 인민해방군 중앙군사위원회가 공동으로 발포했고 마오쩌둥이 서명했다. 이 지시는 문화대혁명 중에 생겨난 모든 대중조직과 모든 정부 부문 및 군사기구에 전달되었다. 인민해방군의 지도 아래 질서를 회복하는 일은 저우언라이의 지도하에 당을 재건하고 국가관료의 권위를 재확립하려는 노력과 동시에 진행되었다. 이 과정은 시간이 걸렸고 힘들었다. 그러나 그 과정에서 군대에 넘어간 정치권력을 종국에는 다시 원기를 회복한 공산당에 돌려준다는 냉혹한 논리는 흔들림 없이 관철되었다.

정상으로 되돌아오는 전 과정은 풍부한 혁명적 수사로 장식되었다. 문화대혁명의 많은 슬로건과 투쟁구호가 여전히 사용되고 있었지만 대중이 반란을 일으킬 권리가 철회되었다는 것은 너무나 분명했다. 이런 결정을 공개적으로 선언하는 일은 장칭에게 맡겨졌다. 그녀는 이 기회를 이용해 서둘러 자신의 과거의 관점과 극좌적인 동료들을 비난했으며, 군대나 정부를 공격하는 것은 더 이상 허용할 수 없으며 말로 하는 비판조차 반혁명으로 간주될 것이라고 선포했다. 이제 공격의 화살은 '극좌' 음모가들을 향하기 시작했다. 장칭이 그들과 밀접한 관계를 맺고 있었음에도 불구하고 그들은 '전형적인 반혁명조직'의 일원으로 폭로되었다. 그리고 지난 여름의 파벌주의와 폭력은 모두 이들의 음모로

일어난 것이 되었다.[32]

　질서가 시대적 요구라는 메시지는 폭력을 부추겼다고 지목된 자들을 공개적으로 처형함으로써 효과적으로 전달되었다. 군대의 신성함은, 최소한 대중의 눈에는, 1967년 10월 1일 국경일에 상징적으로 나타났다. 그해 초기에 그토록 혹독하게 비난받았던 옛 장군들 대부분이 천안문 위에서 마오 곁에 우뚝 서 있었던 것이다. 2주 뒤 학생들에게 학업에 복귀하라는 지시가 내려짐으로써 이제 홍위병은 더 이상 필요치 않다는 것이 확실해졌다. 그리고 11월에는 문화대혁명의 급진적인 목소리를 내왔던 당의 이론잡지 『홍기』에 정간(停刊)조치를 내림으로써 문화혁명소조 역시 붕괴의 조짐이 나타나기 시작했다.

　이 사건에 대한 정부 당국의 마오주의적 견해에 따르면, 1967년 '뜨거운 여름'의 혼란은 소수의 지도자들이 꾸민 음모로 인한 것이었다. 이들은 문화대혁명을 발동시킨 유명한 지시의 이름을 따서 '5·16병단'이라는 비밀조직을 만들었다. 이 음모자들은 혁명운동 내에, 특히 잘 속아 넘어가는 홍위병 내에 분열을 조장했고 마오쩌둥의 '프롤레타리아 사령부'를 전복시키고 국가권력의 탈취라는 최종 목적을 위해 폭력투쟁을 선동했다. 일단 '무정부주의자' '네오트로츠키주의자' '극좌분자'로 밝혀진 이들은 완전히 제거되었다. 그러나 오웰이 말하는 관변 신화의 세계 속에서, 그리고 변증법적 마술로부터 약간의 도움을 받아 '극좌분자'는 반혁명 우파분자로 전향했고, 이들은 후속 조사에서 드러났듯이 사실상 류사오치와 연계되어 있었다. "형식은 극좌분자이지만 실제로는 극우분자"라는 것이 정부 당국의 평결이었다.[33]

　이런 음모의 지도자들은 대부분 중앙의 문화혁명소조 지도자들로 밝혀졌다. 특히 문화대혁명 이전과 혁명기간 동안 마오쩌둥의 최측근으로 간주되었던 사람들이었다. 처음에 이들 중에는 저명했던 마오주의 이론가 왕리, 관펑(關鋒), 치번위(戚本禹)가 들어 있었고, 결국 몇 년 뒤

에는 천보다와 린뱌오도 여기에 속하게 된다.[34]

혁명운동은 전형적으로 극단주의자와 급진적인 난폭함을 생산한다. 그리고 문화대혁명은 확실히 그 이상의 것을 생산했다. 1967년 중반 마오쩌둥이 몇 달 뒤 비난하게 될 슬로건 "모든 것을 의심하고 모든 것을 타도하라"를 문자 그대로 실천하는 '문화혁명가들'이 너무 많았다. 그러나 이런 허무주의적 경향은 문화대혁명 초기부터, 그러니까 1년 전 홍위병이 나타나는 시기부터 이미 존재하고 있었다. 따라서 1967년 여름에 일어난 사건들을 이해하는 데 중요한 것은 혁명의 역사 속에 공통적으로 나타나는 현상, 즉 혁명의 원래 목표를 고수하는 지도자들은 그들보다 높은 위치의 지도자들이 이런 목표를 양보하고 운동의 급진적 경향을 둔화시키려 할 때 '급진주의자'로 몰리게 된다는 사실이었다. 실제로 2월에 접어들면서 마오쩌둥은 더욱 온건한 정책을 선택했다.(그것은 아마도 그의 원래 성향이 그랬기 때문이 아니라 객관적 현실이 주는 한계를 인식했기 때문일 것이다.) 그리고 '극좌분자'로 불린 사람들은 주석만큼 기민하지 못했거나 그렇게 하려 하지 않았던 사람들이었다. 또한 마오가 불러들인 대중운동은 자기 나름의 급진적 생명력을 갖게 되었고, 그 누구도 그것을 통제하거나 지시할 수 없는 지경에 이르렀다.

물론 문화혁명소조 성원들은 국가관료 및 인민해방군과의 투쟁에서 홍위병 조직을 비롯한 대중조직을 조종하고 있었다. 그러나 인민해방군 지도자들과 국가관료들은 더 능숙하게 이들을 조종했다. 지도부의 분열이 밑으로부터의 대중운동을 괴롭혔던 파벌주의를 영속시켰음은 의심할 나위가 없다. 왕리, 관평, 치번위 같은 급진적 지식인들이 분열된 문화혁명소조 내에서 '5·16'이라 명명된 파벌을 조직한 것은 사실이었다. '5·16'은 문화대혁명의 원래 목표에 대한 자신들의 헌신을 상징적으로 표현한 것으로, 결국 나중에 밝혀진 바와 같이 그들 개인의 정치적 이해와 부합하는 것이기도 했다. 1967년 5월 말 베이징 거리에서 젊은 투쟁가들이 '5·16병단'이라 자칭하면서 행진하고 있었다. 이들은 의심할 바 없이 마오의 부인 장칭같이 수도에 있는 급진적인 지도자들로부터 지시를 받고 있었다. 장칭은 특히 나이어린 조반파를 선동하는 연설로 유명했다. 그러나 이 모든 것에도 불구하고 마오쩌둥을 전복하려는 시도는 고사하고 국가권력을 탈취하려는 어떤 조직적 음모의 증거도 없었다. 더 믿기 어려운 것은 이렇게 어떤 조직구조도 갖고 있지 않았던, 베이징에 있는 소수의 '극좌' 지식인들이 여름 동안 실제로 거대한 대륙의 어디에서나 일어났던 엄청난 폭력을 부추기고 지시할 수 있었을까 하는 점이었다. 기꺼이 받아들일 준비가 되어 있는 사람들을 사상적으로 고양시킨 것을 제외하면 문화혁명소조의 지식인들의 영향은 대체로 베이징에 국한되어 있었던 것이 사실이다. 따라서 '뜨거운 여름'에 일어난 사건들은 조반파 지도자나 일반인 사이에 문화대혁명의 약속이 배반당할지도 모른다는 두려움이 널리 확산되면서 자발적으로 일어난 반작용이었다고 설명하는 것이 훨씬 더 그럴듯할 것이다.

문화대혁명 이후 질서를 건설하고, 동란이 가져온 파멸 속에서 그나마 건져 올린 소득을 유지하기 위해서는 상층부의 단결된 지도력과 하층 대중의 복종 모두가 필요했다. 물론 어느 것도 쉬운 일은 아니었다. 9월 초 마오의 명령에 따라 왕리나 관펑 같은 문화혁명소조 내에서 가장 급진적이었던 지식인들이 체포되었다. 근절하기 어려운 '극좌분자'에 대한 이런 반(反)문화대혁명적 공격은 (마오 자신을 제외한) 문화대혁명의 최초 지도자들이 정치의 장에서 사실상 모두 제거될 때까지 끊임없는 숙청으로 이어졌다. 마오가 우측으로, 또는 최소한 중앙으로 움직였을 때, 그의 제자 대부분은 자신들이 너무 좌측에 서 있는 것을 목격할 수밖에 없었다. 어떤 면에서 극좌분자에 대한 끊임없는 숙청작업은 결국 마오쩌둥을 숙청하는 데까지 이를 것이었다. 그가 죽고 여러 해가 지난 뒤의 일이긴 하겠지만.

점점 더 권모술수가 판치는 베이징의 정치환경에서 숙청은 극좌분자에게만 해당하는 일은 아니었다. 1965년 뤄루이칭이 파면된 이후 인민해방군 총참모장 대리였던 양청우(楊成武)는 1968년 3월에 체포되어 해직당했다. 그와 함께 베이징 위수구(衛戌區)의 사령(司令) 푸충비(傅崇碧)와 공군 정치위원 위리진(余立金)도 같은 운명을 겪었다. 보도에 따르면 린뱌오는 인민대회당에 모인 만 명의 인민해방군 장교들 앞에서 직접 양청우를 체포했다고 한다. 두 사람은 대장정 이후 줄곧 절친한 동료였는데도 말이다. 양청우는 인민해방군 내에서 앞장서서 문화혁명소조에 반대했고, 따라서 특히 장칭과 첨예하게 대립할 수밖에 없었다. 그러나 마오가 그의 체포를 명령한 것은 문화혁명소조를 보호하기 위한 것이 아니라 군대가 정치적 공백상태에서 너무 빨리 너무 많은 권력을 획득할까 봐 두려워했기 때문이다. 주석은 정치의 최정상에 앉아 보수주의자들과 급진주의자들 사이에서 균형을 유지하고 있는 것처럼 보이기를 원했다. 어쨌든 이 사건은 인민해방군이 반드시 '프롤레타리아 독재'의 가장 견고한 주춧돌이 아닐 수도 있음을 보여주었으며, 결국 마오와 저우언라이가 당시 조용히 진행시키고 있던, 나라를 안정과 질서로 인도하는 가장 적합한 기관으로서의 당과 중앙국가기구의 권위를 재확립하는 운동에 박차를 가하게 되었다.[35]

베이징의 지도자들 사이에 계속되는 정치적 분열과 음모는 문화대혁명 이후의 질서를 안정화하는 데 걸림돌이 되었다. 그러나 대중운동은 이보다 훨씬 더 힘든 장벽을 조성하고 있었다. 마오주의자들이 원했던 해결책은 대중혁명조직의 구성원들이 '삼결합' 방식으로 조화롭고 열정적으로 단결하는 '대연합'을 전제로 하고 있었다. 그러나 대중 사이에서 열정은커녕 단결조차 거의 찾아볼 수 없었다. 1968년 봄 이제 더 이상 그 목적도 정확히 알 수 없게 된 운동의 투쟁과 싸움에 지친 대부분의 노동계급은 정치적으로 냉담해졌으며, 그들 조직 중 상당수는 와해되거나 활동을 중지했다. 베이징에서 문화대혁명을 통찰력 있게 관찰할 수 있었던 두 명의 미국인 교사는 당시 도시대중의 분위기를 이렇게 묘사했다.

> 어두운 장막이 혁명의 수도에 드리워져 있었다. 우리가 베이징의 뒷골목을 한참 걸어 내려가 버스를 타고 이곳저곳을 다니면서 혁명을 만들고 혁명에 대해 배웠던 사람들을 조용히 관찰한 결과, 이미 운동에서 환희가 사라져버렸음은 명백했다. 모험정신은 냉담함으로 바뀌었고 이는 주석의 사진과 붉은 깃발을 따라 여전히 행진하고 있는, 그러나 이제는 단지 습관적으로 걷고 있는 사람들의 얼굴에 여실히 나타나 있었다.[36]

아직 남아 있던 대중혁명조직에서 정치활동을 하고 있던 조반파는 그들에게 단결을 명령하는 당 간부와 인민해방군 병사들을 불신하곤 했다. 아무리 노력해도 화해는 어려웠다. 성에서부터 공장·공사·가도(街道)*에 이르기까지 삼결합혁명위원회를 설립하는 책임을 지고 있던 군대가 화해를 강요하곤 했다. 그러나 남은 대중운동 중 가장 투쟁적이었던 파벌들은 거의 끝나가는 전쟁을 1968년 여름까지 계속했다. 그 중에 1967년 말 후난 성에서 조직된 급진적인 홍위병조직의 연맹이었던 성무련(省無聯)†의 생존자들이 있었다. 문화대혁명이 낳은 조직 중에서 가장 비판적이고 급진적이며 가장 정교한 논리를 갖춘 조직의 하나였던 성무련은 문화대혁명이 내세운 처음의 이상과 관료지배계급이라는 새로운 이론을 종합했다. 관료지배계급이라는 새로운 이론은 마오가 한때 받아들인 적이 있지만 1960년대 중반에 포기한 개념이기도 하다. 성무련은 마오의 이론인 "프롤레타리아 독재하에서의 연속혁명"을 옹

---

* 도시에서 구(區) 아래의 작은 행정단위.
† 정식 명칭은 '후난 성 무산계급 혁명파 대연합위원회'.

호하고 저우언라이로 대표되는 중국의 "붉은 자본가계급"을 전복하는 것을 목표로 삼았다. 그들은 문화대혁명이 대중을 각성시키고 대중민주주의를 촉진시켰다고 찬양하면서도 혁명의 지도자들이 중국의 사회적·정치적 문제의 근원이 되는 사회계급적 뿌리를 찾기보다는 개개인을 공격하는 성향이 있었음을 비판했다. 이들은 이런 뿌리를 중국의 "새로운 관료부르주아지"에서 찾았으며, 이들 관료부르주아지는 여전히 옛 국가기구를 지배하고 있으며 나아가 새로운 혁명위원회의 권력을 탈취했다는 것이었다. 이들이 제안한 해결책은 기존의 국가기구를 '박살내고' 파리 코뮌의 대중민주주의 원칙에 기초하여 '중국인민공사'를 건설하는 것이었다.[37] 성무련이나 최소한 그 지도자들은 급진적인 마오주의자들이었다. 그러나 1968년의 마오에게는 너무 급진적이었다. 1월에 공안부장 캉성을 비롯한 지도자들이 이들을 '무정부주의자' '트로츠키주의자'라고 비난하기 시작한 이후 몇 달에 걸쳐 이들은 군대와 비밀경찰에 의해 잔인하게 진압되었다.

문화대혁명의 마지막 대중운동이 급진적으로 고조된 것은 1968년 봄과 초여름이었다. 군대의 강력한 개입에 대한 분노는 '우경주의 경향'에 대항하여 일시적으로 시행되었던 공식적인 운동과 합쳐져 전국의 여러 장소에서 특히 경쟁적인 홍위병 집단들 사이에서, 그리고 학생과 병사들 사이에서 폭력투쟁이 다시 폭발하는 원인이 되었다. 광저우에서 각 파 조직 간의 폭력투쟁이 격렬해지자 군대는 보수적인 파벌에게 무기를 공급하면서도 동틀녘부터 해질녘까지 도시에 통행금지령을 내려야 했다.[38] 그러나 대규모 유혈사태는 궁벽한 성(省)에서 벌어졌는데, 그 중에서도 가장 잔혹한 사건은 광시(廣西) 성에서 발생했다. 광시 군구 정치위원 웨이궈칭(韋國淸)과 장차 그의 협력자가 될 덩샤오핑은 급진적인 홍위병을 대량학살하고 처형했는데, 이 사건은 당시의 다른 유혈사태와 비교하더라도 충격적인 것이었다.[39] 문화대혁명 초기에 이미 다양한 정치영역에서 엄청난 박해와 학살이 있었고 미래에는 이보다 더한 사건이 일어나지만, 그렇더라도 인명을 가장 많이 앗아간 사건은 아마도 1968년 여름 홍위병을 비롯한 급진주의자들이 전체적으로 물러나는 과정에서 인민해방군에 의해 자행된 사건일 것이다.

문화대혁명의 마지막 전투는 2년 전 투쟁이 시작되었던 장소인 베이징의 대학 캠퍼스에서 벌어졌다. 3개월 동안 대학 캠퍼스는 조반파 학생들로 인해 무장지대로 바뀌어버렸다. 이들은 한편으로 지난 여름의 파벌투쟁을 계속했으며(그러나 이번에는 더욱 치명적인 무기를 가지고), 다른 한편으로는 위로부터 부여된 신권위주의에 비조직적으로 반대했다. 마침내 7월 말 마오쩌둥은 학생지도자들을 직접 불러 홍위병이 역사의 장에서 사라질 때가 왔다고 (눈물을 글썽이며) 말했다.[40] 그러나 실제로는 온화하게 끝나지 않았다. 인민해방군이 지도하는 '노동자의 마오쩌둥 사상 선전대'가 싸움을 종결시키고 학생들을 징벌하기 위해 학내에 파견되었다. 전국 어디서나 아직 홍위병조직이 자진해서 해체되지 않은 곳에서는 군대가 이들을 신속하게 와해시켰으며, 그 과정에서 또 다른 살육이 벌어졌다. 결국 홍위병운동은 그 탄생을 도왔던 세력의 손에 의해 죽음을 맞았던 것이다. 수많은 조반파 학생들은 "빈농과 하(下)중농으로부터 재교육을 받기" 위해 농촌으로 보내졌고 일부는 학교에 남아 병사와 노동자의 감독 아래 공부에만 전념해야 했다.

정치적 장부의 균형을 맞추기 위해 농촌으로 보내진 또 다른 집단은 문화대혁명에 극력 저항했던 수십만의 당 관료와 간부들이었다. 몇 년 동안 황무지를 개간하고 엄격한 생활을 한다면 이들은 원직에 복귀하기 전에 자신들의 관료적 습관을 고칠 수 있을 것으로 기대되었다. 이른바 5·7간부학교는 관료주의에 대한 치유책으로 칭송받으면서 문화대혁명 이후 중국의 정치생활에서 중요한 기능을 담당하게 되었다. 1968년 당시에는 유명한 관료들을 도시에서 제거하는 것이 대중과 간부들 사이의 긴장을 완화하는 방법인 동시에 깨끗하게 정화된 당을 순탄하게 재등장시킬 수 있는 방법이었다.

그러나 당의 권위를 완전히 재확립하기 위해서는 이른바 '대연합 단계'를 완성하는 일이 무엇보다 절실했다. 이제는 이것이 문화대혁명의 바람직한 정치적 결과로 받아들여졌다. 대연합의 실현 정도는 공식 승인된 각 성의 혁명위원회가 어느 정도 건설되었는가를 척도로 삼았다. 그리고 혁명위원회는 다시 지구·현·시의 행정단위에서 이와 비슷한 '삼결합' 위원회를 건설할 책임이 있었다. 이 과정은 예상했던 것보다 훨씬 느렸지만 1968년 9월 서남부의 각 성에 그리고 마침내 신장과 티베트에 혁명위원회가 건설되면서 종결되었다. 어느 곳에서나 혁명위원회는 대체로 군대의 보호 아래 결성되었으며 실제로 대다수 성 혁명위원회의 책임자는 군구의 사령원이나 인민해방군 정치위원이었다. 민간인이 혁명위원회의 책임자로 임명된 곳은 허베이(河北) 성과 산시(陝西) 성뿐이었다. 대중, 아니 정확히 말해서 대중의 대표자로 선출된 사람들이 참가하고 있었지만 그들은 문화대혁명 중에 생겨난 대중조직에서 커 나온 사람이 아니라 대중운동의 폐허 속에서 불려 나온 사람들이었다. 다시 말해 혁명위원회는 1966년 약속했던 '보통선거제도'에 의해 세워진 "대중의 영원한 상설조직"이라고 할 수는 없었다.

정치적 상황이 다소 안정되고 대중운동의 급진주의가 수그러들자 중앙위원회는 10월 8기 12중전회를 관례대로 비밀리에 개최했다. 주요 안건은 류사오치를 당에서 공식 제거하는 것이었으며, 이 결정은 그 달 말에 공개적으로 선포되었다. 이제 류사오치는 인민공화국 주석*을 비롯하여 모든 직책에서 해임되었다. 이유는 류사오치가 "자본주의 노선"을 따라갔을 뿐 아니라 "내부의 적, 반역자, 노동계급의 배반자"이고, 게

---

* 인민공화국 주석은 당 중앙에서 임명하는 것이 아니라 전국인민대표대회에서 선출된다.

다가 1922년 이래로 계속해서 당을 배반한 국민당의 비밀요원이었다는 것이다. 스탈린이 1930년대의 대숙청시기에 구 볼셰비키에게 갖다 붙인 꼬리표를 연상시키는 이 우스꽝스러운 비난의 목적은 너무도 명백했다. 바로 오류가 있을 수 없는 레닌주의 정당이라는 혁명적 형상을 회복하기 위한 것이었다. 류사오치주의의 탈선은 당 내부에서 자연스럽게 자라난 것이 아니라 외부세력의 침입에 의한 것이었다고 주장했던 것이다. 단 잘 속는 사람들에게나 통하는 이야기일 테지만. '두 개의 노선' 사이의 투쟁은 이제 혁명가와 반혁명분자 사이, 그리고 전반적으로 혁명적 순수성을 유지한 프롤레타리아적인 당과 외부에서 당원으로 잠입해 들어온 적 사이의 투쟁으로 축소되었다.

1968년 문화대혁명의 소용돌이가 점차 가라앉자 오히려 마오쩌둥 숭배는 더욱더 증폭되었다. 주석의 글은 더욱 두꺼운 책으로 출판되어 배포되었다. 마오의 초상화·동상·석고흉상의 크기가 더 커지고 그 수도 엄청 늘어났다. 문화대혁명 초기에 이런 숭배는 대중의 자발적인 혁명열정에 의해 일어났고 확산되었지만 이제는 마치 정통교회의 관례적인 의식과 비슷한 양상을 보이고 있었다. 예컨대 "베이징 전역에서 인민해방군 선전대는 각종 간담회를 열고 여기서 대립적인 파벌의 회원들이 서로 마주 앉아 주석의 초상화를 수놓게 했다."[41] 각 가정에는 마오쩌둥 사상에 대한 '충성서약 액자'(忠字臺)가 걸렸고, 온 가족은 그 앞에 모여 경의를 표했다. 초등학교 학생들은 이제 '안녕' 대신 "마오 주석이여, 만수무강하소서!"를 외치면서 아침을 시작했다. 전통적인 종교의 상징물들로 장식된 전시관이 전국에 건설되어 주석의 일생을 기록하고 그의 활동을 기념했으며, 사람들은 정부의 신문들이 '성지'(聖地)라고 명명한 이곳에 경의를 표하기 위해 단체로 순례여행을 왔다. 마오에 대한 충성은 이제 더 이상 그의 사상에 의해 고무된 혁명적 행위가 아니라 그의 어록을 얼마나 잘 암송하는가, 거리에서 들고 다니거나 집에 걸어놓은 초상화가 얼마나 큰가에 따라 측정되었다. 1966년 마오쩌둥 숭배는 반전통주의자들을 고무시켰다. 그러나 1968년에는 우상을 만들어내고 있었다.

마오쩌둥 개인과 그에 대한 개인숭배는 모두 문화대혁명의 탄생에 필수적이었다. 그러나 개인숭배는 이상하게도 운동이 무덤 속으로 들어간 뒤에 정점에 도달했다. 대중은 '마오쩌둥 사상'의 전능한 지혜에 영원한 충성을 선언하면서 잠시 권력을 장악했다가 이제 다시 그것을 양도함에 있어서 자신을 그 사상의 창시자에게 종속시키는 것은 어쩌면 불가피했을지도 모른다. 하지만 인민해방군 지도자들에게, 운동이 거의 파멸상태에 이르렀을 때 불타 오른 마오쩌둥 숭배현상은 불합리한 것도 또한 반갑지 않은 것도 아니었다. 이들은 기존의 권력기구를 정면으로 반대하는 현실정치운동의 대체물로서 마오 사상의 보호 아래 진행되는 '사상개조'를 오랫동안 바랐다. 그리고 이제 군대는 인민공화국에서 지배적인 기관이 된 것이다.

문화대혁명의 마지막 공식 운동인 동시에 중국공산당의 완전한 복귀를 알리는 전주곡은 1968~1969년에 일어난 '계급대오 정화' 운동이었다. 그것의 표면상의 목적은 문화대혁명 중에 공격받았던 당 간부와 그 외의 지도자들뿐 아니라 그 동란 속에서 권력의 자리에 올랐던 사람들까지 모두의 정치적 신뢰성을 검사한다는 것이었다. 이때 숙청의 기준을 살펴보면 이른바 사회주의 사회에서 계급을 어떻게 정의하는가 하는 문제에 대해 마오주의가 많이 후퇴해 있음을 알 수 있다. 문화대혁명을 시작할 때 마오는 정치적 행위를 기준으로 계급을 정의했다. 그러나 이제는 사회계급의 기원을 강조하는 것이 정치적으로 유리하다고 생각하는 옛 관료들과 타협했다. 따라서 조사단은 조사대상자의 정치적 경력뿐 아니라 일명 '흑5류'(黑五類), 즉 지주·부농·반혁명분자·악질분자·우파분자였거나 그렇게 분류되었던 사람들과 사회관계를 맺고 있었는지 여부를 조사하라는 명령을 받았다. 당시의 정치적 분위기에 따라 숙청은 문화대혁명 중에 조직되었던 급진적 집단의 지도자와 지식인에게 가장 가혹하게 이루어졌다. 또한 보수적인 정치지도자들이 '정화' 운동에 열정적으로 반응하는 모습도 관찰할 수 있었다.[42] 사상개조운동은 간부에서 일반시민에까지 퍼져 나갔으며 수많은 사람들이 소위 '안 좋은' 계급배경으로 인해 박해와 차별을 받았다. 사회적 출신이 정치적 판단의 주요한 기준으로 다시 정립되자 순결한 가족사(家族史)를 갖지 못한 사람들은, 문화대혁명이 낳은 엄청난 원한은 말할 것도 없고 정치적으로나 개인적으로 오랫동안 불만을 품어온 사람들의 공격대상이 되었다.

1969년 4월 1일 중국공산당 제9차 당대회가 열리자 문화대혁명은 흐지부지 되었다. 이 대회는 1958년 이후 처음 열리는 것이었으며, 외국의 공산당 대표들은 초청되지 않았다. 당시 권력과 명성의 최정상에 서 있던 린뱌오는 대회에서 문화대혁명(그는 문화대혁명을 '당의 공고화' 운동으로 재정의했다)과 국제정세를 평가하는 내용의 주요 정치보고를 했다. 올바른 혁명행동을 인도할 수 있는 유일한 지침으로 '마오쩌둥 사상'을 학습해야 할 필요성, 경제발전에서 농업을 강조할 필요성, 그리고 특히 당을 재건하여 처음의 선구적인 위치를 완전히 회복해야 할 필요성을 주장하는 결의가 대회에서 통과되었다. 대회 폐막 직후 이루어진 대담에서 마오는 마지막 사항을 강조하면서도 당이 재건과정에서 대중에 의해 계속 '정비'되어야 한다고 보충해서 지적했다. 또한 "몇 년 뒤 우리는 또 다른 [문화]혁명을 수행해야 할지 모른다"고 덧붙였다.[43]

인민공화국의 정치생활에서 군대가 큰 비중을 차지하게 된 것은 제9차 당대회에서 선출된 새로운 중앙위원회의 구성에서 여실히 나타났다. 중앙위원 170명과 중앙후보위원 109명 가운데 49%가 인민해방군 간부였고 나머지는 당의 옛 관료와 대중조직의 대표들이 반반씩 차지했다. 권력의 핵심인 정치국 상무위원에는 마오쩌둥과 린뱌오 외에 저우언라이·천보다·캉성이 포함되어 있었다. 또한 "린뱌오 동지는 마오쩌둥 동지의 친밀한 전우이며 후계자이다"는 구절이 새로운 당헌에 삽입되었다. 이는 당이 충실하게 마오주의를 견지할 것인가에 대해 의문을 불러일으키는 동시에 군대의 영향력을 확실하게 보여주는 것이었다.[44] 4월 24일 대회 폐막 후 정식으로 전국에 공포된 '9차대회' 공보(公報)는 류사오치를 "반혁명 수정주의분자"로 비판하고 문화대혁명의 "위대한 승리"를 환영하고 있으며 이 대회를 "단결의 대회, 승리의 대회"라고 찬양했다.

그러나 단결은 손에 넣기 어려운 목표임이 곧 입증된다. 그리고 승리의 성격은 설명하기 어려운 것이었다. 문화대혁명은 공산당에 대한 전면공격으로 시작되었지만, 정통 레닌주의 정당의 부활로 끝이 났다. 단 마오쩌둥의 가장 강력한 정적들은 제거되었다. 1966~1967년 대규모 대중운동은 "대중 스스로 자기를 해방해야 한다"는 원칙 아래 대대적으로 전개되었다. 그러나 1969년에 대중운동은 모두 분쇄되고 남아 있던 사람들 중 일부는 관료기구에 흡수되었다. 많은 피를 흘렸지만 무슨 변화가 있었는가? 이런 의문이 1969년 봄 대다수 중국인의 마음속에 자리하고 있었다.

19장
문화대혁명의 사회적 결과

1969년 문화대혁명은 원을 한 바퀴 빙 돌아 문화대혁명이 시작되기 전의 출발지점에 인민공화국을 다시 세워놓은 듯했다. 정치권력은 3년 전으로 돌아가, 즉 당·군대·국가관료기구가 긴밀히 얽힌 삼위일체 속에 안주했다. 당은 전통적인 레닌주의의 기초 위에 재건되었으며 과거의 힘을 회복하고 있었다. 비록 새로 설립된 혁명위원회가 정치행정과 경제생활의 모든 영역에 존재했지만, 당의 최고 권위가 재확립되고 있던 당시 상황에서는 새로운 혁명위원회도 곧 당 내부회의에서 결정된 정책을 시행하는 도구로 전락하리라는 것은 정치적 감각이 둔한 사람도 쉽게 예측할 수 있는 일이었다.

그러나 좋든 나쁘든 문화대혁명은 형식상의 제도를 변화시키지는 못했지만 중국사회의 성격과 정치풍조에 중요한 변화를 가져왔다. 가장 먼저 나타난 변화는 마오주의자들이 정치권력을 확실히 장악했다는 것이다. 더 정확히 말해서 마오쩌둥 한 사람이 사실상 거의 모든 권력을 장악하게 되었다. 그도 그럴 것이 동란의 과정에서 다수의 유능한 '마오주의자들'이 낙오되었고, 그 밖의 사람들도 곧이어 그들처럼 정치적으로 잊혀진 존재가 되어버렸기 때문이다. 권력이 마오의 수중에 들어갔다는 것은 가장 중요한 정치적 사실이었고 정치권력이 사회발전의 방향을 결정짓는 핵심 요소로 작용했던 당시의 상황을 생각할 때 이는 엄청난 사회적 결과를 가져오는 것이기도 했다. 1960년대 말과 1970년대 초를 거치면서 문화대혁명의 결과 마오가 획득한 권력은 평등한 사회경제정책을 추진하는 데 사용되었다. 그것은 결국 문화대혁명 직전까지 지배적인 위치를 차지했던 '류사오치주의' 정책과 실천의 상당부분을 폐기하는 데 마오의 권력이 이용되었음을 의미한다. 그럼에도 불구하고 문화대혁명의 혁명적 열정과 격렬함으로부터 등장했던 마오주의 강령은 본질적으로 개량주의였으며, 인민공화국의 사회적·정치적 구조를 근본적으로 변화시키기보다는 불평등과 엘리트주의가 득세하는 현상을 완화시키고자 하는 것이었다. 문화대혁명 이후 마오주의적인 계획은, 당시 마오주의 사상가들이 선전한 것과 같은, 기존의 사회관계에 어떤 혁명적 전환도 가져오지 못했다.[1] 게다가 마오주의 정권 말기 국가조직의 모든 기관에 만연했던 정치권력의 독단과 남용으로 인해 마오의 사회경제 정책 가운데 그나마 긍정적으로 평가될 수 있는 것들마저 상당부분 그 가치를 상실하게 된다. 이렇게 말기에 나타난 권력의 독단과 남용은 문화대혁명의 의도하지 않았던 많은 결과 중 하나이며, 이는 뒷날 마오 이후의 지도자들에 의해 '봉건적 파시즘'으로 비난받게 된다. 그러나 동란이 낳은 변화는 긍정적이든 부정적이든 대다수 중국 인민의 생활에 심대한 영향을 주었다. 살아남은 희생자와 참가자 모두에게 문화대혁명이 남긴 정신적 충격은 마오주의 시대의 나머지 시간과 그 이후 덩샤오핑 시대까지 모든 중국인의 정치적 관심과 의식형태를 형성했다. 문화대혁명의 성격과 결과를 평가하고자 할 때, 그 역사를 구성했던 3년에 걸친 동란의 세월을 단순히 "변화가 많을수록 원래의 상황으로 돌아온다"는 속담의 한 예로서 간주해버릴 수는 없다.

　문화대혁명이 낳은 가장 명백한 결과의 하나는, 그리고 이런 동란과 그 결과에 대한 평가를 하려 할 때 필연적으로 시작점이 될 수밖에 없는 것은 문화대혁명이 엄청난 인명의 희생을 가져왔다는 사실이다. 당시 죽음을 당한 사람들의 수는 공식적으로 밝혀지지 않았다. 마오 이후의 정권 아래에서 밝혀진 공식적인 숫자 역시 기껏해야 단편적인 것에 지나지 않았다. 그리고 외부의 분석가들에 의한 평가는 그들 자신의 정치적 성향에 따라 큰 차이를 보이고 있다. 그러나 이런 통계가 아무리 불완전하고 산발적이라고 하더라도, 공식통계에서조차 대규모 살상이 있었음을 보여준다. 1980년 사인방이 재판정에 섰을 때[2] 공식기소장은 이들과 그 지지자들에게 '10년의 문화혁명'이라 불리는 1966~1976년의 기간에 3만 4천 명의 무고한 생명을 앗아간 책임을 묻고 있었다. 사실 이 기소는 그 자체로 훨씬 더 많은 희생이 있었음을 보여주는 것이었다. 기소장을 보면, 구체적인 사건을 자세히 설명하는 부분에서 서남부의 윈난 성에서만도 1만 4천 명이 사망했으며, 인구밀도가 희박한 내몽골에서는 1만 6천 명 이상이 사망했다고 되어 있다.[3]

좀더 독자적이고 아마도 더 믿을 만한 수치는 1970년대 후반 민주화 운동의 사상적 선구자 중 하나인 리정톈(李正天)이 제시한 수치일 것이다. 리정톈의 조사에 따르면, 문화대혁명 기간 중 광둥 성에서만 약 4만 명이 살해되었으며 이보다 더 많은 생명이 1968년 인민해방군의 홍위병운동 진압과정에서 희생당했다.[4] 광둥 성의 사망자 수에 대한 리정톈의 추산은 문화대혁명 기간의 사망자수가 전국적으로 40만에 달한다는 설과 대체로 일치한다. 이 수는 베이징 주재 AFP 통신원이 비공식적이지만 '신뢰할 만한' 중국 내 소식통의 추산에 기초하여 1979년에 처음 보도한 바 있다.[5] 사망자는 아마 이보다 많았으면 많았지 적지는 않았을 것이다.

사망자 외에도 수백만의 중국인이 문화대혁명의 투쟁과 억압을 거치면서 육체적·정신적으로 심한 상처를 입었다. 끝없이 열리는 '투쟁'회에서 수많은 사람들이 구타와 고문을 당했다. 정치적 목적을 상실해갈

수록 점점 폭력적으로 변해간 파벌투쟁 속에서 또 다른 많은 사람들이 부상을 당했다. 아이들은 이른바 그 부모들의 정치적 원죄(또는 사회적 출신)를 이유로 박해를 받았으며, 부모들은 자기 자식에게 비판을 당했다. 수백만 명이 임의로 체포되어 감옥이나 노동수용소로 끌려갔으며, 그보다 더 많은 사람들이 만주나 신장(新疆)의 오지에 가서 노동을 하거나 할일 없이 세월을 보내야 했다. 삶은 파괴되었고 경력은 말살되었다. 문화대혁명이 다른 어떤 측면을 갖고 있었든지 간에 그것은 엄청난 고통의 시대였음에 틀림없었다.

물론 지식인과 간부들에게 가해진 박해는 중국 국내와 해외에서 널리 보도되었다. 비록 문화대혁명에 가담했던 모든 파벌이 폭력을 사용하고 폭력과 보복의 끝없는 순환 속에서 잔혹행위를 저질렀지만 그 중에서 가장 살벌한 잔혹행위와 가장 큰 인명희생은 인민해방군이 1968년 여름 급진적인 홍위병조직과 노동자조직을 전면적으로 억압하는 과정에서 발생했다. 이는 사실 그리 놀랄 만한 일이 아니다. "용감하게 반란을 일으키라"는 마오주의 슬로건을 문자 그대로 받아들인 대중운동의 구성원들은 무정부주의적이었고 빈약하게 무장하고 있었으며, 이를 제거해버릴 수 있는 자유로운 권한은 조직적으로 무장한 군대에 주어져 있었기 때문이다. 게다가 군대는 도시의 조반파 학생들을 본능적으로 믿지 못하는 젊은 농민들로 구성되어 있었다. 또한 마오쩌둥 시대를 전후하여 베이징의 지도자들이 모두 문화대혁명기간에 벌어진 잔혹행위에서 인민해방군이 수행한 역할을 은폐하고 싶어 했다는 것도 놀라운 일이 아니다. '인민의 군대'는 반드시 '프롤레타리아 독재의 기둥'은 아닐지라도, 중국 공산주의 국가의 기둥임에 틀림없기 때문이었다. 인민해방군 지도자들이 당 지도자들과 정치적으로 밀접한 관계를 맺고 있는 상황에서 당은 인민해방군의 명예를 손상시키기보다는 그 시대의 병폐에 대한 책임을 자신들의 정적(政敵)에게 돌리는 편이 훨씬 이롭다는 것을 알고 있었다. 따라서 윈난 성에서 1만 4천 명이 사망했다고 기록하고 있는, 1980년 사인방에 대한 기소장은 이 비극을 당시 윈난 성의 당 지도자들을 비방했다고 하는 '극좌분자'의 탓으로 돌리고 있었다. 그리고 사실상 사망자의 대다수가 지방 군부대에 의해 학살된 급진적인 홍위병들이었다는 사실은 언급하지 않았다. 또한 마오 이후의 지도자들은 장쑤(江蘇) 성과 난징 시에서 행해진 급진적인 조직들과 '극좌분자'에 대한 잔인한 테러 통치가 강력한 난징 군구의 사령관 쉬스유(許世友)의 명령으로 이루어진 사실도 인정하지 않았다. 급진주의자들에 대한 쉬스유의 탄압은 1967년 초에 시작되어 1970년에 절정에 달했다. 1년에 걸쳐 지속된 '5·16분자색출' 운동은 이른바 '극좌분자'를 대상으로 한 것이었고, 이때 10만이 넘는 사람들이 좌경 이단으로 비난받았으며 그 중 많은 사람들이 사형당하고 투옥되었으며 노동수용소에 수용되었다.[6]

　베이징의 이런 왜곡이 비록 불온한 것이지만 정치적으로 이해할 수 있다고 해서, 외국 작가들이 이런 허구를 영속화하고 있는 것은 그다지 좋아 보이질 않는다. 문화대혁명 동안 지식인이 겪은 고난은 소름끼칠 정도로 자세하게 묘사되고 있는 반면, 인민해방군에 의해 자행된 대량 학살은 거의 언급되지 않고 있다. 오히려 이 시대의 잔혹행위를, 대중적인 소설에 잘 나타나듯이, '급진적 마오주의자들'의 책임으로 모호하게 돌리고 있다. 그러나 급진적 마오주의자들은 중국의 지식인 못지않게 마오쩌둥이 일으킨 문화대혁명의 희생자들이었다. 더구나 그 수로 따지자면 전자가 후자보다 훨씬 더 많은 희생을 치렀다.

　어쨌든 문화대혁명에 연루된 모든 집단과 조직은 엄청난 잔혹행위를 경험했다. 1966~1969년이 낳은 또 다른 산물은 슬픔·불신·증오·보복에 대한 갈증이라는 참혹한 유산이었다. 이 모든 것은 1970년대 정치와 정책의 섬뜩한 배경을 이루었다.

농민 그리고 도시와 농촌의 관계

문화대혁명은 분명히 도시운동이었다. 대규모 정치투쟁이 전부 도시에서 일어났고, 이 혁명의 주인공들도 도시의 노동자·학생·지식인들이었다. 그러나 문화대혁명이 낳은 너무도 작은 사회적 소득은 농촌에 돌아갔다.

도시가 혼란에 빠져 있는 동안, 농촌의 대부분은 정치적으로 침묵했다. 다만 도시 교외의 마을이 이따금 문화대혁명의 투쟁에 휩싸였으며, 옛 당 조직과 새로운 조반파 조직이 도시의 전투를 위해 앞 다투어 농민들을 끌어들이려 했다. 1966년과 1968년 사이 비록 그 수는 적었지만 농민들이 자발적으로 행동을 시작한 경우에도 대부분은 도시와 마을을 행진하면서 농가의 자류지와 자유시장의 확대를 요구하는 '경제주의'적 목적에서 일어난 것이었다. 그러나 대다수 농민은 문화대혁명의 주요 정치투쟁에 결코 직접적으로 연루된 적이 없었다. 그리고 이는 사실상 베이징에 있는 지도자들의 바람이었다. 그들의 정책은 농촌을 도시의 투쟁으로부터 격리시키는 것이었다. 홍위병은 시골마을에 들어가는 것이 금지되었다. 이런 금지사항이 반드시 지켜진 것은 아니었지만, 학생 급진주의자들은 그들의 혁명적 호소에 반응하는 농촌의 청중을 거의 찾을 수 없었다. 물론 베이징에서 내려온 지시는 빈농에게 '계급투쟁'을 일으키고 '4구'(四舊)에 반대하는 투쟁을 벌이라고 요구했다. 하지만 동시에 이런 지시는 무엇보다 생산성의 유지와 향상을 강조했다. 공장에서 일시적으로 생산이 와해되는 것은 용인될 수 있었다. 그러나 중국에서 가장 살기 좋은 시기에조차 불확실한 사업이었던 농업의 경우는 분명 그렇지 않았다. 1967년 여름 '농촌을 돕고' '빈농과 하중농'을 지원하기 위해 형식적으로나마 인민해방군 병사를 농촌에 파견했을 때 그들은 마을사람 중 상당수가 문화대혁명을 들어보지도 못했다는 사실을 발견했다. 그리고 문화대혁명을 아는 사람들도 도시에서 일어나는 투쟁에 무관심했다. 어쨌든 병사들의 임무는 계급투쟁을 선동하는 것이 아니라 그런 투쟁이 있더라도 생산을 방해하지 않도록 책임지는 것이었다.

1968~1969년 문화대혁명이 도시에서 시들어갈 무렵 비로소 이 운동은 농촌으로 확대되었다. 시골마을에서 정치적·사회적 갈등이 일어나고 있었으나 도시를 괴롭힌 투쟁에 비하면 온건한 편이었다. 상황은 지방마다 마을마다 달랐다. 어떤 마을은 도시나 그 근처의 중학교의 상황을 본떠 정치적 파벌이 나뉘기도 했으나 이런 분열은 대개 정치적 요소가 아닌 옛 친족이나 이웃 사이의 불화가 원인이었다.[7] 많은 지역에서 계급대립이 더욱 심해졌으나 이는 이미 오래전에 사라져버린 계급성분에 대한 기억에 기초한 '빈농과 하중농 협회'가 과거의 지주와 부농에 대한 옛 증오를 다시 불러일으키곤 하는 것이었다. 그 결과 종종 '안 좋은' 계급 꼬리표를 단 개인들이 박해를 당했지만 그것은 정부의 출판물에서 묘사되는 "생사를 건" 계급투쟁이 아니었다. 리처드 크라우스가 지적한 바와 같이, 농촌에서는 과거의 계급성분이 그대로 새로운 등급의 범주로 변형되어 이해되는 경향이 특히 강했다.[8] 많은 농촌마을에서 문화대혁명의 '두 가지 노선투쟁'은 류사오치의 '수정주의' 정책을 비판하는 (인민해방군이 조직한) 사상운동과 마오쩌둥 사상 학습반을 조직하는 데 머물러 있었을 뿐이다. 농촌지역에 보편적으로 나타났던 문화대혁명의 모습은 바로 기괴한 양상을 띠며 급성장한 마오쩌둥 숭배였다. 마을마다 마오쩌둥의 사상에 봉헌된 '충성의 방'이 세워졌고, 각 농민가정에는 마치 전통적으로 자신의 조상에게 예를 올렸던 것과 같이 집안에 걸어놓은 '충성액자' 앞에서 주석에게 경의를 표했다. 이런 경향과 함께 농촌마을에 널리 퍼져 있던 또 다른 현상은 마을의 정치생활이 '계급투쟁'이라는 이름 아래 잔인한 권력투쟁으로 타락하고 과거

의 개인적인 또는 친족간의 원한을 풀기 위한 구실로서 문화대혁명의 정치구호를 이용하고 있었다는 것이다.

그럼에도 불구하고 문화대혁명은 농촌의 사회적·경제적 정책에 중요한 변화를 초래했다. 단 그 변화는 마을에서 일어난 정치적·사회적 투쟁의 결과가 아니라 마오주의자들의 지배 아래 있는 국가기구와 당 기구의 명령에 의한 것이었다. '자본주의' '수정주의'로 비난받은 류사오치의 농촌정책은 1960년대 초에 일어난 사회주의 교육운동 기간에 마오가 주창했으나 실행에 옮기지 못했던 정책으로 다시 대체되고 있었다. 마을과 공사의 사회경제생활 속에 빈농의 참가가 한층 확대되기는 했어도 일반적으로 농촌지역은 1970년대에 들어서 1960년대보다 더욱 강화된 고위 당 조직과 국가행정기관의 정치적 통제와 경제적 강제하에 놓이게 된다. 어쨌든 문화대혁명은 농민의 삶을 좌우하는 조직에 대한 농민 자신의 지배를 실현하지는 못한 것이다.

마오주의 농촌정책의 목표는 1960년대 초에 급성장한 것으로 보이는 "자발적인 자본주의 경향"을 저지하는 것이었다. 가경지 총면적의 15%를 상회할 정도로까지 늘어났던 각 농가의 자류지를 이제 5%로 제한했다. 농촌의 자유시장은 완전히 폐지되지는 않았지만 엄격하게 제한되었고, 농민은 사적으로 생산한 '부업' 생산물을 정부가 결정한 가격으로 국가의 상업조직에 팔아야 하는 강력한 정치적·사상적 압력을 받게 되었다. 문화대혁명 이전 시기에 사회경제적 불평등이 자라났던 주요 원인의 하나인, 집단노동에서 노동점수를 할당하는 데 따른 고질적인 간부들의 부패현상을 해결하기 위한 노력 역시 다시 시작되었다. 그러나 노동점수제도는 "각자의 필요에 따라 분배한다"는 공산주의 원칙이 아니라 "노동에 따라 분배한다"는 본질적으로 비평등주의적인 사회주의 원칙에 (최소한 이론적으로) 근거하여 그대로 유지되었다.

농촌의 대부분 지역에서 사실상 평등주의를 부정하고 있었지만, 마오주의의 이상인 집단주의와 자력갱생을 성공적으로 실현하고 있던 생산대인 '다자이(大寨)로부터 배우기' 운동이 크게 강조되고 있었다. 산시(山西) 성의 외지고 척박한 다자이에서 자기희생적인 일군의 농민이 그 땅을 일구어 사회주의 공동체를 자발적으로 건설하여 번영을 이룬 것으로 전해지고 있었다. 이들은 각 가정에서 자류지를 사적으로 경영하지 않고 집단노동과 '자기평가와 대중토론'을 통한 분배제도를 발전시켜 나갔다. 노동점수는 공동체 전체의 이익을 위해 높은 정치의식으로 얼마나 헌신적으로 성실하게 작업했는가에 따라 결정되었다. 마오쩌둥의 가르침에 고무된 이들은 이전에 불완전고용상태에 있던 농민의 노동력을 완전히 동원함으로써, 그리고 생산대가 아닌 생산대대를 기본 회계단위로 함으로써 거의 자급자족적인 공동체를 건설하는 데 성공했다고 전해졌다. 다자이의 실험은 제일 먼저 1964년 마오에 의해 하나의 모델로 제시되었으며, 문화대혁명을 거치면서 국가적 모델로 성장했다. 다자이 생산대대의 농민 지도자 천융구이(陳永貴)는 1969년 당 중앙위원, 1973년에는 중앙정치국원이 됨으로써 전국적인 정치인으로 부상했다. 그러나 아무리 사회적으로 진보적이고 경제적으로 성공적이었다고 하더라도 다자이는 현재 중국 농촌생활의 실상이나 현재 이루어지고 있는 형식을 묘사했던 것이 아니라 마오주의자들이 농촌공동체조직이 당연히 기초해야만 한다고 믿었던 엄격하고 평등한 원칙의 전형이자 항상 낭만적으로 묘사되는 모델로서 존재했다.[9]

문화대혁명이 낳은 새로운 농촌정책 중 가장 사회적으로 중요했고 경제적으로 성공적이었던 것은 아마도 농촌지역에 공업기업을 건설하는 계획을 부활시킨 점일 것이다. 농촌공업화는 문화대혁명 초기에 혁명목표의 하나로 선포되었다. 1966년 5월 마오는 "공사에서 농민의 주요 업무는 농업이지만" "이들은 동시에 군사업무·정치·문화를 공부해야 하며, [그리고] 사정이 허락하는 한 소규모 공장을 집단적으로 운영해야 한다"고 썼다.[10] 이런 목표는 새로운 것이 아니었다. 대약진운동 기간에 많은 지방에서 농촌 공업기업이 건설된 적이 있었다. 그러나 이들 대부분은 원래 생존 불가능한 것이었거나 곧이어 나타난 경제위기 때 사라졌다. 그 후 이런 시도는 거의 폐기상태에 있었다. 그러나 문화대혁명 직후 이 계획은 부활했고 마오주의 발전전략의 주요 혁신 가운데 하나로서 크게 발전해갔다. 이는 마오 이후의 시대에 농촌 공업기업이 크게 성장하리라는 것을 예시하는 것이기도 했다. 이를 둘러싼 마오주의의 목적은 경제적일뿐 아니라 사회적인 것이기도 했다. '3대 격차' 중 두 가지, 즉 노동자와 농민 사이, 도시와 농촌 사이의 격차를 줄이겠다는 약속을 하고 있다는 점에서 사회적이었으며, 그냥 낭비되어버렸을 지방의 노동력과 자원을 활용함으로써 농촌발전과 국가경제발전에 공헌할 수 있다는 점에서 경제적이었다.

초기에 설립된 대부분의 농촌 공업기업은 농업생산을 보조하기 위한 것이었다. 농기계와 용구의 생산 및 수리, 화학비료 제조, 지방에서 생산된 농산물을 가공하기 위한 소규모 공장을 건설하고 종자를 개량하며 새로운 농업기술을 전파하기 위해 소규모 기술센터를 설립하는 데 중점을 두었다. 마오주의 시대의 끝인 1976년 중국에서 사용하는 화학비료의 절반은 지방의 농촌기업에서 생산했으며, 급속히 생산량이 증가하고 있던 농기계 역시 상당수는 농촌기업에서 생산되었다. 그 밖에 농촌의 많은 소규모 공장은 시멘트, 무쇠, 건축자재, 전력, 화학제품, 약품, 그리고 각종 소상품을 생산했다. 1970년대 중반에 이르면 하나의 현에 수백 가지 상품을 생산하는 100여 개의 소규모 공장이 있는 것을 흔히 볼 수 있었다.[11]

농촌공업화 계획은 농촌지방의 사회경제적 자급자족을 실현하는 동시에 도시와 농촌 간의 격차를 좁힌다는 큰 틀의 마오주의적 설계의 일부분(아마도 가장 중요한 부분)이었다. 중국정부는 마오쩌둥 시대 말기에 이 계획이 상당한 성과를 이룩했다고 주장했다. 농촌공업화 덕분에 약 2천만 명의 농민이 농촌에서 전일제 또는 반일제(半日制) 노동자가 되었으며, 고질적인 농촌의 반(半)실업문제를 개선하고 농업발전과 농촌공업의 확대재생산에 투입할 새로운 자본을 얻는 데 어느 정도 성공했다. 게다가 농촌공업은 문화대혁명 이후 공사가 가장 중요한 사회경제조직으로 재탄생하는 데 기여했다. 일부 선진적인 공사들은 주변 농촌에 과학·기술·지식을 전파하는 소규모 기술센터가 되기도 했다. 비록 농촌에서 이룩한 공업의 발전이 도시와 농촌의 소득격차를 수치상으로 줄이는 데 큰 영향을 미쳤다고는 할 수 없지만(문화대혁명 이후에도 이전과 마찬가지로 도시와 농촌의 큰 격차는 계속되었다), 이 계획은 대체로 1961년 마오쩌둥이 제시한 다음과 같은 견해에 따라 진행되었다.

> 도시로 몰려들지 말라. 농촌의 공업을 왕성하게 발전시키고 바로 그 자리에서 농민을 노동자로 바꾸어라. 이는 매우 중요한 정책문제이다. 그리고 이는 농촌의 생활수준이 도시보다 낮아서는 안되며 오히려 도시와 같거나 그보다 높을 수도 있다는 것이다. 모든 공사(公社)는 공사에 필요한 지식인을 양성하는 고등교육기관과 경제센터를 가져야 한다. 오직 이런 방법만이 진정 농촌지역에서의 과잉인구문제를 해결할 수 있다.[12]

문화대혁명은 중국인의 삶 가운데 결정적으로 중요한 또 다른 두 부문에서, 도시에서 농촌으로 중점이 이동하는 결과를 낳았다. 대약진운동이 가져온 재난으로부터 회복하는 기간인 1960년대 초, 28만 개의 농촌보건소 가운데 20만 개 이상이 문을 닫았다. 반면에 도시보건소는 같은 시기에 거의 두 배로 늘어났다.[13] 1965년 마오쩌둥은 인구의 대다수가 농촌에 사는 나라에서 의사들이 "오직 도시를 위해서" 양성되고 있다고 불평하면서 이 같은 상황을 개선하기 위한 몇 가지 급진적인 방안을 아래와 같이 제시했다.

> 의료교육을 위해 오직 고급중학교 졸업생만을 받을 필요는 없다. ……고급초등학교 졸업생들에게 3년간 [의료훈련을] 시키는 것만으로도 충분할 것이다. 그러면 이들은 주로 실천을 통해 학습하고 자신의 실력을 키워 나갈 것이다. 이런 종류의 의사들이 농촌으로 보내진다면, 그들이 비록 큰 재능은 없을지라도 돌팔이의사나 무당보다는 나을 것이며 농촌 역시 그들을 먹여 살릴 만한 여유는 있을 것이다.

또한 마오는 "과학의 정점에서 희귀하고 심각한 난치병"을 연구하기보다는 "흔히 볼 수 있고 자주 나타나며 널리 퍼진 질병"에 대한 예방약과 치료방법에 더 중점을 두어야 한다고 주장했다. "우리는 한두 해 전에 졸업하여 실력이 부족한 의사들을 도시에 남겨두고 다른 사람들은 모두 시골로 보내야만 한다. ……의료와 보건 사업에서 중점을 농촌에 두어야 한다!"[14]

1969년 이후에 추진된 정책은 대체로 이런 주장을 따른 것이었다. 문화대혁명의 파괴가 끝난 후 의학교가 다시 문을 열었을 때, 당장 필요한 인원을 충당하기 위해 의사들을 졸업시키고자 정식 학제를 6년에서 3년으로 줄였으며, 수업내용도 마오가 말한 바 같이, "대중 사이에서 가장 많이 해결되어야 할" 문제를 다루도록 개정되었다. 1971년 의학교에 입학허가를 받은 사람 가운데 농촌에서 온 학생이 훨씬 많았는데, 그 중 상당수가 나이 어린 '맨발의 의사'들로서 이들은 정규교육을 받지는 않았지만 산지식과 경험을 풍부하게 가지고 있었다. 국민보건의료 체계는 급속히 분권화되었으며, 도시의 병원과 의학교는 농촌의 인민공사에 보건소와 지방교육기관을 건설했고 거기에서 일할 의사를 파견했다. 도시의 의료센터와 인민해방군(자신들의 의학교와 병원을 소유)은 이동의료단을 농촌으로 파견했으며, 도시의 의료진은 모두 순번을 정하여 이동의료단이나 공사의 의료기관에서 봉사하도록 했다. 1969년 맨발의 의사를 양성하는 계획이 더욱 촉진되었고 체계화되었다. 1970년대 중반에는 100만이 넘는 이런 의료보조원들—그 수는 1965년 이래 4배 이상 증가했다—이 예방의학에 종사하고 있었다. 그들은 농민에게 보건위생교육과 산아제한에 대한 지식 및 방법을 제공했고, 가벼운 질병을 치료하는 한편 중병의 환자를 공사나 도시의 병원으로 이송했다. 농촌의 새로운 보건의료기관은 그 지역의 공사 및 생산대, 생산대에서 나오는 자금으로 운영되었지만, 중앙정부의 지원이 가장 중요한 부분을 차지하고 있었다. 농촌에서 일하는 전문 의료진은 국가에서 급료를 받았고 이동의료단 역시 국가의 지원을 받았으며 맨발의 의사를 양성하는 데 드는 비용도 대부분 국가가 부담했다. 이 모든 것은 상당한 자원이 도시에서 농촌으로 이동했음을 의미한다. 하지만 의료시설의 수준은 여전히 도시보다 농촌이 훨씬 낮았다.

문화대혁명 기간과 그 이후에 나타난 교육제도의 급진적 개편 역시 보건의료부문의 개혁에서 나타났던 것같이 농촌에 이득을 가져다주었다. 1966년 이전에는 제도의 결함과 불평등이 상당히 심했으며 점점 더 커지고 있었다. 당시의 교육자원은 도시에 집중되어 있었고, 이는 대학교와 중학교뿐 아니라 초등학교의 수와 질에 있어서도 마찬가지였다. 입학시험, 학업성적, 엄격한 입학연령 제한, 학비 부담 등은 도시의 빈곤층과 농촌청년들의 교육기회를 현저히 제한하는 것이었다. 교육제도와 내용은 대체로 학생들이 도시에서 전문적인 경력을 쌓을 수 있도록 짜여 있었으며 이는 도시 엘리트의 특권을 영속화하고 있었다. 이런 교육제도는 어느 정도 의도적이었음이 분명했다. 1960년대 초, 농촌학교와 비정규 학교의 수는 감소한 반면 당과 정부 관료의 자제들을 위해 설립한 도시의 특수 예비학교의 수는 늘어났다.[15] 게다가 당시의 교육제도는 전반적으로 비용이 많이 들고 비효율적이었다. 정부 각 부문과 도시 공업부문은 이미 포화상태에 달했으나, 대학은 이곳에서 일할 전문가를 계속 양산하고 있었고, 사실상 농촌에서 그토록 필요로 하는 전문기술을 가진 졸업생을 거의 제공하지 못하고 있었다.

1966년 이전의 이런 교육제도는 비판받고 있었다. 당시 가장 혹독한 비판자는 마오쩌둥이었다. 1964년에 그는 "현재의 교육방식은 재능을 파괴하고 젊음을 소진시킨다"고 결론지었다. 그는 정규수업시간을 줄여야 하며, "교육과 생산노동의 결합"에 기초한 새로운 교육제도가 실생활과 동떨어진 책을 통해서만 배우는 옛 교육제도를 대체해야 한다고 주장했다. 마오는 자신이 오랫동안 견지해온 신념, 즉 가장 훌륭하고 창조적인 교육형태는 실천과정 속에서 스스로 체득하는 것임을 강조했다. 이런 주장에 힘을 싣기 위해 그는 공자(孔子)를 가난한 농민으로, '완전한' 사람으로, 더 나아가 '대중노선'의 선구자로 다음과 같이 바꾸어버렸다.

> 공자는 빈농집안 출신이었다. 그는 양을 키웠고 중학교나 대학교에 다닌 적이 없다. 그는 음악가였고 온갖 일을 다 했다. ……또한 그는 회계(會計)였다고도 말할 수 있다. 그는 거문고를 연주하고 마차를 몰며 말을 타고 활을 쏠 수 있었다. 그는 안회(顔回)와 증자(曾子) 같은 72명의 현인을 키워냈으며 3천 명의 제자를 거느렸다. 젊은 시절 그는 군중의 하나였으며 따라서 대중의 고통이 어떤 것인지 이해했다.[16]

그러나 문화대혁명이 기존의 당 기구를 박살낼 때까지 핵심적인 교육개혁은 이루어지지 않고 있었다. 문화대혁명 동안 대부분 기능이 멈추었던 학교가 다시 문을 열었을 때 이들은 새로운 마오주의 교육정책에 따라 움직여갔다. 물론 이런 정책 중 가장 긍정적인 것은 농촌교육의 확대였다. 상대적으로 부유한 도시에 대한 국가의 보조는 삭감되었고 좀더 가난한 지역, 주로 농촌지역으로 자원이 투입되었다. 물론 지방의 자급자족이 지도원칙으로 선포되었지만 그래도 국가의 재정보조와 정책이 어떻게 어디에서 교육이 제공될지를 결정하는 핵심요소가 되었다. 새로운 정책에서는 초등학교가 최우선적인 고려대상으로 떠올랐다. 도시에서는 이미 초등교육이 보편화되었기 때문에 외딴 지역에도 최소한 5년의 초등교육을 도입하는 것이 목적이었다. 오늘날 비난받는 '문혁10년'(1966~1976) 동안 농촌에서는 초등학교와 중학교 입학이 급격히 증가했다. 10년 동안 초등학교 입학은 1억 1,600만 명에서 1억 5천만 명으로, 중학교 입학은 (마을 초등학교에 부속된 2년짜리 중학교를 포함하여) 1,500만 명에서 5,800만 명으로 늘어났다.[17]

농촌학교의 확대는 국가의 교육관료기구를 와해시키고 학교체계를 분권화하려는 시도와 함께 이루어졌다. 문화대혁명 이전 농촌의 학교는 일률적인 국가정책에 따라 현(縣) 정부(국가 관료기구)에 의해 관리되었으나, 새로운 정책은 지방농업집단단위의 권한을 강조했다. 즉 초등학교는 보통 생산대대가, 중학교는 인민공사가 관리하도록 했다. 각 학교의 교사와 교육자료를 선택한다든가, 중학교에 신입생을 추천한다든가, 특수하게 지역적 필요에 따라 교육내용을 조정한다든가 하는 데 있어서 농민들의 목소리를 더 많이 반영하기 위해서였다.[18] 그 밖에 학비부담, 입학시험, 연령제한이 폐지되었으며, 대약진 기간에 도입되었던 업무시간 외 교육계획과 반공반독(半工半讀) 교육계획이 많이 부활했다. 입학기준과 중학교 및 대학교 교육과정의 변화는 농촌 청년들에게 고등교육의 기회를 더 많이 가져다주었다. 대학입학의 경우, 입학시험의 비중을 낮추고 각 지방의 생산단위에 기초한 추천제도에 우위를 두었으며 학업능력뿐 아니라 정치적 기준에 기초하여 학생을 선발함으로써 빈농·노동자·병사·하급간부에게 유리해졌다. 반드시 여러 해 동안 생산노동에 종사한 이후라야 대학입학 자격이 주어졌으며, 졸업 후에는 자기 고향에 돌아가 일해야 했다.

1970년대 초에 왕성하게 추진된 새로운 농촌교육은 문화대혁명 이후 형편없어진 도시교육과 극명한 대조를 이루었다. 문화대혁명이 가져온 사회개혁에서 농민은 이렇게 전반적으로 이득을 얻었지만, 사실상 그 동란으로부터 얻은 경제적 이득은 거의 없었다. 당시에 추측했던 것과는 대조적으로 문화대혁명은 농업생산을 심각하게 해치지 않았으며, 1960년대 후반과 1970년대 초에도 매년 3% 정도의 완만한 성장률을 보이고 있었다.[19] 그러나 매년 2%의 인구증가를 고려한다면 농민의 소득은 본질적으로 정지해 있었으며, 농민의 생활수준이나 1인당 음식물소비량에 어떤 증가도 보이지 않았다. 문화대혁명 이후에도 이전과 마찬가지로, 농촌은 도시에 의해 경제적으로 착취당했으며 여전히 도시공업에 투자하기 위한 국가자본축적의 주요 원천이었다. 농민의 생활수준을 향상시킬 수도 있었던 농촌의 잉여는 세금, 생산할당과 가격정책에 의해 계속 국고 속으로 흘러 들어갔다. 비록 많은 수의 농민이 농촌의 공업화계획과 교육 및 보건의료제도의 개혁에 의해 혜택을 입었지만 문화대혁명이 도시와 농촌의 관계에 근본적인 변화를 가져온 것은 아니었다.

노동계급과 공업에서의 노동분업

문화대혁명은, 비록 경제적 이득까지는 아닐지라도 농민에게 사회적 혜택을 어느 정도 가져다주었던 반면 1966~1968년의 혁명 드라마에서 주연을 맡았던 도시노동자들에게는 아무것도 돌아온 것이 없었다. 물론 문화대혁명이 공업의 노동분업에서 혁명적 전환을 이루었다는―어느 작가의 표현을 빌리면 "노동과 경영 사이, 육체노동과 지적노동 사이의 격차를 서서히 제거했다는"―마오주의자들의 주장은 널리 알려져 있었다.[20] 그러나 이런 과장된 주장을 뒷받침할 만한 증거는 사실상 거의 없다. 오히려 모든 증거는 공장의 생산관계가 1969년 이후에도 1966년 이전과 다를 바 없었음을 보여주고 있다.

문화대혁명기간 동안 조반적인 노동자집단은 기존의 공업조직체계에 전반적인 공격을 가했고 이런 공격은 종종 베이징에 있는 급진적인 지도자들의 지원하에 이루어지기도 했다. 직접 생산자들이 생산수단을 지배해야 한다는 목소리가 생겨났고 임금차별과 상여금의 폐지, 평등한 분배제도, 임시 또는 계약 노동자 제도의 폐지, 국가의 할당에 의해서가 아니라 노동자가 스스로 선택한 공장이나 기업에서 노동할 자유, 당이 통제하는 노동조합의 폐지를 요구했다.

이런 요구가 문화대혁명 이후 추진되고 있던 새로운 공업정책에서 완전히 무시되지는 않았다.[21] 1966년과 1968년 사이에 지방 당 조직과 함께 와해되었던 노동조합의 관료기구는 중앙의 노동부와 함께 공식적으로 폐지되었다. 물질적 동기보다 도덕적·정치적 동기를 우선시한다는 정책하에 개인별로 지급되던 상여금과 성과급 역시 폐지되었다. 행정관료의 수를 줄이고 노동조직과 공장운영에 관한 '비합리적 규칙'을 폐지함으로써 기업의 관료주의적인 위계는 완화되었다. 지난 몇 년 사이 급격히 늘어난 '1만조 규칙'(一萬條規章)은 류사오치주의 정권의 관료주의적 관행에 의한 것으로 간주되었다. 노동자와 관리자, 육체노동과 정신노동 사이의 지위와 기능의 격차를 줄이려는 노력은 간부들을 생산노동에 참가시키고 노동자가 경영에 참가하게 하는 옛 전통을 부활시키는 것으로 나타났다. 관리자와 기술자들은 최소한 전체 노동시간의 1/3을 공장작업대에서 보내도록 지시받았으며, 선출된 노자 관리조는 계획과 정책결정에 일정한 역할을 담당하게 되었다. 기업 관리 책임을 공장의 혁명위원회——노동자·간부·인민해방군 대표로 구성된 '삼결합'에 기초——에 부여함으로써 과거의 권위적인 관리체계를 대체해 나갔다. 그리고 기업의 통제권을 베이징의 각 부에서 각 성의 유관 부서로 이관함으로써 국가의 공업관리기구를 분산화했다.

1970년대 초 이런 혁신의 일부가 살아남았다 하더라도 그것은 이미 부분적으로 퇴보했거나 기대에 훨씬 못 미쳤다. 동시에 문화대혁명 과정에 나타났던 더욱 근본적인 요구는 무시되거나 '극좌'로 비난받았다. 실제로 문화대혁명 이후 공업조직의 가장 두드러진 특징은 새로운 변화가 도입되었다는 것보다는 오히려 과거와 똑같은 모습이 계속 유지되고 있었다는 점이다. (소련에서 시행된 어떤 것보다도 더 엄격했던) 노동자에 대한 외적 통제가 강력하게 유지되었고, 이는 농민의 도시 유입을 통제할 필요가 있다는 논리로 공공연히 정당화되었다. 직업선택의 자유는 류사오치의 이단적인 주장으로 취급되었고, 류사오치 또한 자본주의식 자유노동시장을 도입하려 했다고 하여 비난받았다.[22] 비농업 노동력의 거의 절반을 차지하는 임시직 및 계약직 노동자를 고도로 착취하는 구조가 착취양식 중 특히 독소적인 것으로서 문화대혁명 기간 동안 널리 비난받았음에도 불구하고, 또 1960년대 초에 이 체계가 확산된 것이 류사오치가 조장한 '자본주의' 노선 때문으로 간주되었음에도 불구하고 그런 체계는 계속 유지되었다. 기본적인 임금제도 역시 변함없이 그대로 유지되었다. 약간의 수정이 있었다면 각종 상여금이 폐지되었다는 것과(그 중 일부는 사실상 1966년 이전에 폐지되었고 다른 것은 새로운 이름으로 계속 남아 있었다) 금전적 인센티브를 비난하며 대중의 이익을 위한 자기희생적이고 집단주의적인 노동의 도덕적 미덕을 칭송하는 정치·사상 운동이 전개되었다는 것뿐이었다. 매달 임금이 30 위안에서 108위안 사이인 공장노동자에 대한 8등급 임금제(임금이 최저수준에도 못 미치는 견습공이나 임시직 및 계약직 노동자는 제외) 그리고 기술자에 대한 15등급 임금제, 행정 및 기타 간부에 대한 30등급 임금제와 같이, 국가기업에 고용된 사람들 간의 임금격차는 문화대혁명 이전과 거의 다를 바 없었다. 1972년 베이징의 한 공장을 예로 들면, 노동자의 임금은 30~102위안이었고, 평균임금은 54위안이었던 반면 전문가·기술자·간부의 평균임금은 약 150위안이었다.[23] 당시를 풍미했던 급진적인 마오주의적 수사에도 불구하고 더욱 평등한 임금제도에 대한 요구는 '극좌'로 비난받았으며, 노동자와 간부에 대한 등급화된 노동점수제도도 그대로 유지되고 있었다.

문화대혁명이 와해된 이후 각 공장에서는 노동규율을 다시 확립하려는 움직임이 나타났다.(이는 특히 정치적으로 가장 급진적이었던 젊은 노동자들을 대상으로 이루어졌다.) 1970년대 초에 이르면 이전에 폐기되었던 옛 공장 규칙과 규율이 점차 되살아나고, 전문적 관리자와 기술적 표준이 점점 강조되었다.[24] 공장의 노동규율에 대한 급진적 비판은 도처에 산재하는 '극좌노선'의 표출로 여겨졌다. 노동조합의 해산도 결국은 일시적인 현상에 불과했음이 드러났다. 1973년 중반 새로운 합법적 조합이 각 성에 생겨나기 시작했고, 이들은 문화대혁명 기간에 성립한 '노동자대표대회'를 대체하거나 흡수했으며, 이어서 전국총노동조합을 부활시켰다. 당이 통제하는 새로운 노동조합의 기능은 문화대혁명 이전의 노동조합과 크게 다르지 않았다.

공업조직에서 어떤 변화가 일어났는지를 평가하는 데 있어서 핵심적인 요소는 공장혁명위원회의 성격과 역할이라고 할 수 있다. 문화대혁명이 낳은 조직상의 가장 중요한 업적으로 환영받은 혁명위원회는 노동자들이 경제적·정치적 결정에 참여할 수 있는 주요 기구였다. 그러나 여기서 가장 중요한 사실은 공장혁명위원회가 얼마 안 있어 당의 통제 아래 들어간다는 것이었다. 당을 재건한다는 1969년의 결정 아래 각

성과 시의 당 조직들의 권위가 다시 확립되어가자 공장에서도 당 위원회가 빠르게 건립되었다. 1969년에 이르면 공장혁명위원회는 공장의 당 위원회에 확실히 예속된다.(그리고 이런 경향은 이후 더욱 분명해졌다.) 그리고 공장의 당 위원회는 궁극적으로 당의 상급조직에 종속되었다. 공장혁명위원회의 구성원 대다수는 당원이었고, 당 위원회 서기는 보통 혁명위원회 주임을 겸하는 동시에 공장의 공장장이 되었다. 경제적인 또는 관리상의 최종결정권은 당 위원회에 있었고, 혁명위원회는 이런 결정을 수행하는 도구에 불과했다.

마오주의 시기와 그 이후에 중국에서 집단노동은 집단통제 아래 있지 않았다. 1970년대에 중국의 공장이 어떤 분위기였든지 간에 생산관계의 기본구조는 지난 수십 년과 다르지 않았다. 문화대혁명이 도시 노동계급의 지위에 근본적인 변화를 가져왔다는 주장, 즉 노동분업의 혁명적 전환이 시작되었다는 주장은 면밀한 조사를 해보면 근거 없는 것임을 알 수 있다. 1966~1968년 '혁명대중'집단을 구성했던 도시노동자의 생활과 노동은 이후에도 똑같이 그대로 지속되었다. 그러나 도시의 노동계급 전체가 이런 결과에 큰 불만을 품었다고 볼 수는 없다. 문화대혁명은 사회경제적으로나 정치적으로 불만에 가득 찬 사회를 폭로했을 뿐 아니라 동시에 기존의 프롤레타리아트 중 대다수(즉 평생직장이 보장된 국가노동자)가 기존의 당 기구를 지지했고 당시의 공업체제와 밀접한 이해관계를 맺고 있음을 보여주었기 때문이다.

지식인, 학생, 그리고 문화

중국사회에서 어떤 사회집단이나 기구도 다치지 않고 무사히 문화대혁명을 피해갈 수는 없었다. 그 중에서 중국의 지식인만큼

심한 상처를 입은 집단도 없다. 얄궂게도 인텔리겐치아의 상당수는 자신을 1915~1919년에 일어났던 중국의 첫 번째 문화혁명의 지적인 상속자로 여겼다. 이 근대적 계몽운동은 천년에 걸친 문화적·정치적 폭정의 쇠사슬을 끊는 것이었으며 결국 중국 공산주의 운동을 탄생시켰다. 승리를 거둔 이 운동의 지도자들—첫 번째 문화혁명의 산물이었다—은 반세기 이후 지식인을 주요 희생자로 만드는 새로운 문화혁명, 즉 문화대혁명을 시작했다. 이 두 번째 문화혁명은 첫 번째 문화혁명의 어설픈 모방에 불과했다. 정치적 박해, 지적 탄압, 문화적 반(反)계몽주의가 그 상징적 특징이 되었기 때문이다. 그리고 이것은 지식인, 바꿔 말하면 마오가 "아홉 번째로 냄새나는 놈"(臭老九)이라고 지칭한 사람들에게 가장 깊은 상흔을 남겼다.

'계급'과 '계급적 입장'을 그토록 극단적으로 강조했던 명목상의 '프롤레타리아' 혁명에서 지식인은 처음부터 의심의 대상이었다. 상대적으로 부유한 물질적 지위와 함께 그들의 지식 역시 그들을 노동자·농민 대중과 유리시켰기 때문이다. '부르주아지'에 반대하는 운동 속에서 지식인은 더 이상 부르주아지가 존재하지 않는 사회에서 가장 두드러지게 '부르주아적'으로 보였다. 이들은 필요할 때마다 종종 기회주의자들의 손쉬운 표적이 되었다. 다른 사회계층에 비해 상대적으로 무방비상태에 있던 지식인들은 문화대혁명에 가담했던 급진적 또는 보수적 파벌 모두에게 정치적 희생양이 되었다. 지식인은 '부르주아지'를 열심히 색출하던 홍위병들에게 쫓겼으며, 정치적 공격의 화살을 피해가려는 당 관료들로부터도 공격을 받았다. 당 간부와 더불어 지식인은 문화대혁명의 첫 번째 희생자에 속했다. 이들의 집은 약탈당했고, 책은 불태워졌으며 원고는 훼손되었다. 정신적으로뿐 아니라 육체적으로도 그들을 괴롭혔던 '학습과 비판' 대회에 자주 불려나갔으며, 그들의 이른바 정치적 원죄는 그들의 자녀와 가족에게까지 고통을 안겨주었다. 그들은 자기를 보호해주는 어떤 조직적 힘도 갖고 있지 않았기 때문에 사실상 당 관료들보다 훨씬 공격받기가 쉬웠다. 많은 지식인들은 당원이었지만(지식인은 어떤 사회집단보다도 당 내에서 높은 비율을 차지했다), 실질적인 정치권력을 갖고 있지는 않았다. 가장 무방비상태에 있던 이들은 가장 많은 박해를 받았던 것이다. 게다가 그 박해의 시기는 계속 연장되었다. 당 관료에 대한 공격은 1967년 말 공산당을 재건하려는 마오주의자들의 결의와 함께 대체로 막을 내렸다. 그리고 문화대혁명의 초기단계에 '타도'된 많은 간부들은 1969년 이후 원직에 복귀했다. 그러나 지식인에 대한 마녀사냥은 마오주의 시대가 끝날 때까지 계속해서 다양한 강도로 진행되었다. 상당수가 체포되어 감옥에 갇히거나 신장과 북만주의 황량한 땅에 세워진 노동수용소로 끌려갔다. 그리고 이들은 종종 오랜 개인적 원한이나 정치보복의 희생자가 되기도 했다. 수백만이 농촌에 파견되어 막노동을 하며 수년 동안 고통스러운 생활을 했고 지방의 농촌간부와 농민들에게 모욕을 당하기도 했다. 그러나 이상한 일은 이런 상황에서도 전에 근무했던 직장에서 이들의 공적 지위는 대개 그대로 유지되었고 급료도 받았다는 사실이다. 비록 생활은 비정상적이었지만 관료제는 그럭저럭 굴러가고 있었던 것이다. 도시에 남아 있던 사람들, 혹은 농장이나 목장에서 노동을 한 후 '프롤레타리아화'되었다고 인정받아 다시 도시로 돌아온 사람들은 할 일이 없는 경우가 많았다. 사회과학이나 인문학 연구는 중단되었고 과학기술연구는 정치적 공포와 설비 및 전력 부족으로 마비상태에 빠졌다. 1975년 덩샤오핑은 과학기술의 부진이 계속되는 상황을 우려하며 이렇게 말했다. "과학원에서 일하는 15만 명의 과학기술 간부 가운데 누구도 감히 실험실에 들어가려 하지 않는다. 그들은 모두 '백전'(白專)* 전문가라는

---

* 정치에는 무관심하고 전문 분야에만 파고든다는 뜻.

꼬리표가 붙을까 봐 두려워한다. 젊은이들도 무서워하고 나이든 어른들도 무서워한다. ……오늘날의 연구인력은 더 이상 책을 읽지 않는다."[25]

고등교육의 상황 역시 별로 나을 게 없었다. 대학에는 학생이 없었다. 1970~1972년 대개 인민해방군의 정치적 감독 아래 있었던 대학은 제한된 범위 내에서 기능을 회복하기 시작했다. 1970년대 중반 대학재학생수는 10년 전의 1/3에 불과했다. 대학 캠퍼스는 생명력을 잃은 우울한 장소가 되었으며, 지적인 열기나 진정한 정치적 활기를 거의 찾아볼 수 없었다. 의욕을 상실한(그리고 종종 학문적으로 준비되지 않은) 학생과 교원들은 당에서 요구하는 정치적·학문적 의식만을 열의 없이 이행하고 있었다. 공식성명에 따르면 대학은 장기적인 실험과 개혁과정을 거치는 단계에 있으며 교육정책에 대한 열띤 토론이 전개되고 있다고 했지만, 실제로는 이런 침체상태를 전환시키기 위한 어떤 시도도 이루어지지 않았다. 마오주의 문화혁명가들은 과거의 영재교육체계를 파괴했으나, 농촌지역의 초등교육을 제외하면, 문화대혁명은 그 자리를 대체할 어떤 생명력 있는 교육체계도 만들어내지 못했다.

중국의 문화생활과 교육생활은 마치 어두운 반(反)계몽의 시대에 들어선 것 같았다. 작가들은 글을 쓸 수 없거나 자기가 쓴 것을 출판할 수 없었다. 마오쩌둥의 저작과 이데올로기 운동에 관련된 정치논쟁말고는 거의 아무 책도 출판되지 않았다. 화가는 그림을 그리지 않았고, 배우와 음악가는 공연을 하지 않았다. 단 문화대혁명의 주요 '문화적' 성과인 장칭의 '혁명적' 춤과 가극에 속하는 작품은 예외였다. 새로 제작되는 영화는 거의 없었으며 1966년 이전에 만들어진 작품은 상영되지 않았다. 전통적 또는 근대적 예술작품이 소장되어 있는 박물관은 대중에게 문을 열지 않았다. 서점의 서가는 텅텅 비었으며, 외국작품이든 중국작품이든 가릴 것 없이 거의 모두 금지되었다. 학술지든 과학지든 문학지든 사실상 1966년에 모두 정간되었고 마오주의 시대 말기에도 다시 발행이 허용된 것은 소수에 불과했다. 마르크스주의에 대한 연구는 정부가 인정하는 몇 안되는 고전적 텍스트나 그 단편적인 내용에 대한 의례적 논평으로 전락했다. 도서관 이용조차 제한되었다. 지식인에게 1966~1976년이라는 기간은 정말로 '잃어버린 10년'이었으며, 국가 전체로 보면 재능과 경험의 비극적 낭비기간이기도 했다. 이는 특히 도시를 더욱 암울하게 만들었다. 마오주의의 오랜 특징이며 문화대혁명 직전에 그 절정에 달했던 강력한 반지식인·반도시적 욕구가 바로 그 원인이었다. 1964년 마오쩌둥이 "우리는 배우·시인·극작가·작가를 도시에서 쫓아내 모조리 농촌으로 보내야 한다"고 선포했을 때, 이런 일이 실제로 일어나리라고는 아무도 예상하지 못했다.

도시의 학생 역시 지식인보다 형편이 더 낫지는 않았다. 장기적으로 볼 때 어쩌면 더 나빴다고도 할 수 있다. 베이징에 있는 마오주의 지도자들이 1967년 말 도시에서 문화대혁명의 막을 내리고 홍위병 해산을 결정했을 때 마오쩌둥은 교육받은 도시의 청년들에게 "농촌으로 가서 빈농과 하중농에게 재교육받으라고" 촉구했다. 이렇게 다시 부활한 '하향정책은[26] 마오주의 시대의 나머지 기간 동안 대대적으로 시행되었는데, 도시와 농촌의 격차를 좁힌다는 혁명적 이상을 담고 있었다. 그러나 사실 그것은 정치적으로 파괴적인 홍위병을 도시에서 제거하고, 실업률을 높이는 수백만 명에 달하는 짐을 도시에서 덜어낸다는 당시의 정치적·경제적 목적에 잘 부합하는 것이기도 했다. 해산된 홍위병에 이어 대개 중학교 졸업생이었던 약 1,700만의 도시청년들이 1967~1976년에 원하든 원하지 않든 시골에 가서 생활했다. 시골로의 이주를 촉진시켰던 이런 혁명적 이상주의는 곧 배신감과 정치적 냉소주의를 낳았다. '시골로 쫓겨간' 청년들은 고등교육과 도시에서 일할 가능성을 배제당하고 예상치 못한 농촌생활의 고난과 빈곤 아래에서 결국 자신을 '잃어버린 세대'로 여기게 된다. 이는 "용감하게 반란을 일으키라"는 마오 주석의 말에 제일 먼저 귀를 기울였던 사람들 대다수의 운명이었다.

정치권력과 사회계급: 사회에 대한 국가의 지배

프롤레타리아 문화대혁명의 엄청난 실패는 그것이 근본적인 사회변화를 가져오지 못했다는 데 있지 않았다. 경제적으로 빈곤한 상황에서 기존의 노동분업을 과격하게 바꾸고 계급차별을 없애려는 시도는 그 무엇이든 경제적 혼란과 사회적 퇴보를 가져올 수밖에 없었기 때문이다. 사실상 문화대혁명의 진정한 실패원인은 그것이 민주적 정치제도를 만들어내지 못했다는 데 있었다. 이 제도는 노동자에게 생산수단을 통제할 수 있는 힘을 주어, 종국에는 노동자들이 근대적 생산력을 발전시키게 함으로써 사회경제적 해방과 사회 전체의 해방을 획득하게 하는 것이었다. 초기에 문화대혁명은 근본적인 정치변혁을 약속하는 듯이 보였다. 1966년 8월 「16조」는 정치·사회·경제 생활의 모든 단계를 지배하는 '권력기관'으로서, 더 나아가 "파리 코뮌과 같이 보통선거제도"에 기초한 조직으로서 "영원한 상설 대중조직"을 건설하자고 호소했다. 당시 마오쩌둥 자신도 중국에서 곧 "완전히 새로운 형태의 국가권력"이 등장하게 될 것이라고 예언했으며, 이는 마르크스주의 모델인 코뮌의 원칙에 따라 조직될 것임을 시사했다. 그러나 문화대혁명의 역사는 이런 사회주의 이상으로부터 꽤 많이 후퇴한 역사였다. 이 후퇴는 1967년 군대 지배하의 혁명위원회를 선호하고 상하이 공사에 대한 마오의 거부로부터 시작되었으며, 1969년 당의 권위가 회복되는 순간 혁명위원회를 당의 정책을 수행하는 기구로 돌려놓고 끝이 났다. 문화대혁명 초기에 마오의 의도가 무엇이었든 결국 그는 당과 국가 관료기구(이른바 사상적으로 교정된 당과 개조된 국가 관료기구)를 재확립하는 것으로 마무리를 지었다.

새로운 정치제도를 만들어내는 데 문화대혁명이 실패한 것은 '사회주의'와 '자본주의' 사이의 투쟁에서 결정적으로 중요한 것이 바로 정치적 상부구조라는 마오주의의 주장을 생각할 때 특히 놀라운 일이었다. 마오주의자들은 기존의 당-국가 기구가 중국을 자본주의의 길로 인도하고 있다는 가정(오늘날 보기에 아주 예언적인 가정) 위에서 문화대혁명을 시작했다. 이런 가정은 종종 암묵적이기는 했지만 두 가지 주요한 마오주의 신념에서 나오고 있었다. 첫째, 당 내의 관료주의적인 고급 간부들은 국가기관에서 차지하는 권력과 명망 덕분에 물질적 특권을 누리고 사회 전체를 착취하고 있다는 것이었다. 결과적으로 이들은 비록 이들의 특권이 재산이 아니라 정치권력에서 나오긴 했지만, 기능상 부르주아지가 되어가고 있다는 것이었다. 두 번째 가정은 완고한 관료계급은 자신이 지배하는 사회질서를 유지함으로써 큰 이익을 얻는다는 것이었다. 이들은 자신에게 특권적 지위를 제공하는 사회질서를 급격하게 변화시키는 것을 원치 않으며 사회 전반에 자본주의 양식의 사회경제 관계와 이데올로기를 용인하려 (심지어 촉진하려고까지) 한다는 것이었다.

하지만 문화대혁명의 마지막 결과는 '자본주의의 복귀'를 가져오는 '수정주의' 경향의 주요 원천인 바로 그 정치구조의 회복이었다. 문화대혁명의 여파 속에서 정치기구가 개혁된 것은 분명했다. 그러나 이는 관료기구를 바로잡고 통제하려는 이전의 노력들과 별반 다르지 않았다. 마오주의가 선호하는 '행정간소화'에 따라, 정부기구와 인원의 수가 적어도 중앙정부의 상급수준에서는 감소했다. 1970년 저우언라이는 90개에 달했던 중앙정부 산하의 각 부를 26개로 통폐합하고, 그 행정 인원을 6만에서 1만으로 줄였다. 그러나 동시에 저우언라이는 문화대혁명 때 해고된 당 관료의 95%를 복직시켰다고 보고했다.[27] 그리고 앞으로 더 많은 인원이 원직에 복귀하게 된다. 인력과 조직 면에서 약간의 변화를 제외하고는 과거의 관료기구 대부분이 문화대혁명 이후에도 그대로 모습을 드러내고 있었던 것이다.[28] 관료제는 살아남았을 뿐 아니라 훨씬 더 오만한 자세로 돌아왔다. 문화대혁명의 정치활동가 대다수가 보상을 받아야 했고, 대개 그 보상은 공적인 지위에 임명하는 것으로 이루어졌기 때문이다. 기존 공산당원과 관료명단에 또다시 수백만 명의 이름이 더해졌다. 이른바 관료주의와 관료의 특권에 반대하는 운동이었던 문화대혁명이 낳은 모순된 결과 중 하나가 중국의 관료층, 특히 정치적 위계에서 중하층 관료의 수가 증가한 것이었다.

물론 대중노선의 미덕이 새롭게 강조되었을 뿐 아니라 관료의 오만함과 부르주아적 습관에 반대하는 운동이 크게 선전되었다. 그러나 더 중요한 것은 노동자·농민보다 훨씬 높은 임금을 받고, 24등급의 위계에 기초한 고도로 정형화되어 있는 간부제도에는 어떤 변화도 없었다는 것이다. 예컨대 공무수행에 따른 식비와 경비 제공, 고위 지도자들에게 제공되는 주택·보조원·운전기사, 그리고 이들만이 이용할 수 있는 상점과 상품, 정부휴양지에서의 휴가 등과 같이 지도급 인사들이 누리는 전통적인 많은 특권을 제거하려는 어떤 진지한 시도도 없었다. 반쯤은 은폐되어 있었지만 체계적으로 잘 정립되어 있던 관료의 특권과 이익은 관료제 자체와 함께 문화대혁명에도, 평등주의 이데올로기의 공격에도 죽지 않고 살아남았다. 비록 공직자들에게 제공되는 물질적 보상이 당분간 예전보다 다소 못해지기는 했지만.

마오쩌둥의 '관료주의' 치유책은 간부와 모든 '정신노동자'가 "대중과 유리되지" 않도록 정기적으로 생산노동에 참가하게 하는 것이었다. 이를 시행하기 위해 문화대혁명은 '5·7' 간부학교와 같은 방식의 제도화된 방법을 사용했다. 새로 건립된 인민공사에 파견된 관료의 수는 첫

해(첫 번째 시도는 1968년 5월 7일에 시행)에 약 300만 명에 이르렀다. 이후에도 수백만 명이 이런 '사상혁명화' 과정을 경험했다. 6개월에서 길게는 2년 동안 간부들은 매일 자급자족적인 생산노동에 참가하고 마르크스-레닌주의와 마오쩌둥 사상을 집중적으로 학습했다. 이런 생활을 통해 그들은 "농민으로부터 배우고" "대중과 한 덩어리가 됨"으로써 자기의 관료주의적 성향을 고쳤다고 한다. 그러나 관료들이 자기 사무실을 떠나 정신노동과 육체노동의 격차가 전통적으로 아주 컸던 시골의 들판에서 일한다는 것이 굉장히 바람직한 일이긴 했어도, 이 제도는 관료주의 치유책으로서는 역부족이었다. 어쨌든 농민은 농민으로 남아 있었고 관료는 관료로 남아 있었다. 관료들은 농촌에서 노동과 학습을 하는 동안(이를 명예로 여겨 모두 자원했다고 한다), 이들은 자기의 직책을 그대로 유지했고 직급에 따른 임금을 계속 받았다. 일정 기간 단련을 한 뒤에는 보통 원래의 직책이나 동급의 다른 직책으로 복귀했다. 흔히 주장하듯이 이런 경험이 대중과의 관계 속에서 간부들의 행동이나 태도에 건전한 영향을 미쳤다고 한다면, 그것은 지배자와 피지배자 사이의 기본적인 구조적·기능적 차별이 여전히 온존한다는 뜻이기도 했다. 문화대혁명이 가져다준 정치개혁이 과도한 관료 엘리트주의 현상을 완화시켰을지는 몰라도 국가와 사회의 관계를 근본적으로 변화시키지는 못했다. 요컨대 국가(그리고 그 대표인 관료)는 여전히 사회 위에서 압도적인 지배권을 행사하는 존재였다.

사회권력 위에 정치권력이 군림하는 현상은 전혀 새로운 것이 아니었다. 이는 인민공화국의 전 역사에 나타나는 특징이며, 실제로 근대중국사의 보편적인 현상이기도 했다. 그러나 이런 현상이 문화대혁명과 그 이후만큼 강력하게 나타난 적은 거의 없으며, 이 문제의 해결이 촌각을 다툴 정도로 시급하게 요구된 적도 거의 찾아볼 수 없다. 마르크스주의 용어를 빌리면(마오주의자나 그들의 후계자들이 선호한 용어는 아니었다), 이는 '소외된 사회권력'이라고 하는 오래된 문제, 즉 사회의 산물인 국가가 사회를 무시하고 사회와 소원해지며 사회생활을 지배하게 되는 문제였다. 또한 문화대혁명은 도시문제를 해결하지 못하고 오히려 그것을 영속화했을 뿐 아니라 실제로 그것을 더욱 확대했다. 더구나 문화대혁명이 낳은 야만적인 파벌주의와 기존 정치절차의 파괴는 마오주의 시대 말기에 국가권력이 점점 더 자의적이고 독재적으로 되어가는 상황을 만들어냈다.

문화대혁명은 대중의 자치를 영구적인 제도로 제도화하는 데 실패했을 뿐 아니라 정치적 계승이라는 더욱 시급한 문제 역시 해결하지 못했다. 문화대혁명의 원래 목적 중 하나는 "혁명의 후계자를 양성하는 것"이었다. 그러나 1968년 여름 마오쩌둥이 홍위병 지도자들을 그의 '프롤레타리아 사령부'로 소집하여 그들의 반란을 끝마칠 시간이 왔음을 알렸을 때(그런 다음 그들의 추종자 대부분을 농촌으로 보내버렸을 때), 이는 젊은 세대가 정치적 시험에 실패했음을 인정하는 것이었다. 또한 문화대혁명은 최고위층에서의 정치적 계승—결국 누가 마오쩌둥을 계승할 것(할 수 있을 것)인가—이라는 단기적 문제에 대한 해답 역시 내놓지 못했다. 1968년 이후 대중은 정치적으로 조용했지만 중앙정치국은 그렇지 못했다. 문화대혁명이 해결하지 못한 문제들은 1970년대에 중앙정치국 내에 격렬한 정치투쟁을 야기했으며, 그 참가자 모두를 정치적 음모로 가득 찬 권모술수의 세계 속에 빠뜨렸다.

20장
문화대혁명의 여파와 마오주의 시대의 종언, 1969~1976년

중국공산당 제9차 전국대표대회는 문화대혁명을 위대한 승리로 선언하는 동시에 이 대회를 '단결과 승리'의 대회로 선포했다. 그러나 대회가 폐막되기도 전인 1969년 4월, 정치투쟁이 폭발하면서 이 '단결'은 곧바로 산산조각이 나버렸다. 정치투쟁은 문화대혁명이 제기했던 (그리고 해결되지 않고 남아 있던) 문제들을 중심으로 전개되었으며 문화대혁명이 계속 자극했던 정치적 열정에 의해 뜨겁게 타올랐다. 그러나 관료기구에 반대하는 투쟁에 대중이 가담했던 문화대혁명 때와는 달리, 이제 중국정치는 대중의 시야에서 완전히 차단된, 관료기구의 공산당 지도부 내에서 벌어지는 파벌투쟁이 되어가고 있었다.

린뱌오의 몰락

표면적으로 문화대혁명의 대단원을 장식했던 제9차 당 대회 이후 두 가지 문제가 중국정치를 지배하고 있었다. 첫째, 미국과 소련이라는 두 적대적 '초강국'이 지배하는 국제사회에서 인민공화국이 차지하는 위상의 문제였다. 두 번째는 문화대혁명 이후 국내질서에서 당이 차지하는 위상의 문제였다. 이 두 문제는 서로 묘하게 얽혀 있었다. 두 문제 모두 문화대혁명의 경험에서 파생했음에도 불구하고 당시 살아남은 지도자들이 문화대혁명의 경험을 서로 다르게 해석했기 때문이다.

문화대혁명과 외교정책상의 문제 사이에 어떤 중요한 관계가 있는지를 한눈에 파악하기는 쉽지 않다. 1966년에서 1969년 사이에 중국은 마치 자기 안으로 움츠러들고 있는 것처럼 보였다. 지도자들은 적대적인 미국에 의해 그리고 다음에는 똑같이 적대적인 소련에 의해 부여된 국가적 고립상태를 더욱 심화시키고 있었다. 국내의 갈등문제에 골몰하던 마오주의 지도자들은 중국의 외교문제를 가만히 내버려두고 만족해하는 것 같았다. 1967년 이들은 외국 주재 대사들을 전부 소환하기까지 했다. 1966년 문화대혁명이 시작되었을 당시 베트남에서는 미국의 군사개입이 크게 확대되고 중국 국경 근처까지 포탄이 떨어지고 있었다. 미국은 전쟁을 중국까지 확대하겠다고 위협했다. 그러나 문화대혁명이 시작된 것은 당시의 몇몇 전문가들이 추측했듯이[1] 베트남에 대한 미국의 개입으로 야기된 위협 때문이 아니라 오히려 미국의 위협이 있음에도 불구하고 문화대혁명이 시작되었다. '세계혁명'이라는 관점에서 볼 때, 마오주의자들은 베트남에서 일어나는 투쟁보다 중국 내부의 투쟁을 훨씬 더 중요시했다. 미제국주의에 반대하여 중국이 베트남 인민을 도울 준비가 되어 있다고 가장 강력하게 경고했던 사람은 마오쩌둥이 아니라 류사오치였다. 사실 마오는 1970년 에드거 스노에게 이렇게 솔직히 말했다. 그가 류사오치를 타도한 이유 가운데 하나는 베트남에서 미국의 위협을 막기 위해 류사오치가 중소동맹을 회복하자고 주장했기 때문인데, 이 주장은 문화대혁명을 지연시킬 우려가 있었다는 것이다.[2]

세계혁명의 운명은 중국혁명의 운명에 의존한다는 마오주의 신념은 엄청난 자국 이기주의를 반영하고 있었다. '프롤레타리아 국제주의'에 대한 중국인의 인식은 1965년 린뱌오의 글 「인민전쟁 승리 만세」에 가장 잘 표현되어 있다. 유명한 마오주의 문건인 이 글은 중국의 혁명경험을 전지구적 혁명과정의 비전 속에 투영함으로써 '혁명적 농촌'——경제적으로 낙후된 아시아·아프리카·라틴아메리카——이 유럽과 북아메리카의 선진적인 '도시'를 포위하고 압도할 것이라고 주장했다. 이것은 중국이 세계 속에서 취해야 할 구체적인 행동지침이라기보다는 앞으로 기대되는 세계상황에 대한 묘사에 불과했지만, 어쨌든 그것은 문화대혁명의 지도자들이 가지고 있던 세계관이었다. 문화대혁명의 성공은 중국 사회주의의 성공을 보장할 것이며, 다른 지역에서도 성공적인 사회주의 혁명의 모범이 될 것이라고 생각했던 것이다. 따라서 도덕적으로 붕괴되고 '자본주의적인' 소련을 대신해서 사회주의 중국은 '혁명의 고향'이 될 것이었다. 게다가 소련 국내의 수정주의와 외교적 기회주의는 세계혁명의 방향감각을 상실케 하고 있었다. 문화대혁명 기간 동안 중국의 국가적 고립은 '프롤레타리아 국제주의'라는 이름 아래 진행되고 있었다. 이 당시 베이징은 전세계에서 일어나는 대중혁명운동과의 결속을 열정적으로 선언했으며,[3] 동시에 버마의 네윈에서 프랑스의 드골 그리고 린든 존슨과 레오니드 브레즈네프에 이르기까지 세계 곳곳에 존재하던 반동정부와 지도자를 무차별적으로 비난했다. 1967년 마오쩌둥은 중국을 "세계혁명의 정치적 중심"이라고 불렀을 뿐 아니라 "세계혁명의 군사적·기술적 중심"이 될 것이라고 말했다.[4]

문화대혁명이 막을 내리기 전 소련은 이 '국제주의적' 혁명관을 난폭하게 침해했다. 1968년 8월 소련군대가 체코슬로바키아를 침공하자 베이징은 세계 어느 나라의 수도보다도 격렬하게 이를 비난했다. 중국 공산주의자들은 두브체크의 민주사회주의 실험에 특별히 호감을 갖고 있지는 않았지만, 원칙적으로 또 국가이익의 측면에서 일관되게 국가주권의 입장을 견지했다. 체코슬로바키아 점령은 소련과의 전쟁이라는 공포를 불러일으켰다. 당시 체코슬로바키아 점령과 함께 발표된 '브레즈네프 독트린'은 사회주의 국가들에 대한 '제한주권론'을 주장하고 있었으며, 이는 바로 '공산주의 진영'에 속하는 나라에 소련이 군사적으로 개입할 '권리'가 있음을 말하는 것이었다. 1967년 이래 수소폭탄을 포함한 중국의 핵시설에 대해 소련이 이미 (가급적 미국과 협조하여) '선제'공격의 가능성을 내비치고 있었기 때문에 당시 소련의 위협은 중국에게 불길하고도 다급한 현안이었다. 100만 이상의 소련군대가 8천km에 걸친 중소 국경선에 배치되었고, 수백 개의 소련 미사일이 중국의 도시를 겨누고 있었다. 국경에서의 충돌은 점점 빈번해지고 강도를 더해갔다. 1969년 4월 중국공산당 제9차 전국대표대회가 열렸을 때는 중국과 소련의 군대가 북만주의 얼어붙은 우수리 강에서 피로 물든 전투를 막 끝마친 뒤였다.

　제9차 당대회에서 린뱌오의 주요 보고를 통해 중국공산당은 우선 소련의 '사회제국주의'를 미제국주의와 동일선상에 놓고, 양국을 모두 피억압 국가와 중국의 주요 적으로 설정했다. 미제국주의는 항상 그래왔듯이 "전세계 인민의 가장 흉악한 적"이라고 비난하면서 린뱌오는 소련에도 똑같이 거친 언사를 퍼부었다. "새로운 차르"는 "히틀러의 '새로운 질서'를 본떠" 식민지를 건설하고 있으며 "강도와 같은 파시스트석 행동"을 하고 있다고 그는 비난했다. 그러나 제국주의와 사회제국주의는 모두 세계혁명 속에서 인민의 손에 의해 필연적으로 파멸을 맞을 것이라고 린뱌오는 낙관적인 결론을 내렸다.[5)]

　마오쩌둥과 저우언라이는 이렇게 소련과 미국을 싸잡아서 악마라고 비난하고 세계혁명이라는 구세주에 의존하는 것만으로 북방에서 다가오는 위협을 충분히 막을 수 있다고 생각하지는 않았다. 저우언라이는 전지구적인 새로운 외교전략을 주장하고 있었고, 마오쩌둥은 이를 강력히 지지하고 있었음에 틀림없다. 이 새로운 전략은 국가주권, 평화공존, "서로 다른 사회체제를 가진 국가들" 사이의 우호관계 수립이라는 보다 전통적인 원칙에 기초하고 있었다. 또한 그것은 소련을 주요 적국으로 규정하는 전략이었으며, 미국과의 기교적인 화해를 추구하고 있었다. 실제로 이후에 전개된 것처럼, 이 전략은 헨리 키신저와 리처드 닉슨을 베이징으로 향하게 했던 미국의 이해관계와 일치하는 것이었다. 물론 이런 새로운 외교는 한때 지배적이었던 '프롤레타리아 국제주의'(메시아 신앙적인 혁명적 내셔널리즘 정신이라고 부르는 편이 더 나을 것이다)와 완전히 불일치했다. 또한 린뱌오에게 이는 반드시 원칙에 대한 배반으로까지는 아닐지라도 자신과 밀접한 관계에 있던 개념인 범세계적인 '인민전쟁'을 거부하는 것으로, 그에게 정치적 상처를 가져다주는 것이기도 했다. 중국의 외교문제, 특히 미국과의 화해문제에 있어 마오쩌둥과 그의 '후계자' 사이에는 전선(戰線) 하나가 그어져 있었다.

또 다른 전선은 두 번째 문제와 관련이 있었다. 그 문제는 공산당을 재건하고 공산당의 권위를 다시 세우는 데 있어 마오쩌둥과 저우언라이가 원했던 속도와 방식이었다. 여기서 쟁점이 된 것은 당의 재건 여부가 아니라(문화대혁명은 당을 대신할 만한 활력 넘치는 조직을 생산하지 못했다), 당이 옛 레닌주의의 기초 위에 설립되어 이전의 독재적 위치를 다시 회복하고 문화대혁명 이전의 지도자 대부분을 계속 남아 있게 해야 하는가의 문제였다. 마오와 특히 저우언라이에게 있어 당의 신속한 복구는 최우선적이고 가장 중요한 국내사업이었으며, 이는 문화대혁명의 비정상적인 정치적 결과, 즉 국민의 정치생활에서 군대가 지배적이 된 현상을 수정하고자 하는 것이었다. 인민해방군이 아무리 많은 프롤레타리아트의 미덕을 가지고 있다 하더라도 군대가 정치를 지배하는 상황은 보나파르트적 공포를 불러일으켰고 마오는 군대 지휘관들의 통치가 '오만하다고' 비난하기 시작했다. 더구나 소련의 위협에 대한 우려가 점점 더 커져가자 무엇보다 국내정치의 안정이 급선무였다. 재건된 당의 지도 아래 국가적 단결과 화해를 실현하는 데 마오주의의 중점이 놓이기 시작했으며, 마오는 이전의 당 지도자 대부분의 복귀와 문화대혁명 동안 그토록 호되게 비난받았던(그리고 '타도되었던') 당 간부들의 명예회복을 공식적으로 찬성했다. 이제 마오는 문화대혁명을 시작할 때부터 자신은 당원들에 대한 '학대'를 찬성하지 않았다고 주장했으며, 이 불행한 유산이 당의 재건을 방해하는 큰 걸림돌이라고 지적했다.[6]

'극좌분자'에 대한 계속된 숙청을 모면하고 여전히 베이징에 남아 있던 급진적인 지도자들 — 대표적으로 천보다 — 의 눈에는 과거의 '주자파'가 너무 빨리 돌아오는 것으로 보였다. 새로운 지도자들은 문화대혁명의 기준인 정치적 미덕이 아니라 행정능력과 정치적 필요에 의해 선발되었다. 린뱌오 역시 옛 간부들의 복귀를 반대했는데, 이는 그가 불러일으킨 문화대혁명의 원칙으로부터 중국사회가 멀어질 것을 걱정했기 때문이라기보다는 레닌주의적인 당의 재건이 자신의 정치적 야망을 위협했기 때문이다. 문화대혁명 이전의 관료들이 복귀한 이후 당이 강력해질수록 정책과 사안을 결정짓는 린뱌오의 권력은 점점 축소될 수밖에 없었다. 따라서 제9차 당대회에서 린뱌오는, 3년 전에 천보다가 그 시작단계에서부터 이끌어온 문화대혁명이 계속되어야 한다고 주장했다. 그것은 린뱌오가 문화혁명소조로부터 정치적 지원을 받고 있었기 때문이 아니었다. 사실 그는 1968년 자신의 지휘 아래 있는 인민해방군이 급진적인 홍위병을 잔인하게 진압한 이후 대부분의 문화혁명소조원과 심각한 마찰을 빚고 있었다. 그러나 분명히 그는 문화혁명소조가 공산당 정치국을 견제할 수 있으며 당의 재건속도를 늦출 수 있을 것이라고 생각했던 것 같다. 그러나 어쨌든 린뱌오의 주장은 실현되지 않았고 1969년 12월 문화혁명소조는 폐지되었다.

제9차 당대회 이후 나타난 정치투쟁, 최소한 린뱌오와 마오쩌둥 사이의 갈등은 단순히 군대와 민간세력, 군대와 당 사이의 투쟁으로 간단히 설명할 수 없다. 여전히 신비에 싸여 있는 당시의 사건을 결말짓기 위해 아무리 그렇게 설명하고 싶더라도 말이다. 1969년에서 1971년 사이에 전개된 비밀스런 투쟁과정에서 린뱌오가 군대 전체를 위해 말을 했다거나 스스로를 군대의 대표로 인식했던 것 같지는 않다. 인민해방군이 1967년 여름 문화대혁명 극좌분자의 공격을 받았을 때, 린뱌오는 이 공격에 부분적으로 가담하기도 했는데, 이로 인해 많은 군관들의 분노를 사기도 했다. 당시 인민해방군을 보호했던 사람은 린뱌오가 아니라 오히려 저우언라이였다. 린뱌오가 인민해방군 지도자들 사이에 추종자를 두고 있었고 세칭 마오쩌둥의 '후계자'로서의 지위를 유지하기 위해 미친 듯이 사람들을 포섭하려 했음은 의심할 나위가 없다. 그러나 린뱌오 지지자의 수와 역량은 마오쩌둥과 저우언라이에게 충성을 바치는 사람들보다 훨씬 적고 약했다. 마오 주석에 대한 린뱌오의 도전은 민간 권력에 대한 군대의 도전이 아니라 정치적 도전이었다.

그렇지만 이것은 가장 야심 차면서도 가장 모호한 정치적 도전이었으며, 여기에 수반된 이슈는 실제적인 정치문제나 사회문제보다는 권력과 권모술수의 문제였다. 린뱌오와 마오쩌둥 사이의 갈등이 '급진파'와 '온건파' 사이의 충돌이라는 주장을 뒷받침해줄 만한 물증은 거의 없다. 또한 제9차 당대회 이후 문화대혁명의 원칙에 대한 마오주의의 배반에 헛되이 대항하는 문화대혁명 원칙의 대변자로 린뱌오를 꼽는 것은 견강부회한 짓이다. '린뱌오와 사인방'을 '극좌분자'로 한데 묶어서 이들에게 '문혁10년'의 모든 재난에 대한 책임을 떠넘기는 것이 정치적으로 유리하다는 것을 마오 이후의 중국 지도자들은 알고 있었다. 그러나 진실을 말한다면, 린뱌오와 훗날 '사인방'이라고 명명된 사람들은 물과 기름처럼 사이가 안 좋은 정치적 경쟁자들이었다. 사인방의 한 명인 장칭은 1968년 린뱌오에 대항하기 위해 저우언라이와 (수많은 차이에도 불구하고) 제휴했고, 두 사람의 제휴는 1971년 린뱌오의 정치적 몰락을 가져오는 데 일조했다.[7] 그리고 사인방 중 한 명이었던 장춘차오도 1971년 린뱌오의 실패한 쿠데타가 표적으로 삼았던 제물 중 하나였다.[8] 결국 린뱌오에게 가해진 많은 비난 가운데(이는 중국공산당이 만든, 사상적·정치적 이단에 대한 긴 목록에 적혀 있는 내용은 거의 다), 그가 최고의 정치권력을 추구하는 '음모가'이자 '야심가'라는 비난이 가장 그럴 듯한 것이었다. 린뱌오는 단순히 "자신의 권력에 유리한 어떤 노선이나 정책이라면 무엇이든 지지했던 정치적 기회주의자"일 뿐이라는 윌리엄 조지프의 결론을 피해가기는 어렵다.[9]

린뱌오가 당의 전면적인 재건과 미국과의 화해를 반대한 것은 그것이 자기의 권력에 유리한 정책이라고 판단했기 때문이다. 린뱌오의 개인적 야심과 음모방식에 대해 마오는 점점 더 많은 의심을 품었고 마침내 1970년 8월 루산(廬山)에서 9기 2중전회가 개최되었을 때 린뱌오와 마오쩌둥 사이의 갈등이 표면화되었다. 좀더 정확히 말하면, 당시 이들의 갈등이 중앙위원회 성원들에게 폭로되었던 것이다. 그러나 중국인민은 2년이 더 지난 뒤에도 그들의 지도부 내에서 일어난 정치투쟁에 대해 아무것도 전해 듣지 못했다. 그리고 이후에도 오직 관련 사건과 문제에 대한 승리자의 견해만을 들을 수 있었다. 문화대혁명 시기와 다르게 공공정책에 대한 공개토론은 더 이상 유행하지 않았던 것이다.

훗날 마오쩌둥이 설명한 바에 따르면, (최소한 당시에 잠시 책략적인 동맹을 이루고 있던) 린뱌오와 천보다가 루산 회의에서 '기습'을 감행했다. 마오는 이들이 두 가지 '계획'을 갖고 있었다고 설명했다. 첫째는 류사오치가 제거된 후 공석상태에 있는 국가주석직을 채우기 위해 국가주석을 임명하는 것이었고, 두 번째는 새로운 국가헌법 초안에 마오를 '천재'로 찬양하는 문구를 추가하는 것이었다.[10] 이 '기습'은 저우언라이의 외교정책과 국내정책을 비판하는 연설을 통해 이루어졌는데, 사실 여기서 기습이라는 표현은 이런 내용을 단지 마오와 사전에 의논하지 않았다는 것을 의미할 뿐이다. 국가주석을 임명하자는 주장은 몇 달 전 새로운 헌법을 기초할 때 국가주석직에 대한 언급을 하지 않을 것이라는, 다시 말해서 국가주석직을 사실상 폐지할 것이라는 마오의 결정과 반대되는 것이었다. 린뱌오가 국가주석이 되면 정부기구에서 최고 지위에 있는 저우언라이 총리의 권위가 위태로울지도 모른다는 두려움 때문에 마오쩌둥은 그의 후계자 린뱌오가 국가주석이 되는 것을 원하지 않았다. 마오쩌둥을 '천재'로 선언하자는 제안은 좀더 불가사의한 일이었다. 마오는 나중에 이것을 '이론적 문제'로 정의했다. 그러나 당시에는 이것이 상당히 실제적인 정치문제였다. 마오를 천재로 찬양하는 것은 문화대혁명 정신—마오가 대중과 직접 관계를 맺는 최고지도자이며 유토피아적인 예언자로서 모든 조직 위에 군림했을 시기에 인민해방군이 선호했던 정신—과 상당부분 일치하는 것이었다. 1970년 마오의 천재성을 찬양하는 것은 모든 정치적 지혜와 권위가 공산당이 아니라 마오와 그의 사상에 내재했던 문화대혁명의 상황을 다시 만들어냄으로써 당을 문화대혁명 이전의 레닌주의적인 권위로 재건하려는 추세를 약화시키고자 하는 것이었다. 당에 대한 마오의 레닌주의 정책에 반대하여 마오쩌둥 숭배를 이용하려는 이 뒤늦은 시도의 정치적 함의를 마오는 재빨리 파악하고 있었다. 그는 자기에 대한 칭송을 거부했고 그것의 정치적 함의를 훗날 이렇게 말했다. "천재는 한 개인 또는 몇몇 사람에게 의지하지 않는다. 천재는 하나의 당, 즉 프롤레타리아트의 전위인 당에 의존한다."[11]

중앙위원회는 공화국 주석을 임명하지도 않았고 마오를 천재로 선포하지도 않았다. 그 대신 린뱌오와 천보다가 당의 재건과정을 방해한다고 비난했다. 또한 중앙위원회는 격렬한 논쟁 끝에 저우언라이가 입안한 새로운 외교정책을 승인했다. 2주간의 비밀회의 뒤에 발표된 공식성명은 중국의 외교정책이 "서로 다른 사회체제를 가진 국가들 간의 평화공존"원칙에 기초하고 있음을 선포했다.[12) 그리고 이로부터 5년여가 지나서야 이 구절이 처음으로 일반에 공개되었다.

또한 루산 회의는 마오의 오랜 개인비서이며 막역한 친구이자 가장 뛰어난 마오주의 이론가였던 천보다의 몰락을 가져왔다. 문화대혁명은 천보다를 중앙정치국의 상무위원 다섯 명 중 한 사람으로서 마오쩌둥·린뱌오·저우언라이·캉성과 나란히 서는, 권력의 정점에 올려놓았다. 그러나 이제 그는 일시적으로 일어난 비방운동의 희생자가 되었다. 여러 면에서 '극좌분자'라는 꼬리표가 붙은 그는 '중국의 트로츠키'로 몰려 당에서 제명되었다.

린뱌오를 처리하는 문제는 훨씬 힘든 일이었다. 린뱌오는 마오의 공식 후계자이자 중국의 국방부장이었으며 문화대혁명 이래 마오쩌둥 다음 가는 대중적 명망을 얻은 인물이었다. 1927년 난창(南昌) 봉기 이후 그는 중국혁명의 위대한 영웅 중 하나였으며, 마오쩌둥을 처음 만났던 1928년부터 줄곧 마오의 절친한 동료였다. 더욱이 1970년 가을 린뱌오가 어느만큼 군대의 지지를 얻을 수 있을지도 예측할 수 없었다. 린뱌오를 파멸로 몰고 가는 전략은 1년 뒤에 그 결과를 보게 된다.

물론 마오쩌둥과 린뱌오의 갈등은 일반인의 눈에는 전혀 띄지 않게 진행되었다. 중국인민에게 린뱌오는 여전히 마오의 선택을 받은 후계자였다. 그는 계속해서 공개연설을 했고 정부집회를 주관했다. 그의 사진은 마오의 사진만큼이나 신문지상에 자주 등장했으며, 1971년 노동절에는 린뱌오와 마오쩌둥이 천안문 광장의 사열대에 함께 서 있었다. 그러나 이런 표면적인 단결 이면에서는 정치투쟁이 격화되고 있었다. 마오는 천보다와 린뱌오에 동정적인 것으로 생각되는 정치군사 지도자들의 권력을 박탈했는데, 그 중 하나가 바로 베이징 군구의 정치위원

리쉐펑(李雪峰)이었다. 마오는 또한 소련의 위협에 대비한다는 명목으로 린뱌오가 직접 지휘하는 부대를 (1971년 1월) 베이징에서 그들의 원래 주둔지인 헤이룽장(黑龍江)으로 이동시킴으로써 베이징 내부와 주변에 주둔하는 인민해방군 부대의 충성을 확보해 나갔다.

린뱌오의 몰락을 위한 준비가 진행되는 동안 그가 반대했던 정책은 속속 시행되었다. 당 기구의 재건은 아주 빠르게 진행되었다. 제9차 당 대회 이후 18개월 동안 성(省)의 당 위원회를 건설하는 일이 불가능한 것으로 판명되자 루산 회의는 이 정치적 걸림돌을 제거하기 시작했다. 1970년 12월과 1971년 8월 사이에 모든 성에 당 위원회가 성립되고 이들은 성(省) 혁명위원회를 효과적으로 예속시켜 나갔다. 또한 저우언라이의 새로운 외교는 기대했던 과실을 벌써 맺기 시작했다. 1970년 11월 저우언라이는 에드거 스노에게 1년 전 바르샤바에서 중단되었던 중미회담을 재개하자는 워싱턴의 제안을 긍정적으로 고려하겠다고 말했다.[13] 단 저우언라이는 회담장소로 다른 곳을 원했는데, 그 새로운 회담장소는 베이징으로 결정된다. 12월 마오는 닉슨이 관광객으로서 또 대통령으로서 중국에서 환영받을 것임을 스노에게 귀띔했다.[14] 이 초청은 신속히 워싱턴에 전달되었으며, 스노는 마오와의 인터뷰를 실어도 좋다는 허락을 받았다. 이 인터뷰는 1971년 4월 『라이프』지에 실렸고, 이때 린뱌오와 그의 지지자들은 중국 외교정책의 방향을 되돌리기 위해 중앙정치국원들 앞에서 마지막 호소를 하고 있었다. 그러나 '핑퐁 외교'[15]의 시대는 이미 개막되었고 이는 즉시 현실정치의 시대로 가는 길을 열었다. 1971년 7월 11일 미 국무장관 헨리 키신저가 베이징에서 저우언라이 총리와 이듬해 2월 닉슨 대통령의 극적인 방문을 준비하기 위해 이틀에 걸쳐 논의했다는 놀라운 소식이 발표되었다. 이는 중국과 미국 모두에게 외교적 승리였다.

키신저가 중국을 방문하고 두 달이 지난 뒤인 9월에 모든 공식석상에서 린뱌오의 모습을 찾아볼 수 없게 되었다. 그리고 그의 돌연한 부재에 대해 이후 열 달 동안 당국에서는 아무런 설명이 없었다. 마침내 1972년 7월 28일 이 사건을 "중국공산당 역사상 열 번째 노선투쟁"이라고 부르는 첫 공식담화가 발표되었다. 여기에는 린뱌오가 마오쩌둥 암살을 기도하는 쿠데타 음모를 꾸몄다고 쓰여 있었다. 이 음모가 실패하자 그는 아내와 아들, 다른 공범자들과 함께 제트기를 타고 소련으로 도망치다가 비행기가 몽골인민공화국에 추락하는 바람에 탑승자 전원이 사망했다는 것이었다.

물론 이 공식담화를 증명하거나 반증할 방법은 없다. 이와 비슷한 대부분의 사건과 마찬가지로, 이 경우에도 생존자와 승리자들이 제공하는 견해와 문서를 제외한 다른 증거는 거의 남아 있지 않다. 어느 정도 확실하다고 할 수 있는 것은 1971년 9월 군대와 민간 행정기관의 고위층을 대대적으로 숙청하는 심각한 정치위기가 있었다는 것이다. 이때 중앙정치국원 21명 중 11명이 해임되었고 린뱌오는 이 과정에서 사라졌다. 9월 13일 몽골에 추락한 제트기에서건 아니면 다른 때 다른 장소에서건.[16]

최근 몇 년 동안 린뱌오에 관한 수많은 '폭로'가 베이징이나 그 밖의 다른 곳에서 쏟아져 나왔다. 그러나 국가권력을 장악하려는 음모에 관한 자세한 설명을 제외하면 1971년 9월에 있었던 위기의 기원과 성격에 대해서 1972년 여름에 알려졌던 것 이상의 정보는 없다. 루산 회의 이후 당과 국가 기구의 최고위층에서 각종 음모와 이에 대한 반격이 있었다는 것은 의심할 바 없다.(그리고 이런 서글픈 설명들은 문화대혁명이 인민공화국의 정치생활에 미친 영향을 말해준다.) 그러나 린뱌오와 그의 지지자들이 처음부터 음모가였다는 사실은 받아들일 수 없다. 정치적으로 선수를 친 사람은 마오쩌둥이었으며 그는 자신의 권력과 정책을 지키기 위해 린뱌오와 그 일파를 제거하려고 결심했던 것 같다. 1970년 말 마오는 린뱌오의 군사적·정치적 지지자들을 숙청하기 시작했으며, 1971년 초 그는 자신이 의지할 수 있는 인민해방군 부대로 베이징 군구를 재편했다. 1971년 8월 18일 마오쩌둥은 각 성(省)을 '시찰'하기 시작했는데, 이 시찰의 목적은 린뱌오를 반대하는 운동에 대한 지방 인민해방군 지휘관들의 지지를 얻고 다음 달에 있을 운동의 대단원을 준비하는 것이었음에 틀림없다. 당시 마오는 지금까지 자신이 린뱌오를 보호해왔으며 "환자를 구하기 위해 병을 치료하는" 방침을 취해왔다고 주장했다. 그는 린뱌오가 아직도 개조될 수 있을지도 모른다는 가능성을 배제하지 않았지만, "원칙을 무너뜨리는 큰 잘못을 범하는 데 앞장섰던 사람들은…… 개조하기가 어렵다"는 불길한 언급을 덧붙였다.[17]

마오는 린뱌오가 '회개'할 수 있다는 희망을 버리고 갈등을 확실히 끝내려 했던 것 같다. 그리고 이런 마오의 위협적인 정치적 책략에 맞서 린뱌오는 결국 실패로 끝날 쿠데타와 암살을 기도했을 것이다. 중국 당국은 린뱌오의 계획이 이미 1년 전에 수립되었고, 이는 「'571공정'기요」라고 알려진 문건에 기록되어 있다고 주장한다. 나중에 베이징에서 제시된 설명에 따르면, 1971년 9월 초 음모자들은 마오 주석이 탄 전용열차를 화염방사기와 바주카포로 공격한다, 쑤저우(蘇州) 근처에서 기차가 통과할 예정인 철교를 다이너마이트로 폭파시킨다, 비행기로 기차에 폭탄을 투하한다, 상하이 인근의 석유저장소를 폭발시킨다 따위의 각종 공작을 준비했다. 치밀하게 계획된 이런 공작이 모두 실패할 경우 주석이 상하이에 도착했을 때 경호원 중 한 명이 그를 사살한다는 또 다른 계획도 세워져 있었다.[18] 그러나 저우언라이가 1972년 말 미국 신문편집인 대표단과의 기자회견에서 인정했듯이, 「'571공정'기요」는 실행에 옮겨지지 않았다. 실제로 마오의 생명을 노린 어떤 기도도 없었으며 그런 쿠데타를 실행하려는 어떤 움직임도 없었다. 그 대신 이 음모가 발각될까 두려워서 린뱌오는 몽골 상공에서 추락하게 될 비운의 비행기를 타고 급하게 도망쳤던 것이다.[19] 그러나 린뱌오의 동기와 행동이 어떠했든 간에 그의 몰락은 (당·군대·혁명위원회 내에 있던 그의 지지자들에 대한 숙청과 함께)[20] 마오쩌둥과 저우언라이가 원하던 문화대혁명 이후의 질서를 공고히 하는 데 방해가 된 마지막 걸림돌을 제거한 셈이었다.

린뱌오가 몰락하자 한때 마오의 '후계자'로 지명되었던 이 사람에 대한 '극좌적' 범죄행위를 비난하는 목소리가 쏟아졌다. 그는 마오를 암살하고 군사독재를 수립하려 했고, 소련과 '부정한 관계'를 맺고 있었으며, 당 간부들의 복권에 대한 마오의 정책과 외교정책에 적용되던 마오의 '혁명노선'에 반대했다는 것이었다. 그 밖에도 린뱌오는 대중의 자발성을 과장했고 생산과정에서 인간적·정신적 요소를 지나치게 강조했으며, 다자이 모델을 성급하게 보편화하고 공산주의로의 즉각적인 이행을 조장함으로써 농촌의 안정을 파괴했으며, 열광적인 마오쩌둥 숭배를 부추기고 마오의 저작을 진지하게 연구하는 대신 주석의 어록을 기계적으로 암송하도록 강요했다는 비난을 받았다. 1972년 많은 외국인 앞에서 린뱌오는 가장 전형적인 '극좌분자'로 폭로되었다.[21] 실제로 한 고위 중국관료는 당시 방문객들에게 린뱌오가 문화대혁명 기간 동안 급진적인 5·16병단의 "검은 배후"였다고 말하기도 했다.[22] 어쩌면 지금까지 열거한 극좌적인 이단행위에 대한 비판보다는 마오쩌둥과 저우언라이의 지도 아래 문화대혁명 정책이 계속 후퇴하고 있었다는 사실이 린뱌오에 관해 더 많은 것을 알려주는지도 모른다.

린뱌오가 몰락한 직후 2년 동안 문화대혁명의 급진화와는 반대로 탈(脫)급진화가 놀라울 정도로 가속화되었다. 이는 무엇보다도 중국공산당의 권위를 재확립하는 과정이었으며, 머지않아 중국공산당은 전 국민의 정치생활과 경제생활을 통제하는 강도에 있어서 문화대혁명 이전보다 결코 뒤지지 않게 되었다. 이것은 단지 조직이 회복된 것일 뿐 아니라 '주자파' '소귀신과 뱀귀신'으로 비난받으며 타도되었던 당내의 옛 지도자들과 관료 및 간부 대다수가 권력의 자리로 복귀하는 것을 의미했다. 그리고 문화대혁명 기간의 각종 '폭력'이 대부분 린뱌오의 악독한 획책에 기인하는 것이었다는 비난을 제외하고는 어떤 공식적인 해명도 없었다. 각 성에서는 과거의 당 지도자와 그들의 조수들이 상당수 고위직에 다시 임명되었다. 단 당혹스러움을 피하기 위해 1966년 당시의 임지가 아닌 다른 성에서 자리를 얻었다.[23] 일반적으로 나이 많고 보수적인 간부들이 문화대혁명 기간 동안 등장한 젊고 급진적인 간부들보다 훨씬 더 많았다. '명예회복'의 물결 속에는 1967년 우한 폭동의 지도자였던 천짜이다오(陳再道)와 중한화(鍾漢華) 같은 유명한 '소귀신과 뱀귀신'도 있었다. 이들은 1972년부터 공식석상에 다시 모습을 드러냈으며 군대지휘관으로 새롭게 임명되었다. 당이 지배하던 과거의 대중조직이 다시 나타났으며 해산된 홍위병 대신 공산주의청년단이 재조직되었고, 노동자대표대회를 대신하여 정부 산하의 노동조합이 다시 건설되었다.

당이 재건되자 혁명위원회와 군대의 정치적 역할이 줄어들었다. 혁명위원회의 가장 큰 목적은 대중조직을 대표하는 것이었는데, 이제 이런 대중조직은 사라져버리고 존재하지 않았기 때문에 혁명위원회는 사실상 구시대적인 것이 되어버렸다. 그럼에도 불구하고 혁명위원회는 존속되었다. 한편으로는 행정 편의상, 다른 한편으로는 이데올로기적인 필요성에서 그렇게 한 것인데, 만약 혁명위원회를 공식적으로 폐지하면 문화대혁명을 부정하는 것처럼 보일 우려가 있었기 때문이다. 또 린뱌오의 지지자로 간주된 지도자들이 모두 숙청되고 나자 인민해방군은 문화대혁명 기간에 부여받은 지배적인 정치적 위상에서 점점 후퇴했다. 당이 다시 총을 통제할 것이라는 사실은 마오쩌둥이 1971년 각 성을 시찰하면서 분명히 밝힌 바 있었다. 이때 마오는 군 지휘관들에게

"여러분은 군사업무에 주의를 기울여야 한다. ……지방의 당 위원회에서 이미 결정한 문제가 다시 군대의 당 위원회에서 재론되는 것은 마치 마차를 말 앞에 놓는 것과 다름없다"고 충고했다.[24] 10년 전에 마오주의자들은 인민해방군을 누구나 본받아야 할 모범으로 설정했지만, 이제 시대의 구호는 인민해방군에게 당의 "올바른 사업방식"을 배우고 "전국의 인민에게서 배우라"고 요구하고 있었다.

당의 재건이 마오쩌둥 숭배를 부분적으로 와해시킬 것임은 틀림없다. 개인숭배는 양면성을 가진 현상이었다. 한편으로 이것은 인민이 사회권력으로부터 소외되는 현상에 대한 극단적인 표현이었다. 개인숭배는 단순히 대중이 자기 위에 선 국가의 권위를 숭배하는 것이 아니라 집단의지의 체현이자 모든 지혜의 근원으로 여기는 한 인간의 최고 권위에 자기(그리고 자기의 권력)를 완전히 예속시키는 것이었다. 하지만 문화대혁명 기간 동안 개인숭배는 시민이 그들 위에 군림하는 관료기구를 공격하고 권위에 반기를 드는 행위를 정당화하는 주요 도구였다. 마오쩌둥은 개인숭배가 이질적이고 소외를 낳는 성질을 갖고 있다는 것을 알지는 못했지만, 그 정치상의 효용과 기능은 예리하게 인식하고 있었다. 1970년 12월에 에드거 스노와의 대담에서 그는 '개인숭배'가 존재함을 (1965년에 그랬던 것처럼) 다시 한번 솔직하게 인정했다. 그리고 더 나아가 그는 개인숭배는 당시 더 이상 자신의 통제 아래 있지 않던 당 관료기구를 와해시키는 데 필요한 무기였다고 주장했다. 이제 상황은 개선되었고 개인숭배가 '식을' 시간이 왔다. 하지만 인민이 "3천년의 황제 숭배 전통"의 습관을 극복하는 것은 쉽지 않다고 말함으로써[25] 마오는 이것이 "식는 데" 다소 시간이 걸릴 것임을 암시했다. 마오쩌둥이 '개인숭배'와 봉건전통을 연결시킨 것은 그 자신이 이 현상의 사회적 근원을 잘 알고 있음을, 그리고 개인숭배가 성행하는 것은 중국이 아직 기본적으로 유구한 농업전통의 지배를 받는 농업국이기 때문임을 잘 알고 있었다는 것을 보여준다. 문화적 후진성에 기인하는 이런 상황을 이용하여 자기의 권위를 신비화한 것은 결국 공산당의 권위에 부여된 신비를 제거하기 위해서였다는 것이 마오쩌둥의 논지였다.

실제로 개인숭배는 1971년이 지나면서 그 열기가 "식었다." 비록 마오쩌둥과 그의 사상에 대한 정부와 대중의 찬양에는 변함이 없었지만, 이제는 중점이 당의 최고 권위(무오류적 존재로까지는 아니었지만)에 놓였다. 물론 여전히 당 자체는 레닌주의로 기운 마오쩌둥의 영도하에 마오쩌둥 사상의 지도를 받는 것으로 되어 있었다. 개인숭배의 과도함과 불합리한 면은 모두 린뱌오의 잘못으로 돌렸다. 분명 린뱌오는 가장 열정적으로 개인숭배를 고취시킨 사람이었다. 그러나 마오가 1970년 이전에 한때 그의 "가장 절친한 전우"였던 린뱌오의 노력에 반대했다는 증거는 어디에도 없다.

린뱌오의 죽음 이후 저우언라이가 설계한 새로운 외교정책은 중국에 엄청난 국가적 이익을 가져다주기 시작했지만, 중국이 선언했던 '프롤레타리아 국제주의' 원칙에는 큰 손상을 입혔다. 1971년 10월 중화인민공화국은 의기양양하게 UN의 일원이 되었으며, 미국은 20년 동안 추구해온 방해정책을 더 이상 계속할 마음도 또 계속할 수도 없었다. 1972년 2월 닉슨 대통령의 중국방문의 마지막을 장식했던 '상하이 코뮈니케'는 1949년 이래 중국이 견지해온 입장을 인정하는 것이었다. 그것은 양국 외교관계의 정상화를 약속하고 타이완에서 점진적인 미군의 철수를 요구했으며, 타이완의 미래는 중국 내부의 문제임을 인정했다. 이 협약의 이행은 워터게이트 사건을 비롯한 여러 가지 불가사의한 중국과 미국의 국내정치문제로 인해 오랫동안 지연되었다. 그러나 그 사이에 "서로 다른 사회체제를 가진 국가와의 평화공존" 정책은 다른 곳에서 극단적으로 실행되고 있었다. 벵골 폭동이 발생했을 때 파키스탄 정부와 완벽한 '우호관계'를 유지했고, 1971년 실론(스리랑카)에 혁명

봉기가 발생했을 때 중국은 반다라나이케 여사와도 '우호관계'를 유지했다. 1972년 미국이 북베트남에 가한 악명 높은 '크리스마스 폭격'에 대해 베이징은 의례적인 항의를 했지만, 헨리 키신저 및 리처드 닉슨과 좋은 관계를 유지하기 위해 자기를 무던히 억제했다. 각양각색의 봉건적 군주와 군사독재자(그 중 많은 사람들이 이전에 파시스트 또는 그보다 더한 것으로 비난받았다)가 베이징을 찾기 시작했으며 명예로운 대우를 받았다. 스페인의 프랑코 정권, 그리스의 파시스트 군사정권과도 정상적인 외교·통상 관계가 성립되었다. 마오쩌둥 시대 말기에 중국은 북대서양조약기구(NATO)의 최대 지지자 중 하나로 떠올랐다. 그리고 중국은 한때 '사회주의 진영'에 속했던 국가들 가운데 살바도르 아옌데의 마르크스주의 정부를 야만적으로 전복한 칠레 군부와 공식 외교·통상 관계를 맺은 몇 안되는 나라에 속했다. 1976년 초 중국은 미국 및 인종차별국 남아프리카와 같은 입장에서 앙골라 사태에 관여했다.

중국이 새로운 외교정책을 전개하면서 국제적인 권력정치의 세계 속에 발을 디딜 때 나타났던 이런 당혹스러운 양상들은 무엇보다도 '소련의 사회제국주의'에 반대하는 투쟁에 다른 일체의 투쟁을 종속시키는 정책에서 기인하고 있었다. 일반적으로는 자국의 이익을 고려함으로써, 구체적으로는 소련의 현실적 위협을 고려함으로써 생겨난 이런 책략은 세계 각지에서 일어나는 혁명운동의 이해관계와 '사회주의 중국'의 국가적 이해관계는 일치한다고 선언하는 일종의 독트린으로까지 발전해 나갔다. 그것은 마오주의의 중심을 이루는 내셔널리즘을 깊이 반영하고 있을 뿐 아니라 스탈린의 '일국사회주의' 원칙이 각인된 독트린이었다.

1970년대 초에 새로운 출발이 외교정책에서, 최소한 대미관계에서 나타나고 있었지만 국내정책에서는 그렇지 못했다. 당시 국내정책은 대체로 문화대혁명의 급진주의에서 조심스럽게 후퇴하는 모습을 보이고 있었다. 1968~1969년 대약진 경제정책을 부활시키려던 일시적인 시도는 무산되었고 1970년에 이르면 (저우언라이의 지도하에) 안정되고 질서 있는 경제성장을 강조하는 정책이 지배적이었다. 농업에서 다자이 모델은 광범위하게 '다자이 형의 현(縣)'을 의미하게 되었고, 사회변화의 모델이 아닌 생산기술을 향상시키기 위한 모델이 되었다. 공업부문을 보면, 문화대혁명 때 해고된 공장관리자들이 이전의 자리로 돌아왔고, 이와 함께 관리자의 권위, 노동규율 및 공장규칙의 강화, 그리고 '무정부주의'와 '극좌주의'에 대한 투쟁을 요구했다. 대외무역과 외국기술 도입 역시 극적인 증가세를 보였다.[26] 문화대혁명 기간에 비난받았던 당의 원로 지도자들 역시 점점 더 빠른 속도로 '복귀'하고 있었다. 1973년에 이르자 "문화대혁명 이전의 간부들이 정부의 각 부를 장악하고 있었다"고 전해진다.[27] 베이징과 상하이에서 서양의 여러 오케스트라가 공연을 하고 전에는 금지되었던 수많은 책과 영화가 다시 모습을 드러내는 등 문화적 구속이 느슨해졌음도 느낄 수 있었다. 문화대혁명의 급진적 개혁이 계속 실행된 교육부문을 제외하면(1972년 대학 입학시험이 부분적으로 다시 도입되긴 했지만), 문화대혁명 이전의 질서로 돌아가는 것이 당시의 일반적인 추세였다.

어쨌든 마오쩌둥과 저우언라이가 추진하는 외교정책과 국내정책은 1973년 8월 24~28일 베이징에서 개최된 중국공산당 제10차 전국대표대회에서 공식승인을 받는다. 이 대회는 사전에 대중에게 알려지지 않은 채 극비리에 소집되었다. 그러나 이 대회의 목적이 생존한 지도자들이 린뱌오의 몰락에도 불구하고 문화대혁명의 정신과 원칙에 충실한 반면, 린뱌오는 이런 원칙을 고수하지 않았고 사실상 그것을 대표하지도 않았음을 당원과 비당원 대중 모두에게 보여주는 데 있었다는 것은 분명했다. 문화대혁명과의 연속성을 증명하려는 이런 노력은 대회에서 발표될 두 가지 주요 보고 중 하나를 왕훙원(王洪文)이 했다는 점에서 여실히 드러났다. 왕훙원은 상하이 공장의 노동자 출신이었다. 당의 청년활동가였던 그는 문화대혁명 기간에 전국적인 정치지도자로 고속 승진했다. 또 하나의 주요 보고는 저우언라이의 몫이었다. 마오쩌둥은 이 대회를 관장하긴 했으나 연설을 하지는 않았다. 그는 제10차 당대회에서 각각 왕훙원과 저우언라이로 대표되는 당내 '급진'파와 '온건'파 사이에, 화해까지는 아닐지라도 균형을 이루려고 노력했음에 틀림없다.

저우언라이와 왕훙원은 제9차 당대회에 제시된 일반적인 정치노선이 옳았다는 것을, 그리고 이는 아무리 그 연결고리가 약하다 할지라도 현재의 지도부와 문화대혁명을 이어주는 노선이라는 것을 애써 강조했다. "우리는 당의 중앙집권적 지도력을 더욱 강화해야 한다"고 저우언라이는 주장했다. "공업·농업·상업·문화 및 교육·군대·정부·당의 일곱 개 부문에서 전반적인 지도력을 행사하는 것은 당"이라는 것이었다.[28] 왕훙원은 레닌주의 정당의 기본개념을 제시했다. 그는 "당이 모든 것을 지도해야 한다"고 주장하는 동시에 당 간부들이 "대중으로부터 비판과 감독"을 받아야 한다는 마오주의의 원칙을 강조했다. 그리고 그는 "진정한 공산당원은 사심 없이 행동해야 하며 면직, 당적 박탈, 감옥살이, 절두(切頭), 이혼을 두려워하지 말고 용감하게 시대의 조류에 반대해야 한다"고 선포하면서 문화대혁명적인 견해를 내비치기도 했다.[29] 그러나 당시 린뱌오 사건의 여파 속에서 이런 도전에 열렬히 호응할 사람은 많지 않았을 것이다. 어쨌든 이 대회의 주요 흐름은 정통 레닌주의 형식 안에서 재건을 승인하는 것이었다. 인민대회당에서 열린 이 대회에서 제정된 각종 문건에서 반복적으로 강조하는 문구(항상 그렇듯 크고 굵은 서체를 사용하여)는 "당이 모든 것을 지도한다"였다.

총체적인 당의 지배체제를 회복하는 일이 실천과 이론 면에서 완수되자 문화대혁명의 역사를 사리에 맞지 않게 다시 써야 했다. 따라서 수정된 당의 헌법은 "문화대혁명의 위대한 승리"가 중국공산당의 지도 아래 이루어졌다고 엄숙하게 선포했으며,[30] 왕훙원은 문화대혁명이 진

정으로 "당을 공고히 하는 운동"이었다고 선언했다.[31]

저우언라이는 국제정세에 대해서 중국인에게 익숙한 용어를 사용하여 '천하대란' 상태라고 설명했다.[32] 그러나 현실정치를 구현하는 그의 구체적인 정책은 외교부장 지펑페이(姬鵬飛)와 그의 주요 조력자들이 중앙위원에 선출됨으로써 실질적인 승인을 얻은 셈이었다. 반면에 중앙위원회 구성원 가운데 인민해방군 대표의 수는 크게 감소했다.

제10차 당대회의 가장 어려운 임무는 린뱌오의 몰락을 설명하는 것이었다. 1972년 린뱌오와 천보다는 '극좌분자'로 묘사되었다. 그러나 문화대혁명의 가장 저명한 지도자였던 두 사람에 대한 이런 비난은 전체 운동의 정당성에 대한 의구심이나, 현재 정전(正典)화된 문화대혁명의 사상과 원칙을 현재의 지도자들이 진정으로 대표하고 있는가에 대한 의문을 초래할지도 모른다는 우려를 곧 현실화했다. 따라서 린뱌오와 천보다는 순식간에 '극우분자'로 둔갑되었고 공식적으로 당에서 제명되었다. 이미 사망한 린뱌오에게는 "부르주아 야심가, 음모가, 반혁명적인 위선자, 반역자, 매국노"라는 죄명이 추가되었고, 천보다의 죄명은 "린뱌오 반당집단의 주요 성원, 이름난 반공분자, 트로츠키주의자, 반역자, 간첩, 수정주의자"였다. 저우언라이는 린뱌오와 류사오치를 연결하기 위해 놀랄 정도로 길게 린뱌오의 죄상을 나열했다.[33] 린뱌오는 "프롤레타리아 독재 아래에서 혁명을 계속해야 한다는" 교의에 반대했으며, 중국사회의 주요 모순이 "선진적인 사회주의 제도와 낙후된 생산력"에 있다('프롤레타리아트'와 '부르주아지' 사이에 있다는 마오주의 논지와 다름)고 주장하면서 결국 "주요 임무는 생산발전"이라는 황당무계한 관점을 조장했다고 비난했다. 린뱌오의 목적은 바로 중국공산당을 "수정주의적 파시스트 당"으로 변화시키는 것이었고 "프롤레타리아 독재를 전복하고 자본주의를 회복하며…… 봉건적·매판적·파시스트 독재를 건설하고 소련 수정주의와 사회제국주의에 항복하는 것"이었다. 이

것으로도 부족했는지 저우언라이는 린뱌오의 범죄행각이 그의 초기 공산주의 시절까지 거슬러 올라간다고 주장했다. 마오는 1929년 이래로 린뱌오를 "진지하고 인내심 있게 교육하려" 했으나, 사건이 전개된 바와 같이 "린뱌오의 부르주아 관념론적 세계관은 전혀 개조되지 않았다"고 강조했다. 혁명의 중대한 고비마다 그는 항상 우경화된 오류를 범했으며 당과 인민을 기만하고 위선적인 술수를 부렸다.[34] 그러나 마오가 린뱌오의 가식을 벗겨내는 데 왜 40여 년이 걸려야 했는지에 대해서는 아무 설명이 없었다. 이 대회는 대중에 대한 신념과 신뢰를 선언하면서 이런 평결을 내리고 있었으나 사실 대중은 그들의 지도자와 관련된 사건의 진상을 믿지 않았음에 틀림없다. 린뱌오의 죽음을 슬퍼한 사람은 적었지만 사건의 전말은 (그리고 그것에 대한 당의 설명은) 문화대혁명 이후 중국사회에 만연했던 정치적 불신과 허무감을 더욱 깊게 할 뿐이었다.

개정된 당헌에서 가장 눈에 띄는 부분은 린뱌오를 마오가 선택한 후계자로 선포했던 가장 당혹스러운 구절을 삭제한 것이다. 그 밖에 새로운 당헌은 문화대혁명 기간 동안 당에 대한 공격과 동일시되었던 마오쩌둥 사상의 위력에 대한, 1969년에 채택된 일부 과장된 구절을 삭제함으로써 마오쩌둥 숭배의 열기를 '식혔다.' 아울러 문화대혁명의 연속성을 반영하여, 사회주의 사회에서 계급투쟁이 계속된다는 마오주의 관점과 "프롤레타리아 독재하의 연속혁명"이론, 그리고 또 다른 문화혁명이 "미래에 여러 차례" 일어날 것이라는 예언을 계속 견지했다. 그러나 이런 주장들은 1973년에 마오쩌둥이 강조하는 정치적 단결·통일·안정과는 완전히 모순되는 것이었다.

마지막으로 제10차 당대회는 린뱌오의 몰락 이후 등장한 당의 정치적 지도력을 충분히 인정하고 하루속히 혁명의 후계자를 양성해야 한다는 것을 강조했다. 그리고 5명의 부주석—저우언라이, 왕훙원, 캉성, 예젠잉(葉劍英), 리더성(李德生)——을 임명하여 마오의 지도 아래 집단지도체제를 구축했다.[35] 주석과 5명의 부주석은 주더·장춘차오·둥비우(董必武)와 함께 정치국 상무위원회를 구성하고, 이제는 당원이 2,800만 명으로 증가한 당을 관장했다.

비림비공운동

여느 대회와 달리 불과 닷새 만에 제10차 당대회가 폐막된 후, 죽은 린뱌오를 정치적으로 또 한번 매장하는 일은 문화대혁명 때 류사오치를 제거했던 일보다 더 어려운 문제임이 곧 드러났다. 류사오치는 동란의 주요 공격목표였지만, 린뱌오는 바로 그 동란의 주요 지도자였기 때문이다. 정부당국이 린뱌오에게 붙인 긴 죄목에 그가 공자의 제자였다는 허황된 주장을 더하기로 결정하자, 그의 몰락을 둘러싼 신뢰할 만한 설명을 제시하는 데 따르는 어려움은 더욱 증폭될 수밖에 없었다.

고대사 시대구분논쟁, 구체적으로 말하면 B.C. 1000년경 중국이 노예제에서 봉건제로 이행하는 시기와 성격을 둘러싸고 전개된, 외견상의 학문적 논쟁이 1972년 마오주의 역사가이자 사상가인 궈모뤄(郭沫若)에 의해 시작되었다. 그러나 이 역사논쟁은 얼마 가지 않아 역사적 전환기에 공자가 했던 역할에 초점이 맞추어졌다. 전반적으로 일치된 견해에 따르면 유교는 근대세계에서만 반동철학인 것이 아니라 공자 자신도 그의 시대에서 반동분자였으며 '노예사회'에서 '봉건사회'로의 역사 진보적 이행을 방해하는 이론의 창시자였다. 1973년 여름, 공자와 유교를 공격하는 논문이 대중적인 신문과 잡지에 실리기 시작했다. 그리고 8월에 열린 제10차 당대회 이후 2천여 년 전에 죽은 공자에 대한 비판은 겨우 2년 전에 죽은 린뱌오를 비판하는 운동과 결합되었다.

'비림비공'(批林批孔, 린뱌오를 비판하라, 공자를 비판하라)운동은 1년이 넘도록 관영언론과 대중생활을 지배했다. 이 이상한 운동에 관여한 사람들이 쓴 대부분의 글은 우둔한 역사적 암시와 복잡한 문학적 은유로 가득 차 있었다. 그 주된 특징은 (B.C. 221년 중국을 통일한) 진(秦)의 역사적 진보성을 찬양하고 시황제와 권위적인 법가(法家)이론을 칭송하면서도, 이와는 대조적으로 유가(儒家)에 대해서는 죽어가는 노예소유주 귀족의 이익을 대표하고 중국 고대의 정치적·영토적 분열을 고수하는 역사적 반동이라고 비난했다. 분서갱유를 자행한 시황제는 전통적으로 중국역사상 가장 악독한 폭군으로 간주되어왔지만, 이제는 중국의 위대한 통합자로 묘사되었다. 아무리 그의 방법이 잔인했다 하더라도 그는 역사발전의 진보적 조류에 맞추어 행동했다는 것이다. 이런 해석이 현대정치에 던져주는 메시지는 명백했다. 마오쩌둥은 현대의 진시황제로서[36] 객관적인 역사변화의 힘을 인식하고 이에 따라 행동함으로써 국가의 단결, 정치적 중앙집권화, 근대적 경제발전을 이룩했다는 것이었다. 반대로 린뱌오는 역사의 진보와는 정반대 편에 서서 정치적 파벌주의, 영토분리주의, 시대착오적인 사상과 낡은 사회관계를 조장했던 과거 유학자들의 현대적 화신(특히 친(親)유가적이었던 대신(大臣) 뤼부웨이(呂不韋)의 화신)이었다. 이렇게 린뱌오는 2,500년 동안 이어져온 반동적인 전통사상의 후계자로 묘사되었다. 역사적 사건을 봉인이라도 하려는 듯, 신문은 린뱌오의 집에 공자의 격언이 적힌 오래된 족자가 걸려 있는 것을 발견했다는 놀라운 소식을 엄숙하게 보도했다.

'비림비공'운동은 사실상 린뱌오나 공자와 아무런 관련이 없었다. 그것은 오히려 문화대혁명에 대한 일치하지 않는 평가, 그리고 문화대혁명 이후의 중국을 누가 어떤 방향으로 이끌어갈 것인가 하는 문제와 관련되어 있었다. 이 운동은 역사서술에 모호하게 공헌한 것보다 훨씬 더 큰 의의를 갖고 있었다. 그것은 마오주의 시대의 마지막을 장식했던 정치투쟁이 절정에 도달했음을 알리는 축포 같은 사건이었기 때문이다. 한편에는 대부분 원로 혁명가, 즉 문화대혁명 기간 동안 공격과 비난의 대상이었으며 지금은 저우언라이의 지도와 인도에 의존하는 노련한 관료와 간부들이 자리 잡고 있었다. 전선의 반대편에는 문화대혁명 동안 정치적 명성을 얻었고 자신들이 "갓 태어난 사회주의 산물"이라 부른 동란의 과실을 수호하려 했던 간부들이 있었다. 그 중 가장 유명한 지도자는 이제 곧 '사인방'으로 알려질 사람들—장칭, 야오원위안, 장춘차오, 왕훙원—이었다. 이들은 모두 당 중앙정치국에 속해 있었고, 장춘차오와 왕훙원은 중앙정치국 상무위원이었다. 이 두 파벌은 1971년 린뱌오에 대항하여 일시적으로 상호 협력했고, 린뱌오의 몰락과 함께 득을 보았다. 마오쩌둥은 경쟁관계인 두 집단을 화해시키지는 못한다 하더라도 서로 힘의 균형을 이루게 하여 두 파의 투쟁을 일정한 범위 안에 제한하려고 노력했다. 이를테면 1973년 제10차 당대회에서 저우언라이와 왕훙원의 보고에 같은 시간을 배정했다. 그러나 비림비공운동의 기원과 원래의 목적이 무엇이었든지 간에 이 운동은 곧바로 정치적 충돌을 격화시키는 매개물이 되었다. 비록 투쟁은 역사에 대한 학문적 연구라는 형태로 진행되었지만, 두 집단은 모두 경쟁자들의 정책을 공격할 기회를 노리고 있었다. 계속되는 외견상의 역사논쟁 안에서 저우언라이 개인과 그의 정책은 특히 더 크게 부각되었다. 단, 총리는 대개 B.C. 3세기의 재상의 모습으로 나타났다. 저우언라이의 지지자들은 저우언라이와 유사한 역사인물로 리쓰(李斯)를 꼽았다. 그들은 시황제의 충성스런 재상이었던 리쓰를 경제발전을 추진하고, 기술혁신을 부르짖었으며, 군사할거상태를 정리하고 법제에 따라 운영되는 중앙집권적 국가를 건설한 인물로 묘사했다. 반면에 저우언라이의 비판자들은 선동적인 유가에 반대하는 리쓰의 비타협적인 자세를(그는 분서갱유에 열중했다) 강조함으로써 문화대혁명 기간에 타도되었던 관료들을 복귀시키는 저우언라이의 정책을 은근히 비꼬았다. 그리고 간부들의 전면적인 복귀는 국가기관을 잠재적인 반동분자들로 채우는 짓이라고 이들은 주장했다. 역사논쟁에 포함되었던 또 다른 현실문제, 즉 교육개혁, 여성의 사회적 지위, 외국기술의 도입 같은 문제도 비슷하게 암시적인 (그러나 종종 이현령비현령 식으로) 역사적 유비 속에서 다루어졌다. 이런 논쟁은 고등교육을 받은 사람들에 의해, 또 그들을 위해 전개되었다. 반쯤은 잊혀진 유교를 비난하기 위해 열리는 의례화된 비판회에 참가하는 것이 전부였던 대다수 중국인민은 아마도 이 논쟁을 이해하기가 힘들었을 것이다.

  1974년 가을, 공자를 비판하는 문헌은 점점 더 모호하게 변해갔고 운동 전체는 망각 속에 빠져들고 있었다. 운동의 추진자와 참가자들은 지금까지 성취한 것이 무엇인지를 설명하기가 상당히 괴로웠을 것이다. 어느 쪽이 더 훌륭한 역사논쟁을 전개했는가는 별로 중요하지 않았다. 결국 1975년 1월 전국인민대표대회와 당 중앙위원회 전체회의에서 드러나듯이 저우언라이와 원로 간부들이 확실히 정치적으로 더 우세했다. 그러나 비림비공운동이 아무 결론 없이 모호하게 끝나갈 무렵, 저우언라이는 치명적인 병을 앓고 있었다. 폐암으로 고통받던 그는 1974년 5월 병원에 입원했고, 병상에서 국가사무를 계속 처리해 나갔다. 저우언라이가 죽음을 기다리며 누워 있을 때 마오 역시 그러했다. 1974년 말, 81세의 주석은 눈에 띄게 건강이 악화되었으며, 그는 종종 방문객들에게 "하느님(上帝)을 만날 준비를 하고 있다"고 말하곤 했다. 10년 동안 그를 괴롭혀온 파킨슨병의 징후는 더 이상 숨길 수 없었다.[37] 인민공화국의 두 위대한 지도자의 죽음을 앞두고(두 사람 모두 운명의 해인 1976년에 사망한다) 이제 더욱 급박해진 정치적 후계자 문제는 파벌 간의 경쟁에 불을 댕겼고, 마오주의 시대의 마지막 18개월 동안 두 파는 격렬한 정치투쟁과 사상투쟁을 전개한다.

이 투쟁에서 가장 뛰어난 역할을 하게 될 새로운 주인공은 이미 몇 년 전부터 조용히 정치무대에 올라와 있었다. 1970년대 초에 복권된 많은 문화대혁명 이전의 관료들 가운데 덩샤오핑이 있었다. 공산당 전(前) 총서기가 정부의 1973년 춘절연회에 모습을 드러냈을 때, 그가 바로 몇 년 전 "자본주의 노선을 걷는 당내 실권파의 제2인자"로서 명백한 정치적 고난을 당했다는 사실에 적어도 공개적으로는 아무도 관심을 기울이지 않았다. 덩샤오핑의 정치적 지위가 빠른 속도로 올라갈 때 당시의 사람들은 그 역사적 중요성을 충분히 인식하지 못했다. 그는 저우언라이가 이끄는 국무원의 부총리에 임명되었으며, 실각한 지 8년 만인 1973년 8월 제10차 당대회에서 당의 중앙위원과 정치국원에 다시 선출되었다. 1974년 봄 중국대표단을 인솔하여 UN 특별회의에 참석했을 때 그는 제2차 세계대전 이후의 '사회주의 진영'은 더 이상 존재하지 않으며 이제부터 중국은 제3세계에 속한다고 선언했다.[38] 1975년 1월 초에 개최된 당중앙위원회 회의에서 덩샤오핑은 중앙정치국 상무위원회에 들어갔고 아울러 인민해방군 총참모장에 임명되었다. 같은 달 말에 개최된 제4차 전국인민대표대회에서, 덩샤오핑은 12명의 부총리 중 서열 1위로 지명되어 저우언라이 총리의 후계자가 되는 듯했다.

반세기 이상 헌신한 혁명에 저우언라이가 남긴 마지막 공헌은 20세기 말에 중국을 "세계의 앞줄에" 세우기 위해 "농업·공업·국방·과학·기술의 현대화"를 열정적으로 호소한 것이었다. '4개 현대화' 정책은 곧바로 덩샤오핑에 의해 계승되고 추진된다. 그것은 또한 1949년 인민공화국이 수립되었을 때 마오쩌둥이 제시했던 2000년경에 이르면 중국은 "고도의 사회주의 공업화에 기초한 강대한 국가"가 될 것이라는 비전으로까지 거슬러 올라갈 수 있다. 이처럼 명백한 내셔널리즘적 목표를 저우언라이가 다시 한번 확인한 것은 1975년 1월 13~17일에, 오랫동안 연기되다 마침내 개최된 제4차 전국인민대표대회에서였다. 공식적으로 인민공화국에서 '최고국가권력기구'인 이 전국인민대표대회는 1964년 이후 처음 열리는 것이었다. 약 2,800명의 대표들이 제3차 전국인민대표대회 이후 중국에 일어난 대변혁을 비준하기 위해, 또 새로운 국가헌법을 반포하기 위해, 그리고 늘 그랬듯이 1주일 전에 열린 당 중앙위원회에서 이미 결정한 정책방침과 인사이동을 승인하기 위해 한 자리에 모였다. 중병에 걸린 저우언라이도 병실에서 나와 정부사업에 관한 보고를 하기 위해 도착했다. 여기서 지난 25년간의 업적(저우언라이는 그 업적에 상당한 공헌을 했다고 말할 수 있다)을 요약하고 미래의 중국이 '강력한 현대 사회주의 국가'가 될 것이라는 기대를 표시하면서, '4개 현대화'라는 구호 아래 곧 진행될 프로그램(반드시 모든 정책은 아닐지라도)을 미리 예고했다. 마오쩌둥은 이 대회에 참석하지 않고 그의 고향 후난 성에 있었다. 이는 건강문제로 인한 것일 수도 있고, 회의의 의사일정에 동의하지 않는다는 뜻일 수도 있으며, 또는 자기가 정치무대의 중심에서 점차 밀려나고 있음을 강조하는 것뿐일 수도 있었다.[39]

중국의 과거 경제발전과 함께 미래에 더욱 요구되는 근대화의 필요성을 강조하는 저우언라이의 보고를 보면 문화대혁명의 파괴가 신속한 공업화 프로그램을 진행하는 데 심각한 피해를 주지는 않았음을 알 수 있다. 그의 보고에 따르면, 1974년 공업총생산은 1964년 보다 190% 증가했으며, 그 중에서 철강은 120%, 석탄은 91%, 석유는 650%, 전력은 200%, 화학비료는 330% 증가했고, 트랙터 생산은 5배 증가했다. 1974년 농업총생산은 10년 전보다 51% 증가한 것으로 나타났다. 또한 저우언라이는 인민공화국 성립 이후 인구는 60% 늘어난 반면 곡물생산은 140% 증가했다고 주장했다.[40] 이 통계는 다수의 외국 경제전문가들의 추산과 엇비슷하다. 그러나 총생산에 대한 통계가 아무리 인상적이라 하더라도 이런 통계수치는 마오 이후의 지도자들이 직면하게 될 중국경제의 심각한 구조적 문제를 보여주는 것은 아니다.[41]

비교적 간결하게 작성된 새로운 국가헌법은 1954년 헌법을 대체하는 것으로서 제4차 전국인민대표대회에서 비준되었다. 새로운 헌법은 혁명 이후에 나타난 마오주의 이데올로기의 변화뿐 아니라 지난 20년 동안 일어난 거대한 사회적·경제적 전환을 고려하려 했기 때문에 이전 헌법에 꽤 많은 수정을 가하여 만들어졌다. 혁명의 '부르주아' 단계가 성공적으로 실현되었다는 가정(이 가정은 곧이어 도전을 받게 된다) 위에서 인민공화국은 더 이상 "인민의 민주국가"가 아니라 "프롤레타리아 독재의 사회주의 국가"로 기술되었다. 국가행정에 대한 당의 지고한 통제권은 이제 실제적일 뿐 아니라 법적인 것이 되었다. 1954년 헌법은 "일체의 권력은……인민에게 속한다"고 명시한 반면, 새로운 헌법은 "중국공산당은 전(全)중국인민을 지도하는 핵심이다. 노동계급은 자신의 선봉대인 중국공산당을 통해 국가에 대한 지도를 실현한다"고 공포했다. 그 밖에 전국인민대표대회와 국가권력 전반은 중국공산당의 지도 아래 있음을 명확히 규정했다.[42] 또한 여러 가지 구체적인 마오주의적 주장, 특히 사회주의 아래에서 계급투쟁이 계속된다는 주장과 '연속혁명' 이론, 그리고 "마르크스주의-레닌주의-마오쩌둥 사상은 우리나라 지도사상의 이론적 기초"라는 견해 역시 헌법에 더해졌다. 인민공사는 농촌에서 경제·정치 조직의 주요 형태로서 공식적으로 제도화되었다. 하지만 새로운 헌법은 생산대가 '기본적인 회계단위'임을 승인했고 공사의 구성원들이 개인적인 용도로 자류지를 경작할 수 있는 권리도 인정했다. 지방의 각급 혁명위원회는 상설조직이 되었으나 정책결정기구가 아닌 행정관리기구로 정의되었다. 혁명위원회가 처음 성립할 당시의 '삼결합' 원칙은 "노년·중년·청년의 삼결합"으로 재정의되었는데, 이는 의심할 바 없이 정치적 연속성과 안정을 염두에 둔 규정이었다.

류사오치가 숙청된 후 공석으로 남아 있던 공화국 주석직의 승계문제는 이 직책을 폐지함으로써 간단히 해결되었다. 중국 국가원수가 수행해야 하는 공식의례는 전국인민대표대회 상무위원회 위원장이었던 총사령관 주더가 맡았다. 전반적으로 상당히 억압적이었던 당시의 분위기를 반영하듯이, 1954년 헌법에 규정되었던 자유 중 일부는 1975년 헌법에서 삭제되었다. 그 중에서도 가장 주목할 만한 것은 "과학연구, 문학 및 예술 창작, 그리고 기타 문화활동에 종사할 시민의 자유" 그리고 "거주와 이주의 자유" 등을 보장한 조항의 삭제였다. 반면에 새로운 헌법은 어렴풋이 문화대혁명을 연상시키는, 시민은 자기 견해를 자유롭게 밝히고, 대자보를 쓰고, 대논쟁을 벌일 권리가 있다는 조항을 추가했다. 마오의 개인적 지시로 새로운 자유 하나가 더 추가되었는데, 바로 파업의 자유였다. 그러나 이런 권리가 언론·출판·집회·결사의 자유와 같이 헌법에 보장된 다른 권리보다 더 충분히 존중받을 것으로 기대하기는 힘들었다.

자유에 대한 전망이 이전보다 밝아진 것은 아니었지만, 문화대혁명 이후 안정된 정치질서를 확립하는 데 저우언라이가 이미 성공했으며, 또한 그와 마오쩌둥이 없는 시대로의 순조로운 이행을 사전에 준비해 놓은 사실이 1975년 1월에 밝혀졌다. 저우언라이와 원로 관료들은 당 중앙위원회 전체회의와 전국인민대표대회를 확실히 지배하고 있었다. 국무원 29개 부의 부장 중 대다수는 문화대혁명 이전의 관료였고 이들 대부분은 개인적으로나 정치적으로 저우언라이와 친밀한 관계에 있었다. 오직 문화부만 극좌분자가 장악하고 있었다. 그리고 덩샤오핑―그의 놀라운 정치적 부활은 옛 간부들의 득세를 보여주는 상징이었다―은 저우언라이의 후계자는 물론이고 어쩌면 마오쩌둥의 후계자까지도 될 수 있을 것 같았다.

'사인방'의 등장과 몰락

1975년 1월 저우언라이가 이루어낸 단결은 제4차 전국인민대표대회가 막을 내린 지 한 달이 채 못 되어 산산조각 났다. 2월에 극좌적인 지도자들은 프롤레타리아 독재에 대한 마르크스주의 개념을 학습하는 운동을 전개함으로써 권력을 쟁취하기 위한 마지막 승부수를 던졌다. 이 운동의 공격목표는 저우언라이, 아니 좀더 정확히 말하면 저우언라이가 병상에 누워 죽어가고 있던 몇 달 동안 사실상의 정부수뇌였던 덩샤오핑이었다.

극좌파의 중심인물은 장춘차오(실패로 끝난 상하이 공사의 지도자를 자칭했던 인물), 논객 야오원위안(그의 유명한 논문은 문화대혁명의 시작을 선언했다), 왕훙원(한때 상하이 직물공장 노동자였으며 1973년 제10차 당대회에서 최고 지도층 반열에 올랐다), 그리고 장칭(마오의 아내이며 장차 중국문화계의 차르가 된다)이었다. 이들은 이후 '사인방'으로 불리게 되지만, 1976년 10월 '방'(幇)의 몰락 이전까지는 모두 중국공산당의 고위 지도자였다. 네 사람은 당 중앙정치국 위원이었고, 그 중 두 명(장춘차오와 왕훙원)은 상무위원이기도 했다. 1975년에 이 두 기관은 원로혁명가와 문화혁명가로 반반 나뉘어 있었다. 하지만 극좌파는 표면상으로 드러난 것—정적들이 그들을 숙청하고 나서 그들이 남용했다고 주장한 것—보다는 훨씬 적은 권력을 가지고 있었다. 사인방과 그 지지자들의 영향은 대체로 문화계와 관영언론에 한정되었는데, 그들은 이를 이용해 자신들의 중요성을 실제 이상으로 과대 포장했던 것이다. 국가 관료기구와 군대에서 진짜 권력의 지렛대는 문화대혁명 이전의 노(老)간부가 확고히 장악하고 있었다. 사인방의 빛나는 정치적 지위와 사실상 이들의 정치생명은 병약해져가는 마오쩌둥의 비호와 지지에 궁극적으로 의존하고 있었다.

그러나 마오의 사인방 비호는 분명하지 않았으며 주석 자신과 그의 진정한 제자라고 주장하는 사람들 사이의 관계 역시 모호했다. '사인방'이라는 용어는 마오가 만들어냈다고 할 수 있다. 1975년 5월에 열린 정치국회의에서 마오가 미래의 제자들에게 1년 전에 있었던 그들의 음모행위를 꾸짖은 뒤 다시는 '방'처럼 행동하지 말라고 충고했는데, 그때 처음 사용되었다.[43] 마오는 사인방이 제창한 정책과 사상에 전반적으로 동의했지만 그들의 정치수단에는 동의하지 않았다. 앞으로의 사건 전개과정에서 나타나듯이, 마오는 이들을 재능 있는 또는 그런대로 괜찮은 후계자로 여기지 않았음에 틀림없다. 누군가 주장하듯이 사인방이 자기 목적을 위해 쇠약한 마오를 이용했다기보다는[44] 마오가 의도적으로 이들을 부추겨 사회계급과 정치권력에 대한 문제를 제기하도록 했다고 보아야 맞을 것이다. 어쨌든 이로 인해 사인방은 결국 정치적 몰락을 맞이해야 했지만, 이들이 제기했던 문제는 미래의 중국 마르크스주의가 해결해야 할 의제로 남게 되었다.[45]

그렇더라도 사인방은 마오가 통제하는 줄 위에 매달려 있는 단순한 꼭두각시는 아니었다. 그들은 자기자신과 자기의 야망만을 대표하지는 않았다. 하지만 노동자와 농민의 이익을 옹호하지도 않았다. 농촌에 대해 그들은 아는 것이 별로 없었으며 농민도 이들에 대해 알지 못했다. 도시 노동계급 안에서는 단지 산발적인 지지만을 얻었다. 이들이 한때 영향력을 행사했던 문화대혁명 기간에 성립된 대중조직은 이미 파괴된 지 오래되었으며 반면에 노동계급의 다수를 대표했던 보수적인 대중조직은 계속해서 당의 원로 지도자들과 인민해방군을 지지했다. 사인방이 대표했던 부류는 문화대혁명 이후에 등장한 관료의 일부, 특히 문화대혁명 덕분에 당에 들어오거나 승진한 수백만의 젊은 하급 간부들이었다. 그러나 이들은 문화대혁명 기간의 진정한 급진파가 아니었다. 진짜 급진파는 1967년에 시작된 극좌파에 대한 지속적인 숙청으로 이미 사라져버렸기 때문이다. 이들은 급변하는 마오주의 노선을 신앙처럼 따르면서 이들이 지도받기를 원한 사인방처럼 교묘하게 당내에서 승진 가도를 달린 야심가나 기회주의자들이었다. 이들은 한 비평가가 적절하게 표현했듯이 '이미 확립된 좌파'와 연결되어 있었다.[46] 덩샤오핑이 원로 관료들을 대표했고 옛 간부들의 복귀를 상징했다면, 사인방은 새로운 간부들의 이익을 대표했다. 1975~1976년에 음모와 술수로 가득 찼던 정치투쟁의 많은 부분은 당과 국가기구에 대한 지배권을 놓고 일어난 옛 관료와 새로운 관료 사이의 충돌이라고 할 수 있었다. 이런 과정은 마오쩌둥의 존재로 인해 궁중암투의 분위기를 자아냈지만, 어쨌든 마오를 제외한 원로 관료들이 정치적·군사적으로 우위를 점하고 있었다.

마오주의 시대의 마지막 정치투쟁은 본질적으로 서로 갈등관계에 있는 관료들 사이의 투쟁이었지만 여기에 수반된 사상투쟁은 더 폭넓은 사회적 중요성을 지닌 문제를 제기하고 있었다. 1975년 2월 마오의 개인적 지시로 시작된, 마르크스주의의 프롤레타리아 독재이론을 학습하자는 운동은 정치적으로 큰 파장을 불러일으키는 문제였던 사회적 평등과 정치권력의 관계에 초점이 맞추어져 있었다. 극좌이론가들은 사회관계의 혁명적 개조와 정치적 상부구조가 올바른 경제발전의 길로 가는 관건으로서 얼마나 중요한지를 계속 강조했다. 그러나 이제 이들은 여기에다 사회적 불평등이 지속되는 데 대한 해답을 정통 마르크스주의에서 찾으려고 노력했다. 이들은 카를 마르크스가 프롤레타리아 독재의 이행기에 대해 논평한 몇 안되는 글 중 하나인 『1875년 고타 강령비판』을 자신들의 주텍스트로 삼았다. 이 책에서 마르크스는 공산주의를 낮은 단계와 높은 단계로 구분하고, 전자는 필연적으로 "자신이 태어난 자궁인 옛 사회의 흔적을 간직하고 있다"고 말했다. 이런 태생적인 흔적 가운데 하나가 "좁은 범위의 부르주아 권리"이다. 이것이 새로운 사회에서 (개인들의 동일하지 않은 생산능력으로 인한) 개인 간의 큰 소득격차와 다른 사회경제적 불평등을 낳는 요인이었다. 마르크스의 『고타 강령 비판』에 나오는 그 밖의 많은 것은 모두 무시하고 마오주의 사상가들은 '부르주아 권리' 개념을 낚아채 이를 자본주의적 과거의 필연적인 유산이 아니라 사회주의와 공산주의에 대한 미래의 위협으로 간주했다. 특히 약 20년 전에 이 개념에 대해 글을 썼던 장춘차오에 따르면,[47] '부르주아 권리'는 중국의 상업, 경제, 8등급 임금제, 농촌에서 나타나는 다양한 형태의 사적 또는 반(半)집단적 소유권, 생산과정에서 날이 갈수록 벌어지는 지위 격차 등에 반영되어 있었다. 그리고 이런 것이 당내의 수정주의 경향, '새로운 부르주아 요소'의 생산, 그리고 사회계급의 양극화를 낳는 물질적 기반이라는 논지를 폈다. 따라서 '프롤레타리아 독재'(공산주의 국가와 동일한 의미)로 '부르주아 권리'를 억제하는 것은 "사회주의적인 신생(新生)," 즉 문화대혁명의 평등주의 열매(이는 처음부터 아주 적었으며 끝까지 남게 된 것은 훨씬 적었다)를 보호하기 위해 반드시 필요한 일이었다. 더 나아가 이는 (정신노동과 육체노동, 도시와 농촌, 노동자와 농민 사이의) '3대 격차'를 줄이고 자본주의적 착취자라는 새로운 계급의 출현을 방지하는 데 필요했다. 요컨대 '부르주아 권리'를 억제하는 것은 보다 평등주의적인 보수와 분배의 형식을 선호하는 국가정책을 의미했다.

'부르주아 권리'에 대한 극좌파의 비판은 경쟁하는 정치파벌들 사이에 길고 결론 없는 논쟁을 불러왔다.(이는 프롤레타리아 독재를 학습하는 운동의 이데올로기 범위 내에서 진행되었다.) 당시 논쟁의 주요 쟁점은 경제발전전략, 일반적인 임금제도, 교육정책, 특히 대학 입학시험에 관한 문제, 외국기술의 도입, 지식인에 대한 정책, 농촌의 자류지와 시장, 문화대혁명 기간 동안 비난받았던 옛 간부들의 복귀 등이었다. 1975년 내내 이데올로기 논쟁이 뜨겁게 달아오르는 동안, 덩샤오핑은 제1부총리이자 사실상의 정부수뇌로서 1975년 1월 저우언라이가 주장했던 근대화계획을 관철시키기 위해 최선을 다했다. 마오주의 정통이론에 대해, 그리고 '부르주아 권리'를 제한할 필요성에 대해서는 오직 형식적으로 사상적 경의만을 표시한 채, 덩샤오핑은 모든 정책을 경제적 기준으로, 그가 표현한 대로 옮긴다면 "그것이 생산력을 억제할지 해방시킬지에 따라" 평가해야 한다고 솔직히 말하고 있었다. 이를 위해 그는 1975년 가을 국무원으로 하여금 세 가지 정책문건을 발표하게 했다. 이들 문건은 관리권과 노동규율을 강화함으로써 공업발전의 합리화를 이룩하고 근대과학·기술을 외국에서 대규모로 도입하여 신속히 발전시키며, 지식인의 지위를 높이고 고등교육을 부활시켜 지식인의 지지를 얻어야 한다고 주장했다.[48] 덩샤오핑이 제시한 정책의 사회적 함의는, 그의 정책이 경제적으로는 유리하다 할지라도 '부르주아 권리'를 제한하는 것이 아니라 분명히 그것을 확대한다는 것이었다.

'부르주아 권리'를 포함한 다른 대부분의 문제에서도 두 파벌의 사상이론가들은 너나없이 마르크스 저작의 권위에 의지해서 마르크스의 이론을 자기에게 유리한 쪽으로 그리고 교조적으로 해석했다. 원로 혁명가들과 문화혁명가 사이의 논쟁이 궁극적으로 진정된 것은 경쟁하는 두 파벌이 보여준 마르크스주의 이론의 정교함이 아니라 군대의 힘 때문이었다. 그러나 이런 판결이 내려지기 전에 정치투쟁과 사상투쟁은 1975년 하반기부터 1976년 하반기까지 거의 1년 동안 계속되었다. 그리고 그것은 점점 더 억압적이고 폭력적인 정치환경 속에서 진행되었다. 기존의 당내 규범과 국법 절차가 파벌투쟁의 와중에 붕괴되자 정치권력은 점점 더 억압적인 방향으로 흘러갔다. 자의적인 체포와 비밀경찰의 횡포가 일상화되었으며 두려움과 공포 분위기가 전국, 특히 도시 지역에 가득 찼다. 이에 대한 대부분의 책임은 미래의 사인방과 그 지지자들에게 있었다. 비록 그들이 나중에 지독한 비난을 받을 만큼 야만적인 '봉건 파시스트' 독재를 행한 것은 아니었지만(그도 그럴 것이 그들은 실제로 국가기구를 지배한 적이 없었다), 할 수만 있다면 강제적이고 폭력적인 정치수단을 거리낌 없이 사용했다. 이는 문화영역에서 특히 그러했다. 사인방이 가장 확실하게 지배했던 문화계였기 때문에 문화 부문 지식인들에게 가해진 억압이 특별히 심했다. 또한 사인방의 주요 정치기지였던 상하이, 그리고 캉성과 왕둥싱(汪東興)이 통제했던 비밀 경찰기구에서도 사정은 비슷했다.

사인방의 정치활동이 실제 권력을 행사는 데 한계가 있음으로 해서 제한되긴 했지만, 그들이 만들어낸 이데올로기는 당시 정치의 억압적 성격에 크게 기여했다. '프롤레타리아 독재'에 대한 이들의 논문에서 나타나는 가장 두드러진 특징 가운데 하나는 마르크스주의 개념의 권위주의적 측면을 터무니없이 강조한 것이었다. '프롤레타리아 독재'를 더욱 강화하고 더 나아가 국가권력을 중앙집권화해야 한다는 요구는 계급투쟁이론에 의해 정당화되었다. "프롤레타리아트와 부르주아지의 계급투쟁, 서로 다른 정치세력들 간의 계급투쟁, 이데올로기 부문에서의 계급투쟁은……오랫동안 고통스럽게 지속될 것이다.……과거 세대의 지주와 자본가들이 모두 죽더라도 그 같은 계급투쟁은 결코 멈추지 않을 것이며 부르주아 복귀는 여전히 일어날 가능성이 있다"[49]고 장춘차오는 주장했다. 끝없는 계급투쟁을 앞에 둔 상황으로 인해, 장춘차오의 말대로 점점 더 억압적이고 독재적인 국가를 의미하는 "부르주아지에 대한 전면적 독재"를 실행할 필요가 있다는 것이었다. 또한 당시 '극좌' 이데올로기는 폭력을 프롤레타리아 독재가 필요로 하는 바람직한 속성이라고 찬양했기 때문에 국가가 훨씬 더 전횡적으로 행동할 수 있었을 것이다. 마르크스주의자들은 "역사발전의 방향과 일치하는 혁명적 폭력을 반대하기는커녕 갈채를 보냈다"고 설명했다.[50] '혁명적 폭력'에 대한 찬양은 파리 코뮌에 대한 논쟁도 지배했다. 많은 논문은 여전히 프롤레타리아 독재의 모델로 파리 코뮌을 찬양하고 있었지만 문화대혁명 초기와는 놀라울 만큼 대조적으로 이제는 '대중민주주의'와 '생산자 자치'의 원칙을 보여주었기 때문에 파리 코뮌을 찬양한 것이 아니라 그것의 억압적 기능 때문에 찬양하고 있었다. 실제로 코뮌 지지자들이 계급의 적에게 너무 '관대'했고 국가의 억압적 권력을 충분히 행사하는 데 실패했기 때문에 이 모델은 약간의 결함이 있다는 말이 나오기도 했다.

마오주의 이론가들이 프롤레타리아 독재이론에 대한 연구로부터 얻은 전체적인 이론적 결론은 역사발전의 방향을 결정짓는 데 있어, 그리고 특히 하나의 생산양식이 다른 양식으로의 이행을 촉진하는 데 있어 '상부구조'(국가와 그 지도자들 및 이들의 이데올로기)가 핵심적인 역할을 한다는 것이었다. 국가의 결정적인 역할(그리고 그 억압적 기능)에 대한 강조는 중앙집권적인 고대의 진나라와 시황제 그리고 법가(法家)를 찬양하면서 전개된 일전의 비림비공운동의 주요 테마 중 하나였다. 그러나 강력하고 중앙집권적인 국가권력의 역할에 대한 강조는 프롤레타리아 독재이론을 학습하자는 운동에서 그 정점에 도달했다. 그것은 아무리 좋게 말한다 해도 마르크스주의를 기괴하게 왜곡한 변종이론에 지나지 않았다.

파벌 간의 정치투쟁이 소모적인 논쟁에 휩싸이면서 프롤레타리아 독재이론을 학습하자는 운동은 1975년 말까지 지지부진하게 진행되었다. 다만 같은 해 가을 통속 역사소설 『수호전』과 관련된 이상한 운동이 일어나면서 잠시 중단된 적이 있었다. 특히 『수호전』은 중국고전문학 중에서 마오가 가장 즐겨 읽는 작품이었다.[51] 이 14세기 소설은 송대(宋代)에 반란을 일으킨 산적집단의 업적을 그린 것으로, 그 중 한 두령이 무리를 배반하고 조정에 투항한다는 이야기였다. 소설 속의 '투항주의'를 비판하는 일은 중국사회를 위험에 빠뜨리는 국가와 계급에 대한 배반을 방지하는 데 도움을 준다고 사람들에게 선전되었다. 아마도 마오는 린뱌오를 염두에 두고 있었겠지만, 어떤 사람들은 이 운동의 공격 목표를 덩샤오핑에 두려고 했다. 덩샤오핑이 외국의 기술을 도입하기 위해 중국의 자원(석탄과 석유)을 팔아야 한다는 주장을 옹호함으로써 계급적 투항의 죄를 범했다는 것이다.

『수호전』운동은 그 추진자들의 의도가 무엇이었든 중국의 외교정책이나 국내의 정치투쟁에 거의 영향을 주지 못했다. 국내정치의 교착상태를 깨뜨린 것은, 엉뚱하게도 저우언라이의 죽음이었다. 저우언라이의 죽음은 마오주의 시대 정치역사의 마지막 장이 시작되었음을 알리는 신호탄이었다. 병상에서 1년 이상 꿋꿋하게 국가사무를 수행했던 저우언라이 총리는 1976년 1월 8일 78세의 나이로 암에 무릎을 꿇고 말았다. 중국인민이 그의 죽음을 애도하는 동안 서양의 언론은 그의 업적과 지도력을 높이 평가하고 있었다. 저우언라이의 후임 총리는 (저우언라이가 계획했고 또 일반적으로 예상했던 것과 같이) 덩샤오핑도 아니었고 또 장춘차오(덩샤오핑 다음 서열인 제2부총리)도 아니었다. 마오는 원로 혁명가들의 지도자도 문화혁명가들의 지도자도 믿지 않았던 것이다. 총리서리로 임명된 사람은 별로 알려지지 않은 인물인 공안부장 화궈펑(華國鋒)이었다. 충성스러운 마오주의자—최소한 마오에게 충성했다는 것을 의심하는 사람은 없었다—였던 화궈펑의 가장 큰 장점은 경쟁적인 두 파벌 모두로부터 어느 정도 정치적 거리를 유지하고 있었다는 점이다. 화궈펑의 등상은 원로 관료들에게는 일단 만족스러운 일이었지만 사인방에게는 그렇지 않았다. 어쨌든 그의 임무는 정부의 단결을 유지하고 파벌투쟁이 한계를 넘지 않도록 하는 것이었다.

1월 15일 저우언라이 추도식에서 추도사를 낭독한 뒤 덩샤오핑은 거의 침묵을 지켰다. 그러나 그에 대한 글이 신문과 대자보에 대거 등장하기 시작하면서 "중국의 흐루시초프" "자본주의 노선을 걷는 당내 실권파"라는 문화대혁명 때의 비판이 다시 고개를 들먹이고 있었다. 여기에 더하여 장칭은 또 하나의 새로운 사실을 폭로했다. 덩샤오핑이 "국제 자본주의의 대리인"이라는 비난이었다. 4월 극좌분자들은 두 번째로 덩샤오핑을 정치무대에서 제거할 기회를 잡았다.

4월 초, 전통적으로 죽은 이를 애도하는 절기인 청명절이 다가오자 일군의 베이징 시민들이 천안문 광장을 향해 행진하고 저우언라이에 대한 존경의 표시로 인민영웅기념비 앞에 화환을 바치기 시작했다. 이들은 정부의 지시를 어기고 공장, 학교, 정부 각 부, 베이징 인근 인민공사에서 모여든 사람들이었다. 당시 정부는 청명절을 낡은 봉건적 관습으로 선포하고 광장에 화환을 갖다 놓지 못하게 했다. 그럼에도 이후 나흘 동안 점점 더 많은 사람들이 화환뿐 아니라 저우언라이를 칭송하는 시와 대자보, 연설을 발표했다. 그 중 다수는 사인방을 넌지시 비판하는 내용을 담고 있었다. 4월 4일 일요일, 청명절 바로 전날 수십만의 시민이 천안문 앞에 와서 사망한 총리에게 조의를 표했고 해질녘이 되자 천안문 광장은 화환과 대자보로 가득 찼다. 이튿날 새벽녘 시정부가 파견한 일꾼들이 화환과 대자보를 서둘러 수거하여 트럭에 싣고 가버렸다. 날이 밝자 분노한 수만 명의 시민이 천안문 광장에서 항의시위를 벌였다. 무질서한 행동이 더러 있긴 했으나 폭력은 거의 없었다. 이는 부분적으로 경찰과 공안부 요원들이 시위대를 동정했기 때문이기도 했다. 대부분의 시위대는 평화적으로 해산하라는 정부의 명령을 따랐지만 해질녘까지 광장에 남아 있던 수천 명은 도시의 민병에게 공격을 당했다. 몇몇 사람은 부상당했고 많은 사람들이 체포되었으며 수백 명이 감옥에 갇혔다.[52]

'4·5운동'이라 불리게 되는 이 운동은 앞으로 수년에 걸쳐 강력한 정치적 상징, 즉 독재국가에 대한 인민의 저항정신을 상징하게 된다. 그러나 그 직접적인 결과로서, 4월 7일에 중앙정치국 회의가 열렸다. 이 회의는 천안문 광장의 시위를 '반혁명사건'이라고 선언했다. 열정적인 시위 참가자들의 일부가 공산주의식으로 오른손 주먹을 들어올리면서 소리 높이「인터내셔널가」를 불렀는데도 말이다.[53] 이 사건의 책임은 덩샤오핑에게 돌아갔다. 그는 당 조직과 국가행정 모두에서 공식 지위를 박탈당했다. 다만 공산당은 개전의 정이 있는지를 두고 보기 위해 그의 당적 보유를 허용했다. 덩샤오핑이 권력의 자리에서 두 번째 몰락함으로써 이득을 얻은 사람은 화궈펑이었다. 당 중앙정치국은 그를 국무원 총리로 임명했고(전국인민대표대회에서 정식 비준을 받는 절차가 남아 있었다) 또한 당 중앙의 제1부주석으로 승진하여 마오의 명백한 후계자가 되었다.

이어서 덩샤오핑을 비판하는 운동이 나타났다. 이제 정부의 신문을 읽는 사람들에게 그는 "뉘우침이 없이 자본주의 노선을 걷는 실권파"로 알려졌다. 저우언라이가 중병에 걸렸을 때인 1975년에 덩샤오핑이 국무원을 이끌며 했던 일들은 '우경 복권 풍조'로 비판받았으며, 그가 제정한 근대화정책에 대한 문건은 '세 가지 독초'로 불렸다. 덩샤오핑 비판운동은 대중적인 비판운동이라고 선전되었지만 사실 인민의 참여가 전무하다는 것이 이 운동의 특징이었다. 비록 대중의 참여는 없었지만 수만 명이 '반혁명분자'로 몰려 체포될 만큼 거세게 비밀경찰의 억압이라는 새로운 파도가 밀려왔다.

덩샤오핑 비판운동이 지지부진한 상태로 1976년 여름에 접어들었을 때, 마오쩌둥은 병세가 악화되었으며 그가 건설한 사회는 붕괴위기를 맞은 듯했다. 도시에 노동자의 파업, 조업단축, 무단결근이 만연하면서 공업생산이 곤두박질쳤다. 사기가 떨어진 대중 사이에서 문화대혁명의 옛 파벌투쟁이 다시 나타났고, 범죄와 사회적 혼란이 기승을 부렸다. 1976년 7월 28일, 중국역사상 가장 강력한 대지진이 중국 북부를 강타했다. 베이징에서 동쪽으로 약 169km 떨어진 곳을 진원지로 한 이 지진은 새로 건설된 공업도시 탕산(唐山)을 완전히 폐허로 만들었고 100

만의 도시주민 중 약 1/4의 생명을 앗아갔다. 자연재해는 왕조 붕괴의 불길한 징조라는 전통신앙이 민심을 흉흉하게 하는 것을 막기 위해 수도에 있는 극좌파 지도자들은 생존자들에게 천명론(天命論)을 비롯해서 그와 관련된 미신을 비판하는 운동을 시작했으며, 동시에 덩샤오핑 비판운동을 계속하도록 촉구했다. '자력갱생'이라는 이름 아래 국제원조를 거절했으며 구조활동은 인민해방군에게 맡겨졌다. 인민해방군은 각 성(省)의 자원을 끌어 모아 의료활동과 경제복구사업을 놀라울 만큼 효율적으로 조정해 나갔다. 초가을이 되자 탕산의 탄광과 제철공장 대다수가 생산을 재개할 수 있었다.

마오쩌둥이 공식석상에 모습을 드러낸 것은 1973년 제10차 당대회가 마지막이었다. 이후에는 일선에서 물러나 은거하며 대부분의 시간을 독서로 보냈다. 그러나 갈수록 병약해져서 이따금 정신이 혼미해지도 했다. 마오의 활동은 베이징의 옛 자금성에 있는 그의 거처에서 그를 방문하는 외국귀빈들과 잠시 회견하는 정도에 국한되었다. 그의 말년에 일어난 정치사건에서 마오의 역할은 아무리 좋게 말해도 모호할 뿐이었다. 물론 1976년 초봄까지 대부분의 중요한 정책문제에 그가 최종결정을 내렸음은 사실일 테지만, 6월에는 분명 그렇지 못했다. 마오쩌둥은 1976년 9월 9일 82세의 나이로 세상을 떠났다.

문화대혁명의 잿더미에서 불사조처럼 다시 일어난 중국의 정치군사 지도자들은, 아직 남아 있던 급진적인 마오주의 전통과의 희박한 연결고리를 잘라버리는 데 주저하지 않았다. 하지만 이 일을 추진하면서 그들은 여전히 마오쩌둥과 마오주의 슬로건을 내세웠다. 10월 초, 사망한 주석에 대한 애도기간이 채 끝나기 전에 중앙정치국은 내부의 급진적 성원들을 숙청하기 시작했다. 이후 사인방으로 유명해진 사람들이 군사 쿠데타 과정에서 체포되었고 여타 많은 다른 죄목과 더불어 정권 찬탈음모를 꾸몄다는 이유로 지탄을 받았다.[54] 국무원 총리로서 이미 저우언라이의 자리에 오른 화궈펑은 이제 또다시 마오의 자리였던 중국 공산당 주석으로 선출되었다. 화궈펑이 이렇게 정치무대에 등장한 것은 사실상 혁명지도자로서도 정치가로서도 아닌, 관료기구의 관리자로서였다.

1976년은 마오주의 시대가 막을 내린 해일 뿐 아니라 5·4운동기간에 지적·정치적으로 성숙했던 제1세대 중국 마르크스주의 혁명가들과 이별하는 해이기도 했다. 문화대혁명과 그 혼란의 여파는 원로 혁명가들의 (그리고 국가지도자들의) 생명을 다수 앗아갔다. 처음에 이들은 문화대혁명의 공격목표였던 '주자파'에 속해 있었고 그 다음에는 '극좌분자'를 겨냥한 일련의 숙청과정에서 희생양이 되었다. 세간에서 마오의 후계자로 입에 오르내렸던 류사오치와 린뱌오는 완전히 상반된 이유로 이 동란에서 살아남지 못했다. 일부 원로 혁명가들은 그들의 지도자와 자녀의 목숨을 앗아간 혁명과정에서 정치적으로 살아남았지만 결국에는 이들도 늙고 병들어서 죽었다. 중국공산당의 창설자 중 몇 안 되는 생존자였던 둥비우(董必武)는 1975년 4월에 사망했고, 12월에는 옌안 시절부터 '중국의 베리야'로서 마오쩌둥을 섬겨온 캉성(康生)이 죽었다. 마오를 훨씬 더 잘 섬겨왔던 저우언라이 역시 1976년 1월 사망했다. 홍군의 아버지이자 혁명의 정당성과 단결의 기념비적 상징이었던 90세의 주더 역시 1976년 7월에 사망했다. 원로 혁명가 중 가장 나이가 어렸던 덩샤오핑은 두 번째로 실각하여 정치적 고난을 당하고 있었으며, 이번에는 구제될 가망성이 전혀 없을 것 같았다.

마오쩌둥의 죽음과 함께, 5·4세대의 공산주의 혁명가는 모두 사라졌다. 반세기 이상 이들은 세계에서 가장 오래된 나라에서 가장 근대적인 혁명이론을 실천했다. 역사가들은 분명 이들을 가장 놀랍고 가장 뛰어난 혁명적 지식인으로 기록할 것이다. 이들은 근대 세계의 역사에서 가장 위대하고 가장 극적인 혁명의 지도자들이었으며 세계에서 가장 인구가 많고 가장 낙후된 나라의 근대적 변용을 처음으로 이끌었다. 1949년의 승리는 이들에게 권력을 가져다주었지만, 그 땅은 너무나 가난했고 이곳에 사는 사람들은 세계에서 가장 비참한 빈곤과 절망으로 고통받고 있었다. 아주 빈약한 물질적 기반 위에서 이들은 중국을 근대적이고 통일된 국민국가로 변화시켰으며 근대산업경제의 기초를 놓았다.

마오주의 시대의 유산은 긍정적이든 부정적이든 이 책 6부 여러 장장에서 검토될 것이다. 그러나 여기서 강조할 필요가 있는 것은 원로 혁명가 세대의 목표는 중국을 근대적 그리고 사회주의적으로 만드는 것이었다는 점이다. 아무리 그들이 말년에 그 목적과 수단에 있어서 극심하게 분열되어 있었다고 하더라도 이 혁명세대는 청년시절에 품었던 마르크스주의 목표를 추구하려는 의지가 확고부동했다. 새로운 세대의 지도자들이 이제 중국의 근대적인 경제적·정치적 발전을 계속 추진해 나갈 것이고 또한 오랫동안 이루지 못했던, 내셔널리즘적 목표인 '부강(富强)'을 성공적으로 실현할지도 모른다. 그러나 마오주의 이후의 지도자들이 그들의 선배들처럼 그토록 열정적으로 사회주의 미래를 향해 계속해서 노력 분투할 것인지는 마오쩌둥 시대를 마감하는 중국 위에 드리워져 있는 하나의 의문이었다.

6부

덩샤오핑과 중국 자본주의의 기원, 1976~1998년

덩샤오핑은 두 번의 실각과 두 번의 복권을 거치면서 1978년 말 중국의 최고지도자로 부상했다.

21장
마오주의 시대의 유산

1949년 중국 공산주의자들이 정권을 장악했을 때 그들은 하나가 아닌 두 개의 혁명을 약속했다. 부르주아 혁명과 그 다음의 역사적 단계인 사회주의 혁명이었다. 장제스의 국민정부가 미완성으로 남겨놓은(사실 거의 시작하지도 않은) 부르주아혁명은 중국의 새로운 마르크스주의 통치자들에 의해 신속하게 완성되었다. 1950년대 초에 공산주의자들은 쇠약해지고 분열된 옛 중화제국을 근대적 국민국가로 빠르게 통합시켰으며 그 속에 살고 있는 어마어마한 수의 인민에게 국민적 정체성이라는 강력한 감정과 사회적 목적의식을 주입시켰다. 1952년 토지개혁운동이 성공적으로 끝나자 이제 구시대의 신사-지주 계급은 마침내 역사의 무대에서 완전히 사라졌으며 절대다수의 중국인민은 낡은 양식의 경제적 착취와 사회적 억압으로부터 해방되었다. 이로써 오랫동안 지연되었던 농촌혁명은 완성되었다. 국가의 영토적 통일, 강력한 중앙집권적 국가의 성립, 전국적 시장의 등장, 농촌지역에서 전(前)자본주의적 사회관계의 철폐 등은 근대적 생산력이 발전할 수 있는 필요조건을 창출해냈다. 거대한 국토에 내재하는 엄청난 인적·물적 자원은 장기간 정체되었던 낙후된 경제를 근대적 산업경제로 전환시키는 데 이용될 수 있었다.

인민공화국 초기에 이루어진 것은 본질적으로, 국민당의 창시자이자 '국부'(國父)였던 쑨원이 20세기 초에 세워놓았던 계획들, 즉 국가의 통일, 외국 제국주의로부터의 독립, '경자유전'(耕者有田), 근대적 공업 발전이었다. 이런 계획을 실천할 사명을 부여받은 공산주의자들은 명실 공히 중국 부르주아 혁명가들의 가장 뛰어난 후계자라고 할 수 있었다. 1950년대 초에 마오쩌둥이 제창했던 '신민주주의' 혁명은 이제 확실하게 열매를 맺었다. 오랜 세월 (그리고 바로 얼마 전까지도) 가장 비참하고 가난한 나라 가운데 하나였던 중국이 1949년 마오가 자랑스럽게 선포했던 것처럼 세계 속에서 정말로 "우뚝 일어섰다." 그리고 오늘날에는 급속하게 근대화하는 강력한 독립국가로 서 있게 된 것이다.

중국혁명의 부르주아 단계는 자본주의 혁명의 고전적인 모델과 조금도 닮지 않았다. 중국의 부르주아 혁명은 사회주의와 공산주의를 그 목표로 선언한 마르크스주의 정당의 보호 아래 수행되었다. 아직 남아 있던 연약한 중국의 부르주아지는 혁명의 지도자도 수혜자도 아니었다. 게다가 서양의 부르주아혁명을 특징지었던 요소들, 즉 사유재산의 번영과 자본주의 발전에 유리한 조건의 창출은 이런 마오주의식 혁명 속에서는 거의 찾아볼 수 없는 것이었다. 도시에서 '국가자본주의'와 농촌지역에서 개별농민소유제는 그 범위와 시간이 한정되어 있었다. 그리고 이런 제한을 둔 것은 사유재산 철폐를 목표로 한 마르크스주의자들이 지배하는 국가였다. 베이징의 공산낭 지노사들은 기본적인 '부르주아' 혁명의 역사적 임무를 완수했다고 결론을 내렸을 때(이 결론은 너무 성급했던 것으로 판명된다), 그들이 약속했던 두 개의 혁명 가운데 두 번째 혁명에 착수하기로 결정했다. 인민공화국이 성립된 지 채 4년이 안 된 1953년 '사회주의 과도기'가 선포되었다. 이는 경제발전의 아주 낮은 단계에서, 다시 말해 사실상 보편적인 결핍과 빈곤의 상황에서 시작되었다. 마오쩌둥 시대의 나머지 20년 동안 근대화와 사회주의는 동시에 추구되었으며 이는 이론적으로 '연속혁명'론에 기초해 있었다.

마오쩌둥 시대의 독특한 면 가운데 하나는 근대 산업주의의 수단과 사회주의의 목적을 조화시켜보려는 특별한 노력을 기울였던 것이라고 한때 많은 평자들은 믿었다. 그 조화가 마오쩌둥의 목적이었음에는 의심의 여지가 없으며 그것은 확실히 마오가 주장하는 것이기도 했다. 그러나 종국적으로 마오는 사회주의의 건설자로서보다는 경제적 근대화를 이룩한 사람으로서 더 성공적이었다. 이런 평가는 오늘날의 일반적인 견해, 즉 마오가 '이데올로기'를 위해 '근대화'를 희생시켰고 또한 사회주의 정신의 유토피아를 실속 없이 추구하기 시작하면서 경제발전을 무시했다는 견해와 상반되는 것이기도 하다. 실제 역사기록은 이와 조금 다른 이야기를 전하고 있는데, 그것은 바로 신속한 공업화에 대한 이야기이다. 마오주의의 경제적 유산을 비판하는 마오 이후의 글들은 대개 (그 시대의 업적보다는 결점에 더 주목하고 있지만) 마오쩌둥 시대에 공업총생산이 38배, 중공업생산이 90배 늘었음을 보여준다. 그것도 아주 미약한 근대적 공업기반에서, 그리고 그 생산마저 외세의 침략과 내전의 피해로 절반이나 감소한 상태에서 시작하여 그 같은 결과를 낳았다. 또한 (공업생산이 전쟁 이전의 최고 수준으로 회복되는) 1952~1977년에 중국의 공업생산은 연평균 11.3%씩 증가했는데, 이는 근대 세계 역사에서 비슷한 시기의 다른 어떤 나라에서 이룩한 것보다도 훨씬 빠른 공업화 속도였다.[1] 마오쩌둥 시대 전체를 보면, 중국의 물질순생산에서 공업이 차지하는 비중이 23%에서 50%로 증가했으며 농업의 비중은 58%에서 34%로 감소했다.[2] 한 오스트리아인 경제학자는 이렇게 분석하고 있다.

중국의 국민소득에서 공업의 비중이 이렇게 급증한 것(거의 30%)은 보기 드문 역사현상이다. 예를 들어 영국의 경우 근대적 공업화를 추진하기 시작한 첫 40~50년(1801~1841) 간의 공업의 비중은 11%에 불과했으며, 일본의 경우(1878/82~1923/27)는 22%였다. 전후 신생 공업국 중에서 중국처럼 인상적인 기록을 남긴 나라는 아마도 타이완뿐일 것이다.[3]

기본적으로 농업국에서 비교적 공업화된 국가로 중국이 탈바꿈하는 모습은 근대화와 연관된 상품생산이, 최소한 '정보화시대' 전까지 극적으로 증가하고 있는 것에서도 드러난다. 1952년에서 1976년 사이에 철강 생산은 130만 톤에서 2,300만 톤으로, 석탄은 6,600만 톤에서 4억 4,800만 톤으로, 전력은 70억 킬로와트시에서 1,330억 킬로와트시로, 원유는 사실상 무(無)에서 2,800만 톤으로, 화학비료는 20만 톤에서 2,800만 톤으로, 시멘트는 300만 톤에서 4,900만 톤으로 증가했다.[4] 1970년대 중반에 이르면 중국은 이미 제트기, 중형 트랙터, 근대적인 원양어선을 제조하고 있었다. 또한 인민공화국은 핵무기와 장거리 탄도 미사일을 생산했으며, 성공적인 첫 원폭실험이 있은 지 6년 뒤인 1970년에는 첫 번째 인공위성을 쏘아 올렸다.

공업화는 중국의 사회구조에 중요한 변화를 가져오기 시작했다. 마오쩌둥 시대에 총 4억에 이르는 노동인구의 75%는 농경에 종사하긴 했지만, 공업 노동계급은 1952년 300만에서 1970년대 중반 약 5,000만으로 증가했다. 이는 농촌 공업화정책 아래에서 공사나 생산대의 소규모 공장에서 노동자로 일한 2,800만의 농민을 포함한 숫자이다. 게다가 거의 2,000만에 달하는 노동자가 공업과 밀접히 관련된 운송 및 건설노동에 종사했다.[5] 또한 새로운 기술 인텔리겐치아도 탄생했다. 이런 중국의 과학자와 기술자의 수는 1949년 5만(1952년 42만 5천)에서 1966년 250만으로, 1979년에는 500만으로 증가했다. 이 중 99%는 1949년 이후에 교육받은 사람들이었다.[6] 또한 마오쩌둥 시대에 건설된 거대한 대규모 관개수리시설은 1980년대 초에 이루어진 농산물과 농업생산성의 급증을 대단히 용이하게 했다.

*   *   *

마오주의식 공업화 추진과정에서 허다하게 많은 실책이 저질러졌으며, 그것은 오늘날 마오의 후계자들이 평가하듯이 실제로 '불합리'와 '부조화'로 얼룩져 있었다. 몇 가지 큰 실책, 특히 대약진은 엄청난 규모로 시행되었고 막대한 인명 피해와 경제적 손실을 가져왔다. 그 밖의 경제적 실패는 혁명 이후의 경제발전 패턴 속에(비록 의도한 것은 아니라 할지라도 최소한 그 실천 속에) 고질적인 결점을 남겼다. 그리고 이는 마오주의가 제시하는 모든 처방과 사상적 권고를 완고히 거부하게 하는 원인들로 작용했다. 물론 이런 결점 중 가장 심각한 것은 짜증날 정도로 더딘 농업의 성장이었다. 이는 농촌발전을 그토록 강조했던 마오주의 이데올로기를 웃음거리로 만들어놓았다. 1952년부터 마오쩌둥 시대가 끝날 때까지 공업생산이 연 11%씩 급성장하는 동안, 농업생산은 연 2.3% 밖에 성장하지 않았다.[7] 이것은 25년에 달하는 마오쩌둥 시대에 중국 인구를 거의 두 배로 증가시킨 연평균 인구성장률 2%를 가까스로 따라잡는 수준이었다.

근대적 공업부문 역시 심각한 경제적 폐단으로부터 자유롭지 못했다. 마오주의 정책이 스탈린식 공업화가 낳은 지독한 사회적 불평등의 상당부분을 완화시키기는 했지만, 1950년대에 처음 수립된 소련식 공업구조를 근본적으로 변화시키지는 못했다. 마오쩌둥 시대가 끝날 무렵 중국의 공업은 소련과 동유럽을 괴롭히고 결국에는 이들의 몰락을 가져온 것과 똑같은 문제들로 인해 골치를 앓고 있었다. 낭비, 비효율, 과잉 고용, 관료기구의 타성, 낮은 생산성, 자잘한 부패는 중국의 경제생활에서 고질적인 특징이 되었다. 또한 중공업에 투자할 자본을 점점 더 높은 비율로 축적하기 위해서는 대중의 생활수준을 희생시켜야 했다. 소비재공업과 마찬가지로 무역과 서비스업 역시 무시되었고, 그 결과 노동계급의 사기가 떨어졌다. 마오쩌둥 시대의 마지막 10년 동안 공업생산은 매년 10%씩 계속 증가했지만(치명적이었던 1976년은 제외), 이 증가율은 생산품의 질을 희생하고 오직 근대적 공업부문에 대한 국가의 자본투자를 늘려야만 가능한 것이었다. 축적률(소비를 유보하고 생산능력 확대를 위해 투자된 물질생산품의 비율)은 1960년대 초 23%에서 1970년대 초 33%로 증가했으며 1978년에는 36.7%로 절정에 달했다.[8] 국가자본은 중공업 성장에 필요한 자금조달에 우선적으로 할당되었으며, 마오쩌둥 시대 전체에 걸쳐 국가투자의 12%만이 농업에 투자되었다. 그리고 소비재공업 발전에 대한 투자는 5%도 되지 않았다.[9] 이런 정책은 국가의 경제성장을 크게 촉진하기는 했으나 다른 한편으로는 소비와 대중의 생활수준을 떨어뜨렸다.

공업이 안고 있는 문제들은 기술의 낙후로 인해 더욱 심각해졌다. 자력갱생정책은 외국기술의 도입을 제한했을 뿐 아니라(결코 완전히 배제한 것은 아니었지만) 문화대혁명은 고등교육, 기초학문 연구, 기술 인텔리겐치아의 사기를 황폐화시켰다. 이는 결국 1950년대에 건설된 산업시설의 노후화로 이어졌고 마오주의 정권 말기에 이르러 재능 있는 과학·기술 인력의 심각한 부족현상을 낳았다.

이 모든 실패와 결함에도 불구하고 마오주의 시대가 중국의 근대산업혁명 시기였다는 역사적 결론을 부인하기는 어렵다. 그토록 오랫동안 '아시아의 병자'로서 모욕당해온 중국은 1950년대 초 벨기에보다 규모가 작은 공업기반에서 출발하여 마오쩌둥 시대에는 세계 6대 공업생산국의 하나가 되었다. 국민소득이 1952~1978년의 25년 동안 600억 위안에서 3,000억 위안 이상으로 5배 증가했고, 이 증가액의 대부분은 바로 공업부문에서 발생했다. 1인당 기준으로 보면, 국민소득 지수는 (불변가격으로) 1940년 100에서 (1952년 160) 1957년 217, 그리고

1978년 440으로 증가했다.[10] 1957년에서 1975년까지 마오쩌둥 시대의 마지막 20년(마오의 후계자들에 의해 낮게 평가되는 시기) 동안 대약진이 초래한 경제적 재난을 포함시키더라도 중국의 국민소득은, 인구가 거의 두 배로 급성장하는 이 시기에 1인당 기준으로 63% 증가했다.[11]

마오주의 경제의 이 같은 기록은 각종 폐단에도 불구하고 근대공업 발전의 기초적인 토대를 닦은 한 시대의 기록이었다. 실제로 이 기록은 지금까지 후발 근대화를 가장 성공적으로 이룩했던 (주요 국가들인) 독일·일본·러시아의 산업화 과정과 비교해보아도 결코 뒤지지 않는다. 독일의 경우, 1880~1914년의 경제성장률은 10년 단위로 33%였다. 일본의 경우 1874~1929년의 10년 단위 평균성장률이 43%였다.[12] 1928~1958년에 소련은 10년 단위로 54%의 경제성장률을 기록했다. 중국은 1952~1972년에 10년 단위 경제성장률이 64%에 이른다.[13] 외국기자들이 계속해서 독자들에게 제공하는 잘못된 정보와 달리 이는 '달팽이 속도'의 경제발전은 결코 아니었다.[14]

이런 경제적 업적은 외부의 지원이나 원조를 거의 받지 않고 중국의 미약한 물질적 자원에만 의존하여 중국인 자신의 힘으로 이룩한 것이라는 점에서 더욱 놀랍다. 1950년대에 극히 제한적으로 이루어졌던 소련의 원조를 제외하면(이마저도 그 비용과 이자를 모두 상환했다), 마오쩌둥 시대의 공업화는 외국의 차관이나 투자 없이 진행되었다. 1970년대 말까지 사실상의 자급자족 상태에 머물 수밖에 없었던 요인은, 한때 신성시되었던 '자력갱생' 원칙과 적대적인 국제환경이었다. 마오주의 시대를 마감하면서 중국은 발전도상국 가운데 특이하게도 외채나 국내 인플레이션이라는 짐을 지고 있지 않았다.

마오쩌둥 시대의 업적을 고려하는 것은 오늘날의 정서에 맞지 않지만 마오주의 정권이 중국의 근대적 경제발전을 가져오는 데 크게 이바지했다는 것은 분명히 사실이다. 그것도 열악한 내적·외적 조건하에서.

마오쩌둥 시대의 산업혁명이 없었다면 마오 이후의 시대에 권력을 장악한 경제개혁가들은 개혁할 대상조차 거의 없었을 것이다.

마오의 산업혁명은 중국보다 빨랐던 일본과 러시아의 산업화와 마찬가지로 중국인민에게 고된 노동과 많은 희생을 요구했다. 산업설비를 확대하기 위한 자금을 조달하기 위해 잉여의 상당부분을 공산주의 국가가 전유해야 했고, 이로 인해 인민의 소비와 생활수준은 저급한 상태였다. 요컨대 거대한 중공업기지를 건설하고 이를 지도할, 갈수록 비대해지는 관료기구를 지원하기 위해 국가는 자신이 통치하는 인민, 특히 농민을 착취했다. 그러나 지나치게 열정적인 일부 시장옹호론자들이 주장하는 것처럼, 중국인민이 마오쩌둥의 공업화시기에 물질적으로 전혀 이득을 얻지 못한 것은 아니었다. 다만 급속도로 증가한 중국의 국민소득이 이를 성취해낸 노동인구의 수입증가로 바로 이어지지는 않았다. 이 증가분의 일부는 급증하는 인구 속으로 흡수될 수밖에 없었다. 뒤늦게 시행한 산아제한의 비효율성이 바로 이런 인구증가의 한 원인이 되었다. 그러나 마오주의 정권의 마지막 20년 동안 잉여의 대부분은 국가의 금고 속으로 (그리고 다시 근대적인 공업부문과 관료들에게) 흘러들어갔으며 국민의 소득증대를 위해서는 극히 적은 양만 남겨졌다. 정규 공장노동자를 포함한 국가고용인의 소득은 마오쩌둥 시대 말기에 크게 증가했지만, 노동인구의 75%를 차지하는 농민의 소득은 1957년 이래 거의 증가하지 않았다.[15] 하지만 경제적으로 수량화하기는 쉽지 않으나, 국민의 사회복지 면에서는 기본적인 향상이 있었다고 볼 수 있다. 마오쩌둥 시대에 교육기관과 교육기회가 확대되고 인구의 절대다수를 차지하는 문맹자가 식자(識字)능력을 갖게 되었으며, 이전에는 없었던 비교적 종합적인 보건의료제도가 마련된 사실을 간과해서는 안된다. 사반세기에 걸친 마오의 통치기간 동안 평균수명이 거의 두 배로 늘어난 것(1949년 이전 35세였던 중국의 평균수명이 1970년대 중반에는

65세에 이름)은 중국혁명이 중국인민 대다수에게 가져다준 물질적·사회적 이득을 극적으로 증명하는 수치이기도 하다.

소련역사에 대한 기념비적 저작을 완성한 위대한 영국 역사가 E. H. 카는 이렇게 경고했다. "위험은 우리가 혁명이 낳은 거대한 오점, 인간의 고통스런 대가, 그것의 이름으로 자행된 범죄를 감추는 데 있지 않다. 위험은 우리가 모든 것을 망각해버리고 싶어 할 뿐 아니라 그 엄청난 업적을 아무렇지 않게 무시해버리고 싶어 한다는 사실에 있다."[16]

러시아 역사뿐 아니라 근대중국사를 공부하는 학생들 역시 카의 말을 숙고할 필요가 있다. 보통 혁명에 대한 균형 잡힌 평가는 쉽게 이루어지지 않기 때문이다. 사회적 대격변은 일반적으로 이루지 못할 큰 기대를 불러일으킨다. 그리고 이런 지나친 기대가 좌절되었을 때, 꽤 오랜 시간 동안 실제로 이루어진 역사적 성취가 무시되고 잊혀지면서 환멸감과 냉소주의가 뒤따를 수밖에 없다. 역사의 실상에 초점을 맞추려면 보통 수세대가 지나야 한다. 혁명의 신기원을 이룩한 정치투쟁과 사상투쟁으로부터 멀찌감치 떨어진 세대에 이르러야 한다는 것이다. 우리의 정치 및 역사 인식에 깊이 박혀 있는 것은 대약진과 문화대혁명 같은 마오주의 기록에 나타난 오점이다. 이런 역사적 모험이 처참한 실패로 끝나고 엄청난 인명의 희생을 초래했다는 것을 잊을 수는 없으며 잊어서도 안된다. 그러나 미래의 역사가들은 이런 실패와 죄상을 무시하지 않으면서도 인민공화국 역사에서 마오주의 시대를 (아무리 다르게 평가한다고 할지라도) 세계역사상 위대한 근대화를 이룩한 시대의 하나로, 그리고 중국인에게 커다란 사회적·인간적 이득을 가져다준 시대로 틀림없이 기록할 것이다.

* * *

근대화 추진자라는 마오쩌둥의 역사적 위치보다 더욱 의문스러운 것은 비록 많이 탈색되었지만 여전히 계속 남아 있는, 사회주의 사회의 건설자로서의 이미지이다. 마오주의가 중국의 근대산업혁명에 기초를 놓았다면, 한때 그토록 떠들썩하게 주장되었고 아직도 많은 사람들, 특히 마오 이후의 중국사회가 시장을 수용하기 시작하자 이는 중국의 '사회주의' 포기를 의미한다고 오늘날 박수갈채를 보내고 있는 사람들이 여전히 가정하듯이 마오주의는 중국사회의 사회주의적 재편도 실현했는가? 그토록 널리 선전된 마오주의의 '사회주의로의 이행'이 실제로 어떤 사회적 결과를 초래했는가?

마오주의 시대에 이루어진 중국의 사회적·경제적 변혁은 단순히 또 하나의 '근대화과정'으로 이해할 수는 없다. 전형적인 근대화는 사유재산의 폐지를 요구하지 않기 때문이다. 1949년 공산주의 혁명 이후 얼마 되지 않아 중국사회의 기본적인 특징을 이루는 것은 바로 생산수단의 사적 소유를 폐지한 것이었다. 1956년에 이르면 도시경제에 남아 있던 사유 부문은 사실상 완전히 국유화되었으며, 농업 역시 집단화를 완성하여 도시와 농촌의 경제가 명실 공히 국가의 통제 안에 들어갔다. 널리 공포된 "일한 만큼 분배받는다"는 원칙과 함께 생산수단의 국가(그리고 '집단') 소유가 사회주의를 정의한다고 한다면(이런 정의는 당시 베이징을 비롯한 여러 곳에서 널리 받아들이던 정의이다) 중국은 마오쩌둥 시대 초기부터 사회주의 사회가 되었다. 마오쩌둥에서 덩샤오핑에 이르기까지 중국공산당 지도자들 모두가 사회주의 승리를 경축하고 있던 1956년의 중국은 사실상 소련보다 결코 덜 '사회주의적'이지 않았다.

소련에서와 마찬가지로 중국에서 국유화와 집단화는 강력한 공업화를 추진하는 과정에서 함께 진행되었다. 그리고 모두 인정하듯이 공업화는 모든 형태의 근대화에서 핵심을 이룬다. 그러나 전적으로 국가의 지원 아래 진행된 인민공화국의 공업발전은 애당초 그 자체가 목적이 아니라 사회주의 목표를 실현하는 수단으로 간주되었다. 러시아와 중국 모두, 혁명 이후의 정권은 사회주의와 근대화를 동시에 추진했으며 사회주의는 산업자본주의를 전제해야만 한다는 정통 마르크스주의 신념을 (서로 다른 방식으로) 버렸다. 그러나 많은 점에서 사회주의 실험은 소련보다 마오의 중국에서 훨씬 더 열정적으로 시행되었다. 레닌이나 스탈린과 달리 마오쩌둥은 사회주의 미래를 근대적 기술이라는 비인간적인 힘에만 맡기려 하지 않았다. 마오주의는, 경제발전을 위해서는 사회관계와 대중의식의 급진적인 개조라는 '부단한' 과정을 병행할(실제로 전제할) 것을 요구했다. 사회주의 제도와 공산주의적 가치는 마르크스주의가 규정한 물질적 전제를 건설하는 과정에서 만들어져야 한다고 마오는 가르쳤다. 생산력의 발전이 결국에는 공산주의 유토피아를 자동적으로 보장할 것이라는 소련의 정통이론을 부정하면서 마오주의는 근대 경제발전의 수단이 사회주의 목표와 조화를 이루어야 하며 이는 지금 여기서 일어나야 한다고 주장했다. 새로운 사회는 새로운 인간을 전제로 하며 사회주의적 인간의 양성은 사회주의 사회를 건설하는 데 있어 기술적인 기반을 건설하는 것보다 그 중요성이 덜하지 않다는 것이었다. 따라서 사회주의를 향한 진보는 단순히 경제발전의 수준에 의해서만이 아니라 '3대 격차'의 축소(육체노동과 정신노동, 노동자와 농민, 도시와 농촌 사이의 오랜 격차를 없애야 된다는 고전적인 마르크스주의 목표를 추구하는 데 진전이 있었는가)에 의해서도 측정되어야 한다는 것이었다.

그러나 경제후진국에서 사회주의를 건설하려는 마오주의의 시도는 여러 가지 면에서 주목할 만하지만, 결국에는 마오의 근대화 목표와 사회주의적 열망 사이에 내재하는 모순에 압도되고 말았다. 이는 결국 사회주의는 자본주의가 제공하는 물질적·사회적 기반 위에서만 성공적으로 건설될 수 있다는 카를 마르크스의 주장에 힘을 실어주는 살아 있는 역사적 증거이기도 하다. 다른 나라와 마찬가지로 중국의 공업화도 자기의 규칙을 강요하면서 사회주의적 비전과 일치하지 않는 새로운 형태의 사회적 불평등을 낳았다. 공업발전이 진행될수록 새로운 관료 및 기술 엘리트가 등장했다. '원시적 축적'이 가속화되면서 농촌은 공업화가 진행되는 도시의 이익을 위해 착취당했다. 그리고 경제적 합리성과 관료의 직업화라는 공업적 가치가 사회적 가치기준을 지배했으며 공업화가 사회주의 목표에 공헌하도록 한다는 처음의 의도와는 달리 사회주의 목표가 공업화에 종속되었다. 마오주의 정권이 이런 불평등 경향을 완화시켰다고 하더라도(적어도 러시아의 선배들과 비교했을 때 분명 그랬다), 결코 그것을 정지시킨 것은 아니었다. 공업화는 점점 더 노동분업의 전문화를 요구했고, 다른 곳에서와 마찬가지로 중국에서도 새로운 노동분업은 마오주의의 사상적 권고와 주장이 있었음에도 불구하고 '3대 격차'를 줄이기보다는 벌려놓았다.[17] 도시와 농촌의 격차를 줄이는 것은 가장 소중한 마오주의의 목표였지만 도시와 농촌 사이의 실제 경제격차는 마오쩌둥 시대에 상대적으로나 절대적으로나 더욱 벌어졌다. 1952년에서 1975년 사이, 1인당 연평균소비는 농촌인구의 경우 62위안에서 124위안으로 증가했지만(현재 물가 기준), 비농업인구의 평균소비는 148위안에서 324위안으로 증가했다.[18]

마오주의적 사회주의 사업에 존재하는 더욱 심각한 결점은 공산주의 국가와 중국사회 사이의 모순이었다. 1949년 혁명의 승리가 가져온 명백한 결과 중 하나는 강력한 중앙집권국가의 확립과 관료기구의 엄청난 확대였다. 아이러니컬하게도 (스탈린주의의 논리와 일치하지만) 마르크스주의 입장에서 보면, 중국이 점점 '사회주의적'으로 될수록 국가는 훨씬 더 지배적으로 되었다. 사유재산의 몰수, 공업의 국유화, 농업의 집단화와 함께 국가는 사회의 정치적 주인일 뿐 아니라 유일한 경제적 주인이 되었다. 마오주의 사상가들은 대중의 자발성과 창조성을 찬양했지만, 마오주의 국가기구는 자신이 지배하는 사회로부터 점점 더 유리되었으며, 관료기구는 더욱 비대해지고 더욱 이질적이 되었고 지배자와 피지배자의 분열은 더욱 뚜렷해졌다. 관료국가의 권력 앞에서 사회는 무릎을 꿇었다. 이렇게 사회권력이 전적으로 정치권력에 종속되는 꼴사나운 광경에 대응하여 마오주의는 인민의 집단의지의 화신으로 간주되는 지도자 개인에 대한 숭배를 조장하는 것을 제외하고는 어떤 치유책도 내놓지 못했다. 마오쩌둥 숭배는 사회권력의 소외가 정치적 권위에 대한 맹목적 숭배로 나타났던 역사현상들 중에서 가장 극단적인 예의 하나였다. 결국 마오에 대한 모든 기념물은 그의 기념비적인 정치적 실패를 상기시키는 기괴한 상징물이 되었다.

사회주의 건설에 필요한 사회경제적 전제조건의 일부가 마오주의 시대에 만들어진 것은 사실이지만, 마오주의 시대가 사회경제적 전제조건과 마찬가지로 사회주의의 핵심이 되는 정치적 전제조건을 창조한 시대는 아니었다. 사회주의는 사유재산의 폐지와 국유화된 공업의 건설 이상을 요구하기 때문이다. 사회주의가 진정한 의미를 가지려면 정치권력이 노동인구 전체에 의해 행사되어야 하며 이들이 자기의 노동조건과 노동산물을 지배할 수 있는 체제가 되어야 한다. 사회주의의 독특한 면은 국가 소유제에 있는 것이 아니라 마르크스가 말한 "연합된 생산자 소유제"에 있다. 그리고 마오쩌둥 시대에 정치적 독재를 합리화하기 위해 그토록 자주 이용하던 '프롤레타리아 독재'는 사실상 (마르크스주의 이론에 따르면) 국가가 탈취한 사회권력을 사회 전체에 되돌려주는 시기, 즉 국가가 (마르크스가 말한) '생산자의 자치정부'로 바뀌는 시기이다. 마오주의 중국에서는 이런 기본적인 마르크스주의의 사회주의적 정치개념이 이론적으로나 실제적으로 결여되어 있었다. 마오주의는 근대적 경제발전의 수단과 사회주의의 목적이 서로 조화를 이루어야 한다는 딜레마와 정면대결했던(비록 해결하지는 못했지만) 이론이었을 뿐이며, 대중민주주의가 사회주의를 실현하는 데 필요한 수단인 동시에 가장 중요한 목적이라는 것을 인식했던 이론은 아니었다.

마오쩌둥 시대에 공산주의 국가와 중국사회의 관계라는 문제가 노골적으로 제기되고 그 문제의 해결이 요구되었던 두 번의 중요한 시기가 있었다. 백화운동 기간에 마오쩌둥은 직접 '지도'와 '지도받는 것' 사이의 모순문제를 제기했다. 그리고 운동 자체로부터 정치적 민주와 지적 자유에 대한 요구가 터져 나왔다. 그러나 요구는 뒤이은 '반우파주의' 마녀사냥으로 박해를 당했으며, 지배자와 피지배자 사이의 모순은 미해결상태로 남았다. 문화대혁명은 당과 국가관료에 대한 전반적 공격과 함께 시작되었다. 그리고 처음에는 마르크스주의 원칙인 파리 코뮌에 따라 정치권력의 민주적 개조를 약속하는 듯이 보였다. 그러나 이 약속은 곧 깨졌고 문화대혁명이라는 동란은 레닌주의적 당 통치가 완전히 회복되는 것으로 끝이 났다. 마오쩌둥은 백화운동과 문화대혁명을 일으킨 장본인이었으므로 두 운동의 약속, 즉 국가를 사회의 주인이 아니라 종으로 만들겠다는 약속이 깨진 데 대한 가장 큰 책임을 져야 한다. 물론 이 실패한 운동이 야기했던 인간의 고통에 대한 책임까지도.

1960년대와 1970년대의 오랜 기간 동안 마오주의자들은 소련을 사회주의 건설에 있어 '반면교사'(反面教師)로 간주해왔다. 그럼에도 그들은 소련의 역사적 경험이 보여주는 명백한 교훈을 무시했다. '사회주의로의 이행'은 자유와 대중민주주의 없이는 불가능하며 그것의 결여를 정당화하기 위해 경제적 후진성이나 적대적 국제환경과 같은 조건을 무한정 계속 끌어들일 수는 없다는 것이었다. 국가의 '소멸'이라는 과거 마르크스주의의 꿈은 우리가 예상할 수 있는 역사적 미래 안에서는 유토피아적인 희망에 불과할지 모른다. 그러나 중국인민이 표현의 자유와 결사의 자유와 같은 기본적인 민주적 권리를 요구하는 것은 유토피아적이라고 말할 수 없다. 이렇게 작은 것에서부터 시작하지 않으면 '사회주의 민주'와 같은 슬로건을 아무리 열정적으로 외쳐댄다 하더라도, 그런 슬로건은 국가가 사회를 계속 통제하기 위한 공허한 이론적 합리화에 지나지 않을 것이다.

* * *

 그러므로 마오쩌둥이 그의 후계자에게 남긴 유산은 아주 모호하고 모순적인 것이었다. 마오주의 정권의 진보적인 사회경제적 업적과 퇴행적인 정치적 성격 사이의 깊은 부조화가 각인된 유산이었다. 한편으로 마오쩌둥은, 덩샤오핑이 지적한 바와 같이, 국민당이 실패한 부르주아 혁명의 많은 미완의 사업을 인민공화국 초기에 완성함으로써 "국가를 창조했다." 또한 마오주의 정권은 어느 정도 사회주의의 전제조건을 건설했다. 중국의 근대적 산업혁명을 일으켰고, 생산수단의 사적 소유를 폐지했다.(생산수단 사유제의 폐지는 사회주의의 충분조건은 아닐지라도 필요조건이었다.) 그리고 중요한 미래의 사회주의적 비전이 (혁명 이후의 시기에 기대했던 것보다 훨씬 오랫동안) 살아 있게 했다. 다른 한편으로 마오주의는 본질적으로 관료정치지배라는 스탈린주의적 방법을 계속 유지했다. 자신에 대한 숭배, 정통사상, 교의를 만들었으며 지적·정치적 반대자를 끊임없이 탄압했다. 물론 마오쩌둥은 공산당 관료기구를 큰 폐단으로 간주했다. 그러나 자신의 이 창조물을 통제하기 위해 그가 고안한 방책은 자기의 명성과 개인적인 힘에 의존하는 것이 전부였다. 이론에서나 실천에 있어서나 마오주의의 유산은 관료주의적 지배에 대항할 수 있는 의미 있는 제도적 안전장치를 제공하는 데 실패했다.

 따라서 마오쩌둥 시대 말기에 중국은 자본주의도 사회주의도 아닌 관료정치의 지배를 받는 사회경제 질서라는 모호한 역사적 영역 안에 있었다. 이에 대한 좋은 용어가 없기 때문에 이것은 종종 '자본주의 이후' 또는 단순히 '혁명 이후'라고 불렸다. 마오주의 중국은 자본주의의 핵심조건인 생산수단의 사적 소유를 붕괴시켰기 때문에 자본주의가 아니었다. 그렇다고 진정한 의미의 사회주의도 아니었다. 생산자 대중은, 노동자나 농민 할 것 없이 누구나 자기 노동조건과 노동생산물을 통제할 수 있는 수단을 갖고 있지 못했을 뿐 아니라 사회의 경제적·정치적 관리자로서 점점 더 그들 위에 군림하는 국가에 대한 통제수단이 없었기 때문이다. 마오주의 정권은 혁명의 부르주아 단계를 실현하는 데 있어 대체로 성공적이었지만 자신이 선포한 '사회주의로의 이행'을 실현할 능력은 없었던 것이다. 마오쩌둥 시대 말에 중국은

두 개의 세계 사이에서 방황하고 있었다. 하나는 이미 죽은, 다른 하나는 태어날 힘이 없는.[19]

마오쩌둥과 마오주의가 실제보다 더 오랫동안 생존했더라도 이런 난국을 타개하고 사회주의를 꽃피웠을 것 같지는 않다. 마오의 죽음 훨씬 전에, 마오주의는 이미 한때 자신이 누렸던 엄청난 창조적 에너지를 소진해버렸기 때문이다. 근대적 공업발전에 필요한 자금을 조달하기 위해 마오주의가 택한 방식은 (본질적으로 농촌착취로서) 처음에 공산주의자들에게 권력을 안겨주었던 농민을 빈민으로 만들지 않고는 오래 지탱될 수 없는 것이었다. 마오의 마지막 대중운동이었던 문화대혁명은 마오가 공헌한 목표를 이루는 데 실패했으며 그 결과 인민에게는 정치적 환멸감만 남겨주었다. 그리고 환멸감은 곧 냉소주의로 바뀌었다. 육체적으로 정신적으로 피곤에 지친 인민들이 복잡한 정치투쟁과 궁중음모가 1970년대에 그들을 압도하고 마오쩌둥 시대 정치사의 마지막 장을 기괴한 모습으로 만들어버렸다는 것을 어렴풋이 알아차렸기 때문이다. 인민의 정치적 불안과 엄습하는 경제위기에 직면하여 마오주의는 효과적인 치유책을 제공할 능력이 없었다. 냉소적이고 정치적으로 무감각해져버린 인민은 과거와 같이 혁명적 슬로건과 사상적 권고에 의해 쉽사리 고무되지 않았다. 마오주의 시대의 마지막 몇 년 동안 중국의 상황은 명백히 새로운 길을 요구하고 있었지만 병약한 마오쩌둥과 교조적인 마오주의는 혁명을 되살리는 데 필요한 사상과 영감을 제공

할 수 없었다.

 어떤 면에서 마오주의는 스스로 자신의 몰락을 재촉하는 씨앗을 뿌린 셈이었다. 그동안 찬양해온 마오쩌둥 사상이라는 것은 세계에서 가장 낙후된 나라에서 또 그 안에서도 가장 낙후된 농촌지역에서 만들어진 이론이었다. 그리고 마오주의의 깃발 아래 농민반란군을 조직하여 가장 위대한 근대혁명을 실현했던 것이다. 정치적으로 성공한 이후 승리한 혁명가들은 이제 그들이 지배하게 된 거대한 나라에서 근대화와 사회주의화를 추진하기 시작했다. 근대화 추진자로서 이들이 자기 앞에 놓인 그 엄청난 임무를 완수하여 놀라운 성공사례를 남겼다는 사실은 누구도 부인할 수 없다. 그들은 근대 국민국가를 창조했으며 근대적인 교육제도를 확립했고 중국의 근대 공업기술을 발전시키기 시작했다.

 그러나 마오주의의 정치적 방법과 이데올로기는 자기가 태어난 낙후된 환경의 여러 특징을 계속해서 반영했다. 그리고 이런 사상방법과 사상습관은 시대착오적인 것이 되었다. 근대화하는 중국에는, 혁명과 혁명지도자들의 정신세계를 만들어낸 낙후된 농촌과는 동떨어진 신세대들이 날이 갈수록 많아지고 있기 때문이다. 많은 점에서 마오주의는 자신이 극복하려고 애썼던 바로 그 후진성의 특징을 계속 간직하고 있었다. 그리고 마오주의 정권이 중국을 근대화하는 데 성공적이었던 것만큼이나 마오주의는 근대중국의 환경에 더욱더 맞지 않게 되었다. 따라서 인민공화국 창시자의 정치관과 이데올로기 가운데 가장 확실하게 '마오주의적'인 것들이 대부분 마오쩌둥의 후계자들에 의해 곧 버림받은 것은 너무나 당연한 일이었다.

22장
덩샤오핑의 등장과 마오주의 비판

마오 이후의 시대는 마오주의의 외피를 쓰고 시작되었다. 1976년 초가을 '사인방 분쇄'를 진두지휘한 후[1] 화궈펑은 곧바로 중국공산당의 새로운 주석으로 임명되었다. 이 임명은 마오쩌둥이 죽기 직전에 침상에서 "미리 준비해둔 것"이라는 주장 아래 전적으로 정당화되었다. 죽어가는 마오가 화궈펑에게 주었다는 "네가 맡는다면 내가 마음을 놓을 수 있다"는 마오의 흘려 쓴 글씨가 적혀 있는 쪽지가 관영언론을 통해 보도되었다. 화궈펑은 짧은 재임 기간 동안 마오의 정치 스타일과 화술, 그의 의상과 외모까지 모방해 나갔다. 모든 공공장소에 화궈펑의 초상화가 죽은 마오쩌둥의 초상화와 나란히 걸렸다. 또한 새 정권은 천안문 광장에 거대한 마오의 영묘를 만드는 데 비용을 아끼지 않았다. 마오쩌둥의 시신은 방부처리되어 영원히 그곳의 수정관(水晶棺)에 안치될 것이며, 소름끼치는 공고대로 "인민대중은 마오 주석의 유체에 존경을 표할 수 있을 것"이었다.

화궈펑은 마오의 경제정책과의 연속성을 표명하기 위해 농업문제에 대한 일련의 회의를 소집했다. 농업문제는 1955~1956년 "사회주의의 고조" 기간에 마오가 첫 정치적 행동을 취했던 문제이다. 회의는 옛 슬로건인 "다자이에서 배우자"라는 구호 아래 진행되었다. 다자이는 마오가 평등과 자력갱생의 모범으로 선정했던 생산대대였다. 1977년 초에 화궈펑은 다른 충성스러운 마오주의자들과 함께, "마오 주석이 세운 정책은 무엇이든 지지하며" "마오 주석이 내린 지시는 무엇이든 확고히 따를 것"을 다소 성급하게 맹세했다. 이 맹세는 화궈펑과 그의 동료들에게 '무엇이든지'(凡是)파라는 이름이 붙게 했으며, 이 경멸적인 꼬리표는 곧 그들의 정적들에 의해 이용된다.

화궈펑은 고인이 된 주석의 '지시'를 사실상 선별적으로 따르고 있었다. 정치적 외관을 마오주의식으로 공들여 만든 뒤에 그는 천천히 그리고 조심스럽게 마오주의 말기의 정책을 폐기하고 상당부분을 1950년대의 마오주의로 되돌렸다. 이런 변화는 당시 수감 중인 사인방의 영향이 가장 컸던 문화와 교육정책 부문에서 제일 먼저 나타났다. "백 가지 꽃을 만발하게 하라"는 옛 마오주의 슬로건을 부활시키면서 새 정권은 문화대혁명의 반계몽적 정책에 종지부를 찍었다. 이제까지 금지되었던 연극·오페라·영화가 다시 극장에 모습을 드러냈으며, 1966년 이래 정간상태에 있던 문학잡지와 학술잡지가 다시 발행되고 더욱 다양해진 잡지와 정기간행물이 새롭게 창간되었다. 마오 이후의 문화적 해빙이 가져온 가장 눈에 띄는 현상은 문화대혁명 시기의 개인적인 경험을 묘사한 젊은 작가들의 단편소설이 쏟아져 나왔다는 점이다. 이들은 곧 '상흔문학'(傷痕文學)으로 불렸다. '양위중용'(洋爲中用)이라는 신성한 마오주의의 격언을 다시 상기시키면서 정부는 국제문화교류를 촉진하고, 서양문학의 명작들을 새로 번역하여 출판하도록 권장했다. 이는 10년이 넘도록 예술생활을 질곡에 빠뜨렸던 외국 '부르주아'의 해악에 대한 공포를 더 이상 방관하지 않겠다는 것을 의미했다. 그리고 구속되거나 외딴 농촌지역에서 노동에 종사하던 지식인, 또는 문화대혁명과 그 이전부터 침묵당해온 지식인들이 조용히 복권되었다. 1977년과 1978년에 이들은 하나 둘 도시로 돌아와 원래의 일을 되찾았다.

문화적 해방과 더불어 새로운 교육정책이 즉시 도입되었다. 더 정확히 말하면, 이는 과거의 정책으로 회귀하는 것을 의미했다. 화궈펑은 자신의 연설에서 문화대혁명의 업적을 계속 찬양하면서도 그 격변기에 선포된 평등주의적인 교육개혁을 폐지하기 시작했다. 이는 1950년대에 수립된 엘리트주의 교육제도를 충실하게 재확립하기 시작했음을 의미했다. 특히 대학교와 고등연구소의 부활에 관심이 모아졌으며, 이들 기관은 곧이어 문화대혁명 이전에 수행했던 기능의 상당부분을 회복해 나갔다. 새로운 문화·교육정책은 화궈펑 정권을 위해서 그리고 이제 막 새롭게 공포된 당과 국가헌법에 공식적으로 기록된 용어인 '4개 현대화'를 위해서 지식인들의 지지를 얻으려는 것이었다. 그러나 문화대혁명의 수혜자이며 마오주의로 치장한 화궈펑이 새로운 정치적 지지자를 확보하기는 쉽지 않았다. 사실상 그의 정책은 반(反)마오주의 정서를 갖고 있는 대다수 도시지식인을 다시 소생시키는 것이었고, 이들은 빠르게 자기의 정서를 분명하게 표출해 나갔다.

화궈펑 정부는 지식인뿐 아니라 노동자와 농민 사이에 팽배해 있는 불만을 가라앉히려고 노력했다. 인민공화국 수립 28주년 기념일인 1977년 10월 1일에는 국유기업 노동자의 임금을 10% 인상했다. 이 임금인상조치는 더 엄격해진 '과학적 관리'와 노동규율을 도입한 데 대한 보상이었다. 또한 공식 이데올로기에서는 마오주의의 다자이 모델이 계속 찬양되고 있었지만, 실제 농촌정책은 부업생산을 위한 자류지의 확대를 허용하고 농촌시장의 발전을 장려하는 것이었다.

화궈펑은 인민공화국 역사에서 경제근대화의 주역으로 유명해지려고 했다. 화궈펑의 경제적 제안은 마오주의적 수사로 가득 차 있었고 특히 대약진 이전 마오의 말을 강조했다. 또한 그는 4개 현대화를 선전하기 위해 저우언라이의 이미지를 계속해서 이용했다. 그러나 화궈펑의 경제계획은 대부분 1975년 가을 덩샤오핑이 국무원에 제출한 정책

문건에 기초한 것이었다. 물론 덩샤오핑에 빚지고 있다는 사실은 일언반구도 내비치지 않았다. 덩샤오핑이 2년 전에 제안했던 것처럼, 1977년 화궈펑 정부는 선진자본주의 국가로부터 근대적 기술의 도입을 크게 확대하고, 여기에 필요한 재정은 중국의 석탄과 석유를 수출하여 충당하려 했다. 근대 과학지식의 빠른 습득과 기술 인텔리겐치아 양성에 역점을 두었으며, 이를 위해서는 문화대혁명 이전의 고등교육제도의 부활이 전제되어야 했다. 농업의 근대화를 위한 계획도 수립되었다. 공장에서는 더욱 엄격한 노동규율이 적용되고, 그 대신 노동자에게 더 많은 물질적 보상이 주어지자 공업생산성과 공업생산 모두 증가했다.

시대의 흐름을 반영하듯이 마오쩌둥 시대 말기에 빛을 잃었던 1950년대의 경제입안자들이 다시 등장했다. 그 중에서 정치적으로 가장 중요한 인물이었던 천원(陳雲)은 1953~1957년의 제1차 5개년계획의 설계자였으며, 국가계획경제를 보완하기 위해 시장 메커니즘의 이용을 지지했던 사람이었다.

4개 현대화를 완성하기 위해 화궈펑이 추진한 가장 야심적인 시도는 그가 제안한 10년계획(1976~1985)으로서 이는 1978년 2월에 가서야 뒤늦게 세상에 알려졌다. 사실상 이 계획은 1975년 (당시 덩샤오핑의 지시 아래 움직이고 있던) 국무원이 기초한 문건에 약간의 수정을 가한 것으로서 제1차 5개년계획과 비슷하게 다시 한번 열광적으로 중공업발전에 박차를 가하는 것이었다. 1985년까지 거대한 철강공업단지, 유전과 가스전, 광산, 발전소, 철도, 항구를 비롯한 약 120개의 산업시설을 건설한다는 대형 계획이 세워졌다.[2] 2000년에 이르면 중국의 산업은 세계에서 가장 선진적인 국가의 수준에 도달할 것이라고 화궈펑은 예견했다. 그러나 그는 이런 공업화를 새롭게 추진하는 데 필요한 막대한 비용을 어떻게 조달할 것인지에 대해서는 설명하지 않았다. 또한 화궈펑은 마오쩌둥 시대가 물려준 불균형과 같은 경제적 문제에 대해서도 언급하지 않았다. 화궈펑의 근대화계획은 재정적으로 실행 불가능한 것이었고, 결국 얼마 못 가서 폐기될 수밖에 없었다.

10년계획의 무산은 화궈펑의 정치적 몰락을 가져온 한 요인이었고, 다른 요인은 점점 커져가는 덩샤오핑의 권력과 인기였다. 이제 세 번째로 정치적 상승(그리고 두 번째 부활)을 경험한 덩샤오핑은 마오 이후의 시대를 진정한 마오주의 이후의 시대로 만들려 하고 있었다.

덩샤오핑의 승리

덩샤오핑은 위대한 5·4세대의 중국 공산주의 지도자들 중 최후의 핵심인물이었다.[3] 1920년대 초부터 당의 활동가였으며 공산주의 혁명에 무시하지 못할 공헌을 했고 마오주의파의 일원이었다는 사실로 인해 덩샤오핑은 혁명 이후의 체제에서 고위직에 오를 수 있었다. 1956년 그는 류사오치와 나란히 서 있었으며 중국공산당 제8차 전국대표대회에서 주요 보고를 행한 사람 중 하나였다. 1949년 이후로는 처음 개최된 이 당대회의 정신과 이데올로기는 마오 이후의 시대에 다시 추앙되었다. 또한 같은 해에 덩샤오핑은 당 총서기에 임명됨으로써 공산당의 조직기구를 통제할 수 있는 상당한 힘을 갖게 되었고, 혁명기간에 형성된 정치군사 지도자들과의 친밀한 유대를 강화해 나갈 수 있었다. 그러나 10년 후 문화대혁명 기간 동안 덩샤오핑은 "자본주의 노선을 걷는 실권파의 제2인자"로 낙인 찍혔고 결국 베이징에서 멀리 떨어진 장시(江西) 성의 트랙터 공장에 노동자로 파견되었다. 1973년 저우언라이의 보호 아래, 그리고 마오쩌둥의 동의를 얻은 후 그는 다시 베이징으로 돌아와 일반적으로 겪게 되는 과거의 정치적 오류에 대한 고백이라는 절차를 거치지 않고 정부 고위직에 즉시 복귀했다. 덩샤오핑은 머지않아 저우언라이의 후계자로서 확고한 위치를 확보했지만 저우언라이가 사망한 지 몇 달 뒤에 일어난 1976년 4월의 천안문 사건을 선동했다는 이유로 그리고 "참회하지 않은 주자파"라는 비난을 받으며 해임되었다.[4] 음산했던 마오 통치의 마지막 몇 달 동안 덩샤오핑은 사인방에게 쫓겨 중국 남부로 도망가 자신의 옛 인민해방군 동지들이 제공해주는 은신처에 몸을 숨겨야 했다. 그러나 정치적 의지가 조금도 쇠하지 않은 72세의 덩샤오핑은 베이징으로의 복귀를 도모했다. 이때 그는 필요하다면 내전도 불사할 생각이었다고 한다.[5] 하지만 1976년 9월 마오쩌둥의 죽음과 10월 '사인방의 몰락'이 이어지면서 덩샤오핑의 두 번째 정치적 복귀를 위한 평화로운 길이 열리게 되었다.

덩샤오핑이 당과 정부의 고위직으로 복귀하여 중국 '최고지도자'라는 독재권력의 위치에 도달하기 위해서는 사인방의 몰락을 가져온 기존의 정치적 동맹이 깨져야만 했다. 불안한 동거에 가까웠던 이 동맹을 이끌었던 인물은 화궈펑으로, 그는 1976년 10월의 쿠데타를 지휘했고 이후 중국공산당 주석과 국무원 총리의 자리에 오르면서 마오쩌둥과 저우언라이 모두의 공식 후계자를 자임했다. 덩샤오핑의 상승과 화궈펑의 몰락을 가져올 사건들은 2년에 걸쳐 일어났다. 그것은 덩샤오핑에 의해, 교묘하고 잔인한 방식으로 진행되었으나 그가 그토록 유감스러워했던 "대규모 동란" 같은 정치투쟁과 사상투쟁을 불러오지는 않았다.

덩샤오핑의 정치적 성공에는 그의 인물됨과 현명한 책략 이상이 필요했다. 그의 등 뒤에는 대다수의 원로 당 지도자들이 있었고, 그 중 많은 수가 그와 오랫동안 관계를 유지해온 사람들이었다. 그리고 이에 못지않게 중요했던 것은 바로 군대장교들로부터 얻은 폭넓은 지지였다. 이는 부분적으로 혁명시절에 그가 홍군 장교들과 쌓아왔던 친밀한 관계의 정치적 결실이었다고 할 수 있다. 중국공산당은 레닌주의 조직원칙에 반드시 부합해야 하며 정치적 승진은 순차적으로―덩샤오핑의 표현을 빌리자면 '낙하산 인사'가 아니라 '한 단계 한 단계'씩—이루어져야 한다는 그의 믿음은 당과 인민해방군 내에 있는 원로 지도자들의 이상과 이해관계에 꼭 들어맞는 것이었다. 문화대혁명의 혼란과 그 재앙적인 결과 이후 관료기구의 정상적인 작동과 사회적 안정이라는 약속은 민간 및 군대의 고위 관료 모두에게 상당히 매력적인 것이었다. 따라서 이들은 점점 덩샤오핑이 지도자가 되어야 마땅하다고 여기게 되었다.

덩샤오핑의 지지자 명단에는 고위 관료, 노간부, 인민해방군의 장군들뿐 아니라 대부분의 지식인도 들어 있었다. 그는 1956년 제8차 당대회 이후로 지식인의 사회적 이해를 대변해왔다.[6] 그리고 1975년의 정책문건 속에서 덩샤오핑은 4개 현대화를 실현하기 위해 지식인들에게 주도적일 뿐 아니라 물질적 이득을 얻을 수 있는 역할을 부여하고, 더 높은 지위와 더 많은 전문적 자율성을 약속했다. 대다수 지식인은 자연스럽게 덩샤오핑을 존경받는 저우언라이의 당연한 후계자로서 바라보게 되었다.

덩샤오핑의 정치적 야망은 이처럼 강력하고 구체적인 사회적·정치적 지지기반 위에 서 있었다. 그러나 덩샤오핑의 정치적 동맹에 역동성을 부여한 것은 문화대혁명의 문제, 즉 정의와 보복을 갈구하는 살아남은 희생자들의 불타는 욕망이었다. 덩샤오핑 자신이 그 동란의 희생자였다는 사실—실제로 그는 두 번이나 희생되었다—로 인해 과거 10년 동안 고통을 겪었던 수백만 명이 덩샤오핑에게 동정과 지지를 보냈다. 그에게 몰려든 사람들은 공격받고 모욕당하고 '타도된' 당 간부, 침묵당하고 박해당한 지식인, 마오의 능구렁이 같은 정치적 행동 속에서 배반당하고 결국 '잃어버린 세대'에 속하게 된 환멸에 찬 전(前) 홍위병, 농촌으로 쫓겨난 수백만의 도시청년, 그리고 여러 가지로 육체적·심리적 학대를 받았던 수백만의 보통 시민이었다. 이들 모두가 덩샤오핑이 '발란반정'(撥亂反正)*할 것으로 기대했다.

*　　*　　*

덩샤오핑이 거대한 정치적 자산을 갖고 있던 바로 그 부문에서 화궈펑은 치명적인 정치적 부담을 안고 있었다. 덩샤오핑이 중국의 강력한 군대와 민간 관료조직 내에서 원로 지도자들의 지지를 얻고 있었던 반면 문화대혁명 기간에 명성을 얻은 화궈펑은 훨씬 덜 중요한 관료들, 즉 혼란의 시기에 이득을 본 오합지졸 같은 하층간부들에 의존하고 있었다. 덩샤오핑은 문화대혁명의 잘못된 점을 바로 잡겠다는 약속 아래, 최소한 도시에서라도 폭넓은 대중의 지지를 얻고 있었지만, 화궈펑은 관료기구 안에서도 제대로 된 권력기반을 갖지 못했고 크게는 사회에서도 이렇다 할 대중의 지지를 얻지 못했다. 사실 마오쩌둥 사망에 뒤이은 위험한 시기에 화궈펑이 파벌화된 관료들의 전체이익을 관장하고 관료의 이익을 위협하는 것처럼 보이는 사인방의 숙청을 지휘할 후보자로서 어느 정도 받아들여질 수 있었던 것은 그에게 권력과 명성이 결여되어 있었기 때문이기도 했다. 그는 마오쩌둥과 저우언라이가 물러난 자리를 일시적으로 차지하기는 했지만 혁명가나 경세가로서 역할을 소화해낼 만한 인물이 아니었다. 화궈펑은 마오쩌둥과 저우언라이의 자질 중 어느 하나도 갖추고 있지 못했다. 뜻밖에 얻은 고위직을 놓치지 않기 위해 그가 내세울 수 있는 거라고는 마오의 유산과 문화대혁명의 유산을 자신의 것으로 하는 것밖에 없었다. 그러나 이미 마오의 영광은 스러져가고 있었고 문화대혁명은 대중의 비난을 받기 시작했다. 화궈펑에게 유일하게 정치적 정당성을 가져다주었던 마오쩌둥 시대 말기의 유산은 마치 연좌맷돌처럼 그의 목에 무겁게 걸려 있었다. 그것 없이 그는 아무것도 할 수 없었지만, 그렇다고 마오 이후의 시대에 그

---

* 난리를 평정하여 질서 있는 세상으로 회복한다는 뜻.

것과 함께 생존할 수도 없었다.

　화궈펑의 정치적 몰락은 그의 중요한 정치적 실책들로 인해 더욱 앞당겨졌다. 그는 덩샤오핑의 '반혁명 수정주의 노선'을 비난하는 운동을 1976년 12월 말에도 집요하게 계속하려 했다. 처음에 사인방에 의해 조직된 이 운동은 이미 정치적으로는 시의성을 상실한 지 오래였다. 사인방을 타도한 뒤 그는 이른바 사인방의 '숨어 있는 추종자들'을 숙청하기 시작했고, 이는 결과적으로 그의 기반이 될 수도 있었던 당과 정부 관료들의 지지를 감소시켰다. 또한 화궈펑의 '백화제방'정책은 도시에 반(反)마오주의적(친(親)덩샤오핑적인) 견해를 가진 사람들을 등장시키는 계기가 되었다. 착각 속에서 만들어졌다가 곧 폐지된 그의 10년계획은 그의 무능을 반증하는 것이었다. 화궈펑 본인의 범용한 개성과 얄팍한 정치적 우유부단은 그가 물려받은 최고 자리에 어떤 실질적인 힘도 보태주지 못했다. 결국 그는 주요 대도시에서 점점 더 많은 여론의 지지를 얻고 있던, 당 원로들의 요구를 거부할 수 없었다. 이들의 요구는 덩샤오핑을 정부에 합류시켜야 한다는 것이었다. 1977년 여름 덩샤오핑은 두 번째로 실각하기 전, 그러니까 1976년 4월 이전의 자리로 공식 복귀했다. 그리고 얼마 되지 않아 그는 중국의 최고 지도자 3인―화궈펑과 국방부장 예젠잉과 함께―의 한 사람이 되었다.

　정치적 위계의 정상에 거의 올라선 덩샤오핑은 화궈펑과 정권을 나눠 가질 의사가 전혀 없었다. 덩샤오핑은 자신이 문화대혁명 때 숙청과 수모를 당하는 동안 화궈펑이 출세가도를 달린 사실을 잊지 않고 있었다. 이제 그는 최고 권력을 확실하게 장악하려 했다. 공개적으로는 일상적인 '단결과 안정'의 모습을 보였지만, 중앙위원회 내에서는 새로운 투쟁이 벌어지고 있었다. "실천이 진리를 판별하는 유일한 기준이다"라는 다소 진부하면서도 정치적으로는 효과적이었던 슬로건을 채택한, 덩샤오핑의 자칭 '실천'파와, 경멸조의 이름이 붙여진 화궈펑의 '무엇이든지파,' 즉 '범시파'(凡是派) 사이의 투쟁이었다.

1978년 내내 덩샤오핑의 권력과 인기는 커져갔다. 관료 내부에서 계속되고 있던 '극좌분자'에 대한 숙청으로 생겨난 공석은 과거와 현재의 동맹자들에게 돌아갔다. 덩샤오핑은 성공적으로 지식인의 지지를 얻기 위해 그들에게 더 많은 물질적 이익과 높은 사회적 지위, 지식인에 대한 정치적 불신 해소, 과학·기술의 신속한 발전, 업무상의 자율권 보장, 근대화된 고등교육체계 내에서 지식인의 기회와 권위의 확대를 약속했다.[7] 또한 그는 철저한 경제개혁과 정치적 민주화를 추진하겠다는 뜻을 내비쳤다.

1950년대에 관료로 일했던 노간부들이 다시 등장함으로써 덩샤오핑의 권력은 더욱 증가했다. 그들의 지위와 자신감은 문화대혁명 및 그 이전에 몰락했던 마오의 옛 정적들이 상당수 '복권'되면서 더욱 강화되었다. 복권된 사람 중에는 1957년의 반우파투쟁 이래 연금상태에 있거나 정치적 불명예를 당한 지식인과 당 간부 등 10만의 정치범들이 포함되어 있었다.[8] 1978년 6월 이들은 정치적 속박에서 조용히 풀려났다. 그러나 1957년의 반우파투쟁 때 가장 중요한 마녀사냥꾼이 바로 덩샤오핑이었다는 사실은 일언반구도 언급되지 않았다.

1978년 한 해 동안 '발란반정'이 제법 이루어졌지만, 어떤 것도 1976년 4월 5일 천안문 사건에 대한 당의 새로운 심판보다 더 극적이고 정치적으로 더 중요한 의의를 갖는 것은 없었다. 당시에 '반혁명행동'으로 공식적인 비난을 받았던 이 사건은 덩샤오핑을 정부에서 제거하는 구실이 되었고, 결국 덩샤오핑은 두 번째로 실각했다. 그러나 1978년 가을, 1976년 민병에게 천안문 광장으로 진입하도록 명령했던 베이징 시장 우더(吳德)가 해임되었으며 천안문 시위는 '혁명사건'으로 다시 선포되었다. 관영신문들은 2년 반 전 천안문 광장에 집결했던 시위대의 영웅주의를 찬양했다. 두 번에 걸친 당의 심판이 이루지는 사이에 천안문 사건은 독재국가에 반대하는 대중의 민주적 열망의 표현이자 거대한 상징적 의의를 갖는 사건이 되었다. 1976년 정부에 반대했던 젊은 이들이 '4·5운동'으로 소중히 여겨왔던 정신이 1978년 초 베이징의 거리에 대자보의 형태로 다시 나타났다. 민주주의를 '제5현대화'라고 부르는 이 젊은 행동주의자 집단—대부분 과거의 홍위병과 청년노동자들—은 당이 천안문 사건에 대한 '결론'을 번복하자 그 수가 더욱 불어났다. 민주활동가들은 덩샤오핑과 그의 동지들이 보인 지지에 의해 더욱더 고무되었다. 1978년 마지막 몇 달 간 베이징 시내의 거리는 정치집회로 물결쳤다. 한층 대담해진 내용의 대자보들이 마오쩌둥 시대, 특히 문화대혁명의 불의를 비난했고 아직 중앙정치국에 남아 있는 '마오주의자'들의 축출을 요구하면서 인권, 사회주의 법제, 민주정치제도를 요구했다. 그야말로 거대한 흥분과 희망의 시간이었다.

* * *

민주화운동(나중에 이렇게 불렀다)이 천안문 광장에서 점점 커져 나가자 당 지도부는 천안문 광장 위쪽에 있는 회의실에 모여 '공작회의'를 시작했다. 공식적으로 이 회의는 1978년 12월 18~22일에 열릴 11기 3중전회를 준비하기 위한 것이었다. 그리고 이 회의는 인민공화국 역사에서 상당히 중요한 의미를 가지게 된다.

11기 3중전회는 덩샤오핑과 그의 '실천파'에게 완전하지는 않더라도 결정적인 승리를 안겨주었다. 덩샤오핑의 지지자 중 많은 수가 중앙위원회와 중앙정치국에 들어가게 됨으로써, 덩샤오핑은 두 조직을 효과적으로 통제하고 당 전체를 지배할 수 있었다. '범시파'는 대부분 공식적인 당직을 당분간 유지했으나 중요한 정치적·경제적 사무로부터는 손을 떼야 했다. 당 주석 화궈펑은 1978년 12월에 개최된 당 회의 이후 자리는 보전했지만 권력은 갖지 못했다. '자아비판'을 해야 했던 화궈펑은 이제 덩샤오핑의 지시를 받아 의례적인 업무만을 수행했다. 이렇게 자기의 권위를 내주고 한참이 지난 1981년에 가서 그는 결국 정치적 지위마저 내놓게 된다.

11기 3중전회의 결정 가운데 이후에 가장 칭송받는 부분은 "당 공작의 중심을 사회주의 현대화 건설로 옮긴 것"이었다. 사회주의 현대화는 새로운 어휘는 아니었으나 새로운 의미를 담고 있었다. 즉 그것은 이제부터 근대적 경제발전에 그 밖의 모든 이해관계를 종속시키는 것을 뜻했다. 따라서 11기 3중전회는 계급투쟁 또는 최소한 '광포하고' '대중적인' 성격의 투쟁을 종식시키고 4개 현대화에 유리한 정치적·사회적 국면을 조성하길 바랐다. 또한 '시장조절'과 '계획조절'의 병행을 제시함으로써 덩샤오핑 시대의 역사를 지배하게 될 자본주의 방식의 개혁을 정치적으로 처음 승인한 셈이 되었다.

* * *

베이징에서 열린 11기 3중전회에서 승리를 거두자마자 덩샤오핑은 1979년 1월 미국 방문길에 올랐다. 이 방문은 인민공화국이 건국된 지 30년 만에 양국의 외교관계가 공식적으로 성립되었음을 의미하는 것이었다. 덩샤오핑은 마오쩌둥과 저우언라이가 (리처드 닉슨 및 헨리 키신저와 함께) 7년 전에 시작했던 현실정치 외교의 예기치 않은 정치적 수혜자가 되었다. 그의 방문은 국내와 국외 모두에서 이미 확고하게 자리를 잡은 그의 명성을 더욱 높여주었다. 다소 좋지 않았던 것은 "베트남에 한 수 가르쳐줘야 한다"고 그가 오만하게 위협적인 발언을 한 일이었다. 미국에서 돌아온 직후인 2월 17일 중국 군대는 베트남을 침공했다. 구실은 베트남이 캄푸치아(캄보디아)를 정복하고 중국의 지원을 받고 있던 (대량학살을 자행한) 폴포트 정권을 몰아냈다는 것이었다. 많은 인명피해를 내고 결국은 아무 결론 없는 전투가 수주일간 지속된 뒤에 중국군은 치욕적인 후퇴를 해야 했다. 중월전쟁(中越戰爭)은 양쪽 모두에 심각한 인명과 경제적 손실을 안겨주었으며 새로운 덩샤오핑 정권의 국제적 이미지에 먹칠을 했다. 이 침공이 가져다준 유일한 교훈은 인민해방군의 군사적 효율성이 놀라울 정도로 형편없어졌다는 사실뿐이었다.[9]

1978~1981년의 민주화운동

덩샤오핑은 베트남뿐 아니라 국내에서도 그의 적이 도사리고 있음을 곧 깨닫게 된다. 1978년 마지막 몇 달 간 그가 권좌에 오르는 것을 도와주었던 민주활동가들이 1979년 초에 이르자 그 수와 투쟁성 모두에서 크게 증대하고 있었다. 그 중 대다수는 과거의 홍위병으로서 이제 20대 후반 또는 30대 초반의 나이에 이른 '잃어버린 세대'에 속한 사람들이었다. 그들은 주로 독학을 통해 다양한 직종에 종사하고 있었다. 사실상 운동에 가담한 학생의 수는 아주 적었으며 나이 든 지식인들은 누구도 이 운동에 참가하거나 운동을 공개적으로 지지하려 하지 않았다. 그럼에도 덩샤오핑 일파의 '사회주의 민주'와 '사회주의 법제'에 대한 약속에 고무된 젊은 활동가들은 뛰어난 지적인 역량과 조직적 능력을 발휘해 나갔다. 이들은 그들만의 준정치적 결사를 빠르게 결성했으며 점점 더 다양한 내용의 등사판 잡지를 발행했다. 이런 민주주의 열기는 베이징에서 다른 대도시와 지방도시로 빠르게 확산되었다.

민주화운동에 참가한 대부분의 사람이 1978년에 덩샤오핑이 권좌에 오르는 것을 지지했고 1979년 초 몇 달 간 여전히 민주화를 추진하기 위해 덩샤오핑에게 의지하고 있었지만, 마오 이후 정권의 완고한 레닌주의 지도자들은 공산당의 조직적 통제를 넘어서는 운동을 좀처럼 허용하려 하지 않았다. 그리고 당 지도부는 사회에 널리 퍼져 있는 불만이 터져 나오는 매개체가 될 수도 있는 이런 독립적인 단체들을 결코 용납하려 들지 않았다. 특히 시골로 쫓겨갔던 수백만의 젊은이들이 일정한 직업도 없이 불만을 품고 불법적으로 도시로 돌아오고 있는 상황에서는 더욱 그러했다. 당시의 문화적·지적 자유화로부터 이득을 얻었던 나이 든 지식인들과 달리, 대부분의 젊은 민주활동가들은 확고한 반(反)독재 입장을 견지하고 있었다. 이들은 정치권력의 집중과 사상적 무오류성을 주장하는 당의 논리를 부인했다. 어떤 이들은 중국이 특권적인 '관료계급'의 지배를 받고 있다며 과거 문화대혁명 시대의 '극좌'적인 주장을 다시 펴기도 했다.

이에 대한 억압은 1979년 봄 정부가 비공식적인 잡지와 조직을 금지하고 민주운동의 지도자를 구속하면서 시작되었다. 가장 먼저 체포된 사람은 웨이징성(魏京生)으로, 그는 『탐색』(探索)이라는 잡지의 편집장이었으며 덩샤오핑과 마오쩌둥 모두를 비판했고 유명한 에세이 「제5의 현대화—민주와 그외」의 저자이기도 했다. 정치적·사상적 범죄 외에도 그는 인민해방군의 베트남 침공에 대한 군사기밀을 외국 신문기자에게 누설한 혐의로 고발되었다. 사실 웨이징성은 베트남 침공에 저항했던 극소수의 중국시민 중 하나였다. 1979년 10월, 하루에 걸친 재판에서 그는 15년형을 선고받았다. 이후 2년 동안 많은 사람들이 줄줄이 투옥되었다.

탄압이 진행되는 동안 이제 국가의 '최고지도자'로서 확실히 자리를 굳힌 덩샤오핑은 한때 그를 지지한 동지였던 민주활동가들을 무정부주의자와 범죄자로 비난했다. 그리고 그 중 가장 저주스러운 비난은 바로 이들이 문화대혁명의 잘못된 정치적 방법을 부활시키려 한다는 것이었다. 이어서 덩샤오핑은 '4대'(四大), 즉 "크게 견해를 말하고(大鳴), 대담하게 의견을 발표하며(大放), 대변론을 하고(大辯論), 대자보를 쓸(大字報)" 권리를 폐지했다. 이 '4대'는 사실상 1975년 1월 마오쩌둥의 권고로 국가헌법에 추가된 내용이었다. 헌법이 보장하는 이런 자유들이 실생활에서 거의 존중되고 있지는 않지만, 덩샤오핑은 이제 종이에 쓰여 있는 것조차 문화대혁명 기간에 자행된 공산당에 대한 공격을 연상시켜 심기가 불편해졌던 것이다.[10] 1979년과 1980년 정부가 새로운 법 조항을 서둘러 공포하던 무렵에도, '사회주의 민주'의 흔적들(공식적으로 이렇게 불렸다), 즉 민주화운동에 적극적이었던 많은 사람들이 행정법령에 따라 노동수용소에 수감되고 있었다.

마오쩌둥의 '4대' 대신 덩샤오핑은 '네 가지 기본원칙', 즉 "사회주의 노선, 프롤레타리아 독재, 중국공산당의 지도, 마르크스주의-레닌주의-마오쩌둥 사상의 고수"를 선포했다.[11] 이 가운데 당의 지도는 가장 중요한 원칙이라고 덩샤오핑은 강조했다. 실제로 이 원칙은 유일하게 계속해서 지켜진다.

1981년 봄이 되자, 한때 만발했던 민주화운동은 공공장소에서 모두 자취를 감췄다. 민주화운동 지도자들은 대부분 구속되었고 살아남은 소수의 활동가 역시 지하로 숨어들어 불안한 생활을 이어갔다. 사실 민주화운동은 많은 대중의 지지를 받은 적이 결코 없었다. 부분적으로는 마오 이후의 정권이 사회생활의 전반적인 탈정치화를 조장해왔기 때문이다. 덩샤오핑 정부는 '문혁10년' 동안 냉소적이 되어버린 대중의 사상적·정치적 공허감을 채워줄 만한 새로운 사회적·정치적 이상을 제시하지 못했다. 단지 더 나은 물질생활을 약속하고 백화점의 진열장에 오른, 그리고 이전에는 혁명 슬로건이 나열되었던 광고판에 나타나는, 새로운 많은 소비재품을 구입할 것을 시민에게 권장할 뿐이었다. 민주화운동이 붕괴되는 동안 공공연한 저항은 고사하고 일반의 관심조차 거의 찾아볼 수 없었다. 말하자면 민주화운동은 국가의 억압과 대중의 정치적 무관심에 의해 희생된 것이나 마찬가지였다. 그 중에서 가장 눈에 띄게 침묵을 지켰던 사람들은 바로 중국의 지식인들이었다.

* * *

민주화운동이 사회 밑바닥에서 억압받고 있을 때 덩샤오핑은 정상에서 당과 국가 관료에 대한 통제력을 공고히 다지고 있었다. 충성스러운 마오파로 간주되는 사람들을 권력의 자리에서 제거하고 그 자리에 자기파의 사람들을 조직적으로 채워 넣었다. 아직 남아 있던 '범시파'는 대부분 1980년 2월에 개최된 11기 5중전회에서 숙청되었다. 이들 중에는 1976년 사인방을 체포했던 정예 8341부대의 사령관이었던 왕둥싱, 그리고 한때 찬양되던 다자이 대대의 농민지도자로서 문화대혁명 기간 동안 중앙위원회 위원으로 승진했던 천융구이도 있었다. '극좌분자'와 결별하는 일은 문화대혁명 동안 '우파분자'로 지목되었던 노련한 당 지도자들이 맡았다. 더 나아가 당시의 정치적 분위기를 반영하는 것으로서, 중국 공산주의 역사에서 가장 철저한 레닌주의자였던 류사오치가 비록 사후이긴 하지만 중국공산당에 다시 입당했다. 덩샤오핑의 연설과 함께 이루어진 이 경축기념식은 모든 매체를 통해 대중에게 전해졌다. 그리고 문화대혁명 중에 이루어진 류사오치의 숙청은 "우리 당 역사상 최대의 조작사건"으로 비난받았다.

화궈펑을 정치적으로 매장하는 일은, 예의를 갖추긴 했지만 실질적으로는 아주 효율적인 방식으로 완료되었다. 그의 정치적 협조에 대한 보상으로 (그리고 공개적으로 단결을 보여주기 위해) 이미 실권이 덩샤오핑에게 넘어간 뒤에도 화궈펑은 저우언라이와 마오쩌둥으로부터 물려받은 공식 직책을 계속 유지할 수 있었다. 그러나 1980년 9월 그는 덩샤오핑이 1월에 중앙정치국 상무위원으로 승격시킨 자오쯔양(趙紫陽)을 위해 국무원 총리직을 사임해야 했다.[12] 또한 1980년 덩샤오핑이 당의 지도기관으로서 당 중앙 서기처를 부활시켰을 때 화궈펑의 아무 실권 없는 공산당 주석직은 완전히 유명무실한 것이 되었다. 당 중앙 서기처는 1950년대에 덩샤오핑이 지도했던 당기관으로 나중에 마오쩌둥이 폐지했다. 당 총서기에 임명된 사람은 덩샤오핑의 가장 가까운 추종자 후야오방(胡耀邦)이었다.[13] 화궈펑은 1981년 6월 이제 이름뿐인 당 주석직에서 조용히 물러났다. 그의 주석직 사퇴는 마오쩌둥에 대한 공식 평가를 내린 11기 6중전회에서 결정되었다. 1년 뒤 화궈펑은 중앙정치국 위원직에서도 탈락했으나 348명의 중앙위원회 위원 가운데 한 사람으로는 계속 남아 있도록 허용되었다. 이는 마오쩌둥의 별로 출중하지 않았던 첫 번째 후계자를 위해 명예로운 안식처를 제공한 것이었다.

11기 3중전회의 결과로 형성된 새로운 정치질서는 1982년 9월 중국공산당이 제12차 당대회를 개최했을 때 (당원이 4천만으로 증가) 정식으로 신성시되기에 이르렀다. 덩샤오핑은 이 대회를 마오의 지도력이 찬양되고 있던 1945년 이후의 당 역사에서 가장 중요한 대회라고 역설했다. 대회 일정의 대부분은 덩샤오핑의 새로운 경제정책(이에 대해서는 다음 장에서 설명)을 비준하고 당 지도부의 인사이동에 할애되었다. 이제 총서기로서 후야오방의 위치는 확고해졌고 당 주석이라는 중복되는 직책은 폐지되었다. 또한 아직도 '극좌' 경향이 당원의 저변에 남아 있을지 모른다고 의심하면서 중앙집권적인 엄격한 조직구조와 당원의 규율이라는 레닌주의 덕목이 유난히 강조되었다. 그리고 '극좌'라는 용어를 넓게 정의하여 새로운 정권의 개혁적 경제정책에 대한 열정이 부족한 것도 '극좌'에 포함시켰다. 자기의 부하들을 당과 국가의 수뇌부에 앉히고 덩샤오핑 자신은 무대 뒤에서 통치하는 형태였지만, 1980년대 초가 되면 덩샤오핑이 중국의 실질적인 '최고지도자'라는 사실을 의심하는 사람은 없었다. 그리고 아무도 감히 여기에 의문을 제기하지 않았다.

마오쩌둥 문제와 '마오 사상'의 재해석

덩샤오핑이 마오주의 이후의 질서를 건설하기 위해서는 극좌적인 정적들을 제거하고 그들이 앉았던 자리에 새로운 지도자에게 충성하는 관료들을 앉히는 것만으로는 부족했다. 마오쩌둥의 탈신비화 작업이 꼭 필요했다. 마오의 유령은 그의 시대에 정치를 지배했던 것만큼이나 새로운 시대의 정치의식을 계속 지배하고 있었다. 문화대혁명 때 숙청을 경험했던 사람들로 구성된 덩샤오핑 정권이, 가장 효과적으로 자기의 합법성을 확보할 수 있는 방법은 그들을 숙청했던, 지금은 이 세상 사람이 아닌 주석이 여전히 갖고 있던 반(半)신성시된 현상을 왜소화하는 것이었다. 마오주의 정책과 이론은 그 창시자가 잘못을 저지를 수 있음을 증명해 보임으로써 더욱 쉽게 폐기될 수 있었기 때문이다.

마오쩌둥과 그의 시대에 대한 재평가를 촉발한 동기는 보복에 대한 갈증이나 집권 측의 실용적인 고려가 전부는 아니었다. 문화대혁명에서 살아남은 사람들 중에서 특히 지식인과 당 관료들은 문화대혁명 때 죽은 친구나 동료의 명예를 찾아주어야 할 도덕적 책임감을 갖고 있었다. 이런 도덕적 책임감 아래에서 죽은 자의 '명예회복'이 추진되었으며, 이는 올바른 역사적 교훈을 배움과 동시에 마오주의 시대의 병폐가 다시는 반복되지 않을 것임을 극적으로 표현하는 것이기도 했다. 마오쩌둥은 앞으로 여러 차례 문화혁명이 일어날 것이라고 예언했으나, 그의 후계자들은 그런 일이 두번 다시 되풀이되지 않도록 최선을 다하고 있었다.

하지만 마오쩌둥의 역사적 역할에 대한 어떤 진지한 평가도 가장 불확실한 정치적 모험일 수밖에 없었다. 고인이 된 주석의 형상이 아직도 대중의 의식 속에 신성하게 남아 있기 때문만은 아니었다. 사실 그보다 더 중요했던 것은 마오주의 이후 중국 지도자들의 의식과 혈통 안에서 마오가 여전히 중요한 존재라는 사실 때문이었다. 옛 주석에 대한 그들의 개인적 감정이 어떤 것이었든 간에 공산주의 지도자들이 자신의 정치적 족보를 추적하려면 역사적으로 마오를 다시 구제하지 않고는 불가능했다. 비록 이데올로기와 정치적 실천, 개성이 소련의 두 지도자와

판이하게 달랐지만 어쨌든 마오는 중국혁명의 레닌이며 스탈린이었다. 레닌과 마찬가지로 마오는 모두가 인정하는 혁명지도자이며 새로운 사회의 창시자였다. 또 스탈린과 마찬가지로 마오는 4반세기 동안 혁명 이후의 정권에서 최고 통치자였다. 1956년 흐루시초프가 스탈린을 비난했던 것처럼 마오를 단순히 폭군이나 권력 탈취자로 비난하는 것은 중국 공산주의 국가의 정치적 정당성뿐 아니라 그것을 낳은 혁명의 도덕적 정당성에도 의문을 던지는 것이었다. 스탈린을 비난할 때 흐루시초프는 레닌의 권위에 의지할 수 있었지만, 마오의 후계자들에게는 마오를 빼고는 의지할 어떤 중국의 레닌도 없었다. 마오에 대한 공식 평가가 진행되고 있던 1980년 여름, 덩샤오핑은 이런 기본적인 역사적·정치적 상황을 염두에 두고 이렇게 말했다. "그(마오)의 초상화를 천안문 앞에 단순히 그냥 걸어놓은 것은 아니며, 우리를 승리로 이끌고 우리나라를 건설한 사람을 기념하기 위해서이다."[14]

덩샤오핑의 이 말은 마오쩌둥에 대한 당의 평가가 정치적 합법성만이 아니라 근대 중국 내셔널리즘의 외피와도 연관되어 있음을 보여준다. 마오는 중국 공산주의 혁명의 지도자였을 뿐 아니라 20세기 중국의 위대한 애국적 영웅이기도 했기 때문이다. 덩샤오핑의 말 그대로 그는 "나라를 건설했고" 오랫동안 치욕당하고 가난에 찌든 중국을 "세계 속에서 우뚝 서게" 했다. 게다가 마오가 생존시에 혁명의 지도자로서 그리고 국가의 지도자로서 인민대중으로부터 얻은 엄청난 명성은 그의 사후에도 사그라지지 않았다. 이는 특히 농민 사이에서 그러했다. 실제로 수백만의 농민은 여전히 신격화된 주석을 섬기고 있었다. 또한 마오는 살아 있는 공산당원들, 특히 혁명기간에 그와 함께 싸웠던 원로 간부와 문화대혁명 기간에 입당한 수백만의 청년활동가들 사이에서도 숭배의 대상이었다.

덩샤오핑은 중국의 정치생활에 내재하는 이런 기본적 사실들을 예리하게 파악하고 있었다. 찬양받고 있었던 자신의 정치적 실용주의를 통찰력 있게 설명하는 가운데 덩샤오핑은 마오의 장점을 "적절히 평가"할 필요가 있다고 조언하면서, 그렇지 않으면 "나이 든 노동자들은 만족하지 않을 것이고 토지개혁 당시의 빈농과 하중농, 그리고 이들과 긴밀한 유대를 갖고 있는 대다수 간부들도 그럴 것"이라고 경고했다.[15] 마오에 대한 공식평가를 준비할 때 새 정부의 평가자들은 정치적으로 무척 조심스러운 태도로 그 일을 진행해야 한다는 것을 알고 있었다.

마오쩌둥의 역사적 역할에 대한 당의 공식 평가는 1981년 6월에 발표되었지만 사실 이보다 훨씬 전부터 마오의 명성은 일련의 사상적 변화와 정치적 상징성을 띤 사건들로 인해 무너져 내리고 있었다. 1978년 12월에 개최된 11기 3중전회는 마오의 사상과 정책 가운데 많은 부분을 폐기함으로써 분명하게 마오주의 이후의 시대를 열었다. 그러나 이는 마오쩌둥이나 마오쩌둥 시대에 대한 공식평가를 내리지 않고 이루어진 것이었다. 사실 11기 3중전회를 마치면서 발표된 공식성명은 전반적으로 마오쩌둥 저작의 권위에 의지하여 호소했고 문화대혁명에 대한 평가를 미래의 '적당한 시기'까지 유보한다고 선포했다. 그러나 동시에 11기 3중전회는 전반적인 '발란반정'을 요구했는데, 이는 마오의 옛 정적을 대대적으로 복권시키는 것을 의미했다. 그 중에서도 펑더화이의 명예회복만큼 정치적 상징성이 큰 사건은 없었다. 1959년 마오가 이 명망 있는 장군을 제거한 것은 마오쩌둥 시대의 가장 큰 불의의 하나로 간주되고 있었으며, 지난 20년 동안 이 잘못을 바로잡아야 한다는 목소리가 사회 곳곳에서 제기되고 있었다. 펑더화이는 1974년에 사망했으나 그의 사건은 중국의 정치생활에 숨어 있는 수많은 곪은 종기 가운데 하나였다. 11기 3중전회의 결정에 따라 펑더하이는 1978년 12월 25일에 공식적으로 복권되었다. 당시 덩샤오핑은 추도문에서 고인이 된 장군을 위대한 혁명영웅으로 찬양하고 1959년 이전의 명예로운 역사적 지위를 회복시켜주었다. 펑더화이의 명예회복은 마오가 명예롭지 못한 일을 했음을 암시하지 않고는 불가능한 일이었기 때문에 정치적으로 의미심장한 의식이었다. 또한 펑더화이가 숙청을 무릅쓰고 그토록 강력하게 대약진운동에 반대했던 일이 옳은 일이었다고 인정하지 않으면 펑더화이에게 그런 예우를 해준다는 것은 불가능했다.

11기 3중전회가 끝나고 1979년에 접어들면서 마오에 대한 암묵적 비판이 정부의 출판물을 통해 쏟아져 나왔다. 그리고 노골적인 비판 역시 민주화운동 활동가들에 의해 비정부 잡지에 게재되고 대자보로 나붙었다. '우파'와 '주자파'로 불렸던 사람들의 '복권'은 더욱 가속화되었으며, 한때 숙청되었던 관료와 지식인들이 정치문화계의 고위직에 다시 복귀함으로써 주요 도시에서는 반마오주의 관점이 더욱 강해져갔다. 복권된 사람 중에서 저명한 인사로는 보수적 관료였던 펑전(彭眞)이 있었다. 고위급 당 지도자 중에서 문화대혁명 때 제일 먼저 해직된 사람이었던 그에게 덩샤오핑은 새로운 법률을 초안하는 임무를 맡겼다. 덩샤오핑 시대의 (유일하지는 않지만) 주요한 사상적·정치적 이단이었던 '극좌주의'에 반대하는 당의 사상운동이 전개되면서 마오에 대한 암묵적 비판은 더욱 강해졌다. 이 운동은 명목상으로는 오래전에 죽은 린뱌오와 구속된 사인방을 겨냥한 것이었다. 하지만 많은 학자들과 당 이론가들이 대약진운동과 문화대혁명에 내재하는 '프티부르주아적인' 사회적 기반과 '봉건적인' 사상의 뿌리에 대해 더욱 정교한 설명을 제시함으로써 극좌주의라는 낙인은 곧바로 마오 통치의 마지막 20년을 전반적으로 특징짓는 말로 채택되었다.[16)] 극좌주의와 마오쩌둥 시대 말기에 대한 비판은 존경을 받는 예젠잉 인민해방군 원수(중앙정치국 위원)가 1979년 10월 1일 인민공화국 성립 30주년 기념연설을 했을 때 상당한 정치적 힘을 얻을 수 있었다. 사전에 당 중앙위원회의 승인을 거친 이 연설에서 예젠잉은 대약진의 재난이 '객관적인 경제법칙'을 위배한 '극좌적 오류'로 인해 빚어졌다고 설명했으며 문화대혁명을 '극좌' 노선을 추구했던 사람들이 중국에 야기한 장장 10년(1966~1976)에 걸친 재난이었다고 비난했다.[17] 당시의 공식적인 정치적 관례에서처럼 예젠잉 역시 린뱌오와 사인방에게 비난의 화살을 돌리고 있었다. 그러나 그 밖의 많은 사람들 역시 문화대혁명에 대한 책임이 있으며 마오쩌둥이 그 중에서 첫째라는 것은 모든 이들에게 너무도 명백했다.

1979년과 1980년에 등장한 마오주의에 대한 공식비판에는 마오쩌둥의 이름이 거의 언급되지 않았다. 사실 다른 정치적 또는 정책적인 문제를 다룰 때는 정치적으로 유리하다고 판단되기만 하면 어김없이 마오의 저작이 권위적으로 (물론 선별적이었지만) 인용되고 있었다. 하지만 '개인숭배'에 대한 비난은 더욱 거세졌다. 반세기 전 소련에서 탈(脫) 스탈린 시기에 그랬던 것처럼 '개인숭배'라는 용어는 중국에서도 비슷한 기능을 하고 있었다. 가끔 '근대적 미신'이라고 불리기도 했던 '개인숭배'의 병폐에 대한 정부의 치유방안은 '당 내 민주주의'와 '집단지도'라는 레닌주의 원칙을 고수하는 것이었다. 물론 이런 원칙을 대대적으로 선언한다고 해서 덩샤오핑에게 권력이 집중되는 현상을 조금이라도 약화시킬 수 있었던 것은 아니다. '집단지도'에 대한 정의는 공식 이데올로기인 '마오쩌둥 사상'을 재정의하는 과정에서 이루어졌다. '마오쩌둥 사상'에 담겨 있는 급진적 주장은 많이 탈색되었고, 이제 '집단지도'는 단순히 한 개인의 창조물이 아니라 당의 집단적 의지로 선포되었다. 중국공산당의 60년 역사를 새롭게 설명하는 일도 이와 비슷한 기능을 했다. 마오쩌둥 시대의 역사서술에서 무시되어왔던 혁명가들의 공헌이 새로운 역사해석에서는 강조되고 있었다. 1980년 중반 마오쩌둥 개인의 역사적 역할에 대한 문제를 공개적으로 거론하기에는 아직 시기상조였지만 고인이 된 주석의 마지막 20년간의 통치에 대한 비판적 연구는 전면 허용되었다.

대중 사이에 뿌리내린 마오의 명성을 허물기 위해 새 정부는 사인방의 재판을 텔레비전으로 방송했다. 이 재판은 그들이 체포된 지 4년 만인 1980년 11월 20일에 처음 열렸다. 베이징의 공안국 청사 안에서 35인의 법관으로 구성된 특별법정은 사인방과 한때 마오의 비서였던 천보다를 두 달에 걸쳐 재판했다. 동시에 또 다른 법정에서는 1971년 린뱌오의 마오 암살음모사건에 연루된 5명의 인민해방군 장교를 재판했다. 같은 시기에 열린 이 두 재판이 진행상 어떤 관련이 있었는지는 결코 밝혀지지 않았다. 장문의 기소장은 피고인들에게 정부 전복음모, 마오쩌둥에 대한 암살기도, 70만 명의 사람들을 불법적으로 체포하고 고문·박해했으며 3만 4천 명을 죽음에 이르게 한 죄를 물었다.[18] 재판은 근대적 법률에 따라 진행된 범죄재판이라고 선전되고 있었지만 그것은 분명히 정치적인 재판이었다. 법관들은 새로운 법조항보다 당 중앙정치국에 더 귀를 기울였다. 최초의 기소부터 마지막 선고에 이르기까지 재판진행을 세밀히 관장한 기구가 바로 당의 중앙정치국이었다.

사인방 재판은 외국인들에게 덩샤오핑 정부가 국제적으로 인정할 만한 법률절차에 따라 재판을 진행하고 있음을 확신시켜주지는 못했지만(사실 이 재판은 많은 사람들에게 스탈린 시대의 조작적인 재판광경을 연상시켰다), 국내에서의 정치적 목적에는 기여했다. 대대적으로 선전된 이 재판의 목적은 마오쩌둥 시대의 마지막 10년간의 정치질서를 강도 높게 비난하는 것이었다. '문혁10년' 동안 무시무시한 고문과 사망사건을 소름끼칠 정도로 자세히 설명하는 목격자의 진술이 담긴 재판과정을 매일 밤 텔레비전으로 방송했다. 사인방의 '봉건 파시스트' 통치(당시 이렇게 불리고 있었다)기간 동안 희생당했던 도시의 지식인과 노동자들은 이제 수갑을 찬 장칭 등이 쇠창살 안에 갇혀 있는 모습을 볼 수 있었다. 이렇게 하여 이 재판은 어느 정도 '원한의 청산과 감정적 카타르시스를 가져다주기도 했다. 덩샤오핑과 그의 동료들에게 이 재판은 만족스러운 정치적 보복행위였고 현재 진행 중인 당, 국가, 군대의 관료기구에 남아 있는 '극좌분자' 숙청에 박차를 가하게 하는 아주 유용한 기능을 했다. 베이징에서의 재판은 곧이어 각 성(省)에서, 덜 선전되기는 했지만 오랫동안 계속되는 이른바 '사인방 추종자'들에 대한 재판의 모범이 되었다. 고도로 의례화된 이 구경거리의 가장 중요한 목적은 마오쩌둥의 처와 그의 동료들이 범죄자로서 심판받기 위해 법정에 서게 된 사건을 통해 마오쩌둥의 역할에 의문을 제기하게 하는 것이었다.

물론 마오쩌둥이 사인방과 함께 심판대에 오른 보이지 않는 피고인이었음은 처음부터 명확했다. 재판이 진행되는 동안 방약무인한 장칭은 자신을 옹호하기 위해 계속 남편의 권위를 상기시킴으로써 무의식적으로(그러나 예견되었던 대로) 덩샤오핑의 정치적 목적을 도왔다. 한 순간 그녀는 "나는 마오 주석의 개였다. 그가 물라고 하는 사람은 누구라도 물었다"고 주장하기도 했다. 그리고 중앙정치국이 초안한 의견진술에서 주임 검사는 (마오에 대한 의례적인 찬양에 덧붙여) 중국인민은 "마오 주석이 문화대혁명 기간 동안 그들이 받은 고난에 대해…… 책임이 있다는 것을 아주 분명히 알고 있다"고 말했다.[19]

그러나 사인방과 같이 마오 역시 비난받고 역사적으로 잊혀지는 것이 덩샤오핑의 목적은 아니었다. 오히려 그의 목적은 마오를 사인방과 구별함으로써 역사를 위해 마오를 구제하는 것이었다. 하지만 이렇게 구제된 마오는 인간적으로 잘못을 범한 것으로 판명되어 그의 역사적 위상과 도덕적 권위에 상당한 손상을 입을 것이 뻔했다. 마오와 사인방의 구별은 덩샤오핑이 1980년 여름에 이미 제기했던 기준, 즉 '정치적 잘못'과 '범죄행위'를 구분함으로써 이루어졌다. 이런 구분은 관영언론들에 그대로 수용되어 사인방 재판이 진행되는 동안은 물론이고 재판이 끝난 뒤에도 "마오의 잘못과 린뱌오, 장칭 및 그들의 동료들의 범죄 사이에 원칙적인 차이"가 있음이 계속해서 강조되었다.[20] 역사적으로 모호한 이 규정에 따라 당은 마오쩌둥에 대한 공식적인 역사적 판결을 공포했다. 이는 당이 조종하고 있던 법정이 사인방에게 유죄를 선고한 지 5개월이 지난 뒤였다.

마오쩌둥에 대한 결의

1981년 6월 27일 화궈펑의 당 주석직 사임을 수용한 지 하루 뒤에, 중국공산당 11기 6중전회는 중국혁명사에서 마오쩌둥의 지위에 대한 평가를 마침내 발표했다. 「인민공화국 성립 이래 당의 약간의 역사문제에 관한 결의」는 15개월 동안 준비해온 것이었다. 4천 명의 당 지도자와 이론가들이 이 문건의 초안작성을 도왔으며 덩샤오핑의 구체적인 '의견'에 따라 반복해서 수정되었다고 전해진다. 덩샤오핑의 의견은 주로 마오의 정치적·사상적 잘못을 비판하는 동시에 혁명의 대의에 대한 마오의 공헌을 '긍정'해야 한다는 것을 강조하는 내용이었다. 문화대혁명 때 실제로 숙청당했던 대부분의 당 원로 지도자들은 마오의 영혼에 보복하기를 열망했지만, 덩샤오핑은 혁명적 합법성과 국가적 정통성의 상징으로서 마오를 보존해야 할 정치적 필요성이 있음을 잘 알고 있었다.

덩샤오핑이 주장한 것과 같이, 결의는 마지막 부분에서 오랜 혁명투쟁 속에서 발휘된 마오의 지도력을 높이 찬양하고, 인민공화국 초기의 경제발전과 '사회주의 개조'라는 빛나는 승리를 높이 평가했다. 그러나 이렇게 마오를 위대한 혁명가와 근대화주의자로 칭송하는 한편, 결의는 마오 통치의 마지막 20년간에 이루어진 전(前) 주석의 '잘못'을 가차 없이 비판했다. 이 잘못 중에는 1957년 반우파투쟁의 범위를 확대시킨 결정이 포함되어 있었다. 그 당시 (덩샤오핑이 이끌었던) 마녀사냥의 원래 목표는 '필요'하고 '올바른' 것이었지만 마오의 이 결정으로 인해 많은 결백한 간부들과 지식인들이 박해를 받았다는 것이다. 또한 대약진의 경제적 재난을 불러일으킨 마오의 '좌경적' 잘못을 엄중하게 비판했다. 하지만 당시에 덩샤오핑과 류사오치를 포함한 대부분의 당 지도자들이 처음에는 이 비극적으로 끝날 사업을 상당히 열정적으로 지지했음을 인정했다. 그 밖에 마오가 그의 말기에 '개인적인 독단'으로 통치하고 '개인숭배'를 조장함으로써 '당 내 민주집중제'라는 레닌주의 원칙을 파괴했다고 책망했다. 그러나 이 모든 것보다 더 엄중한 비판의 대상이 된 것은 문화대혁명을 인정하는 '잘못된 좌경이론'을 창안했다는 점이었다. 이제 문화대혁명은 "건국 이래 당·국가·인민에게 가장 큰 좌절과 손실을 가져다준" 10년에 걸친 재난으로 평가되고 있었다. 그 시대의 가장 나쁜 폐단은 린뱌오와 사인방에게 책임이 돌려졌지만 마오 역시 비난을 면할 수는 없었다. 결의는 "문화대혁명의 암울한 좌경적 잘못의 가장 큰 책임, 즉 그 기간을 연장하고 그 범위를 확대한 잘못은 사실상 마오쩌둥에게 있다"고 결론지었다.[21]

당의 비판 속에서 그토록 큰 위협으로 부각시켰던, 고령의 마오가 범한 '좌경적' 잘못은 바로 마르크스주의자들이 전통적으로 '유토피아적'이고 '비과학적'이라고 비난해온 사상적 경향이었다. 이에 대해 결의는 상세히 설명했다. 마오에 대한 정부의 공식 비판서들에 따르면, 마오는 "인간의 주관적 의지와 노력의 작용을 과대평가했으며" "현실과 유리된" 이론과 정책에 몰두했고 낙후된 경제상황에서 공산주의 유토피아가 곧바로 도래할 수 있다는 완전히 비현실적인 기대감을 불러일으켰다는 것이었다. 결과적으로 마오는 정통 마르크스-레닌주의의 후계자들이 역사의 '객관적 법칙'이라고 받아들이고 있는 원칙을 어겼다. 그러나 이 점에서 그리고 또 다른 많은 부분에서 공식적인 비판이 아무리 혹독하다 하더라도 총체적인 역사적 평가에서 결의는 "중국혁명에 대한 마오의 공적은 그의 과실(過失)을 훨씬 능가하며" 수십 년에 걸친 혁명사업에 대한 위대한 공헌으로 인해 "중국인민은 항상 마오쩌둥 동지를 그들의 경애하는 위대한 지도자이자 스승으로 여긴다"고 결론을 내렸다. 이 결의가 발표된 이후 몇 년 동안 마오가 70%는 옳았고 30%는 잘못되었다는 것이 일반의 정설이 되었다.

마오주의 이후 체제의 많은 지식인과 정치지도자들이 내린 마오에 대한 개인적 평가는 1981년 6월 중앙위원회의 공식 문건으로 발표된 것보다 훨씬 덜 관용적이었다. 그러나 공식 결의가 마오의 '좌경적' 잘못을 비판하는 동시에 마오를 애써 찬양하고 있는 것은 단지 중국공산당의 새로운 지도자들이 혁명적 연속성과 정치적 정당성을 추구하고 있었기 때문만은 아니다. 마오에 대한 찬양은 살아남은 당의 원로 지도자들이 '잘못된 좌경'사상에 오염되기 전 초기의 마오 ─ 혁명지도자, 중화민족의 해방자, 경제 근대화주의자로서의 마오 ─ 에게서 느꼈던 진정한 존경과 흠모의 정을 반영하는 것이기도 했다. 수년에 걸친 수모와 박해를 겪은 이후 권좌에 다시 오른 노련한 당 관료들은 젊은 혁명가 시절 당의 혁명지도자였던 마오의 모습을 다시 한번 향수에 젖어 되돌아보고 있었다. 그리고 이들은 현재 자신들이 조국의 역사상 황금시대라고 여기고 있는 1950년대 초반과 중반에 신중국을 통치했던 마오를 되돌아보고 있었다. 덩샤오핑과 그의 많은 동료들이 마오를 찬양할 때 거기에는 실용적인 정치적 고려 이상의 것이 담겨 있었다. 이들은 급진적이고 유토피아적인 유해한 사상에 마오가 빠져들기 전인, 1957년 이전의 '순수한' 마오주의를 다시 찾고 싶어 했다.

1981년의 결의에서 마오쩌둥 문제가, 최소한 공식적으로 정리되자 남아 있던 마오쩌둥 숭배 현상은 공공장소에서 조용히 사라졌다. 그럼에도 불구하고 일부는 대중문화와 비공식적인 정치생활 속에서 이상한 모습으로 다시 등장하기도 했다. 그러나 1981년 공식 공산당 이데올로기와 정치의례에서, 마오는 혁명과 내셔널리즘과 근대화의 상징으로 계속 남아 있었다. 물론 그 목적은 중국공산당의 혁명전통에 가장 큰 부분을 차지하는 마오쩌둥을 마오 이후의 정권과 연결시킴으로써 새 정권의 합법성을 한층 공고히 하려는 것이었다. 마오의 저작은 정부출판물에서 아주 선별적이기는 했지만 자주 인용되었으며, 정치상황에 따라 필요해지면 고(故) 마오 주석의 훨씬 덜 급진적인 이미지가 마오 이후의 시대에도 계속해서 이용되고 찬양되었다.

그러나 마오쩌둥을 정치적 상징으로 보존하는 일보다 더 중요했던 일은 마오주의 시대의 마지막 20년을 지배했던 사회적·사상적 급진주의를 한꺼번에 거부하는 일이었을 것이다. 마오를 반신반인(半神半人)에서 잘못을 저지르기 쉬운 인간으로, '중대한' 잘못을 범할 수 있는 지도자로 격하하는 동시에, 그의 급진사상을 거부하는 것은 덩샤오핑 등이 준비하고 있던 시장지향적 경제개혁을 위해 마오주의식 사회경제정책을 포기해도 괜찮다는 사상적인 인정을 받는 것이었다.

23장
시장개혁과 자본주의의 발전

덩샤오핑은 1978년 말 '사회주의 민주'를 수호한다는 깃발을 들고 권좌에 올랐다. 사회주의 민주에 대한 그의 약속은 중국사회에, 특히 지식인과 도시의 노동계급에게 깊은 감동을 주었으며, 이를 기반으로 덩샤오핑은 도시에서 열광적인 대중의 지지를 얻을 수 있었다. 비록 덩샤오핑 정권이 세계역사상 가장 놀라운 경제성장을 이룩함으로써 중국인민에게 상대적인 번영―매우 불평등한 것이라 할지라도―을 안겨주었지만 사회주의와 민주주의는 그 어느 것도 마오 이후의 중국에서 번성하지 못했다.

민주주의는 덩샤오핑이 첫 번째로 깨뜨린 약속이었다. 1978년 12월 중국공산당 11기 3중전회에서 승리를 거둔 지 채 3개월이 되기 전에 덩샤오핑은 그를 권좌에 오르게 했던 정치적 동맹세력 가운데 가장 힘없는 구성원들을 배반했다. 이들은 민주의 벽에 나붙었던 열정적인 정치 논문과 신랄한 시를 썼고, 1978년 마지막 몇 달 동안 일어난 덩샤오핑 지지운동에 열기를 불어넣었던 젊은 활동가들이었다. 1979년 3월 웨이징성의 체포로 시작된 민주화운동에 대한 탄압은 마오 이후 중국의 암울한 정치적 미래를 예고하고 있었다.

물론 덩샤오핑의 통치기간에 공산주의 국가는 수십만 명의 정치범을 석방하고 사상적 통제를 비롯해서 중국사회에 대한 통제를 전반적으로 완화하고 있었다. 이것이 중국인민에게 별로 중요하지 않은 정치적 소득이었다고 말하려는 것은 결코 아니지만, 이들의 민주적 잠재력이 상당히 제한되어 있었던 것은 사실이다. 새로운 정권은 '경제개혁'이 '정치개혁'을 수반할 것임을 계속해서 말했으나, 그 정치개혁은 덩샤오핑이 약속하는 듯이 보였던, 그리고 많은 사람들이 그의 목표라고 여겼던 민주화과정을 의미하지는 않았다. 오히려 덩샤오핑에게 있어 정치개혁이란 무엇보다도 문화대혁명으로 인해 무너져 내린 중국공산당의 레닌주의적 조직규범을 다시 회복하는 것을 의미했다. 두 번째로, 공산당 관료들을 (덩샤오핑의 말을 빌리면) "평균적으로 더 젊게, 더 잘 교육받게, 전문적으로 더 능력 있게" 만들어 관료통치의 합리화를 이룩한다는 의미였다.[1] 요컨대 경제변혁이 아무리 큰 영향을 미친다고 하더라도 공산주의 정치체제에는 어떤 질적인 변화도 없을 것이라는 말이었다. 잘 다듬어지고 정제된 레닌주의 특성을 가진 중국공산당은 정치권력을 계속 독점할 것이며, 스탈린주의식 정치체제의 본질을 그대로 유지할 것이었다.

덩샤오핑의 '사회주의 민주' 개념에 민주적 내용이 거의 없다고 한다면 사회주의적 내용은 더더욱 없었다. 덩샤오핑과 정치적으로 승리한 그의 동료들이 1978년 말과 1979년 초에 경제개혁정책을 구상하기 시작했을 때, 그들은 다양한 경제적 탈집중화 방법을 선호했다. 그리고 중국의 소련식 중앙계획경제의 완고함을 타파하기 위해 시장을 이용하는 일에 점점 더 매력을 느꼈다. 그러나 생산과정을 진정한 사회주의로 재편하는 문제, 즉 생산자가 자신의 노동생산품과 노동조건을 통제하는 수단을 갖는 제도적 문제에 대해서는 거의 관심을 갖지 않았다.

이들이 왜 사회주의적 해결을 고려하지 않았는가에 대해서는 생각해 볼 만한 가치가 있다. 그 한 가지 원인은 사회주의의 정의를 혼동한 데서 기인했다. 스탈린주의(그리고 마오주의)의 왜곡된 형태—이론과 실천 모두 포함—속에서 '사회주의'는 생산에 대한 국가의 통제 정도로 판단되는 경향이 있었다. 이는 중국의 경제문제가 지나치게 중앙집권적이며 관료적인 국가계획체제 탓이라고 생각했던 개혁가들에게 그다지 마음에 들지 않는 내용이었다. 그러나 사회주의를 국가가 아닌 직접생산자가 생산과정을 통제하는 것으로 올바르게 이해했던 사람들조차 사회주의적 해결책을 제안하는 것을 꺼렸다. 그런 진정한 사회주의적 해결책은 정치적 민주화가 전제되어야 하는데, 이는 중국공산당의 권력에 대한 직접적인 도전을 야기할 수 있기 때문이었다. 사실 진정한 사회주의는 공산당 관료들의 정치권력과 경제권력을 동시에 위협하는 이중적인 도전으로 간주되었다. 게다가 노동자와 농민의 실질적인 지배라는 형태의 사회주의는 중국이나 그 밖의 어떤 곳에서도 일찍이 존재한 적이 없었던 새로운 역사적 경험이기 때문에 미지의 세계에 대한 두려움을 불러일으킬 수밖에 없었다. 중국의 개혁가들의 모습이 초기에 아무리 용감하고 혁신적으로 보였을지라도 그들은 실제 존재하는 경제 모델에 자신들을 한정시켜 나갔다.

따라서 정치적 승리를 거둔 덩샤오핑 진영에 속했던 공산당 지도자들과 지식인이 11기 3중전회를 즈음하여 주고받은 논의 속에는 계획경제에 대한 진정한 사회주의적 대안을 진지하게 고려한 흔적이 전혀 없다. 기존의 정치체제가 수용할 수 있는 개혁주의적 방법만이 논의되었을 뿐이다. 여기에는 경제적 탈중앙집권화와 시장기능의 도입을 위한 다양한 계획이 들어 있었다. 당시 '시장의 마술'을 찬양하는 신자유주의의 목소리가 전세계적으로 점점 더 힘을 더해가고 있는 시기였기 때문에 시장기능의 도입은 많은 공산주의 지도자와 이론가들에게 특별한 관심을 불러일으킬 수 있었다.

경제운영과 정책결정의 탈중앙집권화는 이미 인민공화국 초기에

(1958~1960년 대약진운동 기간 가장 급진적이고 비참하게) 실험된 적이 있었다. 탈중앙집권화는 특정한 조직에 의존할 수밖에 없기 때문에 관료제의 어떤 부분은 선호하고 다른 부분의 힘은 약화시키거나 제한할 가능성은 있으나 공산주의 통치를 위협하는 것은 아니었다. 또한 많은 외국의 평자들이 생각하고 있는 것처럼 시장은 공산주의 정치체제에 치명적인 위협이 되지도 않았다. 성공적으로 보이는 헝가리와 유고슬라비아의 '시장사회주의'에 고무된 중국공산당 지도자들은 당이 정치권력을 포기하지 않고도, 국가가 경제의 '관제고지'에 대한 지배력을 상실하지 않고도 공업과 농업 생산의 질과 양을 향상시키는 데 시장기능을 활용할 수 있을 것으로 계산했다. 그리고 대체로 이런 계산은 옳았던 것으로 판명되었다. 공산주의 당-국가는 계속 정치적 지배자로 남아 있었으며 핵심 경제 부문에 대한 상당한 통제력을 그대로 유지했다. 더 나아가 공산당 관료 중 많은 수가 처음에는 시장관계를 의심스러운 눈—한편으론 사상적 원칙 때문에, 다른 한편으로는 물질적 이해관계 때문에—으로 바라보았으나, 자신들이 시장경제로부터 짭짤하게 이익을 볼 수 있는 유례없이 좋은 위치에 있음을 곧 깨닫게 되었다. 많은 사람들이 앞으로 간단히 살펴보게 될 온갖 방법을 동원하여 앞 다투어 그렇게 했음은 물론이다.

* * *

당연한 일이지만 근대세계사 속에서 시장은 경제적으로 사회적으로 사상적으로 산업자본주의와 밀접한 관계를 맺고 있다.[2)] 시장경제가 필연적으로 자본주의적 사회관계를 키우게 될 것이라는 점과 자본주의의 불평등한 결과는 1970년대 말 중국 공산주의 지도자들에게도 잘 알려져 있었다. 그러나 덩샤오핑과 그의 개혁파 동료들은 중국의 자본주의적 미래를 마음속에 그리고 있지 않았다. 개혁가들 중에서 열정적인 일부가 "시장의 경이로움에 대한 순진한 생각을 선전하는" 경향이 있었지만, 칼 리스킨이 설명하는 바와 같이,[3] 개혁가들이 시장경제나 자본주의 정권을 옹호한 것은 대부분 그것의 본질적인 장점 때문이 아니었다. 오히려 이들은 궁극적으로 사회주의 목표를 실현하는 수단으로, 즉 숨막히는 중앙집권적 국가계획체제를 무너뜨리고 근대적 생산력의 발전을 가속화함으로써 미래의 사회주의 사회를 위해 필수불가결한 물질적 기반을 만들어내는 효과적인 수단으로 시장의 기능을 보고 있었다. 궁극적으로 사회주의 목표를 추구하고 있다는 이들의 신념은 당시 헝가리와 유고슬라비아에서 진행 중이던 '시장사회주의' 실험으로 인해 더욱 강화되었다. 하지만 이 실험을 통해 이루어낸 약간의 성취는 당시 이 실험에 동정적인 서양의 평론가들에 의해 지나치게 과장된 것이었다.

미래에 사회주의 목표를 실현하기 위해 현재 자본주의적 수단을 사용하는 것은 마오쩌둥 시대에 유행했던 것보다 더 정통적인 마르크스주의 이론에 의해 사상적으로 용인되었다. 덩샤오핑의 이론가들은 사회주의는 자본주의를 전제로 한다는 마르크스의 테제를 특별히 강조했는데, 이 테제는 최초의 마르크스주의와 19세기의 여타 사회주의 이론을 구별짓는 신념이었다. 마르크스의 주장에 따르면, 진정한 사회주의 사회는 오직 자본주의의 물질적·사회적 기반 위에서만, 대규모 공업과 이에 상응하여 사회주의 미래에 없어서는 안될 사회적 행위자인 성숙한 도시 프롤레타리아트가 존재하는 곳에서만 건설될 수 있었다. 그러므로 자본주의가 아무리 사회적으로 파괴적이고 비인간적이라고 하더라도 역사과정 속에서는 진보적이고 필요한 단계라고 마르크스는 가르쳤다. 실제로 『공산당 선언』을 비롯한 많은 고전적인 마르크스의 저작들은 자본주의의 엄청난 생산력을 찬양하는 내용으로 해석될 수 있다.(그리고 사실 중국에서도 이제 그렇게 읽혔다.) 이처럼 중국의 공산당 개혁파는 자신들이 선호하는 자본주의적 방법을 옹호하기 위해 마르크스의 권위를 끌어들였으며 레닌의 말, 특히 너무도 유명한 "우리가 상상할 수 있는 유일한 사회주의는 대규모 자본주의 문화를 통해서 얻은 교훈 위에 기초한다"는 문장이 자주 인용되었다.[4]

　시장-개혁정책을 마르크스주의적으로 합리화할 수 있는 방법을 찾으면서 덩샤오핑의 이론가들은 중국의 봉건적 전통의 해악을 크게 강조했다. 근대중국사에서 자본주의가 유산되었기 때문에 전(前)자본주의 형식의 사회경제생활과 의식이 사회주의 시대까지 살아남았으며, 중국의 근대적 경제발전에 가장 큰 걸림돌——장기적으로 사회주의로의 진정한 발전에 가장 큰 걸림돌——은 자본주의가 아니라 '봉건제의 잔재'라고 이들은 주장했다. 마오쩌둥의 '신민주주의' 혁명은 그 기간이 너무 짧았고 내용 역시 완전하게 이루어지지 못했다. 결국 왜곡되고 미약한 자본주의의 악영향은 존속되었으며 이리하여 살아남은 '봉건적 의식'은 지금도 인민공화국에 짐이 되고 있다는 것이었다. 그리고 마오 시대 말기의 부정적 현상인 대약진운동과 문화대혁명은 주로 여기에서 기인했다고 주장했다. 마르크스주의 이론에 따르면 자본주의는 봉건제의 역사적 천적이기 때문에, 중국에서 자본주의는 아직 필요하며 진보적인 역할을 한다는 결론이 나오는 것이다. 자신들이 옹호하는 자본주의적 수단과 자신들이 추구하는 사회주의적 목표가 양립할 수 있을까라는 문제를 놓고 개혁파는 고민했을 테지만 그들은 이 문제에 대해 거의 침묵으로 일관했다.

　시장에 대한 유사 마르크스주의적 합리화를 제기한 또 하나의 사상적 구축은 20년 전 덩샤오핑의 주장 속에 이미 나타나고 있었다. 1956년 9월 제8차 당대회에서 덩샤오핑은 '사회주의 개조,' 다시 말해서 공업의 국유화 및 농업의 집단화와 함께 계급분화(와 계급투쟁)는 사실상 사라졌다고 주장했다. 따라서 중국사회의 주요 모순은 적대적 사회집단 사이에서가 아니라 "선진적인 사회주의 체제와 낙후된 생산력 사이"에 존재한다는 것이었다.[5] 물론 그 치유책은 사회주의적인 정치사회의

'상부구조'와 같은 수준의 경제적 토대를 만들기 위해서 생산력 발전에 전력투구하는 것이었다.

마오쩌둥은 제8차 당대회에서 제출된 방책을 거의 이용하지 않았다. 대회가 끝나자마자 그는 계급투쟁을 다시 강조하기 위해서 무시해버렸던 것이다. 그러나 1978년 덩샤오핑이 권좌에 오르자 1956년 제8차 당대회에서 제출되었던 그의 이론은 다시 부활하여 마오 이후 시대의 초기에 중요한 사상적 정통으로서 자리를 잡았다. 이는 신속한 경제발전이라는 국가적 목표에 그 밖의 모든 사회적(그리고 사회주의적) 이해관계를 종속시키고 자본주의적 시장을 비롯한 가장 효과적인 수단을 동원하여 그 목표를 달성한다는 것이었다. 앞으로 살펴보겠지만, 1980년대 덩샤오핑의 이론은 정교하게 잘 다듬어져서 '사회주의 초급단계' 이론으로 정립되었다. 이 이론은 어떤 사회적 비용을 치르더라도 국민경제발전을 우선시하는 진부한 마르크스주의의 외피를 걸친 일종의 경제결정론적 관념이었다.[6]

* * *

덩샤오핑의 경제개혁계획은 '시장조절'과 '계획조절'을 결합하라는 제11기 3중전회의 모호한 권고의 형식으로 정식 승인되어 1979년에 시작되었다. 이 권고가 모호하게 표현된 것은 시장지향적 개혁을 지지하는 사람들과 시장의 보조기능을 허용하면서 중앙집권적 국가계획에 계속 우선순위를 두고 싶어 하는 사람들 모두를 만족시키기 위해서였다. 어쨌든 마오쩌둥 시대로부터 물려받은 경제적 불균형을 수정하기 위해 기획된 초기의 개혁은 본질적으로 행정적인 방법이었으며 시장지향적인 방법을 요구하지는 않았다. 1979년 봄 화궈펑의 10년계획을 갑자기 폐기한 새 정권은 경공업과 농업을 위해 중공업과 건설부문에 대한 투자를 대폭 삭감했다. '축적률'(생산능력을 증대시키기 위해 국가가 전유하는 사회적 생산품의 비율)을 낮추려는 새 정부의 노력은 성공적으로 시행되었다. 축적률은 마오쩌둥 시대 말기에 급속하게 늘어났으며 화궈펑 정권하에서는 더욱 급속히 증가하면서 소비를 위축시키고 있었다. 그러나 이 흐름은 이제 역전되었다. 국가에 강제적으로 납부하는 곡물의 가격은 20%, 그리고 할당량 이상의 판매에 대한 할증금이 50% 증가하는 등 농민에게 지불된 농업생산물 가격이 대폭 상승했다. 그 밖에 자류지 소유의 상한선은 가경지 총면적의 5%에서 15%로 늘어났고, 농촌에서의 시장거래에 대한 국가의 통제는 크게 완화되었다. 국유기업이 생산성 향상에 대한 대가로 새로운 상여금제도와 이익분배제도를 도입함으로써 농민만큼은 아닐지라도 도시의 노동자 역시 이득을 보았다.

덩샤오핑 정권 초기 경제정책은 농업과 경공업 생산을 크게 증가시키고, 날이 갈수록 더 많이 생산되고 수입되는 소비재를 구입할 수 있도록 농촌과 도시 주민 모두에게 더 많은 소득을 안겨주는 것이었다. 1980년대 초에 대중의 생활수준이 눈에 띄게 향상되고 소비 붐이 일어난 것은 바로 1979년의 이런 정책변화가 크게 작용했기 때문이다.

소비증가는 주로 소득증가 덕분이었지만, 도시와 농촌에서 개인기업이 놀랄 정도로 급속히 부활하도록 덩샤오핑 정권이 적극 권장했기 때문이기도 했다. 1980년대 초에는 시장과 정기적인 장터가 농촌에 우후죽순 식으로 생겨났으며, 각종 상품과 음식을 파는 행상과 노점상이 다시 거리에 나타나기 시작하고, 개인 음식점과 여관이 문을 열었으며, 이발소와 미용실에서 텔레비전 수리점에 이르기까지 새로운 수많은 소매업과 서비스업이 생겨나는 등 도시의 거리가 빠르게 변모했다. 또한 전통적인 공예품을 생산하는 느슨한 형태의 협동조합 같은 조직이 부활했다. 한편 옷가지와 가정잡화는 허름한 공방에서도 생산하고 선대제(先貸制)의 형태로 여성들이 자기 집에서 생산하기도 했다.

정부는 이런 사적인 기업행위와 준집단적인 기업행위를 권장하여 경제의 소매 부문과 서비스 부문에 오랫동안 지속되어온 공백을 메우려 했다. 마오쩌둥 시대 말기에 소규모 개인상점과 시장이 '자본주의의 꼬리'라고 비난받으면서 대부분 금지되었기 때문에 사람들은 필요한 재화와 용역을 얻기 위해 먼 곳에 있는 국영상점까지 가야 했다. 그리고 거기에는 항상 무관심한 종업원들이 (필요 이상으로 많이) 근무하고 있었다. 정부가 개인기업을 진흥시키려는 이유의 상당부분은 실업이 초래하는 사회적 긴장을 완화하기 위해서였다. 공식 수치에 따르면 1984년 막 생겨나고 있던 도시경제의 사적 부문에 고용되었거나 자영업에 종사하는 사람의 수가 약 400만 명에 이르렀고, 점점 더 시장의 역할이 커져가고 있는 경제 속에서 점점 자본주의 방식으로 운영되고 있던 도시의 '집단'기업에서 일하는 사람의 수는 3,200만 이상이었다.[7] 이에 정부가 사적인 자본주의 기업에서 일하는 노동자의 수를 제한하는 상한선을 없애자 그 수는 더 빠르게 증가했다. 1980년대 중반이 되면 개인기업이나 '집단'기업이 도시경제에서 가장 빠르게 성장하는 부문이 된다.

개인기업에서의 고용과 자영업에서의 자기 고용이 정부에게 가져다 준 매력은 개혁이 시작되는 시점에서 중요한 시장옹호론자 가운데 한 사람이 한 말에 너무나 잘 드러나 있었다. 그는 그런 노동자들로 인해 "국가는 그들에게 임금을 지급하지 않아도 된다"고 솔직하게 털어놓았다.[8] 또한 국가는 개인 가정에서 일하는 수많은 보조원들에게도 임금을 지불할 필요가 없었다. 보조원들은 마오쩌둥 시대에 전혀 알려지지 않은 계층이었다. 이들 대부분은 사무실이나 고위 관료의 집에서 일하는 국가고용인이었다. 그러나 마오 이후의 시대에는 가정부, 요리사, 정원사, 유모들을 중국에 등장하는 성공한 자본주의 기업가, 이제 막 생기기 시작한 중국 거주 외국인, 그리고 점점 늘어나는 기술 엘리트, 지식인 및 중간간부 등의 집에서 흔히 볼 수 있게 되었다.

소규모 개인기업이 다시 등장하기 시작하자 덩샤오핑 시대의 초기에 중국도시의 모습은 활기차게 변해갔다. 외국인들은 이런 모습을 마오쩌둥 시대의 중국에서 보편적으로 나타났던 도시생활의 검소하고 생기 없는 모습과 대비시키곤 했는데, 이런 대비는 항상 같은 내용을 담은 것으로 마오 시기에 중국을 방문한 적이 없었던 사람들의 글에서조차 유사하게 나타난다. 행상, 영세한 노점, 음식점의 뒤를 이어 곧바로 고층 호텔, 나이트클럽, 명품매장 그리고 매춘부와 거지들이 생겨났다. 결국 중국의 도시는 현대 자본주의 사회를 특징짓는, 화려한 부와 고통스러운 가난이 뚜렷하고 참혹한 대조를 이루면서, 세계의 거대도시들을 닮아가기 시작했다.

1980년대 초 도시에서 소규모 상업이 부활하자, 이는 많은 서양의 관찰자들에 의해 활발한 중국 자본주의의 탄생을 알리는 신호로 환영을 받았다. 물론 "부자가 되라"는 정부의 훈시를 실제로 마음에 새겼던 사업가의 사례는 얼마든지 있었고, 이들은 중국과 외국의 신문 모두에서 널리 선전되었다. 그러나 새롭게 나타난 사적 부문에서 일하는 사람의 대다수는 기껏해야 아주 미미한 성공을 거두었을 뿐이며 그렇지 않으면 다른 제3세계 도시에서 그들과 유사한 처지에 있었던 사람들과 마찬가지로 오직 최저생계비만을 벌 수 있었다. 중국 자본주의의 진짜 기원은 도시의 영세한 상업자본주의에 있었던 것이 아니라, 중국의 남쪽 연안을 따라 이루어진, 덩샤오핑이 '대외개방'을 하면서 생겨난 외국 무역과 외국인 투자에, 그리고 그 관문을 통제하는 중국 공산주의 국가와 관료들에게 있었다.

대외개방정책

1975년 1월 저우언라이가 '4개 현대화' 정책을 제시했을 때 중국 공산주의 지도자들은 그가 제안한 야심 찬 경제목표를 추구하려면 중국의 국제무역을 확대하고 선진자본주의 국가로부터 최신 기술을 도입해야 하며 나아가 외국자본을 빌려야 할지도 모른다고 생각했다. 이는 국가의 '자력갱생'이라는 마오주의 정책의 명실상부한 폐기를 의미했다.

자력갱생의 원칙은 마오의 중국에서 거의 신성한 위치를 차지해왔다. 그러나 한편으로 자력갱생에 대한 찬양은 사실상 필요에 의해 조성된 미덕이나 마찬가지였다. 20년 이상 적대적인 미국으로 인해 세계자본주의 시장으로부터 거의 격리되어 있었고 또한 1950년대 말 이후에는 소련과의 관계 악화로 대부분의 공산진영과도 단절되어 있었던 중국으로서는 마오쩌둥 시대의 꽤 많은 시간 동안 자기 자신의 자원에만 의존하는 것 외에 다른 선택의 여지가 거의 없었기 때문이다. 이런 상황에서 비롯된 자력갱생의 요구는 마오주의의 혁명적 유산, 특히 경제적 자립이라는 옌안의 이상이 있었기에 아마도 심정적으로 훨씬 받아들이기 쉬웠을 것이며 또한 사상적으로도 합리화할 수 있었음에 틀림없다.[9] 마오쩌둥과 일부 공산당 지도자들은 세계자본주의 시장의 영향을 받아 사회주의 중국의 정신이 오염되는 것을 막기 위해 자력갱생에 따르는 경제적 비용을 기꺼이 지불할 용의가 있었을 것이다. 어쨌든 마오와 그의 동료들은 의식적으로든 아니든, 프리드리히 리스트가 19세기 말 프로이센에서 고안한 보호주의 전략, 즉 공업화된 영국과 경쟁할 수 있을 때까지 공업 면에서 낙후된 독일을 상대적으로 고립시킨다는 전략을 부분적으로 모방하고 있었다. 계획적이었든 아니었든, 중국이 1970년대 말 세계자본주의 시장에 진입했을 때는 1950년대보다 훨씬 유리한 조건에 있었음은 사실이다.[10]

그들이 의도했던 정책과 원칙이 무엇이었든지 간에, 기회가 오자 인민공화국의 지도자들은 자본주의세계의 국제무역과 국제금융 속으로 재빨리 중국을 집어넣었다. 이런 움직임이 시작된 것은 마오쩌둥 시대 말기인 1972년 2월 리처드 닉슨이 베이징과 상하이를 방문한 후 미국과 화해가 이루어지면서부터였다. 1971년과 1974년 사이 중국의 대외무역은 세 배 이상 증가했으며, 그 대부분이 비공산주의 국가들과 이루어진 것이었다.[11] 화궈펑의 과도정권하에서 무역은 그 속도를 더해갔다. 이미 말한 바와 같이 화궈펑이 제안했던 그러나 결국 무산되어버린 10년계획은 외국자본과 외국기술을 광범위하게 도입할 것을 주장했다. 덩샤오핑의 시장지향적 발전정책과 '대외개방'정책은 중국의 세계자본주의 시장으로의 통합을 한층 가속화했다. 1978년부터 1988년까지 대외무역은 4배 이상 증가했으며 이후 6년 동안 일본·홍콩·미국이 중국의 주요 무역상대국으로 등장하면서 또다시 4배 증가했다.

이렇게 급성장하는 무역은 대체로 중국이 선포하고 있던 '평등과 상호이익'의 원칙에 따라 행해졌으며 거의 모든 영역에서 참가자들은 자신들의 다양한 사업으로부터 이득을 얻었다고 가정해도 좋다. 사실상 중국인이 더욱 조심스럽게 접근하고 있었던 것은 무역에 대한 '대외개방'이 아니라 외국인 투자에 대한 중국의 개방이었다. 외국자본을 유인하기 위해 과거 반(半)식민지 시절 외국이 지배하던 조약항의 생활을 상기시키는 불쾌한 관행들이 부활하고 있었다. 이런 현상 중 가장 두드러진 예는 '경제특구'에서 나타났다. 1979년 처음으로 지정되었던 4개 구역은 남부해안을 따라 홍콩 근처와 타이완의 맞은편에 위치했다. 얼마 후 다른 지역들이 그 뒤를 이었으며, 10년 안에 중국연안 전체와 내륙의 몇몇 지역이 '개방'되기에 이르렀다. 이는 외국인 거주자들이 기대하는 반(半)식민지적 환경과 같은 쾌적한 생활시설, 그리고 중국의 노동력 착취와 빠른 이윤을 얻어낼 수 있는 좋은 환경을 외국의 자본가들에게 제공할 것임을 의미하는 것이기도 했다.[12]

사회주의 또는 내셔널리즘의 견지에서 볼 때 경제특구는 시작부터 당혹감을 안겨주고 있었다. 베이징 정권은 자신들이 여전히 사회주의적 사회임을 증명할 필요성을 심각하게 느끼고 있었던 반면, 특구의 경제는 솔직히 그리고 정말 무례할 정도로 자본주의적이었다. 게다가 정부가 경제특구를 모든 중국도시의 '개혁' 모델로 선포함으로써 이데올로기적 딜레마는 더욱 증폭될 수밖에 없었다. 경제특구는 중국인 노동자가 외국자본에 착취당하고 중국인 하인이 외국인 거주자를 위해 일하는 장소였다. 그리고 그곳은 정치적 영향력을 이용하여 수출입 거래와 무역 및 여타 사업을 통해 부를 획득할 수 있었던 공산당 고위관료의 기업가 마인드를 가진 자녀들과 해당 지방정부 관료를 위한 부패의 온상이었다.

하지만 경제특구가 과연 그만한 경제적 가치가 있을까? 다시 말해서 중국 정부가 경제특구를 건설하는 데 투자한 것보다 더 많은 자본을 경제특구가 생산해낼 수 있을까? 아직도 논쟁이 되고 있는 이 문제를 일단 옆으로 제쳐놓는다면, 덩샤오핑의 '대외개방'정책을 통해 그들이 기대했던 경제적 이익을 대체로 실현했다는 데는 의심의 여지가 없다. 기업체에 자금을 조달할 외국자본의 유입, 만성적인 외환부족의 완화, 일본과 서양 제국(諸國)의 선진 과학기술 및 산업기술의 도입, 실업자가 되었을지도 모르는 중국노동자들의 고용이 바로 그 소득이었다.

생산투자를 위한 자본의 축적은 물론 '대외개방'정책의 가장 중요한 결실이었다. 그러나 초기 자본축적의 상당부분이 바로 관료의 부패로 실현되었다는 것은 덩샤오핑 정권하의 중국 자본주의 발전과정에서 나타난 신기한 현상 가운데 하나이다. 예를 들어 혁명 이후 중국의 새로운 '부르주아지' 가운데 가장 두드러진 집단은 상품과 재료를 국가가 정한 낮은 가격에 사서 높은 시장가격으로 팔 수 있었던 지방관료(그리고 그들의 친척과 친구)였다. 특히 대중의 정치인식이라는 점을 고려할 때, 이와 똑같이 두드러졌던 집단은 공산당 고위간부의 자녀들이었다. 1980년대 초 이들은 외국자본가와 국유기업체를 서로 연결시켜주면서 큰 돈을 버는 매판의 역할을 수행하기에 아주 좋은 정치적 위치에 있었다. 물론 떠도는 소문처럼 이런 관료의 부패가 낳은 결실 가운데 일부는 스위스 은행의 비밀계좌로 흘러 들어갔겠지만, 대부분은 고도의 이윤이 창출될 수 있는 국내의 금융·공업·상업의 다양한 기업에 재투자되었다. 그리고 바로 이것이 엄청나게 빠른 자본축적과 경제성장의 한 원인이 되었던 것이다.

생산성이 좋은 기업에 대한 외국인 투자 역시 상당히 많았다. 1980년대에 걸쳐 놀라울 정도까지는 아니지만 꾸준히 증가하다가 1990년대 초에 이르러 이윤추구의 열풍이 불면서 외국인 투자가 폭발적으로 증가했다. 1980년대의 10년 동안 이루어진 것보다도 1994년 한 해 동안 이루어진 외국인 투자(340억 달러)가 더 많았을 정도였다.[13] 이렇게 들어온 자본의 많은 부분은 화교 투자가로부터 나온 것이었으며 대부분 홍콩을 통해 들어왔다. 1990년대 중반 정치적 장벽에도 불구하고 타이완의 자본가들이 대륙—대부분 푸젠 성—에 투자한 돈만 계산해도 250억 달러 이상이었다.

외국인 투자가들은 중국이 단지 값싼 노동력을 끊임없이 제공할 수 있는 곳이라서 매력을 느낀 것이 아니었다. 값싼 노동력은 세계의 다른 지역에도 항상 (종종 더 싼 값에) 존재했다. 그보다 더 매력적이었던 것은 비싸지 않으면서도 비교적 잘 훈련되고 잘 교육받은 노동력이 존재한다는 사실이었으며, 게다가 잠재적인 투자가들에게 결코 무시할 수 없었던 매력은 공산당 정부가 노동조합을 자유롭게 조직하는 것을 금지하고 있다는 사실이었다. 물론 공산당 정부는 다른 면에서도 마찬가지로 '노동평화'를 보장할 준비가 되어 있었다. 덩샤오핑과 그의 후계자들이 '안정과 단결'을 주장하고 중국정부가 레닌주의 독재를 온건하게 해석하고 있다는 사실 역시 외국인 투자가들에 의해 긍정적으로 받아들여졌다. 외국인 자본가들에게 매력적이었던 또 하나의 요인은 오랫동안 예견되어온 세계 최대 시장으로서의 잠재력이 드디어 실현되기 시작하는 중국의 내륙시장에 직접 접근할 수 있다는 것이었다.

덩샤오핑의 '대외개방'정책은 경제적 이익을 가져왔지만 그 대가를 치러야 했다. 그 중 하나가 바로 중국이 빚이 없는 나라에서 주요 채무국으로 바뀌었다는 사실이다. 단 중국의 대외채무는 절대액수로 보면 꽤 많지만 국민 1인당으로 환산하거나 중국경제의 규모와 대비해서 계산한다면, 세계적 기준으로 볼 때 아직은 적은 편이다.[14] 또한 중국은 세계자본주의 시장의 움직임에 점점 더 의존하게 되었고(이는 발전도상국에 항상 유리한 것은 아니다), (미국이 지배하는) 세계은행이나 국제통화기금(IMF)과 같은 주요 '국제'조직의 압력 아래 놓이게 되었다. 게다가 '대외개방'은 민관 모두에서 부패가 싹틀 새로운 기회를 무수하게 만들어냈다. 하지만 앞에서 말한 바와 같이, 막 등장하는 중국자본주의의 독특한 상황 속에서 관료의 부패가 자본축적의 주요 원천이 되기도 했다. 결코 무시하지 못할 중국의 손실은 국가적 자존심이 (측정할 수 없다고 하더라도) 어느 정도 손상되었다는 것이다. 마오의 자력갱생정책은, 그 경제적 대가가 어쨌든지 간에 중국인이 자기의 노력으로 자기의 운명을 만들어 나갈 수 있다는 자신감을 인민대중의 마음속에 심어주었다. 그토록 오랫동안 외세에 지배당하고 수모를 당한 땅에서 자신감이 갖는 중요성은 결코 간과할 수 없는 것이었다. 이 자신감은 마오 정권 말기에 부식되기 시작했다. 그러나 이것이 심각하게 훼손되는 것은 마오 이후의 지도자들이 서양의 자본주의적 방법과 기술을 중국의 모든 문제를 치료할 만병통치약으로 제시하고, 사이먼 레이스가 "서양에 대한 맹목적인 칭송의 갑작스러운 탄생"이라고 탄식했던 것을 부지불식간에 촉진하면서였다.[15] 이 '맹목적인 칭송'에 반응하여 자연스럽게 반동적인 내셔널리즘 경향이 나타났으며, 이런 반응은 그 강도와 격렬함에 있어서 앞으로 수년 내에 더욱 거세질 것이다.

그러나 '대외개방' 정책이 처음 시행될 때 일부에서 두려워했던 것처럼, 마오의 자력경생정책의 매장이 새로운 종속시대의 시작을 의미하는 것은 아니었다. 1949년 이전의 중국과는 달리 오늘날의 중국은 외국열강의 야망 앞에서 물질적으로나 정신적으로나 중국의 주권을 충분히 지킬 수 있는 대단히 내셔널리즘이 강한 지도자들이 통치하는 나라이다. 이런 독립적인 중국은 아무리 사회적·정치적 장점이 부족하다 하더라도, 중국 공산주의 혁명의 영원한 업적 중 하나로 남을 것이다. 그럼에도 불구하고 중국을 점점 통합해가는 세계자본주의 시장은 중국경제를 자본주의적으로 구조조정 하는 강력한 힘이 되어왔고, 앞으로도 계속 그럴 것이다.

농업의 탈집단화

시장경제의 경제적 역동성과 사회적 파괴력 모두를 가장 먼저 피부로 느끼게 된 곳은 중국인민의 대다수가 살고 일하는 농촌이었다. 1979~1980년에 시행된 덩샤오핑 정권의 농업개혁은 처음에는 1960년대 초기에 류사오치가 대약진의 재난에서 벗어나기 위해 진행했던 '조정정책'으로 조심스럽게 되돌아가는 듯했다. 그러나 이는 얼마 안 있어 1950년대와 그 이후에 세워진 집단적인 농촌체계를 완전히 없애버리는, 탈(脫)급진주의적인 변화의 격류가 되었다. 1980년대 초에 이르면 인민공사가 폐지되면서 집단농업생산은 거의 모두 개별 가족농경으로 대체되었다.

농민의 생활과 노동에 있어 이런 급격한 변화는 베이징의 지도자들이 예상했던 것보다 훨씬 빠른 속도로 진행되었다. 그러나 이는 이전 반세기 동안 농촌에서 끊임없이 일어난 대격변의 경우와 같이 새로운 사회적 비전에 따라 움직인 것은 아니었다. 오히려 그것은 이전부터 있어온 경제적 필요성, 즉 이번에는 4개 현대화로 알려진 국가의 근대적 경제발전에 필요한 자금을 조달하기 위해 국가가 농촌마을로부터 잉여를 착취할 경제적 필요성이 그 동기가 되었다. 마오쩌둥 시대를 통해 국가의 농촌착취가 자본축적의 주요 원천이었는데, 그것은 마오 이후의 시대에도 마찬가지였다. 그러나 인구증가와 생산감소로 고통받는 농업경제는 이제 더 이상 필요한 자본을 제공할 능력이 없다는 것을 마오의 후계자들은 너무도 잘 알고 있었다. 이때 제일 먼저 취할 수 있는 방법은 농민이 생산을 크게 향상시키도록 동기를 부여하는 것이었으며, 그렇게 하면 근대적 경제발전에 사용할 자본을 얻을 수 있을 것이었다. 오래된 목적을 달성하기 위한 새로운 수단은 상당부분 국가의 지도하에서 농촌경제를 상업화하는 것이었다.

농민의 생산을 장려하는 첫 번째 수단은, 앞서 말한 바대로 11기 3중전회 직후에 제기되었다. 이는 곡물을 비롯한 농산물에 대한 국가의 지불가격을 크게 높이고 농촌시장에 대한 제약을 폐지한다는 내용을 포함하고 있었다. 이런 정책 '조절'은 기존의 마오주의 농업체계 내에서도 쉽게 수용할 수 있는 것이었지만, 중국의 시장개혁가들은 그런 식의 수용을 원하지 않았다. 그들은 중국의 진정한 문제는 마오주의 체제 그 자체에 있는 것이지 그것이 어떻게 기능했는가에 있는 것은 아니라고 믿었기 때문이다. 따라서 1979년 초의 정책변화에는 새로운 덩샤오핑 정권의 정책고문으로 일했던 개혁파 지식인들의 집단농업 전반에 대한 공개적이고 광범위한 비판이 동반되었다.

이 비판에 따르면 1955~1956년의 집단화운동, 이른바 "사회주의의 고조" 시기에 마오쩌둥은 사회주의 건설에 필요한 물질적 조건에 대한 기본적인 마르크스주의의 가르침을 무시하고 경제적 기반이 지탱하기 힘든 유사사회주의적 생산관계를 강요했다. 더구나 농업집단화 과정에서 간부들이 '중농'을 크게 억압함으로써 농촌에서 가장 효율적인 생산자를 소외시켰다. 그 결과 20년 이상 농촌경제는 침체에 빠졌으며 1950년대 중반에서 1970년대 말에 이르기까지 1인당 소득은 거의 또는 전혀 증가하지 않았다. 따라서 대다수 농민은 사회주의에 불신의 눈길을 보냈다. 그 밖에 농촌의 자급자족과 사회적 평등을 상징하는 마오주의 모델로서 널리 선전되었던 다자이 대대가 '극좌적 일탈'로 공식적으로 비난받고 한때 찬양되던 다자이 대대 지도자 천융구이 역시 당 중앙정치국에서 숙청당하자, 집단농업에 대한 전반적 비판은 더욱 거세졌다. 그러나 다자이 대대의 역사를 폭넓게 연구하고 그것을 잘 아는 사람들은 다자이 대대가 생산지수를 조작하고 회계상의 부정을 저질렀다는 당의 비난을 액면 그대로 받아들이지는 않는 것 같다.[16]

집단화를 비판하기 시작하면서 당의 이론가들은 1956년 당시 덩샤오핑이 제시한 방책에 의존했다. 이제 국가의 정통이론이 되어버린 이 방책은 중국사회의 주요 모순이 적대적 사회세력 사이의 모순이 아니라 중국의 '선진적 사회주의제도'와 낙후된 생산력 사이의 모순이라는 입장을 견지하는 것이었다. 덩샤오핑의 제안은 생산력을 '사회주의 제도'의 수준에 맞추기 위해 다른 모든 것을 무시하고 오로지 경제발전만을 추구하는 정책을 정당화하는 데 이용되었다. 그러나 집단농업에 대한 비판은 덩샤오핑의 방책에 새로운 해석을 더해주었다. 만약 집단화 이전의 사회조직형태로 후퇴한다면 사회발전 수준과 경제발전 수준 사이의 모순이 어느 정도 해결될 것이라는 주장이었다. 따라서 이들은 개별농민 소유제에 기초한 상업화된 자본주의체제는 중국의 현 경제발전 수준에 맞을 뿐 아니라 농촌생산력의 급성장을 자극하는 시장의 역동성을 분출시킬 것이라고 주장하면서 가족영농으로의 회귀를 옹호했다.

중국농촌에 자본주의를 촉진하기 위한 첫 번째 주요 제도적 변화는 1980년 9월 당 중앙위원회가 앞으로 '도급경영책임제'로 부르게 될 제도를 농민들이 수용하도록 권장하고 이를 공식 승인하면서부터였다. '책임'제 아래에서 각 농가는 생산대와 계약서를 작성하여 생산대 소유의 '집단'토지를 일부 사용할 수 있게 되었으며, 이에 대한 대가로 농가는 계약서에 제시된 비율만큼 총생산물의 일부를 생산대에 납품해야 했다. 이는 국가세금, 곡물생산할당량, 그리고 생산대가 제공하고 있던 쇠락한 집단적 복지기능을 유지하는 데 충당되었다. 지금까지 생산대의 집단소유물이었던 농기구와 가축은 이제 개별 농업생산을 시작하는 농가에 나누어주기로 했다. 각 농가는 생산대에 대한 재정적 책임을 제외한다면 계약된 토지에서 자신들이 원하는 대로 노동할 수 있었으며 그 잉여 역시 마음대로 처리할 수 있었다.

이전에도 다양한 형식의 '책임'제를 실험한 적이 있었고 또 어떤 지방에서는 농민 스스로가 토지를 나누어 가진 적도 있었지만, 이런 새로운 제도가 널리 적용되기 시작한 것은 1980년 가을 정식으로 당의 승인을 받으면서부터였다. 도급경영책임제는 원래 자율적으로, 또 집단농업이 실패한 빈곤한 농촌지역에서 우선적으로 적용하도록 되어 있었지만, 실제로는 얼마 안 있어 강제성을 띠게 되었고 1980년대 초에 빠른 속도로 전국에 보급되었다. 지방의 농촌 당 간부들은 '극좌분자'로 숙청당하는 것을 두려워하여 덩샤오핑 정권에 대한 그들의 정치적 충성을 증명하기 위해 새로운 정책을 열심히 실행에 옮겼다.(때로는 이를 거부하는 농민들에게 강요하는 일도 있었다.) 1983년 말에는 전국농가의 98%가 이런저런 형태의 '책임제'에 들어가 있었다. 1955~1956년의 집단화운동 때 그랬던 것처럼 탈집단화 역시 '칼로 자르듯이 일률적'으로 성취되었으며 각 지방의 조건에 따라 다양한 정책을 펴겠다고 널리 선포되었던 원칙은 더 이상 찾아볼 수 없었다.

처음에 집단농업을 대체한 것은, 칼 리스킨이 적절하게 특징지은 바대로 "생산대와 국가를 지주로 하는 소작제"였다.[17] 그러나 그런 '소작농'은 같은 면적의 토지를 농사짓는 평등한 경작자 계층으로 그다지 오래 남아 있지 않았다. 자본주의적 관계가 전국적으로 확대됨에 따라 농촌인구 사이에서도 새로운 경제적·사회적 분화가 빠른 속도로 일어났다. 이런 새로운 사회경제적 격차의 근원은 다양했다. 첫째, 책임제에 기반을 둔 모든 계약이 일반적인 영농을 목적으로 하고 있는 것은 아니었다. 전문화와 시장거래를 장려하는 정부정책에 고무된 많은 농민들이 환금작물 재배, 식품가공업, 소규모 공장과 소규모 수리점, 그리고 상업과 운송업에서 다양한 신종 사업 운영 등 돈 벌기에 유리한 부문으로 눈을 돌렸다. 이런 '특정 업종 경영농가'(專業戶)와 사업주들은 일반적으로 곡물 및 여타 식량작물을 계속 생산하는 보통 농가보다 훨씬 잘 살았다. 두 번째, 1983년 노동력이 충분치 못한 농가의 요구를 고려하고, 특히 잠재적 자본축적자로 기대되는 사업가적 소질을 갖춘 농촌주민들의 야망을 부추기기 위해 정부가 계약토지를 세놓거나 임금노동자를 고용하여 경작하는 것을 허용하자 격차는 더욱 벌어졌다. 전차인(轉借人)과 고용노동자라는 새로운 하층계급은 노동착취에 대한 정부의 규제가 무시되고 마침내 완전히 폐지되면서 급속히 증가했다.[18] 육체적으로 혹은 사업수완과 야망 면에서 더 많은 재능을 갖고 태어난 사람들은 "누군가가 먼저 부자가 되어야 한다"는 덩샤오핑주의의 격언이 진리임을 입증하려고 열심이었다. 이 격언은 점점 더 커져가는 불평등을 공식적으로 합리화하는 것이었다.

마지막으로, 빈부격차를 낳는 아마도 가장 중요한 원천은 상업화된 새로운 경제 속에서 농촌 당 간부들이 누리는 이점이었을 것이다. 처음에는 대부분의 농촌간부들이 개별가족영농으로 회귀하는 정책에 반대했다. 이는 한편으로 사상적 확신 때문이기도 했지만 다른 한편으로는 자기의 권력과 소득을 잃을까 두려워했기 때문이다. 그러나 곧이어 그중 상당수는 자신들의 정치적 지위와 영향력이 사적으로 경제적 이익을 얻을 수 있는 유일하게 가치 있는 자산임을 깨닫기 시작했다. 탈집단화과정을 지휘하면서 대다수 당 간부들은 가장 좋은 토지와 농기구 및 농기계를 자신과 친척·친구들의 것으로 확보할 수 있었다. 또한 과거 그들의 정치적 인맥을 이용하여, 급속히 커져가는 암시장에서의 거래를 통해 돈을 벌 수 있는 공급 부족상태의 상품과 물자를 확보할 수 있었다.[19]

탈집단화는 인민공사제도가 와해됨으로써 더욱 촉진되었다. 1982년 말에 채택된 새로운 국가헌법은 인민공사의 행정기능을 촌이나 향 정부, 즉 국가의 중앙행정단위에 이양하도록 했다. 인민공사의 정치권력이 무너지자 공사의 집단적인 경제·사회 복지기능은 쇠퇴하거나 각 개인·가족 또는 소규모 기업집단이 영리를 위해 운영하는 사적인 정부사업기업으로 변해버렸다.[20] 의료 서비스와 교육시설조차 농촌의 상업화에 휩쓸렸다. 1980년대 중반에는 개인병원과 사립학교가 많은 농촌지구에 나타나기 시작했고, 경제력이 있는 사람들은 이를 언제나 이용할 수 있게 되었다.

중국농촌에 있어서 자본주의 발전의 기본적인 전제조건은 토지사용의 사유화였다. 하지만 형식적인 소유권의 문제는 모호한 상태로 남아 있었다. 원래 도급경영책임제하에서 각 농가의 농민이 획득한 토지는 생산대(집단화시대부터 있었던 조직기구)로부터 단기간 빌린 것이었으며 법적으로는 여전히 집단소유로 남아 있었다. 이 새로운 제도가 일시적일지도 모른다는 농민들의 두려움을 해소해주기 위해, 그리고 토지의 지력 고갈을 막기 위해 1984년에 정부는 규정을 만들어 토지에 대한 도급계약기간을 최대 15년까지 연장할 수 있도록 했다. 이 기간은 다시 반세기로 늘어났고 결국에는 몇 세대에 걸쳐 토지를 상속할 수 있게 되었다. 이제 '계약된' 토지는 마치 완전히 양도 가능한 개인자산처럼 세를 주거나 매매할 수 있게 되었다. 이는 결국 사실상의 자유시장을 설립하는 것이었다.

　새로운 농촌정책은 1980년대 초에 놀라운 경제적 결과를 가져왔다. 1978년에서 1984년까지 농산물의 총가치는 연평균 9%씩 증가했다.[21] 농촌의 노동생산성도 놀라울 정도로 크게 증가하여 농촌인구의 1인당 소득이 지난 6년 동안 거의 두 배로 뛰었으며, 대부분의 농촌에서 생활수준이 극적일 만큼 눈에 띄게 향상되었다. 이는 대대적인 신규 주택 건설, 소비재 구입의 급증, 영양상태의 놀라운 개선 등에서 특히 명백하게 나타났다. 농촌의 경제성장은 비록 부분적으로는 도급경영책임제와 농촌경제의 시장화에 자극받았다 할지라도, 부분적으로는(어쩌면 더 중요한 것으로는) 1979년 농산물의 가격인상과 전반적인 정부 규제 완화의 결과였다. 이 두 가지는 과거 집단농업체제의 제도적인 틀 안에서 이미 이루어진 것들이었다. 농업생산의 급증이 화궈펑 정권하인 1978년(8.9% 증가)에 이미 시작되어 1979년(8.6%)에도 계속되었던 반면, 도급경영책임제는 1980년대 초까지 널리 적용되지 않았다는 사실은 그것을 잘 말해준다.[22] 이유야 어찌됐든, 또 지역마다 상황이 달랐겠지만 덩샤오핑 시대는 의심할 바 없이 중국농업사에서 경제적으로 가장 성공한 시기의 하나로 기록될 것이다.

　그러나 농업생산의 진보는 유지되지 않았다. 1985년에는 예상치 못한 곡물생산의 급락이 일어났다. 곡물생산량이 전년도의 4억 700만 톤에서 3억 7,900만 톤으로 감소하자 중국사회 전체는 경제적·정신적 충격을 받았다. 이는 대약진 이래 가장 큰 연간 감소량으로서 기근의 기억과 공포를 상기시키는 것이었다. 중국경제가 토지에서 일하는 사람들에게 갈수록 적은 대가가 돌아가는 그런 시장주도형 경제로 흘러가면서 곡물 부족과 농산물가격 불안이라는 현상이 나타날 수밖에 없었다. 그로 인해 많은 농촌지역에서 농민과 정부관료 사이에 적대감이 생겨났고 이 적대감은 수그러들 기미가 보이지 않았다. 정부관료는 곡물

수매계약을 강요하고, 이들이 곡물 매수시 발행한 인수증이 나중에 공수표가 되는 일*이 종종 발생하자 농민들은 더욱 분개했다. 1980년대 말 부패한 관료들이 농민들에게 가지가지 탈법적인 세금과 듣도 보도 못한 공공요금을 부과하기 시작한 것은 농민들의 반감에 기름을 붓는 격이었다. 어쨌든 1985년 이후 농업생산은 비교적 낮았던 인구성장률을 겨우 따라갈 정도로 정체상태에 빠졌다.

  1980년대 중반 이후 농촌가구의 소득과 농촌 대다수 지역의 번영이 어느 정도 유지될 수 있었던 것은 농업생산이나 생산성의 향상에 의해서가 아니라 '향진기업' 형태의 공업이 놀라운 속도로 증가하고 있었기 때문이다. 대약진운동 기간에 시작된 마오주의 특유의 정책(1권 12장에서 서술)인 농촌공업화계획은 잉여노동과 지방자원을 활용하는 방법으로서뿐 아니라 더 광범위한 사회적 목표, 특히 농촌과 도시의 격차를 줄인다는 사회적 목표를 실현하는 방법으로서 고안되었다. 이 계획은 마오쩌둥 시대에 제법 성공을 거두었다. 1970년대 중반 인민공사와 생산대대가 운영하는, 대개 기술적으로 낙후되고 규모도 작았던 공장에 고용된 노동자는 2,800만에 달했는데 이는 농촌노동력의 거의 10%에 해당했다. 그러나 중국경제에서 농촌공업이 정말 역동적인 힘이 되었던 것은 시장개혁시대가 도래하면서부터였다. 덩샤오핑 정권의 장려와 (지방정부, 개인 자본가, 외국인 투자가, 다양한 종류의 기업집단으로부터 유입된) 자본으로 농촌의 공업기업은 수적으로뿐만 아니라 규모와 생산품의 다양성, 기술적인 정교함 면에서도 비상한 속도로 성장했다. 1980년대의 대부분 기간 동안 향진기업의 생산은 매년 35%씩 증가했으며 1980년대 말에 잠시 주춤하고 나서는 1990년대에 들어서자 다시 고도의 성장률(연평균 30%)을 기록해 나갔다. 농촌 공업기업은 전반적으로

---

* 이런 현상을 '바이탸오'(白條)라고 한다.

활기에 넘친 중국경제 안에서도 가장 빠르게 성장하는 부분으로서 1995년에는 1억 2,500만 명이 넘는 노동자를 고용하고 있었다. 중국농촌의 대부분 지역에서 농가소득의 근간을 이루었던 것은 농민가족의 젊은 구성원들이 향진기업에서 일하고 받은 (아무리 상대적으로 적다고 하더라도) 임금이었다.

향진기업은 공식적으로 중국경제의 '집단'부문의 하나로 분류되며, 사실 현재 이 모호한 부문에서 가장 큰 비중을 차지하고 있다. 하지만 농촌의 대다수 공업기업은 개인 자본가나 지방정부에 의해 소유·운영되고 있었으며, 이들은 모두 국내 및 국제 시장경제 안에서 자본주의 법칙에 따라 움직일 수밖에 없다. 한때 인구에 회자되었던 것과 같이 향진기업이 사회주의 잠재력을 갖고 있는지는 의심스럽다. 이것은 아직 속단하기 어려운 문제이다.[23]

덩샤오핑 시대의 농촌경제발전이 많은 사회적 비용과 여타 비용을 지불하지 않고 이루어진 것은 아니다. 다시 말해서 미래의 발전에 새로운 장애물을 만들지 않고 성취된 것은 아니라는 점이다. 탈집단화가 낳은 나쁜 결과의 하나는 1980년대 초반에 농촌의 출산율을 크게 증가시킨 것이다. 개별가족영농으로 돌아가자 각 농가는 가까운 장래에 필요한 노동력을 얻기 위해, 그리고 먼 장래에 노후보장을 위해 더 많은 아들을 갖기를 원했다. 이는 탈집단화와 가족영농의 부활을 대하는 농민들의 아주 합리적인(아주 전통적인) 반응이기도 했다. 그러나 이것은 당시 2000년까지 인구를 12억으로 안정시키기 위해 마련한 1가구 1자녀라는 경제적으로 합리적인 정부정책을 거스르는 것이었다. 열성적인 정부관료들이 강제유산을 명령하자 최소한 아들을 하나라도 갖기 위해 농민들이 필사적으로 자행한 여아살해는 국가와 개인의 이해가 충돌하여 빚어낸 인간비극이었다. 그리고 사실상 이 충돌은 모순된 국가정책의 산물이기도 했다. 1985년 결국 정부는 1자녀 정책을 수정하여 농촌

부부에게 사실상 두 자녀를 가질 수 있도록 허용했다. 이로써 국가와 농민 사이의 긴장은 완화되었으나 21세기에 인구성장률을 제로로 한다는 희망은 위태로워질 수밖에 없었다.

탈집단화는 다른 장기적인 목표와 계획에 손상을 입혔다. 가족영농의 부활과 함께 경작지의 파편화가 나타났다. 이런 현상은 비옥도가 각기 다른 토지들을 일정한 비율로 분할한 마을의 경우 더욱 심각했는데, 그럴 경우 대형 농기계는 쓸모없어지고 중국농업의 기계화라는 오랜 희망이 수포로 돌아갔다. 그 밖에 옛 인민공사와 생산대대들이 새로운 시장 주도형 사회 속에서 와해되어가자 집단단위에서 운영되던 자금이 고갈되어 노인·장애자·빈곤층에 대한 복지기능이 축소되고, 일부 지역에서는 생산대대 단위의 의료기관이 문을 닫았으며, 지방학교의 수가 줄어들고 그 질도 떨어졌다. 농민가족들은 이제 가족사업이 된 농사일을 돕게 하기 위해 아이들을 집에 묶어두기를 원했으므로 취학률이 하락했다. 인민공사와 생산대대가 와해되면서 관개시설과 댐 건설 및 수리보수와 같은 대규모 공공사업계획을 위해 농민의 노동을 조직하는 일이 점점 더 어려워졌다. 이는 1998년 여름 중국 중부와 북부를 휩쓴 끔찍한 홍수피해를 더욱 악화시킨 요인이기도 했다.

또한 탈집단화는 중국의 환경문제를 크게 악화시켰다. 예컨대 신규 주택이 무계획적으로 건설됨에 따라 종종 남벌이 자행되고, 그로 인한 홍수는 많은 지역에서 심각한 문제를 야기했다. 가족영농이 부활하고 많은 마을이 비교적 부유해지면서 주택 붐이 일어나자 가경지의 면적이 줄어들 수밖에 없었으며, 이는 1957년에 시작된 급격한 가경지 감소추세를 더욱 가속화시켰다.[24]

집단농업체제의 와해는 농민들이 품어왔던 집단주의적 가치를 붕괴시켰고, 그에 따른 이데올로기 공백은 전통적인 관습·신앙·미신·의례로 빠르게 채워졌다. 4개 현대화의 기치 아래 진행된 '농촌개혁'이 '봉건적' 가치를 부활시키고 있다는 것은 아이러니한 일이었다. 덩샤오핑과 그의 시장개혁 이론가들이 봉건적 가치는 역사적으로 유해하며 마오쩌둥 시대의 정치적 폐해와 경제적 실패를 낳은 중대한 요인이라고 그토록 비난하는 데도 그런 일이 벌어졌기 때문이다. 그러나 정부는 농촌에서 과거의 종교와 가치가 다시 나타난다는 사실보다는, 그들이 말한 바대로 전통적 혼례·장례·명절 때 "돈을 너무 많이" 쓰는 것에 대해 더 걱정하고 있었다. 그런 소비는 토지의 질을 높이고 새로운 농기구를 구입하며 저수지를 건설하는 데 사용할 자본을 없앴기 때문이다. 이런 장기적인 생산투자의 결여는 1985년 이래 농업생산이 정체되고 중국이 점점 더 수입식량에 의존하게 되는 하나의 원인을 제공했다.

탈집단화의 가장 곤혹스러운 사회적 결과는 농촌에서 경제적 불평등이 엄청나게 빠른 속도로 확대되면서 새로운 농촌계급의 분화가 생겨난다는 사실이었다. 중국의 농촌에서 불평등은 전혀 새로운 현상이 아니었다. 그러나 마오쩌둥 시대에는 주로 지역간의 격차가 크게 존재했고, 이런 지역 간 격차는 상대적으로 볼 때 부유한 지역과 가난한 지역 사이에 오랫동안 존재해왔던 생태적인 측면 등에서의 차이를 반영하는 것이었으며 한 지역 내에서의 주민간 격차는 미미했다.[25] 그러나 마오 이후의 개혁시대에 지역간 불평등, 특히 연안과 내륙 지역의 불평등은 더 심해졌고, 마오쩌둥 시대를 거치면서도 계속 살아남은 혁명 이전의 불평등 양상을 더욱 악화시켰다. 그러나 새로운 것은 촌락과 마을 등의 내부에서 부농과 빈농 사이의 격차가 그 어느 때보다도 크고 뚜렷하게 나타나고 있었다는 점이다. 이는 "일부가 먼저 부자가 될 것이다"라는 덩샤오핑의 예언이 옳았음을 증명하는 것이기도 했다.

사실 먼저 부유해진 사람들은 전 인구에서 볼 때 소수에 불과했지만 그래도 여기에는 새로운 시장 메커니즘을 가장 잘 활용할 수 있었던 상당수의 농촌주민이 포함되어 있었다. 시장 메커니즘은 기업가 마인드를 가진 사람들, 야심가, 강한 육체를 가진 사람들, 기술을 가진 사람들, 영리한 사람들, 많은 노동력을 가진 가정에 유리했다. 특히 유리했던 사람은 정치권력을 가졌거나 그것에 접근이 용이한 사람들이었다. 집단자산의 사유화가 시작되면서 가장 비옥한 토지와 가장 이문이 좋은 사업을 자신과 친족·친구들을 위해 계약할 수 있었던 사람들은 그들이 가지고 있었을지도 모르는 사회주의 이데올로기에 의한 자기억제를 극복한 지방 당 간부들이었다. 농촌의 당 관료들은 새로운 농촌 부르주아지의 핵을 이루었으며 이윤을 남기는 사업을 더욱 다양하게 진행하고 있었다. 이 새로운 계급에는 임금노동자를 고용하여 자본주의 방식으로 자기의 토지와 어장을 경영하여 큰 성공을 거둔 '전문적인 농가'의 가장들, 다양한 용역과 상업기업 및 공업기업의 소유주나 계약자, 향진기업을 운영하는 전문경영인과 기술자, 향진기업을 경영하고 그 밖에 합법적이거나 불법적인 돈벌이를 하고 있는 지방 정부와 당 관료들, 도급계약을 맺은 토지를 실제로 경작할 더 가난한 농민에게 전차(轉借)하는 새로운 소지주 집단이 포함되어 있었다. 이들은 종류가 다양했고 아직 모호한 계급이었다. 그러나 이제 막 생겨난 농촌 부르주아지를 구성하고 있던 이들 다양한 집단의 구성원들은 한 가지 뚜렷한 특징을 가지고 있었다. 이들은 모두 대체로 육체노동을 기피하는 대신 타인의 노동을 착취하며 살아간다는 것이었다. 그런 점에서 이들은 아주 오래된 사회적 분화—정신노동과 육체노동의 분화—를 점점 확대되는 근대 자본주의적 환경 속에서 영속화한다.

새로운 농촌 부르주아 엘리트 옆에는 농촌 사회계급 중에서 가장 오래되고 가장 많은 인구를 차지하는 농민이 있었다. 그 중 약 2억에 달하는 농민노동력은 이제 대부분 개별 가족농토에서 토지를 경작하고 있었다. 농촌에서 소득과 지위의 격차는 엄청났다. 한쪽 끝에는 성공가도를 달리는 '새로운 부농'(그 중 다수는 정부로부터 '특정업종경영농가' 지정을 받아 이득을 보았다)이 있는가 하면 반대쪽 끝에는 종종 차지권을 매도하거나 저당 잡힌 채 소작농·임금노동자·실업자 대열에 합류할 수밖에 없는 찢어지게 가난한 농가들이 늘어나고 있었다.

중국인의 대다수는 여전히 농촌에 살고 있는데도 실제로 농업생산에 종사하는 사람의 수가 갈수록 적어지는 현상도 주목할 만하다. 마오쩌둥 시대 말기에 인민공사는 대부분의 농촌인구에게 최소한의 안정을 제공해주었다. 그러나 1980년대 초 인민공사제도가 폐지되자 약 4억의 농촌노동력 가운데 절반이 남아돌게 되었다. 새롭게 상업화된 농촌경제에서 더 이상 땅에 의존하여 살 수 없게 된, 노동 가능한 연령의 농부 2억 가운데 반 정도는 빠르게 성장하고 있던 향진기업과 농촌에 기반을 둔 비농업기업에 임금노동자로 고용되었다. 나머지 1억(이 숫자는 경제상황에 따라 크게 달라졌지만)은 새로운 농촌 룸펜 프롤레타리아트 대열에 휩쓸려 일부는 농촌에서 부정기적으로 막노동을 했으며, 또 일부는 범죄행위에 빠져들었다. 그러나 대부분은 임시직을 찾아 이 도시에서 저 도시로 떠도는 이주노동자인 '유민'(游民)을 형성했다. 판자촌에 살면서 몇 푼 안되는 임금을 위해 일하는 이들이 바로 건설 붐에 필요한 막대한 노동력을 제공했으며, 그 결과 근대적이고 번지르르한 중국도시들이 만들어졌다.

탈집단화와 시장경제의 확산은 점점 더 뚜렷이 구분되는 4개의 사회집단으로 이루어진 새로운 농촌사회구조를 탄생시켰다. 첫 번째는 각종 상업기업과 공업기업의 실제 소유주인 부르주아 엘리트, 상업적인 농부와 지주, 지방 당과 지방 정부의 관료, 전문적인 경영인과 기술자로 이루어진 사회집단, 두 번째는 많이 줄어들긴 했지만 여전히 큰 비중을 차지하며 가족영농에 종사하는 농민, 세 번째는 전국적으로 급성장하고 있으며 주로 산업현장에서 일하는 임금노동자계급, 네 번째는 밑바닥 계급인 이주노동자가 바로 그들이었다. 이런 새로운 사회구조

는 농촌자본주의를 더욱 발전시키고, 전통적인 농민을 사라지게 만들었다.[26]

중국공산당 지도부는 농촌경제의 상업화를 권장하고 그 경제적 성공을 찬양하는 동안에도 (미래의 불특정한 시기에 이루어질) 농업생산의 재집단화를 계획했다.[27] 그들은 재집단화가 관의 명령에 의해서가 아니라 '객관적 경제법칙'과 생산발전에 의해 나타날 것임을 강조했다.[28] 그리고 실제로 1990년대 중반에 북부의 여러 성에서 마을의 재산과 노동을 부분적으로 집단화하는 농민운동이 정부의 축복을 받으며 진행되기도 했다. 그러나 집단주의로의 전환이 시장경제로부터 자연스럽게 도출되는 경우를 예상하기는 어렵다. 현재 시장경제는 거대한 사회경제적 격차를 만들어가고 있으며 기존 질서에 아주 유리하게 작용하고 있기 때문이다. 양극화된 농촌사회에서 그리고 이제 대부분의 사람들이 시장의 경쟁가치를 배운 마당에, 위로부터든 아래로부터든 집단농업을 다시 도입하는 것은 폭력적인 사회적 갈등을 야기하지 않고는 불가능한 일일 것이다. 사회적 조화를 그토록 찬미하고 마오의 계급투쟁 이론을 비난했던 정권이 진정한 계급투쟁이 불가피한 사회적 조건을 창출하고 있다는 것은 너무나 아이러니한 일이 아닐 수 없다.

도시의 공업과 노동의 상품화

1978년 12월 11기 3중전회가 '시장조절'을 승인하고서 폐회하자 곧이어 덩샤오핑의 경제개혁가들은 자신들의 최고지도자에게 중국의 거대하지만 비효율적이고 기술적으로 낙후된 도시의 국유기업을 자본주의적으로 구조조정 하는 구체적인 건의서를 제출했다. 개혁가들은 국가의 경제성장과 인민의 물질적 행복을 가장 효율적으로 실현하기 위해서는, 최소한 중국의 현 발전단계에서 재화의 생산과 분배를 베이징의 경제정책 입안자들이 아닌 '속박받지 않는' 시장의 힘에 맡겨야 한다고 주장했다. 따라서 개혁가들은 경제적 결정을 각 기업에 위임하는 탈집중화를 제안했으며, 이익을 남기지 못하는 공장은 파산하거나 문을 닫도록 내버려두어야 한다고 주장했다. 하지만 후자의 사태에 대해서는 크게 강조하지는 않았다. 기업의 자율성이란 공장경영인이 국가의 지침 안에서 운영하되 끊임없이 변동하는 시장상황에 맞추어 생산일정·임금·가격을 결정한다는 뜻이었다. 또한 그들은 기업의 이윤을 (있다고 한다면) 어디에 사용할 것인지도 결정할 수 있었다. 그 밖에 사회적으로 중요한 의미를 갖는 것으로, 경영인은 시장조건과 경제효율성을 기준으로 노동자를 고용하고 해고할 권한을 가졌다. 당시에 쓰인 용어대로 "철밥통 타파"는 정규 국가노동자의 평생직장 보장제도를 폐지하는 것이며, 활력 없는 노동력을 단련시키고 노동생산성을 향상시킬 것이라고 개혁가들은 주장했다.[29]

이상은 1979년에 제출된 도시공업 재편안이 목표로 했던 본질적으로 자본주의적인 모델의 주요 내용을 간략하게 설명한 것이다. 덩샤오핑을 비롯한 다른 공산주의 지도자들은 이 제안에 매력을 느꼈는데, 자본주의가 마음에 들어서가 아니라 그 모델이 가진 내셔널리즘을 자극하는 호소력 때문이었다. 시장은 경제적 효율성을 약속했고 이는 다시 국가의 '부강'을 이루는 가장 빠른 길이 되어줄 것이라는 희망을 불러일으켰다. 따라서 시장경제 모델은 비록 수정되고 제한된 형태이긴 했지만 1979년 말부터 실험적으로 수용되었다. 정부는 수천 개의 기업을 선별하여 이윤추구에 입각한, 어느 정도 자율적인 자본주의적 단위로서 기업을 운영해보도록 했다. 이 계획은 1980년 초에 이르자 더 확대되어 국가예산에 포함되었던 공장과 여타 도시기업의 약 16%가 이 계획에 따라서 운영되었다.[30]

자본주의적인 산업구조조정의 첫 시도는 단명으로 끝났다. 1980년 말에 예상치 못한 일련의 재정적·사회적 문제가 발생하자 정부는 이 계획을 연기해야 했다. 농촌지역과 도시에 최근 도입된 시장지향적 정책으로 인해 예상치 못한 결과가 나타났는데, 그것이 바로 인플레이션의 폭발이었다. 공식적인 물가상승률—아마도 숫자를 축소했을 가능성이 있는 정부발표만으로도 전국적으로 7%, 도시에서는 약간 더 높음—은 세계적 기준으로 볼 때 그다지 높은 편은 아니었지만, 거의 30년 동안 물가변동을 거의 모르고 살았던 사람들에게 인플레이션은 가히 충격적인 일이었다. 27년이 넘는 마오 시기에 소비재 가격의 상승은 연평균 0.5% 이하였다. 점점 심각해지는 국가예산의 부족 역시 지금까지 빈틈없는 균형예산을 고수해왔던 정부에게는 큰 걱정거리가 아닐 수 없었다. 예산부족을 통제하는 방법에는 수도에서 이루어지고 있던 건설사업을 대폭 줄이고 비효율적인 공장을 폐쇄하는 조치 따위가 있었다. 그러나 이런 치유책은 대도시의 만성적인 실업문제를 악화시킬 수밖에 없었다. 당시 공식 인정된 실업률은 도시노동력의 20%를 상회했다.[31]

1980년에 인플레이션, 실업, 예산부족과 씨름하던 정부는 중공업 생산의 급격한 하락과도 직면해야 했다. 이는 부분적으로 생산재 생산과 소비재 생산 사이의 불균형을 시정하려는 지나치게 열정적인 노력이 가져온 결과였지만, 다른 한편으로는 기업의 수익성을 강조한 결과이기도 했다. 핵심적인 중공업 기업의 상당수는 시장경제에서 이익을 남길 수 없었기 때문이다. 공식 기록에 따르면 1981년 중공업 생산은 거의 5%, 외국 연구자의 기록에 따르면 8% 이상 감소했다.[32] 정부는 이 경제위기에 '재조절'이라 불리는 정책으로 대응했다. 이는 물가, 임금, 투자, 원료 할당을 국가가 엄격하게 통제하는 것이었으며 사실상 도시의 공업에 '명령경제'를 재확립하는 것이었다. 중앙계획체제로 복귀하자 공업이 다시 성장하기 시작했다. 1983년 중공업 생산이 12.4% 증가한 반면 경공업은 8.7% 성장했다.[33] 이는 마오 말기에 기록했던 것과 거의 같은 성장률(그리고 중공업과 경공업 간의 비율도 거의 같았다)이었다.

1980년대 초에 도시의 공업부문에서 이렇게 '재조절'이 이루어지고 있는 동안 정권은 앞서 살펴본 대로, 농촌에서 농업의 탈집단화와 연해지방에서 대외무역과 외국인 투자 유치에 심혈을 기울이고 있었다. 그럼에도 도시경제에 시장이라는 처방을 도입하려는 시도를 완전히 포기한 것은 아니었다. 정부는 국가공업에 대한 중앙통제를 다시 실시하는 동시에 도시와 경제특구에서는 외국인 투자에 기초한 합작기업을 권장할 뿐 아니라 개인 및 '집단' 기업의 확대를 장려했다. 급성장하는 도시 공업경제의 비국가 부문에 속하는 이 기업들은 소유권과 경영방식에 있어서 매우 다양했다. 그러나 이들은 한 가지 기본적인 특성을 가지고 있었는데, 그것은 당시 빠르게 확대되고 있던 자유노동시장에서 자기가 필요로 하는 노동력을 확보했다는 사실이다. 도시의 '집단'기업(이 부문에서 1981년부터 1984년 사이에 700만의 고용증가 효과가 있었다)과 새로운 사적 부문(1980년대 초 고용이 100만에서 300만 이상으로 증가)에 고용된 임금노동자는 국유기업의 노동자보다 훨씬 낮은 임금을 받고 일했으며 '철밥통'이 보장하는 직업의 안정성과 복지혜택(건강관리와 퇴직연금 같은)의 어느 것도 누리지 못했다. '자유'노동시장에 속한 이들은 (시장에서 닥치는 대로 자신의 노동을 팔았다) 경제변동에 따라 경영자 마음대로 고용되기도 하고 해고당하기도 했다. 농촌의 향진기업에서 계약직으로 고용된 더 많은 수의 임금노동자를 포함하여 이들은 빠르게 성장하는 자본주의 노동시장을 구성하고 있었다. 이 노동시장은 탈집단화로 인해 경제적으로 남아돌게 된 수많은 농민이 도시에서 도시로 임시직을 찾아 떠돌아다니는 이주노동자 대열에 합류하면서 더욱 확대되었다. 결국 포괄적인 도시공업개혁계획은 일시적으로 유보되었지만

'철밥통'은 이미 1980년대 초부터 줄어들기 시작했다. 그리고 이는 개혁가들의 주요 주장 하나를 만족시키는 것이기도 했다.

1984년 공업생산이 안정되고 농촌개혁이 성공을 거두면서 한층 용기를 얻은 정부는 도시공업을 자본주의적으로 구조조정 한다는 야심찬 시도를 재개했다. 덩샤오핑도 개인적으로 이 시도에 힘을 실어주었다. 같은 해 초 그는 카메라 세례를 받으면서 선전(深圳) 경제특구를 시찰하고, 관영언론이 말하는 그대로 선전 경제특구는 장차 중국 전체 도시의 개혁 모델로서 대성공을 거둘 것이라고 선언했다. 뒤이은 정부의 구조조정계획은 1979년에 무산되었던 시도들과 비슷했는데, 다만 이번에는 계획이 훨씬 더 포괄적이었고 그때보다 더 큰 열정과 결단을 가지고 계획을 추진했다.

계획은 세 개의 주요 부분으로 구성되어 있었다. 첫째, 기업의 수익성이라는 완전히 자본주의적 원칙을 선언했다. 따라서 40만 개에 이르는 국유기업에 임금·가격·투자에 있어 상당 정도의 자율성을 부여했다. 최소한 이론적으로 이들은 이제 시장에서 이익을 볼 것인가 손해를 볼 것인가에 따라 번영할 수도 실패할 수도 있었다.

둘째, 1984년의 개혁계획의 목표는 노동시장을 보편화하는 것이었다. 지난 5년 동안 중국은 이미 자본주의 노동시장의 창출을 향해 먼 길을 걸어왔다. 덩샤오핑 정권은 1984년 중국의 공업부문 노동계급의 약 40%를 차지하는 국영공장 정규 노동자의 "철밥통을 타파하라"(당시의 개혁주의적 수사를 빌리면)고 주장했다. 그러나 이 '개혁'에 강력하고 격렬하게 반대하는 목소리도 있었다. 이런 반대는 직접적으로 개혁의 영향을 받게 되는 상대적으로 특권을 누리는 노동자만이 아니라 평생직장 보장을 혁명이 이룩한 위대한 업적의 하나로 굳게 믿고 있던 많은 원로 공산당 관료들한테서 나오고 있었다. 결국 정부는 타협을 하게 되는데, 그 내용은 국영공장에서 일하는 기존의 정규 노동자는 직장과 복지를 계속 보장받을 수 있는 반면에 신규 노동자는 계약에 기초해서 고용한다는 것이었다. 당혹스러울 만큼 다양한 계약제도는 이후 수년 동안 실험되면서 쭈그러드는 '철밥통'을 점차 대체했다.[34]

1984년 계획의 세 번째 부분은 '가격개혁'으로, 정부가 가격을 결정하는 계획경제시대의 가격체계 대신 세 단계의 가격구조를 도입했다. (철강·석유 같은) 핵심 공산품의 가격은 국가가 계속 결정했고, 그 밖의 나머지 공산품 가격은 정부가 정한 상한가와 하한가의 범위 내에서 변동할 수 있었다. 대부분의 소비재와 농산물가격은 정부의 통제로부터 자유로워졌으며 시장의 수요에 따라 변동될 수 있었다.

도시개혁계획은 농촌경제의 시장화와 더불어, 5년간의 혼돈기로 들어서면서 눈부신 공업성장과 심각한 사회적 분열을 낳았다. 1985년에만도 이미 거대해진 중국의 공업설비가 거의 20% 증가했으며 1980년대의 나머지 기간에도 이런 공업의 고도성장은 도시와 (특히) 농촌 모두에서 계속되었다. 1980년대를 통해 비록 아주 불평등하긴 했지만 도시의 생활수준은 현저하게 향상되었다. 이런 성장은 도시공업의 효율성 향상 때문이라기보다는 오히려 1980년대 초 농업의 성공(그리고 상대적으로 낮은 가격의 곡물과 그 밖의 농산물)에 더 많이 의존한 결과라고 할 수도 있다.[35] 어쨌든 도시노동자의 평균임금은 덩샤오핑 정권 초기에 사실상 두 배 이상 증가했다. 식료품, 특히 육류소비가 증가했고 의복의 양과 질이 크게 향상되었다. 텔레비전·재봉틀·냉장고 같은 가정용품의 소유도 놀라운 비율로 증가했으며, 도시에서 1인당 거주공간 역시 거의 두 배로 늘어났다. 도시의 풍경은 영원히 계속될 것처럼 보이는 건설 붐을 타고 변해가고 있었다.

이런 물질적 진보는 중국인민으로부터 정말로 열렬한 환영을 받기도 했지만, 엄청난 규모의 사회적·정신적 황폐를 초래하기도 했다. 호황과 불황(보통 '과열'과 '긴축'으로 알려진)의 사이클이 빠르고 뚜렷하게 찾아왔고, 이로 인해 도시 노동인구는 고통과 불안을 겪었다. 고통에 더하여, 특히 경기순환의 '호황'국면에는 물가가 폭등했는데, 이는 1985년 '가격개혁'이 부분적으로 시행된 이후 거의 만성적인 현상이 되었다. 1989년 초의 몇 달 간 정부는 인플레이션이 전국적으로 연 25%였다고 인정했다. 물론 베이징과 그 밖의 대도시에서는 이보다 훨씬 높았다. 통제하기 어려운 시장의 힘과 악전고투해야 하는 노동인구는 경제생활과 사회생활에서 갈수록 커지는 명백하고 기괴한 불평등에 충격을 받았다. '자유시장'으로부터 큰돈을 번 부유한 기업가와 관료 엘리트(명품 매장과 나이트클럽이 우후죽순 격으로 빠르게 생겨나는 도시에서 이 새로운 부유층의 화려한 생활상은 점점 더 거리낌 없이 노출되었다)와, 빈민촌에 사는 떠돌이 일용직 노동자들로 이루어진 극도로 가난한 룸펜프롤레타리아트 사이에는 자본주의 세계의 거대도시에 존재하는 부와 빈곤 사이의 드넓은 골이 그대로 나타나고 있었다. 그리고 시민들은 관료의 부패가 별안간 만연하고 지위 고하를 막론하고 관료와 간부들이 자기의 정치적 영향력을 이용해 새로운 시장메커니즘을 조작하여 부를 획득하자 경악을 금치 못했다.

* * *

1980년대 말에 중국경제는 일련의 더 빠른 호황과 불황의 사이클을 통과했다. 그리고 도시인구는 초기 자본주의 체제에서 전형적으로 나타나는 고통스럽고 불안정한 변화를 겪어야 했다. 공업생산의 성장률은 고공행진을 계속했으나 인플레이션과 재정적자도 마찬가지로 치솟았다. 덩샤오핑 정권 첫 10년의 막바지에 이르면 중국의 도시에서 본질적으로 자본주의 경제('사회주의 시장경제'가 공식적인 명칭이기는 했지만)가 형성되고 있음을 의심하는 사람은 거의 없었다. 자유노동시장이 만들어졌고 소수의 노동자만이 '철밥통'을 고수했다. 각종 상품의 가격에 대한 정부의 통제가 사라지고 이제 상품가격은 시장상황에 따라 변동되었다. 대부분의 경제조직이 기업 수익성이라는 자본주의 원칙에 따라 운영되었다. 여기서 빠진 것이라고는 단지 공식적이고 법적인 사유재산권뿐이었다. 그러나 만약 중국이 본질적으로 자본주의화되었다고 한다면 이는 특별한 종류의 자본주의였다. 그 남다른 특징을 간단히 살펴보자.

관료자본주의

관료자본주의, 다시 말하면 자본주의 경제활동 속에서 정치권력과 그것의 영향력을 이용하여 사적인 부를 취하는 행위는 고금을 통해 수많은 사회에서 다양한 형태로 나타났으며, 결코 보기 드문 역사현상은 아니다. 또한 중국역사에서도 자주 있었던 현상이다. 이윤을 추구하는 상공업 활동에서 권력을 쥔 관료와 독립적인 부르주아지의 결탁은 2천년이 넘는 중화제국시대 전체를 통해 중국 사회와 경제의 두드러진 특징이었다.[36] 그리고 근대에도 1930년대와 1940년대 장제스의 국민당 정권의 고위 관료들에게 부르주아지가 종속되었던 사실은 근대 세계역사에서 관료자본주의의 전형적인 하나의 예이다.[37]

그러나 공산주의 중국에서 관료자본주의의 기원은 아주 색다르다고 할 수 있다. 인민공화국의 경우, 관료자본주의는 사회적 기능을 하는 집단으로서의 중국 부르주아지를 완전히 제거해버린 제법 긴 유사사회주의 시기 이후에 비로소 나타났다. 6장에서 살펴본 대로, 1950년대 중반까지 남아 있던 중국의 부르주아지—당시의 용어로 이른바 '민족부르주아지'—는 공산주의 국가에 흡수되었고, 그 계급의 잔존자들은 그들에게 주어진 상속 불가능한 국가채권에서 나오는 약간의 이자를 받는 일군의 나이 든 연금수령자로 겨우 명맥을 유지했다. 죽어가는 이 사회계급에 속한 사람들은 덩샤오핑의 시장정책이 요구하는 부르주아적 기능을 수행하기에는 그 수가 너무 적었고 너무 나이가 많았다. 따라서 시장경제가 기능하기 위해 필요한 자본가계급을 창출하는 일은 공산주의 국가가 맡아야 했다. 부르주아지가 제거되고 자본가의 활동이 오랫동안 불신받고 탄압받아온 국가에서 그런 새 계급에 진입할 가장 적절한 후보자는 거대한 공산당 관료기구의 간부들이었다.

많은, 아마도 대다수 공산당 관료들은 처음에 덩샤오핑의 시장정책에 적대적이거나 최소한 상반되는 감정을 갖고 있었다. 경제적 통제권을 국가와 집단조직으로부터 각 가정과 개인기업으로 이양하는 것은 관료의 권력·지위·소득을 위협하는 것으로 보였다. 또한 시장경제는 공산주의 지도자들이 습관적으로 선포해왔고 사실 많은 사람들이 아직도 소중히 간직하고 있던 사회주의적 가치 및 목표와 쉽게 조화를 이룰 수 없었다. 관료들의 사리사욕과 사회주의적 원칙이 서로 일치하는 경우는 아주 드물었다.

어쨌든 초기에 어떤 망설임이 있었든 간에 관료들은 '개혁'과 '4개 현대화'라는 깃발 아래 당과 중앙정부의 정책을 시행하면서 자신들의 의무를 다했다. 그리고 머지않아 관료와 간부들은 시장이 가져다준 새로운 기회로부터 사적인 이익을 얻는 데 특별히 유리한 정치적 위치에 서 있음을 깨달았다. 이는 사실상 비어 있는 부르주아지의 자리를 차지하는 일이었다. 상당수가 신속히 이런 사회적 빈자리를 채워 나갔다. 선두에 선 사람들은 공산당 최고 지도자들의 자녀들이었으며, 그 중에는 덩샤오핑과 자오쯔양 총리의 자녀도 있었다. 중년의 나이에 접어든 이들은 자신의 정치적 영향력을 이용하여 큰돈을 벌 수 있는 매판의 역할을 수행했다. 해안도시와 경제특구에서 활동하며 이들은 외국자본과 중국시장을 한데 묶어주는 일을 했는데, 구체적으로는 외국회사와 국가무역기구 사이의 거래를 성사시켜주고 거액의 커미션을 받았다. 지위를 이용하여 돈을 벌기 시작한 이들은 곧이어 그들의 수출입회사를 차렸으며 이런 회사를 통해 이들의 일부는 국제금융업자와 투자은행가로 발돋움했고 때로는 홍콩이나 그 밖의 지역에서 엄청난 자본력을 가진 재벌그룹과 긴밀한 관계를 맺었다. 이들이 가족의 정치권력과 영향력 덕분에 획득한 부의 일부는 물론 사치스러운 생활과 해외투자로 들어가기도 했지만, 축적한 자본의 대부분은 더 많은 이익을 얻기 위해 중국 내에 투자되었다. 따라서 이들은 1980년대 말과 1990년대 중국경제의 초고속성장에 필요한 자금을 조달하는 데 기여했다. 공산주의 지배 엘리트의 자녀로서 탐욕스럽고 기업가 정신을 갖춘 이들은 '황태자와 공주'로 불렸으며, 1980년대 말 공산당 관료기구를 장악했던 관료들의 부정축재와 부패의 가장 뚜렷한 상징이 되었다. 그리고 이는 덩샤오핑 정권에 대한 대중의 혐오감을 불러일으켰으며, 그런 반감의 정치적 표출이 1989년의 민주화운동이었다.

지방의 농촌 당 간부들 역시 자신의 정치력과 영향력이 사적인 부를 얻는 데 유용하다는 사실을 곧 깨닫는다. 대부분의 간부들이 초기에는 농업의 탈집단화를 (한편으로 사상적 헌신 때문에 또 한편으로는 권력과 소득을 잃을까 두려워서) 반대했다. 그러나 그들 중 많은 사람들이 곧 농촌을 상업화하려는 덩샤오핑의 계획이 가져다줄 이득을 간파했다. 집단농업체제가 붕괴되고 도급경영책임제가 수립되면서 지방관료들은 토지도급계약과 집단의 자산 및 기능의 사유화로부터 누가 이익을 얻을 것인가를 결정할 수 있는 권력이 자신에게 있음을 알았다. 따라서 농촌의 대부분 지역에서 가장 좋은 토지와 가장 이윤이 많이 남는 사업을 운영할 권리는 당 간부와 그 친척·친구들에게 넘어갔다.[38] 이들은 종종 부유한 '특정 업종 경영농가'의 가장(家長) 또는 후원자였고 호화로운 대저택을 짓기 위해 땅과 건자재를 얻을 수 있었으며, 더 나아가 사업체와 공업기업을 설립하고 운영하는 데 엄청나게 유리했다. 간단히 말해서 당 관료와 그 친척들은 새로운 농촌부르주아지 중 가장 유력한 구성원이 되었다.

상당수가 관료로 이루어진 새로운 농촌부르주아지가 1980년대 초에 농촌에서 자리 잡아가고 있을 때 정부의 시장지향적 정책은 도시 관료들에게도, 특히 1984년 공업개혁이 재개된 이후 금전적으로나 사업적으로 유리하게 작용하고 있었다. 특히 가격개혁의 경우, 시장조건에 따라 각종 상품의 가격이 변동하는 것을 허용함과 동시에 기존의 국가가격체계 역시 계속 병행해 나갔기 때문에 큰돈을 벌 수 있는 기회가 마련되어 있었다. 사실 이는 암시장을 합법화하는 것이었고 관료들이 부를 획득하는 가장 흔하고 단순한 방식, 즉 좋은 자리에 있는 관료들이 상품과 재료를 낮은 국가가격에 사서 자유시장에서 구입가격의 몇 배를 받고 파는 양태가 더욱 확대되고 있었다.

또한 1984년 이후 다시 열정적으로 추진되고 있던, 개인과 가족이 운영하는 자영업의 설립을 장려하는 정부의 노력 역시 도시의 관료들에게 이득을 가져다주는 것이었다. 1990년대에 들어서면 관료들 스스로가 개인 자본가가 되는 것(샤하이〔下海〕, '바다로 나가다'라는 뜻)이 흔한 일이 되지만 1980년대에도 관료들은 종종 자신의 친척이나 친구들이 공식적으로 운영하는 벤처 사업의 후원자가 되곤 했다. 보통 초기에는 부정축재를 통해 얻은 자본을 투자하는 형태로 이루어졌던 관료의 후원이 사업에 유리하게 작용했으며 관료자본주의적 부를 획득하는 또 하나의 원천이 되기도 했다. 어떤 경우에는 이윤을 얻는 기업이 실제로는 관료의 소유이면서 '집단기업'으로 위장 등록되어 있기도 했다. 1985년 이후부터 지방정부에 대한 중앙의 재정통제를 완화하고 지역주의를 부추긴 자오쯔양(趙紫陽) 총리의 '연해전략'은 특히 남부 해안지대와 양쯔 강 델타에서, 관료들의 부정축재 기회를 더욱 확대했고 관료자본주의를 더욱 키웠다.[39]

새로운 도시부르주아지는 이렇게 1980년대 중반부터 형성되기 시작했으며 여기에는 관료자본가 외에도 그 수가 빠르게 증가하는 크고 작은 규모의 개인 기업가, 국가기업·개인기업·'집단'기업의 기술자 및 관리자가 포함되어 있었다. 여기에 속한 사람들은 자신이 하나의 계급으로서 공통된 이해관계를 갖고 있다는 의식이 거의 없는 무형(無形)의 집단을 이루고 있었고 지금도 그러하다. 그럼에도 불구하고 이들은 사회적으로나 경제적으로 도시인구의 대다수, 즉 공장과 기업의 임금노동자, 중하위직 공무원, 소규모 무역상, 이주노동자들과 뚜렷이 구별된다. 이 새로운 부르주아지는 아직 그들만의 계급의식을 갖고 있지는 않았지만, 부르주아지가 보편적으로 갖고 있는 쾌락에 대한 욕망을 확실하게 갖고 있었다. 중국사회에서 하나의 계급이 호사취미로 자신을 표현하는 것보다 더 확실하게 계급적 차별성을 보여줄 수 있는 방법은 없었다. 고급 레스토랑과 나이트클럽, 새로 지은 넓은 아파트, 그리고 명품매장은 그들의 호사취미를 만족시키는 수단이 되었으며, 중국은 국제무역업계에서 전세계적으로 가장 빠르게 성장하고 있는 사치품 시장으로 유명해졌다. 그리고 오늘날 중국의 도시에 나타나는 빈부격차는 아마도 서양이나 제3세계 자본주의 국가의 수도에서 볼 수 있는 만큼이나 크고 분명하다. "일부가 먼저 부자가 된다"는 덩샤오핑의 예언이 말 그대로 실현된 것이다.

인민공화국에 있어서 관료자본주의의 특징 가운데 하나는 개별 관료와 관료집단이 그들의 정치적 영향력을 이용해 사적인 돈벌이 사업을 벌이거나 후원한다는 것뿐만 아니라 관료기구 전체가, 원하든 원치 않든 그들이 자본주의 기업으로서 기능할 수밖에 없는 시장 속으로 빨려 들어가고 있다는 사실이다. 중앙정부가 관료기구의 예산을 대폭 삭감하자, 초등학교에서 비밀경찰조직에 이르기까지 국가기관은 부족한 예산을 벌충하기 위해 각종 사업을 벌이고 있다. 이를테면 작은 소매점에서 수출품을 제조하는 큰 공장에 이르기까지, 작은 동네 음식점에서 외국인 방문객과 여행자들에게 숙식을 제공하는 특급 호텔에 이르기까지 너무나 다양하다. 이런 재미있는 현상 가운데 가장 놀라운 예는 인민해방군으로 현재 국제무역과 금융업계의 큰손이다. 인민해방군은 무기 제조와 수출 외에도 민간 자회사를 통해 수익성 높은 공업·상업·서비스 각 부문의 기업을 무려 2만 개 이상 운영하고 있다.[40]

* * *

덩샤오핑 시대에 이토록 급성장한 시장경제의 정치적 의미는 무엇인가? 자본주의 경제와 정치적 민주주의는 대개 분리할 수 없으며, 자유시장은 경제적 기적뿐 아니라 정치적 자유도 낳는다는 가정은 서양에서 널리 통용되어왔다. 영국의 유명한 정치경제학자이며 중국연구가인 고(故) 고든 화이트는 한때 예견하기를, 마오 이후 중국의 시장개혁이 가져올 장기적 결과는 "사회경제적 다원주의와 정치적 민주화"의 과정이 될 것이라고 했다.[41] 그러나 근대사 책을 잠깐만 들여다보아도 자본주의와 민주주의의 관계는 대단히 복잡하고 왜곡되었으며,[42] 자본주의는 파시즘까지 포함해서 아주 다양한 정치권력과 병존할 수 있다는 사실을 보여준다. 사실 후발 자본주의 산업화는 배링턴 무어가 '보수적 근대화'라고 부른 사회정치적 길을 따라가는 경향이 있으며(이 전형적인 예는 메이지 시대의 일본과 비스마르크의 독일이다), 파시스트 정치를 낳을 가능성이 아주 농후한 것으로 판명되었다.[43]

그럼에도 불구하고 기존의 정치질서와 갈등을 일으키는 열정적이고 독립적인 부르주아지가 의회민주주의 발전에 불가피한 요소였음은 역사적 사례로 계속 남아 있다. "부르주아지가 없으면 민주주의도 없다"고 무어가 요약했던 것처럼.[44] 이것이 근대역사의 보편적인 교훈일지는 몰라도 중국 민주주의에 길조가 되는 교훈은 아니다. 오늘날 중국의 부르주아지는 서양 여러 나라에서 나타났던 전형적인 초기 부르주아 계급과 닮은 점이 거의 없다. '마오 이후'의 중국 부르주아지는 분명 활력이 넘치는 계급이기는 하지만 절대로 독립적이지 않기 때문이다. 이들은 대부분 시장이 가져다주는 새로운 기회를 이용하는 데 있어 정치적으로 유리한 위치에 있던 공산당 관료와 그들의 친척으로 구성된 계급이었다. 더구나 이들은 경제적으로 기능하기 위해 공산주의 국가에 의존하는 계급이다. 또한 노동계급과 자유노조로부터 정치적으로 보호받기 위해 국가에 의지하는 계급이다. 요컨대 중국의 부르주아지는 강력한 민주주의적 잠재력을 갖는 계급이 아니다. 따라서 중국공산당 독재에 대한 심각한 도전은 국가가 후원하는 자본주의의 수혜자가 아니라 오히려 그 희생자로부터 나올 것 같다. 이것을 좀더 상세히 알아보기 위해 다음 장에서는 1980년대 초부터 1990년대 중반 덩샤오핑 시대를 마감할 때까지의 중국정치사를 추적해보고자 한다.

24장
민주주의를 위한 투쟁

1978년 12월 11기 3중전회에서 승리를 거둔 뒤부터 아흔 살이 되어 더 이상 공개석상에 모습을 드러낼 수 없을 정도로 쇠약해진 1994년 초까지, 덩샤오핑은 중국의 '최고지도자'로서의 위치를 도전받은 적이 없었다. 한마디로 그는 명실 공히 레닌주의 당-국가의 독재자였으며 거의 모든 중요한 결정의 판정자였다.

그러나 중국을 통치한 15년 동안, 다른 전임자들과 달리 덩샤오핑은 자신의 실제 권력에 걸맞은 정치적 직위를 가진 적이 없었다. 대신 그는 당과 국가의 최고 자리에 오를 그의 부하를 선택했다. 그 중에서 첫 번째이자 분명히 가장 매력적이었던 인물은 후야오방(胡耀邦, 1915~1989)이다. 후야오방은 1930년 15세의 나이로 홍군에 참가했으며 대장정에서 살아남아 공산당 제2야전군에서 덩샤오핑의 지휘 아래 정치참모로 일하는 등 오랜 내전 기간 동안 덩샤오핑과 정치적으로 친밀한 관계를 맺어왔다. 그리고 1949년 이후 후야오방의 정치적 운명은 그의 스승의 운명에 따라 부침을 거듭했다. 1980년 마오쩌둥의 첫 후계자인 화궈펑이 권력을 내놓아야 했을 때, 덩샤오핑은 다시 부활한 총서기직─중국공산당의 공식 우두머리 자리─을 후야오방에게 맡겼다. 그리고는 마오가 오랫동안 (또한 화궈펑이 아주 잠시 동안) 차지했던 당 주석직을 폐지했다.

　후야오방은 레닌주의적인 당 내에서 민주적 가치와 절차를 중요하게 여긴 보기 드문 지도자였다. 마르크스주의 전통에 내재하는 자유주의적 요소에 이끌렸던 그는 덩샤오핑 시대 초기에 마오쩌둥 시대의 정치적 마녀사냥, 특히 반우파투쟁과 문화대혁명 과정에서 희생된 지식인과 관료의 '명예회복'을 실현하는 데 중요한 역할을 했다. 덩샤오핑의 정책과 그의 우선권에 제약을 받았음에도 불구하고, 최고지도자인 덩샤오핑이 1983～1984년에 정기적으로(짧은 기간이지만) 일으켰던 '부르주아 자유화'에 반대하는 운동, 특히 '반(反)정신오염' 운동으로부터 지식인들을 보호하는 데 후야오방은 할 수 있는 모든 노력을 다했다. 또한 1980년대 초 짧은 시기에 걸쳐 후야오방은 민주개혁을 촉구하고 관료의 부패를 폭로하던 『인민일보』의 말없는 후원자이기도 했다. 『인민일보』의 이런 활동은 대부분 편집장 왕뤄수이(王若水)와 유명한 조사보고원 류빈옌(劉賓雁) 같은 민주적 마르크스주의자들의 노력을 통해 이루어지고 있었다. 이런 노력이 후야오방에게 그가 추구하는 대중적 인기를 매번 가져다준 것은 아니었지만, 많은 지식인과 학생들은 그를 진정으로 존경했다.

　후야오방만큼 폭넓은 존경을 받지는 못했지만 덩샤오핑의 또 다른 제자로 자오쯔양(趙紫陽, 1919～)이 있었다.(예상치 못한 상황전개로 자오쯔양이 그의 정치경력 말기에 순교자가 되기 전까지.) 허난 성 지주의 아들이었던 자오쯔양은 1930년대 중반 공산주의 운동에 가담했다. 당시 10대였던 그는 이후 내전을 치르게 되는 마지막 10년 동안 홍군의 정치간부로 일했다. 혁명세대의 유능한 인물들이 대부분 그렇듯이 자오쯔양 역시 1949년 이후 위계적인 관료기구 내에서 빠르게 승진했으며, 문화대혁명 기간에는 쫓겨나기도 했다. 그러나 마오쩌둥이 문화대혁명 때 자기가 파괴한 당을 재건하기 시작한 1972년에 자오쯔양은 광둥 성

당 위원회 서기로 복귀했다. 거기서 그는 약자로 '리이저'(李一哲)[1]라고 알려진 젊은 민주활동가들을 조심스럽게 도왔다. 그러나 자오쯔양이 덩샤오핑의 눈에 들게 된 것은 젊은 민주주의자들에 대한 그의 조심스러운 후원 때문이 아니라, 1970년대 말 쓰촨 성의 지도자로서 그가 추구했던 혁신적인 시장개혁정책 때문이었다. 1980년 덩샤오핑은 자오쯔양을 베이징의 중앙정치국 상무위원으로 승진시켰으며 아주 오랫동안 저우언라이가 지켜왔던 국무원 총리직도 그에게 맡겼다. 이제 고위직에 오른 자오쯔양은 덩샤오핑의 정책, 즉 농업과 공업을 자본주의적으로 개혁하고 특히 대외무역과 외국인 투자에 중국을 '개방'하는 정책을 가장 열렬히 유능하게 추진하는 인물로서 자신의 위치를 다져 나갔다.

1985년이 되자 중국은 시장경제가 가져오는 사회적 파괴력과 경제적 역동성을 동시에 경험하고 있었다. 초기 자본주의 경제의 전형적인 모습인 '호황과 불황'의 사이클에서 중국의 공업·상업·대외무역은 팽창국면에 들어서며 호황을 구가했다. 1985년 한 해 동안 공업생산은 무려 20%나 증가했다. 그러나 동시에 많은 사람들이 자본주의적 발전에 따르는 고통을 피부로 느끼기 시작했다. 베이징을 비롯한 대도시에서 1985년 초의 몇 달 동안 생필품 가격이 30%나 폭등하는 인플레이션이 일어났고, 이로 인해 도시인구 가운데 풍족하지 못한 계층, 특히 공장노동자와 하급 공무원의 생활수준이 하락했다. 게다가 화폐와 상품의 양이 급증함에 따라 관료의 부패 규모와 범위도 더욱 커졌다. 돈벌이에 혈안이 된 관료들에 대한 대중의 인식은 그보다 더 급속히 나빠졌으며, 세인의 이목을 집중시킨 몇 건의 회계부정 스캔들로 인해 여론은 악화되었다.[2] 또한 앞에서 보았듯이 점점 더 상업화되는 농촌경제 안에서 많은 농부들은 이익이 별로 나지 않는 곡물재배를 포기하고 비교적 수익성이 높은 환금작물을 재배하기 시작했다. 그러자 1985년에는 곡물생산이 예상치 못할 정도로 급감했다. 이 같은 곡물생산의 감소는 아마도 경제적 충격보다는 정신적 또는 정치적 충격을 더 많이 주었을 것이다. 어쨌든 이 충격파는 중국사회 전체로 퍼져 나갔으며 1980년대 후반을 특징짓는 불안과 동요를 증폭시키는 데 한몫 했다. 실제로 많은 중국인은 1985년을 덩샤오핑 시대 초기의 희망과 낙관론이, 커져가는 의심과 비관론에 자리를 내준 시기로 회고했다.[3] 또한 그 해는 덩샤오핑의 인기가 떨어지기 시작한 때이기도 하다. 결국 1989년 초 몇 달 사이에 개혁시대의 출범과 함께 그토록 높은 명성을 누렸던 최고지도자는 도시에서 조롱과 경멸의 대상으로 전락했다.[4]

시장화의 속도와 그 사회적 영향에 대한 반대의 목소리는 중국공산당 지도부의 분열에서도 잘 드러난다. 특히 덩샤오핑과 천윈(陳雲) 사이의 긴장은 이런 분열을 명백히 보여주는 것이었다. 천윈은 시장의 힘이 오직 보조적인 역할만 수행해야 한다고 생각했다. 그는 국가공업과 중앙집권적인 경제체제의 유지에 긴밀한 이해관계를 갖고 있는 일부 관료들의 주요 대변자였다. 어쨌든 점점 더 혼돈상태에 빠진 경제상황―당시의 용어를 빌리면 '과열'경제―으로 인해 정부는 1985년 말 긴축정책을 시행할 수밖에 없었고 그러자 문을 닫는 공장과 실업자가 속출했다.

그럼에도 불구하고 덩샤오핑과 특히 자오쯔양 총리는 자본주의적 구조조정계획을 계속 밀어붙였다. 1986년 자오쯔양은 머지않아 유명해진 그의 '연해전략'에 기초해서 북쪽으로는 만주와 산둥에서부터 남쪽으로는 광둥에 이르기까지 태평양 연안을 따라 펼쳐져 있는 경제적으로 가장 선진적인 지역에 대외무역과 외국인 투자를 추진했다. 그리고 이런 경제특구의 범위를 더욱 확대해야 한다고 주장했다. 공장과 기업은 자신의 이익과 손실에 스스로 책임을 지는 독립된 단위로서 운영되도록 했다. 그리고 실제로 이들은 이익의 극대화라는 자본주의 원칙에 따라 사업을 해야 했다. 또한 자오쯔양은 '철밥통'으로 알려진 직업안정 제도의 폐지를 재차 강조하고 자본주의에 더욱 충실한 노동시장을 창출했다. 자오쯔양과 연합한 몇몇 열정적인 개혁가들은 '노동예비군', 즉 싸게 고용하고 쉽게 해고할 수 있는 거대한 규모의 실업 노동집단의 이점을 찬양했다.

* * *

덩샤오핑 시대의 역사 속에서도 마오쩌둥 시대와 마찬가지로, 지적·정치적으로 비교적 자유로운 시기와 억압의 시기가 계속 순환적으로 나타났다. 1986년 봄, 마오의 '백화'정책 30주년을 기념한다는 명목 아래, 덩샤오핑은 사상적 유연성을 권장하고 '정치개혁'의 필요성을 강조하면서 정치적인 분위기를 바꿔 나가기 시작했다. 이에 대해 선도적인 마르크스주의 지식인들은, 이론은 변화하는 사회현실과 영향을 주고받으며 끊임없이 변화해야 한다는 것이 마르크스주의의 기본전제라고 주장하면서 마르크스주의의 비(非)교조주의적 성격을 강조했다. 혁명 이후의 중국 사회와 정치를 비판적으로 분석하는 도구로서 1980년대 초부터 부활하고 있던 마르크스의 소외개념이 자주 거론되었고, 이는 당이 '반(反)정신오염' 운동을 벌이면서 이런 논의를 억압할 때까지 계속되었다. '소외론' 이론가로서 가장 잘 알려진 왕뤄수이는 『인민일보』 부편집인 자리에서 쫓겨났다. 그러나 1986년 여름 왕뤄수이의 논문 「마르크스주의의 인간철학」이 상하이의 한 신문에 발표되자 그는 다시 대중의 눈을 사로잡았다. 그는 초기 소외론 논쟁 때 그랬던 것처럼 이 글에서도 마르크스주의 전통의 민주적이며 휴머니즘적인 요소를 역설하고 있다.

'정치개혁'에 대한 덩샤오핑의 호소는 1986년 11월 전국인민대표대회가 지방 인민대표대회의 대의원 선출에 관한 선거법을 공포함으로써, 비록 아주 제한적이기는 했지만 구체적인 결실을 맺었다. 그리고 이 선거법과 덩샤오핑 정권의 민주주의에 대한 의지를 가늠하는 첫 시험대는 안후이 성의 성도 허페이(合肥)에 있는 중국과학기술대학 캠퍼스였다.

명망 높은 중국과학기술대학은 원래 베이징에 있었으나 문화대혁명 기간에 비교적 조용한 허페이로 옮겨갔으며 마오 이후의 시기에도 계속 허페이에 남아 주로 고위관료와 유명 지식인의 자녀들인 엘리트 학생집단을 교육하고 있었다. 1986년 12월 5일 3천 명의 학생들이 다가올 지방대의원선거에서 실제적인 선택의 기회가 없다며 항의시위를 벌였다. 민주주의를 요구하는 학생들의 목소리는 이 대학 부학장이었던 팡리즈(方勵之)의 열정적인 지지를 얻었다. 팡리즈는 저명한 천체물리학자이며 당 총서기 후야오방과 친분이 있는 여러 지식인의 은밀한 지지자이기도 했다. 반일(反日)감정을 비롯한 다른 쟁점들이 시위가 계속되는 동안 표출되었다. 반일감정은 유명한 '12·9운동'(1935) 기념일에 폭발했다. 1935년의 '12·9운동'은 이전 세대의 학생들이 일본의 침략에 반대하지 않는 장제스 정권에 항의하여 일어난 운동이었다.[5]

1986년, 학생들의 민주화 시위는 허페이에서 양쯔 강 유역의 다른 10여 개 도시로 빠르게 확산되었다. 그리고 이 시위의 물결은 상하이에서 그 절정에 달했다. 12월 20일 5만 명의 항의자들이 도시 중앙에 위치한 인민공원을 가득 채웠고 경찰과 작은 충돌도 있었다. 이때 덩샤오핑과 그 주변의 대부분 은퇴했지만 여전히 영향력을 행사하고 있던 당 원로들은 이 시위를 끝장내기로 결정했다. 한편 학생들은 상하이를 비롯한 여러 지역에서 (비록 적은 수이기는 했지만) 노동자들의 지지를 얻기 시작했다. 그들은 후야오방 진영의 민주적 마르크스주의자들의 일부와 끈이 닿아 있는 것처럼 보였다. 그리고 이 운동은 전체적으로 공산당의 조직적 통제를 넘어, 사실상 공산당에 반대하며 더욱 고양되었다. 정부의 출판물은 학생운동을 문화대혁명과 유사한 것으로서 '혼란'의 악몽을 불러일으키고 있다고 비난했다. 시 당국에는 시위를 금지시키라는 명령이 떨어졌다. 정부의 강압적인 위협 아래에서 그리고 학기말 시험이 시작되자 학생운동은 1987년 1월 초에 자취를 감추었다.

그러나 보복은 있었다. 학생들의 경우 체포된 사람이 비교적 적고 그마저도 (부르주아 지식인들에게 현혹되었다는 이유로) 전부 석방되었지만, 시위가 진행되는 동안 구속된 많은 노동자들은 '반혁명' 등 갖가지 이유로 계속 감옥에 갇혀 있었다. '부르주아 자유화'에 반대하는 새로운 운동이 지식인들을 겨냥하여 전개되었는데, 이것이 덩샤오핑 시대의 세 번째 마녀사냥이었다. 희생자 중에는 공산당에서 제명되고 과학기술대학 부학장직에서 해임된 팡리즈가 있었다. 또한 기자로서 관료들의 부패를 폭로하여 당 관료들의 증오를 산 류빈옌도 있었다. 류빈옌은 『인민일보』에서 쫓겨났으며 두 번째로 당에서 제명되었다.[6]

그러나 가장 주목을 끄는 탄압의 희생자는 후야오방이었다. 그는 1987년 1월 공산당 총서기직을 박탈당했다. 사실 덩샤오핑은 몇 달 전 후야오방을 당의 우두머리 자리에서 물러나게 하려고 이미 작정하고 있었다. 당 지도자 자녀들의 부패에 재갈을 물리려는 후야오방의 노력과, 민주적 지식인들과의 친밀한 관계가 당 원로들의 분노를 샀기 때문이다. 후야오방의 숙청은 1987년 가을에 개최될 제13차 당대회에서 공식적인 당규에 따라 처리될 예정이었다. 그러나 1986~1987년 겨울에 일어난 학생들의 항의시위로 인해 시간표는 더욱 앞당겨졌고 정상적인 절차마저 무시되었다. 후야오방은 강제로 혼란의 책임을 져야 했으며, '부르주아 자유화'에 대한 경계를 게을리 했다고 비난받았다. 후야오방을 제거한다는 결정은 당 중앙정치국 명의로 발표되었지만, 실제로 정치국 회의가 열린 적은 없었다. 이 결정은 사실상 덩샤오핑과 당의 원로들이 모인 비공식회의(이후 '원로방'이라 불림)에서 이루어졌다. 훗날 자오쯔양 총리는 자신이 후야오방 축출에 가담했다는 사실을 부인했지만, 아마도 야망을 품고 있던 그 역시 비공식회의에 참석했을 것이다.

어쨌든 자오쯔양은 이 결정의 정치적 수혜자였다. 1987년 1월 그는 후야오방 후임으로 공산당 총서기 서리에 지명되었다. 그리고 그의 직위는 그해 가을 제13차 당대회에서 공식화되었다. 후야오방은 중앙정치국 위원직과 6인으로 구성된 중앙정치국 상무위원직은 그대로 유지했으나 권력과 영향력은 더 이상 갖고 있지 않았다. 자오쯔양이 떠난 총리 자리에는 기존의 당-국가 관료의 이해와 양식에 쉽게 자신을 적응시킬 수 있었고, 소련에서 훈련받은 엔지니어 출신 리펑(李鵬)이 올랐다. 리펑은 정책을 제정하는 사람이라기보다는 정책을 이행하는 기술 관료였으므로 덩샤오핑의 명령을 충실히 실행해야 하는 총리직에 딱 맞는 이상적인 인물이었다.

＊　＊　＊

자오쯔양이 공산당을 지배하는 동안 자본주의적 발전의 속도는 더욱 빨라졌다. 그의 '연해전략'은 수출지향적 경제를 진흥시키기 위해 설계된 것으로, 이 전략하에서 외국과의 무역은 더욱 활발해졌고 외국인 투자가들에게는 아주 유리한 조건이 제시되었다. 노동과 토지를 위한 시장을 창출한다는 명백히 자본주의적인 성격의 사업은 새롭게 활기를 띠기 시작했다. 그리고 '가격개혁'이 더욱 확대되어 점점 더 많은 상품의 가격이 시장의 결정에 맡겨졌다. 이 모든 발전(엄청난 양의 외국인 투자 유치, 부동산시장의 성장, 쉽게 조작될 수 있는 '시장의 힘'에 맡겨진 상품)은 관료들의 부정축재를 부채질했고 관료들에게 부자가 될 수 있는 기회를 제공했다.

하지만 자오쯔양은 경제개혁의 사회주의 혈통을 강조할 필요가 있다고 느꼈다. 따라서 급속히 자본주의화되고 있는 경제제도(이는 누가 보아도 명백했다)를 공식적으로는 '중국 특색 사회주의'라고 명명했다. 또한 자오쯔양 및 덩샤오핑과 연결된 다수의 지식인들이 덩샤오핑 정권의 시장정책을 마르크스주의적으로 합리화하는 작업을 진행했다. 이들은 마르크스의 글에서 두드러지게 나타나는 요소이기도 했던, 자본주의의 경제적 역동성과 그 역사적 진보성을 칭찬하는 부분을 끄집어냈다. 이들은 중국사회의 주요 모순은 '선진적인 사회주의 제도'와 '낙후된 생산력' 사이에 존재한다는 덩샤오핑의 유명한 1956년의 테제를 되풀이했다. 이것은 당장에 일어날 사회적 문제를 고려하지 않고 모든 가능한 방법을 동원하여 근대적 경제발전을 최대한 빨리 이루어야 한다는 기본원칙이었다. 결국 이들은 자오쯔양이 사용하게 될 '사회주의 초급단계' 이론을 발명했으며, 이는 당시의 주요 사상적 개념이었다.

'사회주의 초급단계' 이론에 따르면, 중국은 본질적으로 이미 사회주의 사회였다. 생산수단의 '공적 소유'가 압도적일 뿐 아니라 "일한 만큼 보상받기" 때문이다. 이 두 가지 사회주의 원칙은 물론 모두 허구였으며 이제는 마오쩌둥 시대보다도 훨씬 더 현실과 동떨어진 것이었다. 덩샤오핑주의자들의 정의에 따르면, 중국은 사회주의 사회지만 경제적 후진성으로 인해 아직까지 미성숙한 사회주의 사회였다. 오직 근대적인 생산력을 충분히 높은 단계로 성장시켜야만 완전히 발전한 사회주의가 꽃을 피울 수 있었다. 그러나 이는 시간이 걸릴 것이며 실제로 한 세기는 족히 걸릴 것이다.[7] 그동안에는 무조건 가장 효율적인 수단을 동원해 모든 에너지를 경제적 근대화 과업에 쏟아 부어야 했다.

'사회주의 초급단계' 이론은 자본주의의 수용을 사상적으로 합리화하는 것이기도 했다. 이 이론의 가정에 따르면, 우호적인 정치적·국제적 조건하에서 시장경제는 신속한 경제적 근대화를 위한 가장 좋은 기회를 제공한다. 따라서 시장경제는 발전한 사회주의 사회를 이룩하는 데 필수적인 물질적 기초를 창출하는 가장 효과적인 방법이라는 것이다. 그러나 그 '발전한' 사회주의는 너무나 먼 미래에 도래할 것이기 때문에 현재 살고 있는 사람들의 노력과는 무관한 것이었다. 결국 사회주의는 아직 태어나지 않은 세대의 사업이며 목표이지, 지금 여기에 살고 있는 사람들과는 무관하며 또 이들이 상상할 수도 없는 것이었다. 게다가 좋은 사회의 도래를 거의 무한정 연기하는 과정에서 사회주의에 대한 정의 역시 무의미해졌으며 결국 사회주의 목표와 그 수단은 돌이킬 수 없이 완전히 혼란스러워졌다. 원래는 근대적 경제발전이 사회주의 목표에 봉사하는 수단이었는데 시간이 지나면서 사회주의는 경제적 진보 그 자체로서 정의되었다. 최고지도자인 덩샤오핑이 이 혼란의 가장 큰 원천이었다. 1992년 덩샤오핑은 그의 마지막 논평에서 사회주의에 관한 지난 수년간의 자신의 생각을 이렇게 요약하고 있다. "사회주의의 진정한 본질은 생산력을 해방하는 것이며, 사회주의의 궁극적 목표는 공동의 번영을 이룩하는 것이다."[8] 이는 확실히 칭찬할 만한 정서이기는 하지만 사람들이 자본주의의 '진정한 본질'을 기술하기 위해 같은 말을 이용해도 별 문제가 되지 않을 것이다.

또한 당은 사회주의적 발전과 공산주의의 필연적 도래를 보장할 뿐 아니라 그 과정에서 어떤 사회적 우회로를 가든지 유일한 조직이라는 이론에 근거해서, 공산주의 지도자들은 사회주의를 중국공산당의 정치적 지배와 단순하게 동일시하곤 했다. 이는 미래의 좋은 사회보다는 오늘날의 공산당 지배에 항상 더 많은 관심을 갖고 있던 덩샤오핑과 자오쯔양의 견해이기도 하다. 또한 사회주의를 중국 내셔널리즘과 혼동하는 경우도 적지 않았다. 1980년 덩샤오핑이 "사회주의의 목적은 나라를 부강하게 만드는 것"이라고 주상했던 것처럼.[9] (그리고 그는 이런 의미의 말을 다른 표현방식으로 여러 번 되풀이했다.) 결국 덩샤오핑 시대가 경제적으로는 승리를 거두면서도 사회적으로는 파괴적인 결과를 초래함으로써, 남아 있던 사회주의 목표와 가치는 중국을 '부강'한 국가로 만든다는 지극히 내셔널리즘적인 목적에 종속되었다. 근대적 경제발전과 강력한 국가기구는 이를 위한 기본적인 요소였다.

중국공산당 총서기로서 자오쯔양의 위치는 1987년 10월 마지막 주에 개최된 제13차 당대회에서 공식화되었다.[10] 또한 이 대회는 자오쯔양이 지난 1월부터 후야오방의 자리를 이어받아 추진하고 있던 정책을 승인했다. 그의 정책은 공식적으로는 '중국 특색 사회주의'를 건설하는 계획의 일환으로 묘사되었지만, 사실상 중국의 자본주의적 전환을 서두르는 것이었다. 그러나 대회일정은 주로 덩샤오핑의 업적을 찬양하는 데 할애되었으며, 덩샤오핑은 마오쩌둥 숭배의 시대가 끝난 뒤부터는 들리지 않던 과도한 칭송을 다시 받고 있었다. 실제로 자오쯔양은 한때 마오쩌둥 사상이 찬양받았던 것과 비슷하게, "마르크스주의의 보편적 진리를 중국의 현실과 통합시킨 모범"이라고 덩샤오핑의 사상을 묘사했다.[11] 1978년의 11기 3중전회는 중국의 역사적 상황에 마르크스주의를 적용함에 있어 "두 번의 주요한 역사적 도약" 중 두 번째에 해당하는 것으로서 그 역사적 의의가 1949년의 혁명과 동일한 것으로 간주되었다.[12] 그리고 제13차 당대회는 1930년대와 1940년대의 혁명전쟁 시기부터 1980년대 "중국 특색 사회주의" 건설에 이르기까지 최고 지도자 덩샤오핑의 생애와 사상을 미화하는 연설·책·연극을 발표함으로써 새로운 개인숭배를 조장했다.

제13차 당대회는 덩샤오핑(그리고 그의 세대에 속하는 다른 원로 당 지도자들)이 공식 직책에서 물러나 당과 국가의 정치에 적극적으로 관여하지 않게 된 것을 축하하는 행사였던 것으로 일반에 받아들여졌다. 실제로 덩샤오핑은 이때 당 중앙정치국 위원직에서 사퇴했고 다른 원로 공산당 지도자들도 그렇게 했다. 중앙정치국 상무위원회를 새로 구성하면서 다섯 명의 상무위원 중 오직 자오쯔양만이 제13차 당대회 이후까지 남아 있었다. 새롭게 선출된 사람들—차오스(喬石), 리펑, 후치리(胡啓立), 야오이린(姚依林)—은 그들의 선배보다 훨씬 젊었다. 평균연령이 77세에서 63세로 낮아졌다. 신임 상무위원들은 (원로 지도자 대부분이 선호했던 '인민복' 대신) 양복과 넥타이 차림으로 대중 앞에 나타났으며, 서방언론에서는 이를 '활력'과 '근대성'의 표시라고 전했다.

그러나 이런 인사이동에도 불구하고 덩샤오핑은 제13차 당대회 이후에도 계속 최고 권력을 쥐고 있었으며 실제로 그 권력은 당대회 이전보다 결코 덜하지 않았다. 덩샤오핑이 정치적 지배를 계속 유지할 수 있었던 데는 중국의 '최고지도자'로서 그가 누리고 있던 개인적 명성이 큰 역할을 했다. 그러나 한편으로는 당 중앙군사위원회 주석이라는 그의 공식 직책 때문이기도 했다. 덩샤오핑은 의외로 제13차 당대회 이후에도 계속 이 직책을 유지했으며, 따라서 그는 인민해방군을 효과적으로 통제할 수 있었다.[13] 또한 덩샤오핑은 주위의 '은퇴한' 당 원로들을 통해 정치적 지배를 계속할 수 있었다. '원로방'이라고 불린 이들은 오랜 개인적 관계에 기초한 비공식 정치 네트워크를 통해 정부의 정책과 집행에 엄청난 영향력을 행사하고 있다.

* * *

제13차 당대회의 결정과 더불어 더 빠른 '속도'와 '대담성'으로 진행하라는 덩샤오핑의 충고에 고무된 자오쯔양은 1988년 초 자본주의적 구조조정과정에 다시 박차를 가했다. 그의 '연해발전전략'은 더욱 철저하게 실행되었고 총 2억의 인구를 가진 연해지역(만주에서 광둥까지)을 외국인 투자가에게 개방했다. 그 결과 유입된 외국자본은 경기부양정책과 함께 놀라울 정도로 높은 공업성장률(1988년 21%)을 이룩하는 원동력이 되었으며, 뿐만 아니라 1980년대의 마지막 몇 년 간 덩샤오핑 정권을 침몰시킨 관료들의 부패풍조에도 한몫했다.

자오쯔양의 시장지향정책에는 '기업개혁'도 포함되었다. 하지만 국유공장의 재정과 경영에 대한 정부의 통제를 제거하려는 이런 노력은 대부분 무산되었다. 자오쯔양은 덩샤오핑의 열렬한 지지를 받으면서 또 하나의 개혁을 시도했는데 바로 '가격개혁'이었다. 이는 완제품과 원자재를 포함한 수많은 상품에 대한 국가의 고정가격을 점차 폐지하고 시장의 힘에 의존하게 하는 정책이었다. 그러나 가격 자유화에 대한 막연한 예상은 경제와 금융에 혼란을 초래했다. 이미 강력한 통화팽창 압력으로 고통받고 있던 경제상황에서 물가폭등에 대한 공포는 걷잡을 수 없는 은행권의 자금이탈, 사재기, 매점매석, 공업기업과 상업기업의 가격인상 등을 초래했다. 1988년 초가을, 대도시의 인플레이션은 연 30%에 육박했다. 경제가 통제 불가능한 상태에 빠지자 정부는 비극적인 파산을 면하기 위해 엄격한 긴축정책을 채택했다. 결국 '가격개혁'은 공식적으로 제도화되기 전에 폐지되었으며 신용대출은 더욱 까다로워졌고 통화공급과 자본투자는 격감했으며 사실상의 자율권을 얻었던 많은 기업과 지역에 중앙정부의 통제가 다시 가해졌다.

인플레이션과 인플레이션을 억제하기 위한 긴축정책은 둘 다 도시민 대다수에게, 특히 국유공장의 노동자, 정부 각 부처의 하급 공무원과 사무원, 지식인, 학생, 그리고 국가로부터 받는 봉급이나 보조금에 의지해서 사는 사람들 모두에게 고통을 안겨주었다. 농민, 특히 곡물이나 그 밖의 기초식량을 생산하는 사람들 역시 가격이 천정부지로 치솟은 데다가 구하기조차 어려운 비료, 정부의 곡물수매가 하락, 부패관료들의 불법 세금징수로 인해 고통을 받았다.

인플레이션의 참화를 입은 생활수준은 1988년 가을에 정부가 '과열된' 경제를 '냉각'시키기 위해 도입한 긴축정책으로 더욱 악화되었다. 신용대출을 엄격하게 통제하자 문을 닫는 공장이 생겨났고, 노동자는 졸지에 실업자가 되었다. 특히 큰 타격을 입은 것은 중국경제에서 가장 역동적인 부문이었던 향진기업이었다. 향진기업은 매년 약 30%의 공업생산 성장률을 기록해왔으며 1980년대 말에는 거의 1억 명에 달하는 노동자를 고용하고 있었다. 그러나 농촌공업은 손쉬운 신용대출에 크게 의존하고 있었기 때문에 1988년 말 정부가 긴축정책을 시행하자 일부 향진기업은 문을 닫았고 대부분은 생산을 감축해야 했다. 수백만의 젊은 노동자(특히 젊은 여성노동자)가 직장을 잃었으며, 그 중 일부는 '유민'(游民)집단에 가세했다. 1989년 봄, 이렇게 정처 없이 떠도는 룸펜프롤레타리아트 대열에 휩쓸려 들어간 사람들의 수가 5천만 명 이상으로 추산되었다.

그러나 인플레이션에도 불구하고 또는 종종 바로 그것 때문에, 일부의 사람들은 적어도 1988년 한 해 동안 경기순환의 호황국면에서 큰 돈을 벌었다. 부를 획득한 사람들은 외국무역에 종사했던 사람들, 예컨대 정치적으로 영향력이 있던 무역업자들로서 상품과 물자를 낮은 국가가격에 얻어서 세계시장가격으로 수출할 수 있었던 사람들, 빠르게 확장하는 개인기업과 집단기업의 경영자와 고용인, 농촌의 기업가와 도시번화가의 잡상인, 그리고 특히 비교적 값싼 국가가격의 상품과 원자재에 접근할 수 있었던 부패관료들이었다. 그러나 빈부격차가 이미 놀라운 속도로 벌어지고 있는 사회에서 대다수의 생활수준은 인플레이션으로 인해 악화되었다. 그런데 이 인플레이션을 잡기 위해 1988년 말에 채택한 정부의 긴축정책 때문에 그들의 생활수준은 더 급격히 하락했다. 점점 하락하는 생활수준은 부정축재를 일삼는 관료들과 수상한 방법으로 벌어들인 돈을 자랑하는 사람들에 대한 커져가는 분노와 결합하여 1989년 겨울과 봄 광범위한 사회적 동요를 낳았다. 덩샤오핑 정권에 대한 대중의 불만을 보여주는 징후는 모든 곳에서 나타났다. 공장에서 노동자의 파업과 태업, 범죄율의 급증(공이 통계에 따르면 1987년에 비해 1988년에는 50%가 증가), 도시와 농촌 모두에서 청소년 범죄집단의 등장, 그리고 마약중독, 매춘, 도박, 포르노그래피 같은 옛 사회병폐의 급속한 확산, 점점 더 증가하는 학생들의 정치활동(이들의 활동은 교내에서 도시의 거리로 확대되었고 불법 '대자보'가 거리에 나붙기 시작했다), 그리고 지방관료들과의 물리적 충돌과 '유민'의 증가로 나타난 농민의 동요가 그것이었다.

관료들은 사회적 동요를 눈치 채고 있었다. 무장이동 경찰병력이 소요사태에 대비하여 조직되었고, 경찰관료들은 최첨단 폭동진압술을 배우기 위해 외국에 파견되었다.

신권위주의

공산주의 국가를 수호하기 위한 물리적 준비와 더불어 이데올로기적 방어작업도 새롭게 진행되었다. 이 시기에 당 총서기 자오쯔양의 편에 섰던 지식인들은 자본주의 시장경제와 스탈린주의 정치독재의 결합—사실상 덩샤오핑의 경제개혁이 가져온 이상한 결합—을 위한 사상적 합리화를 위해 노력하고 있었다. '신권위주의'라 불리게 될 이 새로운 이데올로기에 따르면, 메이지 시대의 일본, 타이완, 싱가포르, 한국과 같이 성공적으로 근대화를 이룩한 동아시아 국가의 역사적 경험으로 볼 때 근대적 경제발전, 특히 대중을 길들이고 노동자를 훈련시키기 위해서는 강한 국가와 강력한(그리고 계몽된) 통치자가 반드시 필요하다는 것이었다. 덩샤오핑의 지도하에서 기존의 레닌주의 정치조직은 이런 조건을 완전히 충족시키고 있었음은 말할 필요도 없다. 그러나 현명하고 강력한 지도자 외에도, 신권위주의 이론가들은 중국의 경제적 성공을 위해서는 자신들과 같은 지식인들로 구성된 '정책결정집단'—미래를 설계하고 어떻게 거기에 도달할 수 있는지를 지도자에게 조언해줄 지식인집단—이 필요하다고 주장했다. 또 당분간 중국은 민주주의를 실행할 수 없다고도 했다. 민주주의는 1당 정치에 혼란을 가져올 것이고 또한 시장경제로의 전환과정에서 희생당한 사람들의 파괴적 저항을 불러일으킬 것이며, 결국에는 중국의 근대화를 지연시킬 것이기 때문이었다. 신권위주의 이론가들은 정치적 민주화를 완전혀 배제하지는 않았지만 그것은 고도로 발전된 경제와 활력 넘치는 자본가계급이 전제되어야 한다고 말했다. 그러나 현재 이런 전제조건들이 아직 존재하지 않기 때문에 민주주의는 언제가 될지 알 수 없는 미래의 일로 연기되었다.

신권위주의론은 덩샤오핑의 사상에 기초하고 암암리에 당 총서기 자오쯔양의 지지를 받고 있었다. 최소한 그 제창자들은 그렇게 주장하고 있었다. 어쨌든 이 이론은 곧 민주적 마르크스주의 지식인들의 비판을 받았다. 쑤사오즈(蘇紹智)와 같은 많은 민주적 마르크스주의자들은 쫓겨난 당 지도자 후야오방의 편에 섰던 사람들이었기 때문에 당시 자신들이 정치적으로 망각되고 있음을 깨닫고 날이 갈수록 덩샤오핑과 자오쯔양을 반대했다. 그리고 잇따라 활발한 논쟁이 일어났다.[14] 비평가들은 독재적 수단은 아무리 그 경제적 효과가 좋다고 하더라도 민주적 목표를 지향하지 않을 것이라고 주장하면서 동아시아 국가의 비교적 작은 나라들의 역사를 거대한 중국의 정치적·경제적 필요성과 연관시키는 것에 문제를 제기했다.

논쟁의 내용 자체는 그다지 주목할 만한 게 없지만, 시장개혁 시대의 첫 10년이 지나면서 정치적 견해와 사회적 이상이 얼마나 많이 변했는가를 잘 보여주고 있었다. 1978년에 지식인들은 '사회주의 민주'에 대한 덩샤오핑의 약속에 고무되어 그의 진영으로 대거 몰려들었다. 그러나 10년 뒤 신권위주의를 둘러싼 논쟁 속에서는 자오쯔양의 이론가들이나 이에 반대하는 민주적 비평가들 모두가 사회주의라는 단어를 거의 언급하지 않고 있다. 양쪽 다 자본주의 경제를 빠르게 생산하고 있던 시장경제를 품에 안고 있었다. 다만 이들의 차이점은 오직 그 과정을 후원할 정권이 권위주의적이어야 하는가 민주적이어야 하는가의 문제에 있었다. 물론 그 어느 경우에서든 지식인은 핵심적인 역사적 역할을 수행할 것이라는 데 이들의 의견은 일치하고 있었다. 마르크스주의는 거의 무시되었다. 자오쯔양의 가장 뛰어난 이론가들의 경우에는 서양의 보수적 정치학이론을, 그들의 민주적인 적들의 경우에는 일반적인 서양의 자유주의를 지지하고 있었다. 지난 10년 동안 덩샤오핑 정권의 지지자나 이론가로 남아 있던 지식인들은 '사회주의 민주'의 목표를 버리고 자본주의 독재를 옹호하는 신권위주의를 선택했다. 이런 지적인 변화는 사회경제적 전환만큼이나 엄청난 충격이었다.

「하상」

몇몇 지식인들이 신권위주의론에 대해 토론을 벌이고 있을 때 또 하나의 논쟁이 「하상」(河殤)이라는 제목의, 높은 시청률을 기록한 텔레비전 다큐멘터리를 둘러싸고 벌어졌다. 「하상」은 중국중앙텔레비전(CCTV)을 통해 1988년 6월 전국에 방영되었다. 겉보기에는 관련이 없는 것 같았지만 이 두 논쟁은 많은 공통점을 갖고 있었다. 둘 다 관심의 초점이 중국 근대 인텔리겐치아의 가장 오래된 관심사인, 지식인의 정치적 역할에 모아져 있었다. 또한 둘 다 공산당 총서기 자오쯔양을 둘러싸고 전개되고 있던 정치적 파벌투쟁에 깊이 연루되어 있었다. 그리고 가장 중요한 것으로서 두 논쟁 모두 자본주의의 물질적 승리뿐 아니라 이데올로기적 승리를 보여주고 있었다. 덩샤오핑이 '사회주의 민주'의 기치를 내걸고 권좌에 오른 지 겨우 10년이 지난 지금, 중국지식인의 생활에서 사회주의 관념이 얼마나 현실과 무관한 것이 되었는지를 여실히 보여주고 있었던 것이다.

「하상」은 아름다운 영상과 열정적인 내레이션을 통해 중국의 전통문화에 대한 전면적이고 신랄한 비판을 가했다. 5·4시대의 급진적인 반전통주의로부터 영감을 얻은 제작진은 전통적 가치의 악영향이 천년에 걸친 중국의 무기력과 근대적 후진성을 낳은 주요 원인이라고 암시했다. 정태적이고 파괴적인 황허는 「하상」에서 중국역사에 대한 은유였다. 중국은 사회경제 질서가 폭력적 힘에 의해 정기적으로 와해되면, 불변하는 낡은 가치체계와 부합하는 낡은 기초 위에서 질서가 재건되는 그런 역사를 반복했다는 것이다. 이처럼 2천년에 걸쳐서 중국 봉건사회가 유지해온 '극도의 안정'은 오히려 창조성을 억압하고 경제발전, 특히 자본주의적 발전을 저해하는 중국역사의 저주였다. 중국문화와 중국문명의 요람인 황허는 농민을 기반으로 하는 내향적인 사회—오직 자기 자신과 숨 막히는 전통을 재생산할 수밖에 없는 사회—의 뿌리 깊은 보수성과 낙후성을 상징한다.

「하상」에서 황허의 안티테제는 힘차게 약동하는 푸른 바다로서 이는 근대의 과학·공업·민주주의의 역동적인 고향인 자본주의 서양의 외향적인 대양문화(大洋文化)의 상징이다. 1919년 '전반적인 서구화'를 주장했던 5·4선조(1권 2장 참조)들과 같이, 「하상」의 제작진도 중국과 중국문화에 결여된 모든 것을 서양 제국(諸國)에서 발견했다. 따라서 중국이 모방해야 할 서양의 이미지는 아주 낭만적으로 그려졌다. 그러나 아무리 그러고 싶다 하더라도 이들은 5·4세대와는 결코 같을 수 없었다. 5·4인텔리겐치아는 서양의 과학과 민주주의를 찬양하는 동시에 서양 제국주의와 자본주의의 파괴성 역시 잘 인식하고 있었다. 따라서 이들은 서양 여러 나라의 진보성과 반동성을 구별하기 위해 번민하고 노력했으며, 그 과정에서 이 딜레마를 해결해주는 이론으로 사회주의와 마르크스주의를 발견했던 것이다. 이와는 대조적으로, 70년 뒤 이른바 이들의 후계자들은 근대중국사 속에서 서양이 선생이었을 뿐 아니라 억압자였다는 고통스러운 딜레마를 무시했다. 그 대신 중국에서 자행된 외국 제국주의의 오랜 착취의 역사를 활력 넘치는 '푸른' 문명과 정태적인 '황색' 문명 사이의 '문화적 충돌'로 축소시켰다.

「하상」 제작을 추진한 지식인들은 제국주의에 대한 5·4세대의 인식을 더 이상 공유하지 않았듯이, 자본주의에 대한 인식도 5·4세대와 달랐다. 5·4지식인들이 선진국가의 물질적·지적 업적을 흠모한 것은 사실이지만, 그들의 서양 근대문명 수용은 서양의 과학 및 민주주의와 긴밀히 연결되어 있던 자본주의 경제체제로까지 확대되지는 않았다. 실제로 사회주의 사회가 근대 서양문화의 가장 선진적인 형태로서 조만간 출현할 것이라는 주장이 5·4지식인들 사이에서 널리 받아들여지고 있었다. 이와 달리 1980년대 말의 '서양은 더욱 신성하고 문제가 없는 것처럼 그려졌다. 중국에서 근대과학과 민주주의가 진정으로 꽃피우기 위해서는 발전된 자본주의 경제의 건설이 전제되어야 한다는 것이 중국지식인들 사이에 널리 공감대를 형성하고 있었다. 어쨌든 많은 사람들이 이런 전망을 환영하는 듯이 보였고 덩샤오핑의 시장개혁과 공식 이데올로기(훌륭한 마르크스주의의 외피 아래 자본주의의 진보성을 찬양하는 것) 역시 그것을 막으려 하지 않았다. 「하상」에 나오는 다음과 같은 내레이터의 촌평은 의미심장하다. "카를 마르크스가 오래전에 예언한 자본주의의 조종(弔鐘)은 아직도 울리지 않고 있다."[15]

덩샤오핑 시대 말기의 지식인, 적어도 「하상」에 표현된 관점을 공유한 사람들과 5·4인텔리겐치아를 하나로 묶어주는 것처럼 보이는 것은 문화적인 반(反)전통주의이다. 두 경우 모두 당장의 사회적·정치적 폐단을 전통적 가치의 악영향 탓으로 돌렸다. 그러나 이들의 문화적 반(反)전통주의가 의미하는 바는 서로 달랐다. 5·4운동 당시에는 전통이 사회적 보수주의와 관련되어 있었고, 반동적인 정치적 목적을 위해 애용되고 있었다. 그러나 덩샤오핑의 혁명 이후 시대에는 중국을 짓눌렀던 짐이 전통이 아니라 오히려 공산주의 혁명이 가져온 스탈린주의 관료기구였다. 중국의 병을 '봉건적' 문화의 악영향 탓으로 돌리는 것은, 혁명 이후의 체제에 중국사회를 괴롭혀온 문제에 대한 면죄부를 주려는 일종의 사상적 술책이었다. 따라서 5·4시대에 사회적으로 급진적이었던 문화적 반전통주의가 70년 뒤에는 의식적이든 무의식적이든, 공산당 정권의 보수적인 방어수단으로 부활했다. 오늘날 중국이 안고 있는 병폐의 원천을 전통문화에서 찾는 가운데「하상」의 제작진(이들의 후원자는 공산당 총서기 자오쯔양이었다)은 덩샤오핑주의 국가의 공식 이데올로기의 주요 논지 가운데 하나를 되풀이하고 있었다. 즉 현재 공산주의 체제가 안고 있는 문제는 공산주의 혁명이 낳은 새로운 사회정치적 질서에서가 아니라 잔존하는 중국의 봉건성에서 주로 기인한다는 주장이다. 자오쯔양과 달리 공산당 정권의 고위 관료들은(그들 중 상당수는 문화적으로 보수적이었다) 문화적 반전통주의의 정치적 유용성을 인식할 만큼 통찰력이 예리하지 못했다.

「하상」은 1919년을 눈에 띄게 부각시킨 반면 1949년을 무시했다. 사실 서양에 중국을 '개방'하려는 저우언라이·덩샤오핑·자오쯔양의 노력을 찬양한 것말고는 중국 공산주의 혁명이나 인민공화국의 역사에 대해서는 전혀 언급하지 않았다. 또한 암암리에 마오주의 혁명은 중국의 정체적인 역사에 어떤 긍정적인 변화도 가져오지 못한 것으로, 기껏해야 그 '봉건적' 후진성을 반영하고 영속화했을 뿐인 것으로 간주되었다.

공산주의 혁명과 마찬가지로 그 혁명을 만든 사람들 역시 대부분 무시되거나 부정적으로 묘사되었다. 농민은 시대에 뒤떨어진 전통과 '봉건적' 사상의 사회적 전달자라고 비난받았다. 한 유닝한 외국 학자는「하상」을 이렇게 평했다. "농촌사회는 절망의 모습이 역력했다. 유일하게 인터뷰에 응한 한 농부는 슬하에 자녀를 몇이나 두었느냐는 질문에 중국을 인구과잉으로 만들었다며 자책했다."[16]

근대중국의 비참한 상태와 근대중국이 짊어지고 있는 역사와 전통의 모든 짐에도 불구하고「하상」은 중국이 마침내 천년간의 '극도의 안정'을 깨고 나올 준비가 되어 있다는 희망을 제시하며 끝을 맺는다. 우선

이제는 분명하고 보편적인 모방의 대상인 서양의 선진자본주의 국가라는 유토피아가 존재했다. 이는 마지막 회에 '푸른색'이라는 제목 아래 상당히 매력적으로 묘사되었다. 게다가 중국에는 덩샤오핑주의 정책인 자본주의 시장개혁을 통해 이 모델을 추구해야 할 필요성을 인식하고 있는 지도자들이 있었다. 그 가운데 암묵적이긴 하지만 분명하게 추켜세웠던 것은 자오쯔양과 그의 연해 발전전략이다.

그러나 「하상」의 작가들에 따르면, 중국의 미래에 대한 가장 큰 희망은 지식인의 지혜이다. 지식인은 민주주의와 과학을 진정으로 이해하고 중국공산당이 실행하고 있는 시장개혁계획을 올바르게 안내해줄 수 있는, 근대화를 이룩해낼 진정한 사회적 주체였다. 지식인은 역사가 중국인민에게 준 '유일무이한 집단'이라고 TV 내레이터는 열정적으로 말한다. "무지와 미신을 타파할 무기를 손에 쥔 사람들이 바로 지식인이었으며, 그들이야말로 '항해'문명과 직접 대화를 할 수 있는 사람들이며, 과학과 민주주의라는 '푸른' 단물을 우리의 황색 대지에 끌어올 수 있는 사람들이다."[17]

「하상」은 지적이고 예술적인 노력의 순수한 결과물이 아니었다. 이 다큐멘터리 제작은 1987년 10월 제13차 당대회 이후 공산당의 파벌투쟁과도 밀접한 관련이 있었다. 당 지도자 자오쯔양은 「하상」의 작가들과 제작진의 중요한 정치적 후원자였다. 따라서 자오쯔양과 그의 경제정책이 이 다큐멘터리에서 칭송되고 있는 것은 전혀 놀랄 일이 아니다. 더구나 자오쯔양은 「하상」의 전국방영을 보장해주기까지 했다. 1988년 6월 중순 첫 방송이 나가자 '원로방'과 다른 보수적 당 지도자들은 이 다큐멘터리가 '문화적 허무주의'를 조장한다고 비난했으며, 7월에는 당 선전부장 후치리가 더 이상 방영하지 못하도록 했다. 그러나 이 결정은 자오쯔양이 직접 개입함으로써 번복되었다. 그리하여 8월 중순에 두 번째로 전국방영이 다시 허용되었고, 9월에야 당 중앙위원회는 다큐멘터리를 금지하기 위해 회의를 소집했다. 이때에는 「하상」의 비디오테이프와 대본을 복제해서 만든 책이 이미 널리 유통되고 있었다. 전하는 바에 따르면 자오쯔양이 비디오테이프 복사본을 '신권위주의' 이론의 화신인 싱가포르의 독재자 리콴유(李光耀)에게 선물로 주었다고 한다.

「하상」의 방영은 학생·지식인의 정치적 행동주의를 고취하고 나아가 1989년 민주화운동을 촉발하는 하나의 요인이 되었다는 것이 덩샤오핑 정권의 지도자들이나 그 비판자들 사이에 널리 퍼져 있는 생각이었다. 예컨대 류빈옌은 1988년의 그 다큐멘터리는 (이전의 텔레비전 연속극 「신성」(新星)과 더불어) "중국사회 전체에 반향을 일으키면서 지식인이 이제까지보다 훨씬 더 많은 일을 할 수 있음을 보여주었다"[18]고 썼다. 그리고 1989년 6월 4일의 비극 이후 공산당 지도자들은 '반혁명 모반'을 자극했다고 「하상」을 계속해서 비난했으며, 「하상」의 프로듀서 쑤샤오캉(蘇曉康)을 체포하려 했다. 결국 쑤샤오캉은 외국으로 망명했다.

정치의 민주적 변화를 촉진하는 것이 「하상」의 작가들의 의도였다. 한편으로 그들은 자오쯔양이 제안하는 경제적·정치적 개혁—정치개혁이 아무리 제한적인 것이었다고 할지라도—에 반대하는 보수적인 공산당 관료들을 우회적으로 공격함으로써 이를 드러내려고 했다. 정치적으로 보수적인 관료들은 보통 문화적으로도 보수적이었다. 따라서 근대중국의 정치생활에 스며 있는 독재적 성격을 전통 중국문화의 권위주의적 요소와 결부시킴으로써 「하상」은 대다수 공산당 지도자들을 더욱 분노케 했다. 그것은 '부르주아 자유화'라는 정치적 이단의 발로일 뿐아니라 국가의 문화유산을 모독하는 반애국적인 것이었기 때문이다.

그러나 「하상」이 전하는 민주주의적 메시지는 모호했다. 영화를 만든 사람들의 민주주의적 자질은 총서기 자오쯔양의 후원으로 인해 처음부터 손상될 수밖에 없었다. 누가 뭐라 해도 결국 자오쯔양은 레닌주의 정당의 지도자였으며, 덩샤오핑의 4개 주요 원칙—그 중에서 공산당의 지도력이 가장 중요함——을 일관되게 지지했고, 신권위주의론을 장려했다. 아울러 영화 자체도 민주주의의 미덕을 이야기하기보다는 서양의 부강함을 찬양하는 것이었다. 그리고 「하상」이 가장 강력하게 전달했던 것은 지식인 이기주의적인 메시지였다. 중국의 지식인은 당연히 중국사회의 지도자이며 선진적인 서양 여러 나라의 '푸른 문명'을 모범으로 삼아 중국을 자본주의적으로 재건하는 사명을 부여받았다는 것이다. 이는 지적·정치적 엘리트주의를 키웠던 많은 전통적 그리고 근대적 역량을 다시 강화하는 메시지였으며 대중민주주의보다는 레닌주의 및 신권위주의와 잘 어울리는 메시지였다. 서양에 대한 낭만적 환상과 중국지식인의 엘리트주의는 1989년의 위대한 민주화운동에서 두드러지게 눈에 띄는 약점이었다.

1989년의 민주화운동

그러나 소수의 지식인, 특히 1987년 후야오방이 당 지도부에서 축출된 후 따돌림 당했던 사람들이 1989년 민주화운동의 지적 기원을 제공했다. 1986~1987년 겨울의 학생시위 이후 당에서 제명되고 대학에서 해임된 팡리즈를 비롯한 여러 유명 지식인들이 1988년 여름과 가을에 베이징 대학과 그 밖의 여러 대학에서 학생들이 주관하는 비공식 세미나에 참석하여 강연을 했다. 이는 이후 (1789년 프랑스 혁명을 예고했던 젊은 귀족들의 급진적인 동요를 모방하여) '민주 살롱'이라 불렸으며, 그 중에서 가장 유명한 것은 베이징 대학의 역사 전공 학부생이며 미래의 민주화운동 지도자가 될 왕단(王丹)이 조직한 모임이었다.

유명한 마르크스주의 이론가이며 후야오방의 몰락과 함께 마르크스-레닌-마오 연구소의 소장직에서 해임될 때까지 마오 이후 시대의 경제정책 입안자였던 쑤사오즈는 1988년 12월 덩샤오핑 정권의 공식 이데올로기를 중국과 세계의 변화하는 사회경제 현실과 유리된 '화석화된 도그마'라고 과감하게 공격했다. 이데올로기와 정책에 다시 활력을 불어넣기 위해서는 오래전부터 중국에 설치되어 있는 편협한 정치적 담론의 울타리를 넘어서 많은 서양 마르크스주의 학파의 사상에 대한 자유로운 토론을 허용해야 한다고 쑤사오즈는 주장했다.

1989년 1월 초, 팡리즈는 덩샤오핑에게 공개서한을 썼다. 그는 웨이징성과 그외 정치범들의 석방이야말로 인민공화국 성립 40주년과 5·4운동 70주년을, 그리고 더 보탠다면 1789년 프랑스 혁명 200주년과 그 보편적 원칙인 '자유·평등·박애·인권'을 진정으로 기념하는 방법이 될 것이라고 말했다.[19] 팡리즈의 편지는 다른 유명 지식인들에게 용기를 주었다. 이후 2개월 동안 이들은 당과 정부 지도자들에게 모든 정치범에 대한 일반사면을 요구하는 편지를 여러 차례 보냈다. 이는 전례 없는 일이었다.

지식인들(더 정확히 말해서 그들 중 아주 소수) 사이의 동요는 점점 커져가는 학생들의 정치적 행동주의에 곧 압도되었다. 1988년 부정기적으로 열렸던 '민주 살롱'은 1989년 초 몇 달 동안 베이징에 있는 여러 대학의 캠퍼스에서 정기적인 모임을 갖는 토론집단으로 발전했다. '공자연구회'라는 전혀 무해하게 들리는 이름 아래 학생들은 민주주의 이론과 기타 이단적인 사상을 토론하기 위해 모였다. 게다가 비밀리에 준정치적인 집단이 베이징을 비롯한 여러 도시의 대학교에서 조직되었으며, 학생들은 1919년 5·4운동 70주년과, '민주주의와 과학'이라는 5·4운동의 신성한 원칙을 기념하는 시위를 계획하고 있었다. 이는 정부기관의 후원 아래 열리는 공식적인 기념행사에 대한 도전행위나 마찬가지였다.

그러나 예기치 않은 사건들이 학생들을 더욱 빠르고 더욱 극적인 정치행동으로 이끌어갔다. 후야오방은 덩샤오핑의 신임을 잃은 뒤에도 여전히 중앙정치국에서 자리를 유지하고 있었는데, 1989년 4월 15일 중앙정치국 회의에 참석했다가 치명적인 심장마비를 일으켰다. 정치적으로 기민한 학생들은 민주적 성향의 후야오방에 대한 자신들의 진심어린 존경을 표시하고 싶은 마음을 넘어서 마침내 정치적 기회가 왔음을 인식했다. 고위 당 지도자가 죽었을 때 정부가 잠시 정치적 반대의견을 용인한다는 사실, 즉 "살아 있는 사람을 비판하기 위해 죽은 자를 애도하는" 전통을 되살릴 수 있는 좋은 기회임을 그들은 알고 있었다. 4월 15일 밤늦게 인민대학 당사학과(黨史學科) 대학원생들—그 중 상당수는 고위 관료의 자제들이었다—은 자전거를 타고 천안문에 가서 인민영웅기념비 앞에 후야오방의 죽음을 애도하며 화환을 바쳤다. 베이징의 다른 대학 학생들도 즉시 이 겁 없는 행동에 가담하면서 수도의 거리는 「인터내셔널가」 등의 혁명가를 부르며 광장과 정부청사를 향해 나아가는 '긴 행렬'로 붐비기 시작했다.

  행진과 시위의 규모는 하루가 다르게 커져갔으며 점점 투쟁적이 되었다. 어떤 학생들은 인민대회당 앞에서 연좌농성을 벌이면서 전국인민대표대회의 대표들에게 집회와 언론의 자유 같은 기본적인 민주적 권리를 보장하라는 요구서를 발표하고, 관료들의 부패와 족벌주의를 비난했다. 일부 학생들은 실업청년들과 함께 공산당 고위 지도자들의 집과 사무실이 모여 있는 옛 자금성의 출입통제구역을 습격했고 그 과정에서 경찰과 충돌했다. 노동자와 시민들이 민주화운동의 선봉에 선 학생들과 함께 시위에 가담하기 시작하자 천안문 광장에 모인 군중의 수는 더욱 불어났다.

  점점 커져가는 대중소요에 대응하여 정부는 4월 22일 후야오방 장례식 때 대중들이 천안문 광장에 접근하지 못하게 했다. 그러나 당국은 학생조직가들의 명민함을 당해내지 못했다. 덩샤오핑을 비롯한 공산당 지도자들은 후야오방을 기리는 공식 추도행사를 마치고 인민대회당을 떠날 때 덩샤오핑 정권에 항거하여 침묵시위를 벌이는 10만의 인파가 광장에 서 있는 것을 보게 되었기 때문이다. 또한 장례행렬이 베이징 서쪽 교외 바바오산(八寶山)의 혁명공묘(革命公墓)까지 가는 연도변에 100만이 넘는 시민들이 늘어서 있었다. 이 혁명공묘는 지난날 혁명영웅이나 순교자를 안장한 성지였으며, 지금은 당 간부들의 묘지가 되었다.

후야오방의 장례식이 끝나자, 학생 지도자들은 베이징 지역 21개 대학과 전문학교의 학생활동을 통합하기 위한 '자치연합회'의 설립을 선포했다. 그리고 이들은 동맹휴업을 선언함으로써 수업거부를 공식화했다. 어떤 학생들은 민주주의를 요구하고 관료들의 부패를 비난하는 거리연설을 통해 베이징 시민에게 직접 호소하기 시작했다. 마침내 덩샤오핑이 격노했다. 아마도 계속 인기가 떨어지는 '최고지도자'에 대한 조롱이 점점 심해진 것도 무시하지 못할 이유였을 것이다. 이제 그는 19세기 말 청조의 부패를 초래했던 반동적인 서태후(西太后)와 자주 비교되곤 했다. 그러나 덩샤오핑은 1989년의 학생활동가들을 문화대혁명 시기의 반란자들과 비교하면서 둘 다 '천하동란'(天下動亂)을 일으키려는 목적을 가지고 있다고 주장했다.[20] 최고지도자의 분노는 4월 26일자 『인민일보』 사설에서 그대로 드러나 있다. 덩샤오핑 자신이 쓴 것임에 틀림없는 이 사설은 학생시위가 "나라 전체를 혼란에 빠뜨리기 위한" "계획된 음모"이며 이는 "중국공산당의 지도와 사회주의 체제를 부정하기 위한 것"이라고 말했다. 따라서 불법적인 집회와 허가받지 않은 시위는 엄금해야 하며 학생들이 노동자·농민 그리고 타교 학생들과 연대하지 못하도록 해야 한다고 경고했다.[21]

『인민일보』 사설은 지난 2주 동안 국가와 공산당과 사회주의에 대한 충성심을 보여주기 위해 각고의 노력을 했던 학생들(및 그 밖의 사람들)을 격분시켰다. 사설은 덩샤오핑의 의도대로 학생들에게 겁을 주어 그들을 고분고분하게 만들기보다는 오히려 그들을 정치적으로 자극하고 단결시켰다. 그리고 이것은 곧이어 거대한 사회운동으로 나타나게 된다. 4월 26일 밤, 영웅적인 자기희생의 감정으로 충만한, 베이징 내 24개 대학의 학생들은 이튿날 덩샤오핑 정권에 항거하는 시위를 준비하기 위해 밤새도록 일했다. 4월 27일 아침 일찍, 학생들은 학교정문을 통해 밖으로 나왔다. 학생들의 교문 밖 진출을 막기 위해 파견되어 있던 경찰과 민병은 이 돌발상황에 당황한 나머지 학생들에게 밀려났고, 학생들은 천안문 광장을 향해 거리를 행진했다. 각 대학의 학생들이 거리거리에서 속속 합류하면서 그 수는 무려 8만에 이르렀다. 그들은 소집단을 이루어 깃발을 흔들고 혁명가를 부르며, 하루 종일 가두행진을 벌였으며, 대중의 지지를 호소했다. 일부 시민은 학생들의 행진대열에 가담했고 어떤 사람들은 음식과 돈을 주는 등 자발적이고 인정 넘치는 연대의 모습을 보여주었다.

정부 지도자들은 이 반항적인 학생들을 어떻게 다루어야 할지를 놓고 의견이 분분했다. 정부는 덩샤오핑이 4월 26일에 제안했던 비타협적인 자세에서 한발 물러나 학생 지도자들을 만나는 데 동의했다. 이후 3주에 걸쳐 민주화운동이 점점 성장하는 동안 내분에 휩싸인 공산당은 혼란스럽고 무능해 보였다. 4월 30일 당 총서기 자오쯔양이 1주일간 북한을 방문하고 베이징에 돌아오자 덩샤오핑 정권의 난맥상은 더욱 심해졌다.

자오쯔양과 덩샤오핑의 관계는 덩샤오핑이 자신의 부하가 지식인들 사이에 '부르주아 자유화'를 용인하고 있다고 의심하게 된 그 해 초부터 이미 악화되어왔다. 이와 동시에 자오쯔양의 인기는 사회에서 대부분 증발해버렸다. 그의 자유분방한 시장정책은 도시를 황폐화하는 인플레이션 때문에 비난받았다. 그리고 이문이 많이 남는 수출입거래에서 큰돈을 번 그의 두 아들과 함께 자오쯔양의 가족은, 이제 공산당 관료기구에 만연해 있을 뿐 아니라 대중의 엄청난 분노를 사고 있는 관료들의 부정축재행위의 화신이 되어 있었다. 자오쯔양은 덩샤오핑이 당시의 경제적 어려움을 들어 자신을 희생양으로 삼고 2년 전 후야오방을 숙청했듯이 자신을 제거하려 한다고 생각했다. 물론 그가 그렇게 생각할 만한 충분한 이유가 있었다.

한편으로는 자기의 정치생명을 유지하기 위해서, 다른 한편으로는 타고난 천성으로 인해 자오쯔양은 반항적인 학생들과의 타협을 선호하는 당 지도자들과 한편이 되었다. 이로써 자오쯔양은 그의 오랜 후원자인 덩샤오핑에 맞서게 되었다. 이런 당내의 정치투쟁은 보름 동안 당 조직을 마비시켰으며 결국 민주화운동의 성장을 허용하는 형국이 되었다.

1989년 5월 4일, 자오쯔양은 학생들의 요구가 '합리적'이지만 그것이 민주적 절차를 통해 합법적으로 이루어져야 한다고 주장했다.[22] 같은 날, 5·4운동 70주년을 기념하여 베이징의 30개 대학과 전문학교에서 출발한 6만여 명의 학생들은 천안문 광장에 집결할 때까지 평화행진을 벌였다. 이 행진은 당의 지시로 만들어진, 허가받지 않은 시위를 금지하는 시의 조례를 어긴 것이었지만, 서로 팔짱을 끼고 깃발을 흔드는 학생들의 행렬을 경찰은 막지 않았다. 전국의 도시에서 올라온 대학생 대표단이 베이징 학생들에 가세했으며, 더욱 중요한 것은 비학생집단, 즉 나이든 지식인, 당의 통제 아래 있는 신문기자들, 노동자, 그리고 시민들의 가세였다. 이날 모두 합쳐서 30만 명 이상이 민주적이고 애국적인 5·4정신을 찬양하는 연설을 듣기 위해 천안문 광장에 모여들었다. 많은 연사들은 민주주의를 호소하는 동시에 공산당과 '사회주의제도'에 대한 지지도 함께 선포하려고 애를 썼다. 그것은 당시로서는 최대 규모의 시위였으며, 목격자들은 시위 참가자들의 비상한 자제력과 학생들의 조직술에 놀라움을 금치 못했다.

5월 4일의 집회는 분명 학생운동의 승리였음에도 불구하고 이렇다

할 결론이 없었으며 어떤 변화도 가져오지 못했다. 이후 1주일 동안 동맹휴업에 가담했던 많은 학생들이 교실로 돌아가면서 시위의 규모는 작아지고 횟수도 줄었다. 이제 모든 것이 정상으로 돌아가는 듯했다. 그러나 외적인 정적 밑에서는 중국공산당 내부의 격렬한 투쟁이 일어나고 있었다. 그리고 그 결과는 민주화운동의 운명을 결정지었다.

당내 투쟁에서 당 총서기 자오쯔양은 그의 스승인 '최고지도자' 덩샤오핑과 맞서고 있었다. 자오쯔양은 정치적 생존을 위해 애를 쓰면서 학생들의 요구를 대부분 옹호했다. 다만 그는 덩샤오핑을 더 이상 화나게 하지 않도록 학생들과 일정한 거리를 유지하려고 조심했다. 그러나 자오쯔양은 덩샤오핑이 집필한, 이제는 악명 드높은 『인민일보』 4월 26일자 사설의 주장을 철회하라는 학생들의 요구를 받아들였다. 자오쯔양은 학생들의 애국주의를 칭찬했으며, 그들의 요구사항 중에서 언론의 자유와 독립적인 사법제도의 설립을 보장하라는 점을 비롯하여 많은 것을 지지했다. 자오쯔양은 또한 정부와 학생 지도자들 사이에 협상을 해야 하며, 이는 민주적 기반 위에서 진행되어야 할 것이라고 주장했다. 그러나 덩샤오핑은 이런 타협안을 모두 거부했다. 그는 학생운동의 자발적인 행동에서 문화대혁명의 메아리를 듣고 있었다. 그는 공산당의 권위에 반기를 들고, 마오 이후의 질서가 가져온 신성한 '안정'을 전복하려는 젊은 신세대를 처벌하기로 마음먹었다. 그는 자기 주변으로 '원로방'을 모이게 했다. 원로방은 대개 보수적 성향을 지닌 노련한 당 지도자들(이들은 사실상 모두 덩샤오핑과 마찬가지로 문화대혁명의 피해자였다)과 인민해방군 지휘관 대다수를 포함하고 있었다. 그럼에도 덩샤오핑이 '최고지도자'로서 자신의 권위를 완전히 증명하기까지는 2주라는 시간이 걸려야 했다.

5월 중순 중앙정치국에서 이루어진 자오쯔양에 대한 덩샤오핑의 최종적인 승리는 학생들의 분열로 인해 아주 손쉽게 이루어졌다. 그토록 자발적이고 그토록 젊음이 넘치는 운동에서 혼란스런 파벌투쟁은 어쩔 수 없는 일이었다. 사상적·조직적 불화는 끊이지 않았고 알고 보면 대수롭지 않은 경우도 많았지만, 거기에는 민주화운동의 목적과 전술 면에서 중요한 의미를 갖는 근본적 차이가 한 가지 있었다. 한쪽에 존재하는 비교적 나이든 대학원생들과 그 추종자들─4월 중순에 운동을 처음 시작한 사람들─은 자오쯔양 및 그와 연결된 지식인들과 함께 일을 도모함으로써 중국공산당 내부의 권력투쟁에 영향력을 행사하려 했다. 이들과 점점 더 구별되어갔고 더 많은 수를 차지했던 부류는 스스로를 대중과 동일시하는 정치적·문화적으로 급진적인 학부생들이었다. 당국과 국가기관을 믿지 못하는 이들은 공산당의 조직적 통제에서 벗어나 자유롭게 사회 속에서 자신의 위치를 찾으려 했다. 이들은 자오쯔양과 덩샤오핑 사이에서 거의 아무런 차이도 발견하지 못했으며, 당의 원로 지도자들 사이에서 일어나고 있던 권력투쟁에도 별로 관심이 없었다. 거대한 5·4행진과 그 뒤에 찾아온 고요함이 지나간 뒤, 이 어리고 더 급진적인 학생들의 지도자들은 민주화운동의 가장 유명한 지도자가 되었다. 왕단(王丹, 베이징 대학 역사학과 학생)과 우얼카이시(吾爾開希, 베이징 사범대학생)가 바로 그들이었다.

새 학생지도부는 참을성이 없었다. '대화'를 요구하는 학생들에게 내분으로 마비된 정부가 계속 대답을 미루자 좌절한 젊은 지도자들은 이 난국을 타개하고 운동을 재충전하기 위해 단식투쟁을 선언했다. 5월 13일 오후, 500명의 학생들이 천안문 광장으로 행진해갔다. 수천 명의 지지자들에게 둘러싸여 이들은 인민영웅기념비 앞에 캠프를 마련하고 광장 중앙에서 단식투쟁에 돌입했다. 중국정부가 이틀 뒤 바로 그곳에서 소련 지도자 미하일 고르바초프를 환영하는 공식행사를 거행할 예정이었다는 점에서 이는 결코 우연한 일이 아니었다.

1989년, 미하일 고르바초프는 세계의 이목을 집중시키고 있는 인물이었다. 특히 중국에서 인기가 좋았다. 그의 글라스노스트 정책, 외향적 성격, 공산주의 체제를 민주화한다는 그의 약속은 중국에서 종종 대중과 거리감을 두는 덩샤오핑의 성향 및 그의 정치적 보수성과 대비되었다. 게다가 고르바초프는 1959년 니키타 흐루시초프와 마오쩌둥의 험악했던 만남 이후 중국을 방문한 첫 번째 소련 지도자였다. 그리고 그의 중국방문은 중소 간의 오랜 적대관계를 끝내기 위한 것이었다. 많은 사람들이 이 방문을 20세기 역사에서 중요한 사건으로 보고 있었으며, 전세계의 텔레비전 기자들이 미하일 고르바초프와 덩샤오핑의 만남을 취재하기 위해 베이징에 몰려들었다. 오랫동안 기다려온 이 외교적 구경거리를 찍기 위해 때마침 베이징에 들어와 있던 수많은 텔레비전 카메라는 뜻밖에도 중국 민주화운동의 흥망을 전세계에 방송하게 되었다.

고르바초프가 도착하는 바로 그날, 단식투쟁을 벌이는 학생들과 그 지지자들은 공안국의 위협에도 아랑곳하지 않고 자오쯔양의 호소를 무시하면서 광장에 남아 있었다. 따라서 '안정'과 '질서'를 그토록 찬미했던 덩샤오핑은 너무나 당혹스럽게도 고르바초프를 환영하는 공식행사를 5월 15일 비행장에서 급하게 치러야 했다. 그리고 소련 지도자는 베이징에 머무르는 동안 실내에서 하는 회의와 연회에만 참석했으며 5월 18일 상하이로 떠날 때까지 대중의 시선으로부터 차단되어 있었다. 이 사흘 동안 민주화운동에 대한 대중의 지지는 엄청나게 커져갔다. 이와 동시에 운동을 진압하기 위해 군사력을 사용해야 한다는 덩샤오핑의 결심 역시 확고해져갔다. 총서기인 자오쯔양의 반대에도 불구하고 당 중앙정치국은 이 결정을 마지못해 승인했다.

학생들의 단식투쟁은 베이징 시민의 광범위한 동정을 불러일으켰다. 그리고 고르바초프의 방문으로 인한 흥분에 힘입어 많은 대중정치활동을 활성화시켰다. 5월 15일, 고르바초프가 도착하던 날, 50만 이상의 대중이 학생들을 지지하기 위해 광장에 모여들었다. 5월 17일에는 100만이 훨씬 넘는 시민이 천안문 앞의 광활한 공간을 가득 채웠다. 이는 40년 전 인민공화국 성립 이래 최대 규모의 대중집회였다.[23] 5월 중순의 시위에서 놀라운 것은 행진에 참가한 사람들의 숫자만이 아니라 계층별·직종별 대표집단의 다양성, 그리고 자신의 소속기관과 노동단위를 높이 들어올린 깃발에 선명하게 드러내려는 열망이었다. 초기에 학생들을 적극적으로 지지했던 관영언론의 지식인과 기자들은 이제 무리를 이루어 시위행진을 벌였고, 여기에 수십만 명의 공장노동자, 당 간부, 정부의 사무직 노동자, 교사들이 가세했다. 시위참가자들 중에는 정부의 중앙텔레비전 및 라디오 방송국의 편집진, 공산당 관료를 양성하는 중앙 당 학교의 교사, 제복을 입은 경찰, 수천 명의 인민해방군 장교들도 있었다. 중국을 방문중이던 한 오스트레일리아인 학자의 말처럼, "이들은 익명의 시위집단이 아니라, 질서정연하게 행동하는 신원이 확실한 집단들이었다."[24]

이토록 거대하고 사회적으로 광범위한 운동이 덩샤오핑 정권에 도전했다는 사실, 그리고 실제로 상당수의 관료와 당 간부까지 그것을 지지했다는 사안의 심각성은 시위 참가자들의 규율 잡힌 행동과 흥겨운 모습에 의해 부분적으로 가려졌다. 광장 안에서는 단식투쟁자들을 지지하기 위해 자리를 뜨지 않고 있는 학생들이 갈수록 늘어나면서 반(反)전봉석인 카니발 같은 환경이 조성되있는데, 이것 역시 당시 전개되고 있던 정치적 드라마의 치명적인 심각성을 모호하게 만들었다. 몇몇 미국인 관찰자들이 '중국의 우드스톡'이라고 불렀던 것처럼, 대항문화의 축제처럼 보인 이 운동에서 중국 젊은이들은 1960년대 서양의 급진적 청년들을 모방하고 있었다. 그들은 춤을 추고 가요를 불렀으며 인기 있는 통기타 가수와 록 스타들이 여기에 합류했다. 그들은 즉흥연설을 하고 열띤 정치토론을 벌였다. 또한 일본과 한국의 급진적인 학생들을 모방하여 색깔 있는 머리띠를 둘렀다. 그리고 불경스럽게도 공산당 지도자들, 특히 덩샤오핑과 리펑 총리를 조롱하는 구호를 외쳐댔다. 그들은 광장에 세운 임시 자치도시를 유지하기 위해 필요한 업무, 즉 음식물의 공급, 기본적인 쓰레기 처리와 의료체계의 조직, 탈진한 단식투쟁자를 도시의 병원으로 후송하는 구급차의 운영 같은 필수적인 공공업무를 조직적으로 준비했다.

5월 중순에 이르러 민주화운동이 범위와 규모 면에서 더욱 확대되자 덩샤오핑은 이 '동란'(動亂)을 진압하기 위한 노력을 배가했다. 관직에서 공식적으로 은퇴했으나 여전히 국가와 군대의 관료조직에 영향력을 행사하고 있는 당 원로들이 5월 초부터 덩샤오핑의 집에 모여 어떻게 '폭란'(暴亂)을 다루어야 할지 논의해오고 있었다. 5월 중순의 거대한 시위 대열에 당-국가의 간부들과 산업노동자들도 참여했다는 사실에 놀란 '원로방'은 마침내 베이징에 계엄령을 선포하도록 요구했다. 이 결정은 5월 18일 덩샤오핑의 집에 소환된 당 총서기 자오쯔양에게 전달되었는데, 이 날은 바로 고르바초프가 베이징에서 상하이로 떠난 날이었다. 그날 저녁 긴급 소집된 중앙정치국 상무위원회 회의에서 계엄령 선포가 승인되었다. 이제 덩샤오핑과의 관계가 완전히 틀어진 자오쯔양은 혼자 반대표를 던졌다. 다른 중앙정치국 위원들도 인민해방군의 투입을 상당히 꺼렸던 것으로 전해지지만 어느 누구도 중국 '최고지도자'의 뜻을 거역하려 하지는 않았다. 베이징의 주요 지역에 대한 계엄령 선포는 당 중앙위원회와 국무원의 형식적 승인을 거친 뒤, 5월 19일 저녁 리펑 총리의 텔레비전 연설을 통해 발표되었다. 그러는 동안 자오쯔양은 중국공산당의 정치무대에서 보기 드문 모습으로 퇴장하고 있었다. 바로 전날 밤인 5월 18일 회의에서 중앙정치국의 계엄령 선포 권고를 막는 데 실패한 뒤 중국공산당 총서기는 천안문 광장을 향해 홀로 떠났다. 지난 주 자오쯔양은 학생들의 애국적인 행동을 칭찬하고 그들의 요구 중 상당부분을 지지하면서 광장 점거를 그만 끝내라고 애원했었다. 그 와중에도 그는 학생 대표들과의 직접적인 대화를 가급적 자제했다. 그러나 이제 자신의 당내 경력이 끝나가고 있는 5월 19일 이른 아침 그는 단식투쟁자들 사이를 하염없이 배회하고 있었다. 그는 눈물을 흘리며 "내가 너무 늦게 왔다"고 말했다. 그리고 "우리도 한때는 젊었고 모두 터질 것 같은 힘을 갖고 있었다. 우리도 시위를 했으며, ……그 결과에 대해 생각하지 않았다"고 덧붙였다.[25]

아마도 자오쯔양의 오랜 정치경력에서 가장 인간적이고 길이 기억될 에피소드가 될 만한 이 회한 섞인 행동은, 6월 말 중국공산당 총서기직에서 정식 해임되는 과정에 그에게 쏟아졌던 비난의 한 빌미가 되었다. 덩샤오핑 시대의 나머지 시간 동안 자오쯔양은 베이징 중심가의 한 빌라에서 편안하지만 침묵하면서 조용히 살아야 하는 가택연금상태에 있었다.

* * *

베이징에 계엄령이 선포되자 대중의 즉각적인 반응은 저항이었다. 천안문 광장의 학생들은 5월 19일 리펑이 계엄령을 선포하기 직전 단식투쟁을 잠시 중단했다. 그러나 5월 20일 이들은 단식을 재개했다. 5월 21일 일요일 100만 이상의 시민이 광장에 모여 저항했으며, 5월 23일에도 100만 명의 저항시민이 또다시 시위를 벌였다. 당시 인민해방군 부대가 이미 수도를 포위하기 시작했고, 일부 노동계급 거주지에서는 시민들이 군대로부터 도시를 지키기 위해 바리케이드를 설치했다. 파업으로 공장은 문을 닫았고 대중교통은 마비되었다. 민주화운동은 만주지역의 도시들에서 광저우와 홍콩에 이르기까지 전국으로 확산되었다. 대체로 고분고분하던 전국인민대표대회마저 학생들의 요구를 지지한다고 선언했으며 계엄령 취소를 요구했다. 상당히 존경받던 집단인 전역한 장군들도 덩샤오핑에게 공개서한을 보내 인민해방군의 인민혁명전통을 상기시키고 "인민의 군대는 인민에게 속한다. ……그리고 인민의 반대편에 서 있을 수는 없다"는 사실을 최고지도자에게 다시 한번 일깨워주려 했다. 실제로 수도에 맨 처음 진입한 젊은 병사집단은 그들이 통제해야 할 주민과 금세 친해졌으며 어떤 병사들은 혁명가를 함께 부르자는 학생들의 초대를 기꺼이 받아들였다.

젊은 병사들은 신속히 철수되었고 그 대신 노련한 직업군인으로 구성된 부대가 배치되었다. 5월의 마지막 며칠 동안 베이징은 20만 명이 넘는 군대에 포위되어 있었다. 군대는 말할 것도 없이 덩샤오핑의 명령에 복종했다. 민주화운동은 이런 압력을 받고 붕괴했다. 대규모 행진과 시위가 중단되고 단식투쟁이 두 번째로 철회되었다. 대부분의 학생이 학교로 돌아가고 또 어떤 경우에는 뒤늦은 '인민 속으로' 운동에 참가하면서 광장을 점거한 학생의 수는 빠르게 줄어들고 있었다. 5월 말에 이르자 광장에 남아 있는 사람들의 수는 5천 명이 안되었고 이들은 대부분 수도에서 멀리 떨어진 대학에서 온 학생들이었다.

학생활동가들이 사라지자 민주화운동의 중심은 광장에서 동쪽으로 수마일 떨어진 도시 외곽에 자리 잡은 베이징의 노동계급 거주지역으로 옮겨갔다. 10년의 시장개혁 이후 물질적인 생활수준은 향상되었으나 노동자들은 불만이 많았다. 중국 전체, 특히 도시를 괴롭히는 인플레이션은 1987년 이후부터 이전의 개혁기간에 이룩한 생활수준 향상분을 갉아먹고 있었다. 덩샤오핑과 자오쯔양 주변의 신자유주의 경제 고문들이 '자유로운 노동시장'을 제안하고, 특히 점점 목소리를 높여 '철밥통을 부수자'고 외치자 국가노동자들은 고용보장과 복지혜택을 잃을까 봐 두려워했다. 언제 실업자 신세가 될지 모른다는 불안은 공산당 고위 지도자들─위로는 덩샤오핑과 자오쯔양에서 아래로는 정치적 위계의 최말단에 이르기까지─과 그 자녀들의 권력형 부정축재를 목격하면서 종종 분노로 바뀌었다. 그리고 노동자들은 마오쩌둥 시대로부터 물려받은 혐오스러운 단위(單位)*제도 아래에서 여전히 지속되고 있던 그들의 일상생활에 대한 관료적 통제에 계속 저항했다.

옛 정치체제의 억압적 성격에 대한 분노와, 시장이 초래한 불공정한 새로운 사회적 결과에 대한 불만이 뒤섞여 있던 도시 노동계급의 울분은 민주화운동에 대한 노동자들의 지지가 점점 커지는 형태로 표현되었다. 이는 시위 참가자 중 노동자들이 가장 많은 수를 차지했던 5월 17일의 거대한 시위에서 분명히 나타났다. 이 사건은 당 지도자들 사이에 '폴란드의 공포,' 즉 공산주의 국가에 반대하는 노동자와 지식인의 '연대'형 동맹이 등장할지도 모른다는 10년 동안 계속된 강박관념을 되살아나게 했다. 그리고 이 공포는 계엄령 선포라는 치명적인 결정에 일조했다.

사실 공산당 지도자들은 노동자-지식인의 동맹을 우려할 필요는 없었다. 대부분의 중국지식인들이 갖고 있던 엘리트주의가 그런 동맹을 가로막고 있었기 때문이다. 노동자가 지식인보다 더 많은 보수를 받는다는 불평을 제외하고는, 노동계급의 상황에 대해 지식인들의 입에서 나온 말은 거의 없었다.[26] 이런 계급적 편견은 어느 정도 학생들에게도 스며들어 있었다. 학생들의 상당수가 노동자들이 규율을 지킬 줄 모르며 폭력성이 있다는 이유로 민주화운동에 노동자들이 참가하는 것을 반대했다. 노동자의 참가는 정부가 운동을 폭력적으로 억압할 구실을 찾는 데 도움을 줄 것이라는 수상도 나왔다. 따라서 운동이 시작된 첫 몇 주 동안 학생 시위대는 노동자와 다른 시민들을 배제하기 위해 서로 팔짱을 끼고 행진했다. 이렇게 해서 그들 나름의 비폭력적인 십자군의 '순수성'을 유지할 수 있다고 생각했던 것이다. 그러나 5월 중순에 이르러 거대해진 운동이 공산주의 국가와의 투쟁에서 거의 정점에 이른 것

---

* 농촌을 제외한 모든 기업·기관·학교·군·단체에서 각 사람이 소속하는 조직을 일컫는 말.

이 명백해지자 학생들은 그들에게 지지를 보내고 그들을 보호해주는 이 노동자들을 기꺼이 받아들였다.

어쨌든 덩샤오핑은 그의 개혁으로 혜택을 받고도 배은망덕한 짓을 하는 자들을 '훈계'하기 위해 대규모 군사력을 사용하기로 결심했다. 당과 군사 지도자들 사이에 전술을 둘러싼 의견대립, 베이징에 처음 진입했던 38부대 젊은 병사들의 비무장 민간인에 대한 발포 거부, 그리고 군대가 기지를 떠나 수도 근교로 이동하는 데 따른 병참문제 등등의 이유로 덩샤오핑 정권이 계엄령 선포를 실행에 옮기는 데는 거의 2주일이나 걸렸다. 그러나 6월이 시작되면서 덩샤오핑은 엄청난 군사력을 집결시켰다. 20만의 군대가 베이징을 에워싸고 명령이 떨어지길 기다리고 있었다. 그 광경은 마치 중국의 수도를 외국군대가 포위한 것 같았다.

노동자와 시민들의 대응은 영웅적이었다. 그들은 도시를 지키기 위해 그리고 천안문 광장에 남아 있던 학생들을 지키기 위해 놀라운 행동을 취했다. 인민해방군의 탱크와 병력수송차량이 도시 중심부에 진입하려면 지나야 할 길목마다 바리케이드를 설치했다. 그리고 천안문 광장 주위의 주요 교차로에는 버스와 대형 트럭을 뒤집어놓고 길을 막았다. 베이징을 방어할 사람들을 동원하기 위해 노동자와 학생들은 대자보로 벽을 도배하다시피 하고 전단을 돌렸으며 (낯선) 자유로운 정치토론에 참가한 시민들을 향해 거리 곳곳에서 열정적인 연설을 했다. 자전거 부대와 오토바이 부대가 군대의 동향을 보고하고 시민들에게 위험을 알리기 위해 조직되었다.(오토바이 부대는 동정적인 소규모 기업가들에 의해 조직되었다.) 경찰과 시당국이 사라진 자리에서 노동자와 학생들은 공중질서 유지와 교통정리의 책임을 다했다. 그리고 수도의 수많은 시민은 새로운 연대의식과 자립의식을 잠시나마 경험하게 되었다.

* * *

베이징 공격은 6월 3일 해질 무렵에 시작되었다. 탱크와 무장한 병력수

송차량을 앞세운 4만 명의 인민해방군 부대가 도시의 동쪽과 서쪽 근교에 있는 바리케이드를 부수고 천안문 광장으로 이어지는 길을 따라 이동했다. 광장 동쪽으로 수마일 떨어진 인구과밀지역에서 대규모의 군중이 길을 막으면서 군대는 잠시 전진을 멈추어야 했다. 광장 바로 서쪽에 있는 인구가 밀집하지 않은 지역—관공서가 큰 비중을 차지하는 지역—에서는 군대의 전진을 막기 위해 도시 곳곳에서 노동자·학생·시민이 몰려들었다. 벽돌·각목·화염병으로 무장한(이것을 무장이라고 할 수 있다면) 이들 시민방어대는 인민해방군의 탱크·기관총·AK47소총에 의해 무차별적인 살상이 자행된 수많은 순간들—공포의 밤이 무엇인지를 생생하게 보여주는—중에서 최초의 순간을 맞이하며 죽어갔다. 비슷한 운명이 광장의 동쪽 거주지역에 있던 방어대에게도 다가왔다. 자정이 조금 지나자 인민해방군은 천안문에 도착했고, 그들이 지나온 길에는 시체와 파괴의 기나긴 흔적이 남아 있었다. 대부분의 살육은 (광장을 향한 텔레비전 카메라의 눈에서 멀리 떨어져 있는) 거주지역과 천안문 근처의 거리에서 일어났는데, 이때 군대는 인간바리케이드를 향해 서슴없이 총을 쏘았으며 민간인 저항자들을 잡아들이기 위해 악랄하게 천안문까지 추격했다. 사상자 중에는 학생들도 많았지만 대다수는 군대의 진입을 막기 위해 거리에 바리케이드를 쳤던 노동자와 주민들이었다.

광장 안에서의 살육은 사실상 적었다. 더 이상의 유혈사태를 막은 공(功)의 상당부분은 그럴 것 같지 않은 몇 명의 영웅들에게 있었다. 그 중에서도 특히 록스타인 허우더젠(侯德建)[27)]과 문학비평가 류샤오보(劉小波)가 유명한데, 이들은 학생들과의 연대를 과시하기 위해 6월 2일 단식투쟁을 시작했으며 광장에 남아 있던 5천 명에게 안전하게 길을 터주도록 인민해방군 장교들과 교섭을 벌였다. 6월 5일 일요일 이른 아침, 마지막 남은 학생 시위대가 철모를 쓴 병사들의 위협적인 시선을 받으며 쓰레기로 가득 찬 광장 밖으로 줄지어 나갔다. 그들은 마치 자신들이 외국군대에게 점령된 도시에 있는 것 같은 느낌을 받았다. 베이징 시내 거리에는 깨진 벽돌조각과 불타 버린 군용차가 널려 있었고, 건물 벽들에는 지난밤의 총격을 말해주듯 군데군데 탄흔이 남아 있었다. 또한 중무장한 병사들이 거리를 순찰하고 전투용 헬리콥터는 하늘을 돌면서 거리를 향해 위압적으로 탐조등을 비추고 있었다. 새벽녘 천안문광장으로부터의 이런 무시무시한 퇴출은 사실상 민주화운동의 종말을 의미했다. 비록 베이징의 다른 지역에서 여러 날 동안 인민해방군의 점령에 반대하는 산발적인 저항이 이어지고 10여 개의 다른 도시에서도 수도에서 자행된 대학살에 항의하는 소규모 시위가 일어나긴 했지만, 신속하게 진압되었다.

  6월 9일 덩샤오핑은 텔레비전에 나와 그가 '반혁명 폭란'이라고 부른 것을 섬멸한 군대와 경찰의 노고를 치하하고 시위대와의 싸움과정에서 사망한 수십 명의 병사들의 가족에게 위로를 전했다. 그러나 덩샤오핑은 민간인 희생자들에 대해서는 '사회의 쓰레기'라고 비난하면서 어떤 유감도 표시하지 않았다. 이후 정부는 민간인 사망자의 수가 300명에 조금 못 미친다고 발표했다. 그러나 몇몇 목격자들은 이 공식 숫자가 엉터리라는 것을 바로 지적했다. 그 중 일부는 베이징 도심의 여러 병원에 안치된 신원미상의 시신만 해도 정부가 발표한 사망자수보다 훨씬 많다고 주장했다.[28] 실제 사망자수는 정확히 알 수 없겠지만 당시 베이징에 체류하면서 정치적으로 무관했던 목격자들은 민간인 사망자를 2,000~7,000명 정도로, 부상자의 수는 그 몇 배에 이를 것으로 추산했다. 그러나 살상만큼이나 소름끼치는 것은 거대한 군사력을 동원한다는 결정을 내릴 당시 덩샤오핑과 소수의 원로 지도자들이 보인 냉혹하고 계산적인 태도였다. 이들은 젊은 시위자들을 처벌하고 배은망덕한 자들에게 겁을 주기로 결정한 이후 이 위기를 평화롭게 해결할 수 있는 모든 기회를 의도적으로 무시했다.

　무력진압에 이어 곧바로 체포의 물결이 전국을 뒤덮었다. 6월과 7월에 걸쳐 비밀경찰 요원에게 체포된 사람이 4만 명에 이르는 것으로 추산된다. 그 중에서 수천 명은 징역형을 선고받았으며 수백 명은 사형당했다. 투옥된 사람 대부분과 사형당한 사람은 모두 노동자나 일반 시민이었다. 일반적으로 학생들은(많은 학생들이 고위직 친척을 갖고 있었다) 운동의 주모자, 즉 '긴급수배자' 명단에 들어가 그 이름이 널리 알려진 21명을 제외하고는 비교적 관대한 처벌을 받았다. 정부에 반대했던 대부분의 젊은이는 국외로 망명하거나 그렇지 않으면 결국 붙잡혀서 투옥되었다.

＊　＊　＊

베이징 대학살이 끝나고 1990년대로 들어서면서 중국의 정치생활과 지적인 생활은 1980년대보다 훨씬 더 억압적으로 변했다. 정치적 반대자에 대한 박해는 한층 심해졌으며 비밀경찰의 활동은 더욱 확대되었고 투옥은 훨씬 빈번히 일어났으며 신문·잡지·책·영화에 대한 당의 검열은 더욱 엄격해졌다. 그러나 이런 정치적 억압에도 불구하고 (아마도 부분적으로는 그것 때문에) 사회경제생활은 너무나 빨리 '정상'으로 돌아왔다. 중국의 시장개혁가들은 1989년에 마치 어떤 특별한 일도 없었다는 듯이, 1990년대를 지나면서 더욱더 열정적으로 자본주의적 발전을 추진해 나갔다. 민주화운동을 낳은 강력한 정치적·도덕적 열정이 이토록 빨리 사그라지고 사라져버렸다는 것, 그리고 정부가 조장하는 소비주의와 내셔널리즘의 물결에 파묻혀 버렸다는 것은 정말 이상한 일인 동시에 좌절감을 안겨주는 일이었다.

25장
덩샤오핑 통치의 종말: 1990년대의 중국

1989년 6월 3~4일 베이징 대학살 이후 수주일 동안, 중국은 그 지도자들의 야만적인 정치행위에 대한 대가로 경제침체를 겪게 될 것이라는 예측이 폭넓게 제기되었다. 당시 서양의 논평가들은 자본주의와 정치적 자유주의가 공산주의를 이겼다고 경축하고 있었는데, 이런 논평가들 중 한 사람은 '자유시장'의 승리가 인류 진보의 정점이며 '역사의 종말'을 예고한다고 선언했다.[1] 이런 유토피아적 찬사는 자본주의와 자유민주주의가 항상 손을 맞잡고 있다는 오랜 믿음을 한층 강화했다. 이 가정에 따라서 민주화운동의 무력진압을 명령한 중국공산당 내 '강경파'가 지난 10년간 경제성공을 자극했던 시장개혁을 끝낼 것이라는 예측이 나왔다. 그래서 덩샤오핑이 1989년에 가장 두드러진 강경론자이기도 하고(실제로 그는 당시 '베이징의 도살자'로 불렸다), 동시에 중국 자본주의의 가장 열렬한 추진자이기도 하다는 것은 명백한 모순이었다. 그러나 이런 모순은 편리하게도 무시되었.

덩샤오핑은 자본주의적 경제수단과 자신이 통치하는 레닌주의적 정치체제 사이에 어떤 부조화도 발견하지 못했다. 민주화운동 또는 덩샤오핑의 표현을 빌리면 '반혁명 폭란'을 분쇄한 병사들에게 찬사를 보내는 6월 9일의 연설에서 그는 시장 구조조정정책과 세계자본주의 시장에 대한 '대외개방' 정책은 폐기되지 않을 것임을 다짐하고 있었다. 그리고 실제로 그는 이 정책이 오히려 "더 빠른 속도"로 추구될 것임을 암시했다.[2] 이는 중국과 공산주의 국가권력 모두를 더욱 강력하게 할 뿐 아니라 인민의 생활수준도 높일 것이며, 그로 인해 '베이징의 봄'에 대한 기억이 희미해질 것이라고 덩샤오핑은 생각했다. 자본주의 발전을 가속화하면 국가, 당, 그리고 대중복지에 유익하리라는 것이었다. 따라서 1989년 6월 28일 공산당 최고 간부들에게 행한 비밀연설에서, 덩샤오핑은 1989년 봄에 깊은 상처를 남겼던 이 사건에 대한 정치적 책임을 묻는 어려운 문제는 앞으로 수년 동안 보류해야 하며, 그렇게 함으로써 당 지도자들이 경제성장을 추진하는 일에 모든 노력을 다 할 수 있게 해야 한다고 충고했다.[3]

그럼에도 불구하고 천안문 사태 이후 몇 년간 가혹한 정치적 탄압이 계속 되었다. 베이징을 비롯한 여타 장소에서 민주화운동을 지지했거나 그 목표에 동정적이었다는 의심을 산 수천 명의 당 간부들이 공산당에서 제명되거나 강등당했다. 숙청의 바람은 지식인들에게도 불어 닥쳤다. 그들은 1980년대를 통해 어렵게 얻어낸 제한적인 표현의 자유를 순식간에 상실했다. 불안정하지만 약간의 자율권을 얻었던 신문과 잡지는 당과 국가의 공식기관이라는 통상적인 위치로 환원되었다. 종교적·정치적 이단을 색출하는 마녀사냥은 더욱 거세졌고 반대자는 종종 투옥되었으며, 어떤 경우 국제적 항의를 불러일으키는 야만적인 상황이 벌어지기도 했다.

하지만 중국이 가장 눈부신 경제적 업적을 이룩한 때가 바로 가혹한 정치적 탄압의 시기인 1990년대 초였다. 이 시기에 인민공화국은 (총생산고를 기준으로)[4] 세계에서 세 번째로 큰 경제규모를 갖게 되었고 새로운 초강대국으로 등장할 것이라는 공포를 자아내고 있었다.

1989년 중국은 전형적인 자본주의 경기순환의 '불황' 국면 속에서 인플레이션과 경기후퇴가 맞물려 있는 심각한 경제적 고통을 겪고 있었다. 주요 도시에서 연 30%까지 상승한 인플레이션은 1987년~1988년에 시행된 자오쯔양 총리의 팽창적인 시장정책 때문이었다. 그리고 경기후퇴는 인플레이션을 잡기 위해 1988년 말 자오쯔양이 채택할 수밖에 없었던 긴축정책의 결과였다. 이 둘은 모두 도시에 경제적 어려움을 안겨주었고 1989년 학생운동에 대한 대중의 지지를 가져온 한 가지 원인이기도 했다. 황량했던 1989년의 하반기와 1990년의 처음 몇 달 간 생산은 감소하고 실업은 증가했다. 그러나 인플레이션의 압력이 가라앉자 1990년 여름부터 정부는 긴축정책을 완화하기 시작했고 성장이 다시 시작되었다. 1991년 중국의 국내총생산은 7.5% 증가했다. 그리고 1992년 1월 덩샤오핑의 '남부 시찰'(南巡講話)에 이어 중국은 1990년대 중반의 중요한 시기에 놀랄 만큼 높은 성장률을 달성했다.

남부 시찰

1992년 초 덩샤오핑은 중국의 정치질서 속에서 더 이상 어떤 공식 직책도 갖고 있지 않았다. 인민해방군이 민주화운동을 진압한 지 몇 개월이 지난 1989년 가을, 그는 그의 마지막 공식 직책인 당 중앙군사위원회 주석직을 내놓았다. 그러나 당과 국가 조직의 직책 없이도 덩샤오핑은 계속 정치적 지배력을 유지할 수 있었고, 자신의 세대에 속한 퇴직한 당 원로와의 비공식회의를 통해 국가의 중대 사안을 결정하고 있었다. 그리고 원로들은 이 결정을 당과 국가 관료기구에 자리 잡고 있는 부하를 통해 집행했다. 이제 덩샤오핑의 새로운 부하는 상하이 당 대표였던 장쩌민(江澤民)으로, 그는 1989년 6월 숙청된 자오쯔양의 당 총서기직을 이어받은 뒤 덩샤오핑의 정책을 충성스럽게 수행해 나갔다.

그러나 주로 덩샤오핑 자신의 명망과 개성 덕분에(그리고 그와 그의 움직임을 둘러싼 신비로운 아우라 덕분에) 그는 1990년대 초에도 여전히 중국의 '최고지도자'였다. 특히 1989년 이후 그의 지지자들이 만들어놓은 약간의 개인숭배에 의지하여 덩샤오핑은 공식적인 당의 절차를 무시하고 자신에게 유리한 방향으로 정책을 바꾸기 위해 위에서 사적으로 개입하는 등 마오쩌둥과 같은 방식으로 당 기구 위를 맴돌았다. 마오쩌둥과 유사한 덩샤오핑의 개입 중 가장 극적인 것은 그의 유명한 '남부 시찰'로, 이후 중국의 경제발전 속도와 성격은 큰 변화를 맞는다.

1992년 1월 18일 87세의 덩샤오핑은 5주간 남부 시찰에 나섰다. 경제특구인 선전(深圳)과 주하이(珠海)뿐 아니라 광저우·우창(武昌)·상하이도 방문했다. 대대적으로 선전된 시찰에서 덩샤오핑은 각 방문지에 들를 때마다 지방관료들에게 경제발전을 가속화하고 시장지향적인 개혁을 '심화'하라고 당부하면서 선전 경제특구의 자본주의와 광둥 성의 자유시장정책을 전국적으로 모방해야 할 모델이라고 칭찬했다. "느린 속도의 발전은 정체, 더 나아가 후퇴와 마찬가지"라고 덩샤오핑은 경고했다. 이는 덩샤오핑이 시찰기간 동안 언급한 많은 의미심장한 논평 가운데 하나인데, 이런 논평들은 거의 곧바로 공식적인 정책과 실천으로 옮겨졌다. 그리고 이것은 천안문 사태 이후의 정책이었던, 인플레이션과 사회적 동요를 피하기 위해 연 6%로 경제성장을 제한한다는 정책의 폐기를 의미했다.

'최고지도자'의 그 밖의 선언도 더 빠르고 더 철저한 시장개혁을 촉구하는 내용이었다. 시장화의 확대는 중국을 완전히 자본주의로 만들 것이라고 두려워하는 사람들에게 덩샤오핑은 공산주의 국가의 존재는 어떤 방식의 경제적 발전도 궁극적으로는 사회주의적 결과를 가져올 것임을 보장한다고 응수했다. "정치권력이 우리의 손안에 있다"면서 그는 비판적인 입장에 선 사람들을 안심시켰다.

그러나 덩샤오핑은 이런 회의론자들을 단지 진정시키는 데 그치지 않았다. 그는 그들의 지도자들을 권력과 영향력 있는 자리에서 제거해 버렸다. 이를 위해 '남부 시찰' 도중 그는 당이 직면한 가장 큰 위험은 더 이상 (1989년 '반혁명 폭란'의 원천이라고 여겼던) '부르주아 자유화'라는 우경화된 이단이 아니라 이제 다시 '극좌주의'가 되었다고 선언했다. 여기서 '극좌주의'는 덩샤오핑이 선호하는 자본주의적 구조조정과 경제발전의 가속화에 충분히 열중하지 않는 것으로 광범위하게 정의되었다. 중앙집권적 경제계획과 국가 공업부문에 여전히 중요한 역할을 부여하려 했던 '보수파'와 덩샤오핑파 사이의 마지막 당내 사상투쟁을 위한 무대가 마련되었다. 보수파의 주요 대변자는 천윈으로서, 그는 덩샤오핑의 오래된 적 가운데 가장 출중하고 완고한 인물이었다. 1992년 봄 천윈의 사상적 항복은 중국공산당에서 '덩샤오핑주의'의 결정적인 승리를 의미했다.

덩샤오핑이 '남부 시찰' 중에 행한 논평과 연설은 1992년 5월「중앙문건 제4호」라는 제목 아래 취합되어 전국의 당과 국가 관료들에게 구체적인 정책지침서로 배포되었다. 경제가 놀랍게 발전하는 가운데 자본주의를 향한 신속한 움직임이 더욱 심도 있게 뒤따랐다. 국유기업은 국내외 자본주의 시장에 효과적으로 대처할 수 있는 자율권을 얻음으로써 외국과의 무역을 자체적으로 진행해 나갈 수 있었다. 게다가 복잡하고 긴 과정의 반(半)사유화가 실시되어, 일부 국유기업은 개인 투자가와 기관 투자가가 매입할 수 있도록 주식을 발행함으로써 소유지분을 조절할 수 있었다. 이런 주식은 덩샤오핑의 시찰지였던, 상하이와 선전에 새로 설립된 증권거래소에서 팔려 나갔다. 그리고 이 주식 중 일부는 이후 홍콩 증권거래소에서 가장 수요가 많은 '레드 칩'(red chips)이 되기도 했다. 또한 중국에서 사업하기를 원하는 외국은행과 외국인 투자가들에게는 예전보다 훨씬 관대한 계약조건이 제시되었으며 더 많은 도시가 '개방'되었다. 그 밖에 상하이를 동아시아에서 가장 큰 무역 및 금융 중심지로 만들기 위한 엄청난 노력이 가시화되자 중국에는 상하이가 홍콩을 능가할 것이라는 전망까지 나왔다.

이런 일련의 조치와 경기부양정책, 그리고 덩샤오핑이 시찰 중에 지방 공무원과 당 관료들에게 투자를 늘리고 재정적 위험을 감수할 것을 (그리고 그 과정에서 관료들이 부유해지는 것을) 정치적으로 승인했던 요인이 모두 합쳐져서 중국역사상, 아니 세계역사상 유례가 없는 경제호황이 시작되었다. 이미 거대해진 경제적 기반 위에서 출발한 중국의 국내총생산은 1992년에 12%나 증가했는데, 이는 천안문 사태 직후, 사회적·자연적 상황을 고려할 때 중국은 연 6% 이상의 경제성장률을 감당할 수 없다는 정부의 결정을 무효화하는 것이기도 했다. 1993년 국내총생산은 놀랍게도 14%, 1994년에는 다시 12% 증가했다. 경이로울 정도의 높은 성장률은 인플레이션을 통제하기 위한 (상당히 성공적인) 정부의 긴축정책에도 불구하고 1990년대 중반까지 계속 되었다. 1990년대 중반에 이르자 한때 유토피아적으로 보였던 목표, 즉 1980~2000년의 20년 동안 중국경제의 규모를 4배로 늘린다는 (덩샤오핑 시대 초기에 세워진) 목표를 이미 초과 달성했다. 1991년부터 1997년까지 중국 국내총생산의 연평균 성장률은 11%였으며, 이는 세계의 주요 경제대국 가운데 가장 빠른 성장률이었다.

1992년 10월 베이징에서 중국공산당 제14차 당대회가 개최되었을 때 덩샤오핑의 정책은 (덩샤오핑 본인도 함께) 크게 찬미되었다. 이 대회는 경제발전을 가속화하기 위해 자본주의적 수단과 사상을 사실상 무제한적으로 수용하는 것을 승인했다. 다만 그 사회적 결과를 공식적으로는 '사회주의 시장경제제도'라고 불렀을 뿐이다. 이 모순된 용어를 발명함으로써 덩샤오핑은 현실과는 전혀 맞지 않는 공식 국가 이데올로기인 "마르크스주의-레닌주의-마오쩌둥 사상"의 발전에 "위대한 이론적 도약"을 이룩했다는 과분한 찬사를 받았다. 제14차 당대회는 덩샤오핑의 시장경제정책과 이데올로기의 결정적 승리를 알리는 대회였을 뿐 아니라, 당내에 어떤 정치적 직책도 갖고 있지 않은 덩샤오핑이 중국공산당 내에서 결정적인 정치적 승리를 거둔 대회였다. 덩샤오핑의 정치적 승리는 대회에서 천윈이 위원장으로 있는 중국공산당 중앙고문위원회가 폐지됨으로써 상징적으로 나타났다. 이 위원회는 은퇴한 당 지도자들이 국가사업에 계속 개입하기 위해, 그리고 중국공산당 간부들이 오랫동안 익숙해져 있는 물질적 사치와 특권을 계속 보장해주기 위해 1982년에 설립되었다.(이는 원래 덩샤오핑의 지도 아래 있었다.) 그러나 이보다 더욱 결정적인 정치적 승리는 당 중앙기관의 인적 구성을 전면 쇄신하여, 이제부터는 덩샤오핑파의 인물들이 당 중앙을 거의 지배하게 되었다는 점이었다. 제14기 중앙위원회의 위원 가운데 반수 이상이 새로 선출되었는데, 사실상 이들 모두가 철저한 덩샤오핑 지지자였다. 결국 당은 최고지도자와 그의 정책에 확실하게 충성하는 기관이 되었을 뿐 아니라 중앙위원회 위원들의 평균연령도 56세로 낮아졌으며, 그중 80%는 공학과 자연과학을 전공한 대학 졸업자였다. 따라서 제14차 당대회는 덩샤오핑의 '정치개혁' 목표를 실현하는 데 한걸음 더 다가섰다. 덩샤오핑에게 정치개혁은 원래부터 대중민주주의가 아니라 관료통치의 기술적 합리화를 의미했다. 개혁 초기에 그가 언급한 것처럼 정치개혁의 목표는 공산주의 지도자들을 "더 잘 교육받고 전문적으로 더 유능하며 더 젊게" 만드는 것이었다.[5)]

그러나 적어도 대다수 서양인에게 진짜 문제가 된 것은 덩샤오핑의 경제계획이었지 그의 정치정책이 아니었다. 1980년대에 외국언론은 덩샤오핑이 마오주의를 무덤에 보낸 위대한 근대화 추진자라며 찬양했지만 1989년에 그가 인민해방군에게 민주화운동을 분쇄하도록 명령하자 그는 야만적인 공산주의 독재자로 비난받았다. 그러나 1992년 '남부 시찰' 이후 열정적으로 자본주의를 추진하기 시작하자 덩샤오핑은 다시 서방언론의 주목을 받았고, 이제 또 한번 계몽주의적인 시장개혁가라는 찬사를 받았다.

1992년 시장을 기반으로 한 급속한 경제성장이 재개되자 곧이어 1980년대에 호황과 불황의 순환을 경험한 사람들에게 익숙한 결과들이 나타났다. 제일 먼저 나타난 것은 인플레이션이었다. 1993년 여름이 되자 인플레이션은 대도시에서 연 25%에 육박했고, 1994년에는 보통 보수적으로 집계되는 정부통계를 보아도 전국적으로 24%에 달했으며 대도시에서는 이보다 훨씬 더 높았다. 관료의 부패와 부정축재, 지방정부와 개인의 부동산 투기와 주식 투기, 호황을 누리는 지역 특히 광저우에 대한 중앙정부의 경제적 통제력 상실 등으로 인해 인플레이션은 노동인구 대다수에게 고통을 안겨주었다.

이 혼란스런 상황을 타개하기 위해 덩샤오핑은 또 한 명의 부하를 불러들였다. 부총리 주룽지(朱鎔基)는 1989년 6월 상하이 시장을 맡고 있었고 상하이 시민이나 베이징 정부로부터 불필요한 반감을 사지 않으면서 중국의 가장 큰 도시를 질서 있게 유지하고 있었다. 그는 1992년 10월 제14차 당대회에서 중앙정치국 상무위원회 상무위원으로 승격되었고, 덩샤오핑은 자주 그의 경제적 전문성을 칭찬했다. 그는 경제를 동세하고 경제개혁이 진려해온 지방주의 경향을 억제한다는 사명을 갖고 중국인민은행장에 임명되었다. 자본주의 국가들의 중앙은행을 모방하여 주룽지는 경제를 깊은 경기침체에 빠뜨리지 않고 인플레이션을 끌어내리기 위해 재정억제와 통화억제에 의존한 긴축정책, 이를테면 신용대출 제한과 투자 축소 등을 시행했다. 각 성의 회계업무에 대한 중앙정부의 통제를 재확립하는 것과 함께, 그의 목표는 성장률을 매년 12%에서 사회적 여건이나 주변 여건을 고려하여 수용 가능한 수준이라고 그가 믿었던 8%로 하향조정함으로써 인플레이션을 누그러뜨리는 것이었다.

그러나 덩샤오핑은 이에 반대했다. 1993년 10월 그는 짧지만 강력한 성명을 발표했다. "느린 성장은 사회주의가 아니다." 그 결과 주룽지의 긴축계획은 수정되었고 1994년 경제는 다시 12%의 성장률을 기록했다. 하지만 주룽지의 엄격한 재정정책의 상당부분은 그대로 적용되어 인플레이션 비율이 1994년 24%에서 1996년 놀랍게도 6%로 극적으로 감소했다. 반면에 국내총생산은 매년 약 10%의 성장을 계속하고 있었다. 주룽지의 정책은 세계자본주의 국가들의 중앙은행이 절실히 원하고 있던 것, 즉 낮은 인플레이션과 높은 성장률의 행복한 결합을 가져오는 '연착륙'에 성공했던 것이다. 주룽지는 이제 국제은행가들과 서방 기자들로부터 그의 업적에 걸맞은 찬사를 받았으며,[6] 중국에서는 1998년 3월에 임기가 만료되는 리펑 총리의 뒤를 이을 유력한 총리 후보자로 거론되었다.

덩샤오핑은 1994년 2월 춘절(春節)에 마지막으로 공식석상에 모습을 드러냈다. 그가 상하이에서 공산당 관료들을 맞이하는 모습은 5분 동안 전국에 방영되었다. 공식 설명에 따르면, 덩샤오핑의 마지막 호소는 경제발전을 더욱 가속화하라는 것이었다. 그러나 방송에서 덩샤오핑의 목소리는 들리지 않았으며 쇠약해지고 멍한 모습은 사실상 그의 죽음이 얼마 남지 않았음을 알려주고 있었다. 덩샤오핑은 이후 3년을 더 살았다. 물론 그동안 파킨슨병에 따른 합병증으로 인해 육체적으로나 정신적으로 더 이상 중국의 정치계에서 중요한 역할을 할 수는 없었다. 덩샤오핑은 1997년 2월 19일 92세의 나이로 사망했다. 그리고 그가 그토록 열정적으로 경제발전의 길로 이끌었던 나라는 자신의 최고지도자가 죽는 순간에도 중단 없이 전진하고 있었다.

덩샤오핑은 중국의 마지막 원로 혁명가였을 뿐 아니라 5·4세대의 혁명적 지식인에 속했던 비범한 공산당 지도부의 마지막 생존자이기도 했다. 그의 뒤를 이은 사람들은 사실상 1949년 인민공화국 성립 이후의 산물이었다. 이들과 대조적으로 덩샤오핑은 이미 1920년대 초, 프랑스에서 일하며 공부하는(勤工儉學) 유학생으로서 아직 맹아단계에 있던 중국공산당 프랑스 지부에 입당할 만큼 정치적으로 성숙해 있었다. 그리고 1925~1927년에 고조되는 중국혁명에 참가하기 위해 귀국했다. 도시혁명이 실패한 뒤 덩샤오핑은 농촌으로 피신하여 곧바로 마오쩌둥이 말한 혁명내전의 단계 동안 농민군 지도자 중 한 사람이 되었다. 1949년 이래 그는 문화대혁명으로 잠시 실각하기 전까지 마오주의에 충실한 지도자 6인 가운데 하나였다.

덩샤오핑은 풍부한 혁명혈통을 제일 먼저 강조할지도 모르지만, 그는 중국 자본주의의 아버지로서 가장 먼저 기억될 것이다. 물론 자본주의가 그의 목표는 아니었다. 그는 자신이 만들어낸 경제제도가 사회주의의 초기단계이며 이는 다음 세기 중반에 이르러 완전히 꽃을 피울 것이라 믿고 싶어 했다. 그럼에도 불구하고 어쨌든 그는 자본주의적 경제 방법이 신속한 근대화를 실현할 수 있는 가장 효과적인 방법이라고 생각했다. 그리고 다른 많은 중국 공산당 지도자들과 마찬가지로, 그의 세계관의 중심에는 항상 세계 속의 부강한 중국이라는 내셔널리즘적인 비전이 자리 잡고 있었다.

* * *

좀 섬뜩한 생각이기는 하지만, 어떤 점에서 덩샤오핑의 죽음은 그가 살아생전 그토록 찬양했던 '안정과 단결'을 촉진시켰다. 그가 3년을 더 살았기 때문에 그가 직접 뽑은 후계자 장쩌민이 자신과 덩샤오핑 이후의 통치계급의 권력을 공고히 할 수 있었던 것이다. 3년의 시간 동안 장쩌민은 당 내에 잠재해 있는 반대세력을 발본색원하고 국내에 남아 있는 반대자들을 감옥에 보내거나 추방했다. 그 과정에서 당 총서기 장쩌민은 여러 새로운 직책을 겸하게 되었다. 명예직인 인민공화국 주석과 명예 이상을 의미하는 당 중앙군사위원회 주석직에 오른 장쩌민은 이제 국가행정조직과 인민해방군, 그리고 중국공산당의 명실상부한 수뇌가 되었다.

장쩌민은 덩샤오핑 정책의 기본요소, 즉 신속한 경제발전, 자본주의적 구조조정, 레닌주의적인 일당 독재의 유지를 계속 이어갔다. 반(半)긴축정책이 행해지던 3년 동안(1994~1996)에도 국내총생산의 증가는 매년 거의 10%에 달했다. 외국인 직접투자가 활기를 띠면서 주요 다국적 기업—미국과 일본 기업이 중심을 이룸—이 홍콩과 타이완을 경유해 들어오던 화교 자본을 앞지르기 시작했다.[7]

장쩌민이 제시한 가장 과감한 경제정책은 바로 국가 공업부문의 부분적인 민영화였다. 이것은 덩샤오핑의 시장개혁계획을 실행하는 과정에서 나타날 수밖에 없는 논리적인 단계였다. 국유공장과 그 유관기업은 아직도 1997년 공업생산의 49% 이상을 차지하고 있었으며, 1억 2천만 명의 노동자를 고용하고 있었다. 이들은 물론 중국경제, 특히 중공업 부문(철강, 석유, 광산, 기계조립 등)과 선진기술의 적용에 있어 핵심적인 역할을 수행하고 있었다.[8] 그러나 기업의 이윤이라는 개혁가들의 기준(이는 이제 신성한 원칙이 되었는데)에 따르면 국유기업의 2/3 이상이 손실을 보고 있었다. 당시 공산당 지도자들이 수용하고 있던 시장개념에 따르면, 이는 사상적 이단이었으며 또한 국가예산을 고갈시키는 것이었다. 국가공업부문을 '개혁'(다시 말해 자본주의적 방법을 적용)하려는 노력은 1980년대 중반 '철밥통,' 즉 평생직장 보장과 사회복지혜택 제도에 대한 사상적 공격과 함께 시작되어 지난 10년 동안 계속되어왔다. 그러나 개혁가들이 할 수 있었던 것은 완전히 파산상태에 있는 소규모 기업 몇 개만을 직접적인 중앙정부의 통제에서 분리시켜서 거대한 국가부문의 가장자리만을 조금 떼어내는 것에 지나지 않았다. 당 지도자들은 사실상 국가부문의 문제와 정면대결하길 꺼렸다. 이는 정부 소유의 축소가 사회주의의 폐지라고 해석될까 두려워했기 때문이다. 그러나 이보다 더 중요했던 것은 공산당 지도자들이 '개혁'의 주요 희생자였던 도시의 노동계급 사이에서 동요가 일어날 것을 두려워했기 때문이다. 국유기업의 '적자'는 사실 경영상의 실책이라기보다는 국가노동자에 대한 후한 대우 때문이었다. 이들은 개인 및 '집단' 부문에 있는 노동자보다 훨씬 높은 임금과 안정을 누리고 있었다. 결국 비(非)국유공장이 그렇게 이윤을 남길 수 있었던 것은 주로 값싸게 쓸 수 있는 '자유노동' 때문이었던 것이다.

그러나 정치적 위험에도 불구하고 점점 커져가는 시장경제의 냉혹하고 집요한 요구로 인해 장쩌민은 민영화의 옹호자가 될 수밖에 없었다. 물론 공식적으로는 그렇게 표현하지 않았다. 1997년 봄 장쩌민 총서기는 원로 당 지도자들에게 행한 연설에서 '극좌주의'의 '화석화된' 사고를 비난하면서 국유기업의 개혁에 대한 계획을 제시했다. 국가는 곡물 거래와 더불어 첨단방위산업 및 첨단기술산업을 계속 소유하겠지만, 대부분의 기업은 민영화되거나 최소한 부분적으로 비국유화되어야 한다는 것이었다. "큰 것은 잡고 작은 것은 놓아라"(抓大放小)는 슬로건 아래 가장 크고 가장 핵심적인 기업을 제외한 모든 기업이 여러 형식의 비국유기업으로, 지금까지 있어왔던 것보다 훨씬 신속하게 바뀌어 나가게 되었다. 그리고 대부분의 대기업조차 외국인 및 내국인 투자가들이 다량의 주식을 소유할 수 있으며, 여기에 개인이나 기관(연기금과 지방정부 등)이 모두 참여할 수 있는 다양한 소유형태를 갖게 되었다. 그 밖에 '국유'라는 용어가 폭넓게 정의됨으로써 정부의 지분이 30%만 되면 그 기업은 '공기업'으로 분류될 수 있도록 관대하게 재정의되었다.

여름이 지나면서, 장쩌민의 연설은 당 간부들 사이에서 토론을 위해 널리 회람되었고 이후 7월 말 『광명일보』(光明日報)에 게재되었다.[9)]

장쩌민의 민영화 계획안은 1997년 9월 12일 베이징에서 개최된 제15차 당대회에서 공식 승인되었다.

제15차 당대회

덩샤오핑 시대 이후에 처음으로 개최된 대회에 주어진 주요 사업은 덩샤오핑이 직접 고른 후계자 장쩌민의 지도력을 합법화하는 것이었다. 이는 논쟁 없이 제15차 당대회에 참석한 2천 명 대표들의 만장일치로 이루어졌다. 그 과정에서 장쩌민의 유일한 경쟁자였던 전국인민대표대회 상무위원장 차오스(喬石)는 당 중앙정치국뿐 아니라 193명의 중앙위원회에서도 탈락되었다. 다소 지나친 해석이긴 하나 일부에서는 (한때 비밀경찰의 우두머리였던) 차오스가 민주주의와 법치의 옹호자였고 그의 몰락은 민주화 전망을 어둡게 했다고 평가했다.[10] 최고지도부에서 밀려난 또 한 사람은 류화칭(劉華清) 장군이다. 그가 실각함으로써 7명으로 구성된 당 중앙정치국 상무위원회에는 인민해방군 대표가 한 사람도 없게 되었다. 제15차 대회 이후 중국에서 가장 강력한 정치인 세 명은, 통상적인 서열순서로 보면 장쩌민 총서기, 리펑 총리(차오스에 이어 전국인민대표대회 상무위원장직에 오름), 금융전문가 주룽지(리펑의 뒤를 이어 총리에 오름)였다. 대회를 거치면서 장쩌민의 권력과 명망은 더욱 커졌다. 이는 그가 축적한 고위 직책, 즉 당과 국가의 수뇌이며 군대의 지도자라는 직책이 실제로 얼마나 힘이 있는지 보여주고 있었다. 그러나 장쩌민이 자신의 선배들보다 더 많은 직위를 갖고 있었는지는 몰라도 정치권력은 더 적게 누렸다. 그는 그의 스승 덩샤오핑과 이전의 마오쩌둥이 선호했던 1인 독재의 방식보다는 위원회의 수장으로서 통치했다. 그럼에도 불구하고 제15차 당대회 이후 장쩌민의 정치적 지배력에는 아무 이상이 없었다. 그는 국내에서 얻은 정치적 승리를 8일 동안의 미국방문과 클린턴 대통령과의 정상회담으로 마무리했다. 그는 1979년 1월 덩샤오핑의 의기양양한 미국방문을, 의도적으로 또는 종종 황당할 정도로 똑같이 모방했던 것이다. 장쩌민의 미국방문에 화답하여 클린턴은 1998년 여름 중국을 공식 방문했다. 1천 명 이상의 수행원과 함께 정말로 제국적인 스케일로 이루어진 클린턴의 중국방문은 중미관계에 놀랍도록 생산적인 결과를 가져왔다. 비록 이로 인해 당시 미국 내에서 반(反)클린턴 진영이 대통령을 '국가반역자'로 비난하는 약간의 불미스러운 일이 있긴 했지만.[11]

제15차 당대회의 주요 정책사업은 국유기업의 민영화계획을 승인하는 것이었다. 이런 계획은 이미 장쩌민이 1997년 5월의 연설에서 제시했고 그해 여름 당의 각 지부에서 논의하기 위해 회람되었다. 당대회는 심각한 논쟁이나 토론 없이, 그리고 항상 그렇듯이 만장일치의 표결로 이 계획을 승인했다. 그러나 이는 많은 공산주의 지도자들을 당혹스럽게 하는 것이었다. 이들은 생산자산의 국가소유가 사회주의의 본질이라는 스탈린주의 정통이론을 배워왔으며 또한 사회주의의 사자(使者)라는 당의 주장을 포기하길 꺼리는 사람들이었다. 따라서 민영화문제는 '중국 특색 사회주의'라는 막연한 이론을 반복해서 끌어들이는, 그리고 모호하게 정의된 '주식합작제'하에 '공유'(公有)가 계속됨을 무척 강조하는 사상적 기만의 외피를 걸치게 되었다.

그러나 어떤 형식의 새로운 소유가 나타나든, 국유자산의 민영화는 비교적 완만하게, 아마도 10년이나 그 이상의 시간을 거치면서 진행되리라는 것은 명백했다. 국가부문이 줄어들면 대규모 실업이 발생할 것이 분명하며, 이는 다시 사회적·정치적 동요의 원인이 될 것이라는 사실을 당은 몹시 우려하고 있었다. 1억이 넘는 국가노동자 중 최소 1/3이 잉여인력으로 나타나고 있었다. 게다가 국유기업의 민영화과정에서 겪은 러시아의 참담한 경험은 아직도 중국 공산주의 지도자들의 기억 속에 생생히 남아 있었다. 훗날 밝혀진 바와 같이, 민영화계획의 시기는 그리 좋지 않았다. 제15차 당대회가 개최되었을 당시 동남아시아에 확산되던 금융·경제 위기가 심화되는 가운데 곧 홍콩에 당도할 태세였기 때문이다. 동남아시아의 위기가 중국에 미칠 경제적 영향은 아직 피부로 느껴지지는 않았지만 그 심리적 영향은 즉각적이고 심각했다. 중국을 혼란스러운 세계자본주의 시장에 더 깊이 빠뜨리고, 새롭게 민영화된 국유공업기업에 공급할 자금을 공개 주식시장에 투자된 외국자본에 의존한다는 이런 구상에 사람들은 의문을 던지기 시작했다.

제15차 당대회에 아무런 부조화도 없었던 것은 아니다. 장쩌민은 커다란 망치와 낫이 노랗게 새겨진 거대한 붉은 깃발이 드리워진 단상에서, 대부분의 국유기업을 개인 투자가들에게 매각하자는(어떤 판단기준에서 보더라도 완전한 자본주의경제를 건설하기 위해서 반드시 거쳐야 할 주요 단계) 제안을 골자로 한 주요 보고를 행했다. 2천 명의 대표자 중 누군가가 이런 부조화를 느꼈을 법도 한데, 이에 대해 말한 사람은 아무도 없었다. 또한 1989년 베이징 학살에 대해서도 언급이 없었다. 공식적인 재검토가 필요했음에도 불구하고 그것은 여전히 허용 가능한 정치적 논의의 범위 바깥에 있었다.[12]

* * *

장쩌민의 국유기업 매각계획은 생산자산의 민영화가 확대될 것임을 예고하는 것이었고, 베이징 정권의 사회주의적 정체성에 다시 한번 타격을 가하는 것이었다. 이미 오래전부터 언제 깨질지 알 수 없었고 어쩌면 처음부터 거짓이었을지 모를,[13] 베이징 정부의 사회주의적 정체성은 대부분 생산수단의 공유(公有)가 중국사회에서 압도적 위치를 차지한다는 데 근거하고 있었다. 그러나 장쩌민이 제안한 국유자산의 민영화는 중국에 그나마 남아 있던 사회주의—상투적으로 이해되는 사회주의—를 무너뜨리는 것이었다.

사회주의의 몰락으로 깊게 파인 이데올로기적 공백을 메우기 위해 공산당 정권은 1980년대 초 이래로 내셔널리즘과 애국주의를 진작시키기 위해 막대한 노력을 쏟아 부었다. 이런 노력은 1990년대에 장쩌민에 의해 배가되었고, 결국 갈수록 거세지는 쇼비니즘적인 내셔널리즘이 사실상 중국 공산주의 국가의 유일한 이데올로기가 되었다.

물론 내셔널리즘은 중국 공산주의 운동에서 늘 강력한 힘이었다. 5·4 시기 중국공산당 창립에서부터 혁명의 전 기간 내내 공산주의로의 전향에는 거의 언제나 내셔널리즘이 그 동기로 작용하고 있었다. 1920년대 중반을 휩쓸었던 거대한 도시의 혁명고조 속에서도 그리고 1930년대와 1940년대 농촌에 기반을 둔 마오주의 혁명 속에서도 내셔널리즘과 사회혁명은 한 덩어리로 얽혀 있었다.[14] 실제로 일본의 중국 침략과 때를 같이했던 마오주의 혁명은 많은 점에서 사회혁명이었을 뿐 아니라 국가독립을 위한 전쟁의 형태를 띨 수밖에 없었다. 마오쩌둥 시대—1949년 이전과 이후 모두를 포함—에는 내셔널리즘의 목표와 사회혁명의 목표가 보통 서로를 강화하는 방식으로 결합되었다. 하지만 1949년 국가권력을 획득한 이후에는 본래 태생적으로 불안정한 이 결합을 계속 유지하기가 훨씬 어려워졌다.

내셔널리즘이 혁명의 열망과 가치를 누르고 확실히 우위를 점하게 된 것은 덩샤오핑의 통치기간(1978~1997)에 이루어졌다. 1978년 이후 사회주의 목표는 급속히 뒷전으로 밀려났고 결국에는 내셔널리즘이 추구하는 단 하나의 목표인 '부강'에 완전히 압도되었다. 실제로 덩샤오핑 시대가 열리면서 사회주의는 이미 그 의미가 상당부분 퇴색하고 있었다. 이 최고지도자가 사회주의와 내셔널리즘의 구별을 일찌감치 없애버렸기 때문이다. 1980년에 덩샤오핑은 "사회주의의 목적은 나라를 부강하게 만드는 것"이라고 선언했던 것이다.[15]

중국 공산주의자들이 자신들의 5·4선조들로부터 물려받았으며 5·4 이후 수십 년 동안 대중혁명투쟁과 동일시되어왔던 문화적 반전통주의가 이제 전통문화와 역사적 유산을 찬미하는 보수적 내셔널리즘에 그 자리를 내준 것은 논리적으로 당연한 결과였다. 이런 현상은 공식적인 역사서술에서도 그대로 나타났다. 계급투쟁과 농민전쟁에 대한 과거의 마오주의적 강조가 대부분 폐기되고 전통역사 속에서 위대한 황제들과 근대역사 속에서 근대화를 추진한 위대한 내셔널리즘 지도자들의 업적을 찬양하는 것으로 바뀌었다. 여기에는 19세기에 태평천국을 진압했던 쩡궈판(曾國藩)과 장제스까지 포함되었다. 전통문화의 영광을 찬양하는 이런 현상은 사실상 쇼비니즘에 가까우며, 이는 장쩌민이 중국공산당 총서기직에 있는 동안 절정에 달했다. 이런 보수적인 문화내셔널리즘의 양상은 1994년 공자 탄생 2545주년을 기념하는 국제학술회의가 떠들썩하게 열리고, 공자의 가르침을 학교수업에 다시 도입하며, 베이징에 '국제공자학회'를 설립한 것에서도 잘 드러난다. 국제공자학회의 명예회장에는 그 직함에 너무도 잘 어울리는 싱가포르의 신유가적 독재자 리콴유(李光耀)가 선출되었다. 그리고 아마도 이보다 더 기괴한 현상은 신화 속의 존재인 황제(黃帝)의 '능' 앞에서, 고두를 하고 향을 사르는 등의 숭배의식을 준공식적으로 행하기 시작했다는 것이다.

홍콩 반환

중국공산당의 내셔널리즘은 문화내셔널리즘이라는 모호한 영역에만 국한된 그런 것이 아니었다. 그것은 1997년 7월 1일 홍콩이 중국에 반환될 때 더욱 구체적으로 표현되었다. 홍콩 반환은 인민공화국과 해외 화교사회에서 그것을 경축하는 애국적 열정을 분출시켰는

데, 이는 제2차 세계대전 말 일본 침략자들을 물리친 이후 처음 보는 광경이었다.

외국 제국주의 열강의 손 안에 있는 중국의 치욕을 가장 잘 상징하는 것이 영국식민지 홍콩임은 어떤 정치적 성향의 중국인이라도 동의할 것이다. 1839~1842년 아편전쟁—영국인 마약 밀매업자를 보호하고 사실상의 인도 식민정부인 동인도회사의 수입을 보존하기 위해 일으킨 전쟁—의 결과 영국의 전리품이 된 홍콩은 옛 중화제국에 부과된 여러 '불평등조약' 중 첫 번째 산물이었다. 그리고 그것은 곧이어 19세기 아시아와 아프리카의 대부분 지역에 설립되는 서양 식민정권의 전형이 되었다. 영국의 지배가 서서히 끝나가는 동안 홍콩의 '민주주의'와 '자치'에 대한 신화가 무수히 날조되었다. 따라서 홍콩이 영국사에 속했던 대부분의 기간 동안 홍콩을 통치한 사람은 영국여왕이 임명한 총독이며, 그는 런던의 외무부에만 책임을 지는 독재적 권력을 행사했다는 사실, 또 홍콩은 소수의 외국인 엘리트가 순종적인 토착민을 지배하고 착취하는 전형적인 식민사회였으며 악독한 반(反)중국 인종주의가 사실상 모든 생활영역 곳곳에 스며들어 있는 사회였다는 사실을 잊어서는 안된다.[16]

1949년 공산주의 정권이 중국을 통합한 것은 홍콩의 식민통치에 종말을 알리는 조종(弔鐘)과 같았다. 중국 내전에서 장제스의 국민당이 승리했다 해도 결과는 마찬가지였을 것이다. 하지만 어쩌면 중국공산당의 승리가, 비마오주의 정권이 중국을 통일했을 경우보다 영국 식민지의 생명을 더 연장시켰을지도 모른다. 마오쩌둥의 통치기간(1949~1976)에는 경제적 '자력갱생'을 추구했기 때문에 중국은 자연히 세계와 고립되어 있었고, 그로 인해 영국 지배하의 홍콩은 중국에게 대외교류의 원천이자 세계경제 및 선진기술과의 연결고리로서 경제적으로 필수불가결한 존재였다. 따라서 마오주의 정권이 과시하려 했던 투쟁적인 반제국주의 이미지에 아무리 큰 손상을 입더라도 중국은 홍콩의 정치적 미래를 거론하지 않았다.

그러나 마오쩌둥 시대 이후에 덩샤오핑이 등장하면서 외국과의 경제관계에서 '대외개방'정책을 실시해 나가자 영국 지배하의 홍콩은 정치적으로 시대착오적이었던 것만큼이나 경제적으로 불필요하게 되었다. 그래서 1980년대 초 덩샤오핑은 영국총리 마거릿 대처를 베이징에 불러들여 식민지시대가 끝났음을 알렸다. 베이징의 지시 아래 협상은 곧이어 1984년 「중영 공동선언」으로 이어졌다. 여기에는 (한때 막강했던 영국제국의 마지막 남은 주요 부분인) 홍콩이 1997년 중국에 반환된다는 것이 명기되었다. 또한 홍콩의 경제제도는 이후 50년 동안 변하지 않을 것이며 옛 영국의 식민지는 '1국 2체제'라는 덩샤오핑의 원칙 아래 중화인민공화국의 '특별행정구'로서 어느 정도의 자치가 보장될 것임도 합의되었다.

덩샤오핑은 홍콩에 대한 중국의 주권을 회복하기 4개월 전에 사망했다. 따라서 1997년 7월 내셔널리즘의 승리를 주관하는 정치적 행운은 장쩌민에게 돌아갈 수밖에 없었다. 재정적·정치적 혼란에 대한 추측이 난무했지만 정부 이양은 아무런 사고 없이 순조롭게 진행되었다. 물론 성대한 의식이 거행되었는데, 중국측의 경우 거대한 애국시위를 벌이며 심정적으로 엄청난 만족감을 얻었음은 두말할 필요도 없다. 전세계의 수많은 관중이 지켜보는 가운데 이루어진 이 사건의 극적인 역사적 의미로 볼 때 애국적 감정은 사실상 진짜였다. 그러나 '모국'에 대한 충성을 나타내는 애국적 표현은 분명 오랫동안 당과 정부에 의해 배양되어온 것이었다. 1984년 덩샤오핑은 애국주의를 적어도 홍콩에 관한 한 관대하게 정의했다. 애국주의는 단순히 "중국국가에 대한 존경"과 "홍콩에 대한 모국의 주권이 회복되는 것을 성심껏 지지하는 것"을 의미했다. 이 원칙 외에 애국자들은 그들이 원하는 어떤 사회적·정치적 관점도 견지할 수 있으며, 나아가 "자본주의나 봉건주의 또는 노예제까지도" 자유롭게 지지할 수 있다고 덩샤오핑은 말했다.[17]

내셔널리즘에 입각한 베이징의 호소에 가장 열렬한 반응을 보인 계층은, 각종 '애국회'에 앞 다투어 가입한 홍콩의 부유한 중국인 사업가들이었다. 부유한 홍콩 자본가 대다수는 이미 본토의 기업에 대규모 투자를 하고 있었고 공산주의 정권과 재정적으로 강력한 유대관계를 맺고 있었다. 그 중 어떤 이들은 예컨대 해운업계의 거물 둥젠화(董建華)처럼, 이제 베이징의 지배를 받는 '특별행정구'인 새로운 홍콩 정부 안에서 지도적 위치에 오르기도 했다. 홍콩의 부유한 중국인 자본가들의 '애국주의'와 이들이 중국공산당 엘리트와 쉽게 융합하고 있는 현실은 덩샤오핑의 개혁시대에 인민공화국에서 얼마나 거대한 사회적 전환이 일어났는가를 여실히 보여주는 것이기도 하다.

타이완

중국이 홍콩에 대한 주권을 회복하자 타이완은 이제 완전한 국가통일의 마지막 남은 주요 장벽이 되었다. 그러나 본토로부터 타이완의 분리는 홍콩에서 영국 식민정권의 종료보다도 정치적으로 역사적으로 훨씬 더 복잡한 사안이며 또한 상당한 위험을 내포하고 있었다.

근대세계에서 국적을 결정하는 가장 관례적인 방법에 따른다면, 타이완은 중국국가의 일부이다. 민족적·문화적·언어적으로 타이완 거주자의 압도적 다수가 중국인이다. 뚜렷한 민족집단으로서는 사실상 사라져버린 소수의 원주민을 제외하면 타이완은 본토에서 A.D. 1000년경부터 (수세기에 걸쳐 조금씩) 들어오기 시작한 이주자들이 차지하고 있었다. 1863년 이 섬은 청조에 공식적으로 합병되었으며 푸젠 성 관할의 한 현이 되었다. 현재 타이완 거주민의 대부분은 18~19세기에 푸젠에서 타이완 해협을 건너 이주해온 사람들의 후손이다.

오늘날 제기되는 타이완의 지위를 둘러싼 모호성과 논쟁의 단초는 몇 가지 우연한 역사적 사건들에서 유래한다. 하나는 1894~1895년의 청일전쟁인데, 전쟁 결과 타이완은 하나의 전리품이 되어 일본제국의 식민지로 전락했다. 반세기 동안 일본 식민지가 된 타이완은 근대중국 역사의 주요 정치적·지적 흐름으로부터 소외되어 있다가 제2차 세계대전이 끝나면서 중국에 반환되었다. 1945년 당시 중국정부는 장제스의 국민당 정권이었으며 국민당 군대는 타이완을 해방된 식민지라기보다는 정복한 영토로 취급했다.[18] 공산주의자들과의 내전에서 장제스가 패하자 본토에 남아 있던 국민당 군대와 관료들이 타이완으로 도망갔다. 거의 200만에 이르는 본토인은 1천만의 토착 타이완 주민 머리 위에 올라앉았다. 타이베이의 국민당 정권은 자신들이 전(全) 중국의 합법적인 정부라고 주장했으며 미국은 이를 지지했다. 1950년 한국전쟁이 발발하자 미국은 명실 공히 이 섬에 대한 군사보호권을 확립했고 군사적으로뿐 아니라 경제적·외교적으로도 타이완을 지원하기 시작했다.

타이완의 국민당 정권이 자신의 생존을 미국 제7함대에 의존하고 있는 동안 이 정권의 정당성은 자신이 전 중국의 정부라는 허구에 기반하고 있었다. 따라서 국민당 정권이 타이완 독립을 옹호하는 사람들을 체포하고 종종 처형하기까지 한 것은 (오늘날 약간 아이러니하게 보이지만) 어쩔 수 없는 행위였다. 실제로 1950년대와 1960년대 타이완인이 중국으로부터 타이완의 독립을 원하는 것은 베이징에 있는 공산주의 정권에 동정적인 것만큼 정치적 이단으로 간주되었다.

타이완에서 국민당 통치를 인위적으로 정당화하는 것은 물론 영원히 지속되기 힘들었다. 1970년대 초 닉슨 대통령이 미국과 인민공화국의 관계를 정상화하기 시작하자 이데올로기적 지주는 무너지기 시작했다.[19] 1972년 2월 「상하이 코뮈니케」와 함께 미군은 타이완에서 조금씩 철수했으며(군사원조를 줄이지는 않았다) 섬의 미래 역시 중국의 국내문제임이 공식적으로 인정되었다. 1979년 중미관계의 완전한 정상화와 더불어 미국정부는 오직 하나의 중국만이 있으며 "타이완은 중국의 일부"라는 '중국의 입장'을 승인했다. 그러나 새로운 모호성과 미래에 나타날 갈등의 씨앗이 뿌려지기도 했다. 덩샤오핑은 미국과의 공식 외교관계를 수립하려는 마음이 앞선 나머지 미국측 주장에 동의했는데, 그것은 미국과 타이완이 '비공식적인' 정치적·문화적 관계를 유지하고 미국이 타이완에 고도의 군사기술을 계속 제공한다는 내용이었다.

이런 협상에 내재하는 갈등(사실상 전쟁)의 소지는 20년 뒤인 1995년 덩샤오핑 시대가 막을 내리고 있을 때 놀라운 형태로 나타났다. 베이징의 타이완 정책은 가능하다면 평화적인 방식으로, 그러나 필요하다면 군사력을 사용해서라도 섬을 본토에 통합시키는 것이었으며, 이 정책은 덩샤오핑 시대를 통해 기본적으로 변함없이 계속되었다. 그러나 그동안 타이완은 상당히 변해 있었다. 1975년 장제스가 사망하고 1988년 그의 아들이자 후계자인 장징궈(蔣經國)마저 죽은 이후 민주개혁을 이루면서 근대화되고 번영을 구가하는 이 섬의 정치적 '타이완화'는 가속화되고 있었다. 실제로 다수당인 국민당 자체만 보더라도 토착 타이완인들이 점점 더 많은 비중을 차지하게 되었으며, 이런 전환은 1988년 타이완 출신의 부통령 리덩후이(李登輝)가 중화민국의 총통이자 국민당 주석으로서 장징궈의 뒤를 이었을 때 극적으로 부각되었다. 리덩후이 주석은 1996년 타이완의 첫 민주적인 총통선거에서 자력으로 당선되었다. 당시 그는 자신이 이끌던 당의 정강과 타이완을 둘러싼 국제적 환경이 요구하고 있던 하나의 중국이라는 목표에 열심히 동조하는 듯이 말했다. 그러나 그는 '하나의 중국' 정책을 서서히 포기하기 시작했으며, 점차 타이완을 독립적인 국민국가의 위치로 자리매김하려

했다. 한편으로 그는 베이징의 공산주의 정권과의 관계를 개선함으로써 이를 진행시켰다. 타이완인의 본토 방문을 허용하고(실제로 많은 타이완인이 본토를 방문했다), 인민공화국과의 무역을 장려하며 본토에 대한 타이완인의 투자를 허용했다. 투자액은 얼마 안 있어 미화 250억 달러를 넘어섰다. 베이징에서 온 대표단과의 회담에서는 본토와 타이완 간 직항로 개설, 어업권·이주와 같은 실무적인 문제들이 논의되었다. 그러나 무역, 투자, 공동이익의 문제에 대한 토론에서는 베이징이 원하는 대로 '평화통일'을 추진하기보다는 거대하고 강력한 국민국가가 지배하는 세계 속에서 자신의 길을 용감하게 만들어 나가는 작지만 독립된 국민국가로서 타이완의 이미지를 투영시켰다.

하지만 독립된 타이완을 목표로 한 리덩후이의 은밀한 운동 ─ 유엔에 회원가입을 조건으로 10억 달러 제공을 제의했다가 아무 결실 없이 당혹감만을 안게 된 사례를 포함하여 ─ 은 일단 중단되어야 했다. 그리고 1995년 6월 리덩후이가 미국을 방문했을 때 타이완의 분리문제에 잠재해 있는, 국제적 안정을 해치는 위험요소들이 세상에 드러났다. 닉슨 대통령이 중국과의 관계를 정상화하기 시작한 1972년 이래 '하나의 중국'정책은 타이완 고위 관료의 (개인적인 시민의 자격으로라면 몰라도) 미국방문을 불허한다는 원칙을 관철하고 있었다. 실제로 공화당과 민주당 행정부는 20년 이상 이 규제를 지켰다. 그런데 리덩후이 총통이 자신의 모교인 코넬 대학교 동창회에서 연설해달라는 초청을 받아들여 미국에 비자를 신청했다. 자유주의적인 민주당 인사들과 보수적인 공화당원들을 상대로 한 과거의 '중국원외활동집단'(中國院外活動集團)이 다시 부활했으며 결국 양원 모두 클린턴 대통령이 리덩후이를 환영해야 한다는 결의를 통과시켰다. 당시 어려울 듯이 보이는 재선을 앞두고 있던 클린턴은 이에 재빨리 승복했으며 중국 국무원의 반대에도 불구하고 비자를 발급했다.

'사적인' 방문이라고 하지만 매우 공적이고 널리 선전된 리덩후이의 여행에 대한 베이징의 반응은 예상 가능한 것이었다. 리덩후이와 장쩌민 사이에 진행 중이던 '평화통일'에 대한 간접적인 대화와 거의 실현될 듯하던 어업권 및 이주를 둘러싼 분쟁에 대한 회담이 모두 연기되었다. 워싱턴의 중국대사는 소환되었다. 1996년 7월과 8월 중국은 타이완 연안에 최신 미사일 시험을 실시했다. 미사일 시험은 가을에 있을 타이완의 총통선거에 영향을 미치려는 노골적인 계획 아래 재개되었다. 이에 대응하여 핵무장한 미국 항공모함 두 척이 중국 근해에 파견되었다. 전쟁의 가능성이 한층 고조되었으나 클린턴 대통령과 장쩌민이 1998년 상호간의 공식 방문에 동의하고 그동안 낮은 단계의 군사적·외교적 교류를 재개하기로 결의하면서 중국과 미국 둘 다 한발 물러섰다.

타이완의 독립을 합리화할 수 있는 역사적 사례를 만드는 것은 그다지 어렵지 않을 것이다. 타이완 사람들은 근대역사의 중요한 시기에 반세기에 걸쳐 일본의 식민지배(1895~1945)를 받음으로써 중국과 분리되어 있었고, 그 사이 독특한 타이완인의 국민적 정체성을 키워왔다. 그들의 국민적 정체성은 1949년 이래 타이완과 본토가 겪게 되는 상이한 역사적 경험에 의해 더욱 강화될 수밖에 없었다.[20] 그러나 집권당인 국민당은 쉽게 독립을 주장할 수 없다. 타이완에 있어서 국민당의 존재 자체가 중국통일과 '하나의 중국' 원칙을 확인해주는 증거이기 때문이다. 게다가 '민족'은 외국 식민통치의 결과로서 창조되었다는 이론에 근거한 국가 만들기의 역사적 사례는 포스트콜로니얼 시대에 있어 더 이상 설득력 있는 내셔널리즘적인 주장이 될 것 같지도 않다.

타이완의 독립에 유리하게 작용될 수 있는 역사적·도덕적 주장이 아무리 호소력 있다 하더라도 결국 현실적으로 가장 중요한 것은 독립된 타이완이 군사적으로나 정치적으로 살아남기 힘들다는 사실이다. 타이완의 준독립적 위치는 이제까지 사실상 미국의 군사적 보호에 의해 보장되어왔다. 그러나 동아시아에서 미국의 군사적 지배는 영원히 계속되지 않을 것이며 실제로 대부분의 군사전문가들도 새로운 세기의 첫 10년을 넘기지 못하고 어쩌면 그 전에 미군이 철수할지도 모른다고 믿고 있다. 동아시아에서 중국이 지배적 세력이라는 점은 실제로 모든 아시아 국가들이 기정사실화하고 있으며, 어느 나라도 타이완을 지지하거나 미국의 모호한 대(對) 타이완 정책을 지지하지 않고 있다. 존경받는 한 아시아의 '원로 정치인'은 1996년의 위기 때 왜 아시아 국가들이 미국을 도와주지 않았는가라는 『뉴욕타임스』 기자의 질문에 이렇게 대답했다.

> 중국은 여기에 3천년간 존재해왔다. 미국이 아시아에 진출한 것은 약 50년이 되었다. 우리 생각에 앞으로 20년간은 당신네 미국이 아시아에 잘 있을 수 있다. 그러나 그 이후에 당신들은 돌아갈 것이고 우리는 홀로 중국과 남아 있어야 할 것이다. 우리는 대결할 수 없다.[21]

따라서 어떤 형태로든 본토와의 '평화통일'이 타이완에게는 합리적이고도 유일한 선택이다. 그럴 수밖에 없다는 것은 1998년 여름 클린턴 대통령이 인민공화국을 방문하는 동안 더욱 확실해졌다. 1972년 닉슨 대통령이 「상하이 코뮈니케」에 서명한 이래 '하나의 중국'이라는 미국정책이 사실상 어떤 것이었는지를 클린턴은 분명히 말했다. "우리는 타이완의 독립, 또는 두개의 중국, 또는 하나의 타이완과 하나의 중국을 지지하지 않는다. 우리는 타이완이 독립국가의 요건을 갖춘 조직의 일원이 되어야 한다고 믿지 않는다."[22]

항상 이성적으로 일이 진행되는 것은 아니지만, (타이완·워싱턴·베이징의) 각 정부가 태평양 양측 모두에게 비참한 결과를 가져올 전쟁만큼은 피하려 할 것이다. 희망하는 바는 재통일이 이루어지는 과정—긴

과정이 될 것이다——에서 타이완의 독특한 근대역사가 인정되고 상당한 정도의 자치를 인정받는 것이다. 또한 과거 스탈린주의와 확실히 결별하고 나아가 의미 있는 민주개혁을 시작하는 중국과 함께 재통일이 이루어지기를 바란다.

자본주의, 사회주의, 민주주의

덩샤오핑이 막을 올린 시장개혁의 시대가 낳은 경제적 결과는 굉장했다. 1978년 이래 중국경제는 연평균 10% 이상씩 성장했으며, 이처럼 지속적이고도 급속한 경제성장은 지금까지 근대 세계역사에서 어떤 주요 국가도 경험해보지 못한 것이었다. 중국의 경제규모는 20년이 채 못 되어 4배로 커졌으며, 현재의 속도대로라면 중국은 산업총생산에서 21세기의 몇 십 년 안에 미국과 어깨를 나란히 하게 될 것이다.

그러나 중국 자본주의의 사회적 결과는 별로 유익하지 못했다. 중국인민 대다수가 경제성장으로부터 물질적 혜택을 보았고 전반적으로 덩샤오핑 이전 시기보다 분명히 더 높은 생활수준을 누리게 되었다. 더 좋은 주택과 향상된 영양섭취, 다양하고 풍부해진 소비재와 이를 구입할 수 있는 더 많은 수단을 향유하게 된 것이다.[23] 오랫동안 그토록 빈곤했고 자기 노동의 과실을 빼앗겨온 사람들에게 이런 혜택은 결코 과소평가될 수 없으며, 물질적으로나 도덕적으로 큰 의미가 있는 것도 사실이다.

하지만 경제적 진보를 위해서는 무서운 사회적 대가를 치러야 했다. 마오 이후의 중국에서 자본주의적 발전의 대가와 결과 가운데 하나는 인류역사상 가장 무지막지하게 환경을 파괴해왔다는 것이다. 경작지가 심각할 정도로 감소했고, 산업화의 보편적 현상인 대기오염과 수질오염이 뒤따랐다.[24] 시장의 힘에 의존한 중국의 성장은 관료들의 부정부패를 만연시켰으며 탐욕스러운 관료들의 탈법적인 가외의 요구는 대부분 가장 가난하고 정치적으로 무방비상태에 있는, 특히 농촌에 사는 사람들의 어깨를 가장 무겁게 짓눌렀다. 실제로 1990년대를 통해 농민폭동은 점점 더 잦아지고 강도도 더 세졌는데, 그 주요 기폭제가 된 것이 바로 부패한 지방관료들이 부과하는 불법세금이었다.[25]

게다가 물질적 진보는 오히려 노동인구 대다수의 생활여건을 점점 위태롭게 만들어왔는데, 그것은 시장이 끊임없이 노동의 '효율성'을 요구하기 때문이다. 실제로 마오쩌둥 시대에 이루어진 많은 사회복지제도와 직업보장제도가 폐지될 위기에 처했으며 이로 인해 대량실업의 위협이 점점 현실화되어가고 있다. 고용인들은 종종 육체적으로 위험한 노동조건에서 일해야 했으며 특히 급조된 개인 또는 '집단' 공장에서 일하는 어린 노동자나 여성 노동자는 더 많은 위험을 안고 있었다. 이런 작업장에서는 근대공업사에서 선례를 찾을 수 없을 정도로 많은 노동자들이 사고와 화재로 죽거나 불구가 되었다. 오스트레일리아의 학자 아니타 찬이 요약하고 있듯이, 중국노동자들은 "채무로 인한 강제노동, 노동자의 신체기능에 대한 통제 및 육체적 학대, 생존수준 또는 그 이하의 임금, 만연된 폭력 분위기" 아래서 혹사당했다.[26]

게다가 급속한 경제성장이 수반하는 사회적 혼란은 일반 범죄의 놀라운 증가(정부통계에 따르면 1978년과 1990년 사이에 11배 증가) 및 도시와 농촌 모두에서 범죄조직의 번식을 초래했으며, 1997년에는 3천 명의 죄수(또는 진술죄인)가 사형당했는데, 이는 나머지 전세계의 사형집행건수를 모두 합한 것보다도 많았다.[27] 그리고 도시에서는 1949년 이전 중국에서 고질적이었던 사회 병폐, 즉 매춘, 마약중독, 도박, 지하범죄조직 등이 다시 나타나 고통을 안겨주고 있었다. 이런 병폐는 1950

년대에 공산당 정권에 의해 완전히 일소된 것으로 너무 안이하게 간주되어왔다.

중국의 '사회주의 시장제도'의 가장 고통스런 결과는 극단적인 사회적·경제적 불평등이 놀라운 속도로 커지는 것이었다. 20년 만에 중국은 비교적 평등한 사회에서 세계에서 빈부격차가 가장 심한 나라, 타이완이나 한국과 같은 아시아 자본주의 모델보다도 훨씬 더 불평등한 나라가 되었다. 마오쩌둥 시대로부터 물려받은 낡은 불평등—도시와 농촌 사이, 연해지역과 내륙지역 사이, 지배자와 피지배자 사이—은 개혁시기를 거치면서 더 심해졌다. 그러나 이보다 훨씬 더 중요한 것은 각 지역과 지방 내부에서 첨예하게 나타난 사회경제적 격차였다. 이는 국가가 추진하는 시장관계가 그토록 빨리 양산하고 있던 새로운 사회계급의 분화를 반영하고 있었다. 예컨대 농촌의 상업화는 새로운 농촌부르주아지를 만들어냈다. 비교적 넓은 땅을 고용노동자나 소작농에게 경작케 하여 운영하는 자본가형 농부들과 각종 상업기업과 용역회사를 운영하는 개인 기업가, 그리고 이 새로운 농촌부르주아지와 긴밀하게 얽혀 있으며 다수가 이 새로운 계급의 일원이 되는 공산당 농촌간부들이 그들이었다.[28]

새로운 시장메커니즘이 작동되면서 2억 이상의 '남아도는' 농민 또는 농촌노동력의 거의 절반이 토지에서 쫓겨났다 이들은 자본주의적 발전을 겪고 있는 모든 나라의 농민과 마찬가지로 프롤레타리아화될 운명이었으며, 이는 분명히 세계역사상 가장 거대하고 가장 빠른 프롤레타리아화였다. 쫓겨난 농민의 상당수, 거의 절반 정도는 도시나 마을 공장 및 기업에 저임금 노동자로 취직했다. 그러나 나머지 대부분은 이주노동자로, 즉 임시직을 찾아 도시에서 도시로 떠도는 1억 이상의 농민으로 이루어진, 갈수록 그 수가 늘어나는 '유민'으로 전락했다. 말할 필요도 없이 이들은 무자비한 착취의 희생자였다. 그리고 곧 문을 닫거나 매각될 예정인 국유공장에서 쏟아져 나올 실직노동자를 합친다면 이들의 수는 2억에 이를 것으로 보인다.

경제적·사회적 격차는 농촌보다 도시에서 더 현저하게 나타났다. 스파르타식 마오주의 사회질서 속에서 살아온 도시의 거주자들은 생활수준이나 소비에 있어 비교적 적은 차이에 익숙해 있었다. 그러나 이제 중국의 도시는 다양한 시장활동을 통해 이익을 얻는 (종종 부패한) 고위 공산당 관료와 그 친척들로 구성된 탐욕스런 엘리트, 공상(工商) 기업인, 금융업자, 고소득 기술전문가와 경영인의 지배 아래 있었다. 이들의 수는 결코 적지 않지만 도시 전체인구에 비하면 아직 극소수 집단이었다. 그리고 이 신흥부자들은 세계에서 급속히 성장하는 사치품시장을 지탱해주고 있으며,[29] 어떤 이들은 저녁식탁에 한 번 오를 수입 포도주를 위해 공장노동자의 한 달 월급보다도 많은 돈을 지불한 것을 노골적으로 자랑하기도 했다. 세계에서 가장 규모가 큰 산업 프롤레타리아트에 속하는 공장노동자를 보면, 상당수가 시장개혁과 국유기업 매각으로 인해 자신의 '철밥통'—국가노동자들이 누려오던 기본적인 안정, 열정적인 시장개혁가들이 그토록 오랫동안 비난해온 안정—이 사실상 '박살'나리라는 것을 알아차리고 있다. 그 결과 점점 더 많은 수의 도시노동자들이 이주노동자라는 새로운 룸펜프롤레타리아트 대열로, 다시 말하면 세계에서 가장 크고 가장 빠르게 성장하는 실업자 무리 속으로 밀려들어가고 있다. 패션 명품과 고가의 수입자동차를 과시하며 다니는 중국의 새로운 도시 부르주아 엘리트와 철도역에서 노숙하거나 판자촌에서 사는 최하층의 이주노동자 사이의 사회적·경제적 격차는 자본주의 세계의 도시에서 볼 수 있는 것처럼 광범위하고 수치스러운 사회분화이다. 극단적인 빈부격차에 있어 이제 상하이와 광저우는 뉴욕, 런던, 리우데자네이루, 멕시코시티, 캘커타와 견줄 만하다.

시장이 양산한 온갖 불평등이 완전히 예상 밖의 일은 아니었다. 사실

개혁시대는 초기에 마오주의적인 '평등주의'에 반대하는 철저한 사상운동과 병행하며 조심스럽게 시작되었다. 덩샤오핑의 지식인들은 이런 '평등주의'를 경제적 후진성과 사회악을 가져온 원흉이라고 비난했다. 시장사회를 이론적으로 준비하는 과정에서 가장 두드러진 것은 개인의 욕망과 탐욕에 덩샤오핑이 노골적으로 호소하고 있다는 사실과 사전에 그가 불평등을 승인하고 있다는 점이었다. 그것은 "먼저 부자가 되는 것은 영광스러운 일이다"와 "누군가 먼저 부자가 되어야 한다"는 두 가지 금언에 잘 요약되어 있다. 그러나 사회경제적 격차를 예상하긴 했지만, 시장 지지자들은 (또는 반대자들조차) 실제로 눈앞에 닥친 빈부격차가 그토록 극단적일 줄은 몰랐던 것 같다.

불평등을 비롯하여 마오주의 이후 중국의 경제발전과정에서 나타난 여러 가지 사회적 결과는 물론 중국에 국한된 현상은 아니다. 그것은 전 세계에서 나타나는 전형적인 자본주의의 모습이다. 그러나 중국에서는 그것이 세계역사상 유례가 없을 만큼 신속하고 엄청난 규모로 나타났다는 것이다. 그것은 초기의 어떤 자본주의의 화신보다도 더 경제적으로 역동적이면서 사회적으로 파괴적인 자본주의의 산물이었다. 실제로 가장 최근에 등장한 중국자본주의는 마르크스가 예언한 자본주의의 "부단한 생산혁명, 모든 사회조건의 끊임없는 혼란, 영원한 불확실성과 동요……"의 정점처럼 보인다.[30] 이 걷잡을 수 없는 자본주의적 발전과정과 그로 인한 피할 수 없는 사회적 결과들이, 자본주의의 사회악을 어떻게든 피해보려 했던 중국의 한 세기에 걸친 지적 전통에 사상적 뿌리를 둔 공산당 정권하에서 일어나고 있다는 것은 씁쓸한 역사의 아이러니가 아닐 수 없다.[31]

하지만 중국공산당 지도자들은 그들이 시작하고 추진한 (그리고 그로부터 이익을 얻고 있는) 자본주의의 야만적인 발전이 한창 진행 중인데도, 여전히 마르크스의 사회주의 혈통을 주장할 필요성을 느끼고 있다.

제15차 당대회, 즉 국유기업의 민영화를 비준한 바로 그 비밀회의에서 장쩌민 총서기는 앞뒤가 맞지 않게 중국이 "중국 특색 사회주의"의 길로 나아가고 있다고 선언했고, 나라가 "사회주의 초급단계"(1989년 자오쯔양의 몰락 이후 널리 사용된 용어)에 있다고 말했으며,[32] 자신을 카를 마르크스에서 마오쩌둥, 덩샤오핑까지 길게 이어지는 혁명지도자의 혈통 속에 위치시켰다. 그리고 그의 후원자였던 덩샤오핑이 20년 전 권좌에 오를 때 그토록 교묘하게 이용했던 용어인 '사회주의 민주'에 대해서 (모호하지만) 열띤 연설을 했다.

이런 모호한 사상적 용어와 원칙이 장쩌민을 비롯한 덩샤오핑 이후의 공산당 지도자들에게 어떤 지적·심리적 의미를 갖는지 따져보는 것은 부질없는 짓이다. 그러나 그 정치적 목적은 아주 명백하다. 마르크스주의 전통과 그것의 중국인 문하생들 사이에 어느 정도 사상적 연속성이 있음을 증명함으로써 장쩌민은 현재 자신이 통치하는 국가를 탄생시킨 1949년 혁명의 수호자라는 표면상의 합법성을 부여받을 수 있기 때문이었다. 더구나 이런 사상적 겉치레는 그것이 아무리 얄팍한 술수라 하더라도, 중국공산당의 '지도역할'(즉 독재)을 승인하는 것이기도 했다. 혁명이 성공하고 결국 인민공화국이 성립할 수 있었던 것은 공산당의 인도가 있었기 때문이며, 그래서 중국공산당은 여전히 혁명의 사회주의적 목적을 간직하고 있는 기관이라는 것이다.

사회주의와 민주주의

'사회주의 민주'라는 용어가 장쩌민에 의해 다시 부활한 것은 흥미로운 일이 아닐 수 없다. 국가에 의해 강력히 추진되는 자본주의적 발전이 거의 20년간 진행된 이후, 심각한 정치적 억압 아래에서

(이것과 긴밀히 연결되어) 민주적 사회주의라는 개념은 일반인들이 이해할 수 있는 영역을 훨씬 넘어서는 것이었다. 결국 장쩌민은 자신을 덩샤오핑의 유산과 단단히 연결시키고 있었다. 실제로 그는 자기가 '덩샤오핑 이론'이라고 부른 덩샤오핑의 사상과 정책을 공식 국가 이데올로기의 반열에 올려놓았다. 그가 말하는 '덩샤오핑 이론'은 기껏해야 신속한 자본주의적 발전과 정치적 독재의 결합을 의미할 뿐이다. 중국의 발전을 염두에 둔 이런 개념 속에는 내셔널리즘의 내용은 풍부했으나 사회주의가 설 자리는 거의 없었다.

그럼에도 불구하고 베이징 정부는 여전히 사회주의적 미래를 막연하게 약속하고 있다. 이는 경제적·기술적 발전의 높은 단계에 도달하면 사회주의가 자동적으로 도래할 것이라는 초(超)정통 마르크스주의 신념에 기반하고 있다. 덩샤오핑이 되풀이해서 강조했듯이(그리고 이 강조는 그의 후계자들이 '덩샤오핑 이론'이라고 이해한 것 가운데 가장 중요한 교의라고 할 수 있다), 사회주의는 생산의 발전으로부터 필연적으로 출현하리라는 것이었다. 하지만 그는 어떻게 그렇게 될 수 있는지에 대해서는 설명하지 않았다.[33] 그러나 덩샤오핑에 따르면 '사회주의 초급단계'로부터 '발전한' 사회주의로의 이행을 위해 필요한 물질적 전제조건은 2050년까지 존재하지 않을 것이다. 그리고 그의 후계자들은 이런 사회주의의 도래를 반세기 더 늦추면서 그의 이론을 더욱 풍부하게 만들었다. 장쩌민은 사회주의 사회가 21세기 말에 건설될 것이라고 예견했다.[34] 어느 경우이든 사회주의는 현재의 희망이나 행동과는 사실상 단절된 미래의 어느 시간으로 연기된 것이다. 결국 사회주의는 무의미해졌다.

현재상황으로 판단하건대, 중국 사회주의의 진짜 근원은 먼 미래의 어느 시간에 이루어질 공산주의 제도를 실현하기 위한 경제적 성숙 속에서가 아니라 오늘날 바로 이 자리에서 공산당 정권에 반대하는 민주투쟁 속에서 찾을 수 있다. 사회주의는 비전과 사회적 행위자 모두를 필요로 한다. 그리고 비전은 위대한 지도자에 의해 위로부터 주어지는 것이 아니다. 그것은 자본주의의 사회적 파괴에 반대하는 투쟁이 필연적으로 나타나면서 자연스럽게 발전해 나갈 것이다. 그리고 그 사회적 행위자는 프롤레타리아트가 될 것 같다. 그것은 마르크스의 이론적 정통성 때문이 아니라 산업화로 인해 중국의 노동자가 수적으로 가장 많고, 가장 심하게 착취당하며, 정치적으로 가장 핵심적인 사회계급— 공산당 정권이 가장 두려워하는 계급—이 되었기 때문이다. 그것도 아주 빠르게.

중국공산당은 아직도 의례적으로 프롤레타리아트를 대표한다고 주장하고 있지만, 프롤레타리아트가 공산당 정권의 가장 큰 위협으로 변해버린 것은 결코 이상한 일이 아니다. 이는 1950년부터 1980년까지 많은 동유럽 공산주의 국가의 경우에도 마찬가지였다.(소련도 결코 이보다 덜하지 않았다.) 그러나 중국의 경우 참가자나 관찰자 모두가 대면할 수밖에 없었던 역설은 어떤 사회주의 운동도 중국에서는 반(反)공산주의적인 동시에 반(反)자본주의적일 수밖에 없다는 것이다. 이런 명백한 부조화는 중국 자본주의가 대체로 공산주의 국가의 창작품일 뿐 아니라 공산당 지도자와 관료들이 중국의 '사회주의 시장경제'를 움직이는 핵심이고, 그들 중 대다수가 큰 이득을 보고 있는 자본주의 제도를 보호하기 위해 공산주의 국가의 권력에 의존하고 있다는 사실에서 기인한다.

이렇게 기괴한 공산주의와 자본주의의 관계로 보아(아마도 중국의 국가자본주의의 기원을 생각하면 그다지 놀랄 만한 결합은 아닐 것이다), 새로운 중국 부르주아지는 민주적 변화의 열정적인 추진자가 될 것 같지는 않다. 공산주의 국가에 도전할 세력은 중국 자본주의의 수혜자가 아니라 오히려 그 희생자로부터(중국에서 엄청나게 늘고 있으며 점점 더 착취당하고 있는 노동계급과 그 동맹자들로부터) 나올 것이기 때문이다. 따라서 독립적인 노조 설립의 자유에 대한 문제는 현대 중국정치에서 가장 중요한 쟁점의 하나로 부상하고 있으며, 민주주의와 인권을 위한 투쟁의 중심을 이루고 있다.

덩샤오핑 이후의 중국에서 민주적 변화에 대한 전망은 어떠한가? 혹자는 사회 내적인 운동이 불가능한, 불변의 전체주의 결속체라는 한때 유행했던 중국공산당 정권에 대한 인식을 계속 고집한다. 1978년 이후 경제적 변화는 경이로울 정도지만 그렇다고 마오 이후의 정치적 변화가 중요하지 않다는 것은 아니다. 물론 권좌에 올랐던 덩샤오핑은 '사회주의 민주'에 대한 약속을 저버리고 1978~1981년의 '민주의 벽' 운동 때 그의 동맹자들을 배반하고 심지어 감옥에 보내는 데 조금도 주저하지 않았다. 그럼에도 초기의 덩샤오핑 정권은 마오주의 국가의 억압적이고 전체주의적인 관행을 극적으로 개선해 나갔다. 1978~1981년에 수십만의 정치범—대부분 1957년의 반우파투쟁과 문화대혁명의 희생자들—이 감옥과 노동수용소에서 풀려나 '복귀'했으며, 이들에 대한 명예회복이 이루어지기도 했다. 1980년대를 거치면서, 상황은 시간과 장소에 따라 많이 달랐지만, 지적·문화적 표현의 다양성은 인민공화국 역사상 전례 없는 일이었다. 정확한 숫자는 알 수 없지만, 모든 연구자들은 1980년대 초에 정치범으로 구속된 사람들의 수가 '굉장히 감소'(미국의 인권단체 휴먼라이츠워치 보고서에 쓰인 말)했다는 데 동의하고 있다.[35] 전체적으로 보면, 일상생활에 대한 국가의 통제는 상당히 완화된 것이 사실이다.

그럼에도 스탈린주의식 정치체제의 본질은 그대로 남아 있었다. 그리고 이 체계는 덩샤오핑의 '네 가지 기본원칙'[36]에 의해 사상적으로 한층 강화되었다. 마치 덩샤오핑 자신이 그랬듯이 그의 후계자들도 이 원칙을 신성시했다. 1당 통치(정확히 말해 레닌주의적 위계의 정점에 있는 소위원회에 의한 통치)는 계속되었고 어떤 종류의 정치조직도 중국공산당의 '지도 역할'에 도전하는 것을 용납하지 않았다. 거의 6천만에 달하는 (그러나 전체인구의 5%에 불과한) 당원을 거느린 공산당 자체도 당내 민주화 움직임을 일절 용인하지 않았다. 1997년 제15차 당대회 때에도 주요 안건에 대한 공개적인 토론이나 논쟁은 없었다. 어느 대표자도 장쩌민이나 그 밖의 지도자들을 비판하지 않았으며 항상 그렇듯이 모든 결의는 만장일치로 통과되었다. 바로 이 모든 것이 최고의 스탈린주의 전통이었다.

공산당이 정치권력을 독점하고 수도에서부터 사실상 전 지방으로 뻗어 있는 관료제의 촉수를 가진 국가조직으로 계속 건재하고, 정치사찰(수많은 비밀경찰조직으로 구성) 역시 감소하지 않았다는 사실은 현재 많이 논의되고 있는 마을 수준의 선거에 담긴 민주주의적 잠재력에 회의를 갖게 한다. 지방 '인민대표대회'의 직접선거는 덩샤오핑 시대를 시작하면서 선포된 1979년 선거법에 명시되었으며 이 법은 1986년 전국인민대표대회에서 개정된 바 있다. 그러나 1980년과 1986년에 열린 두 번의 지방선거에서 민주활동가들이 선거에 민주적 절차를 부여하려 했을 때 이들의 시도는 모두 무산되었다.[37] 이런 현상은 곧이어 향(鄕)·진(鎭) 단위까지(인구 10만 이내의 작은 도시) 선거가 확대될 것이라는 장쩌민의 약속에 따라 1990년대 초반과 중반에 마을(村)선거가 치러지면서 다시 나타났다. 마을과 향·진의 선거는 지방의 문제에 대한 대중의 정서를 드러내고 지방정부에 대한 시민의 통제를 어느 정도 촉진했을 것이다. 하지만 지방선거가 아무리 바람직하다고 하더라도 그것이 사실상 민주주의의 성장을 가져올 보편적 절차의 시작을 의미하는 것은 아니었다. 마을과 향·진에 전국적인 당 기구와 사찰기구가 계속 존재하는 한 지방선거는 순수하게 지방의 문제만 쟁점화할 것이기 때문이다.

중앙정부가 인정하는 마을선거보다 더 기대가 되는 것은 1980년 중반 이후 전국 여기저기(어느 정도 공업화된 지역)에서 조용히 시작된 전혀 예상하지 못한 지방민주주의의 첫걸음이다. 이런 움직임은 지방의 당정 관료들에 대한 대중의 감시를 어느 정도 활성화했으며 동시에 반(半)집단적인 경제생활형식을 촉진했다. 이 운동에 가담한 일부 지식인들은 이런 새로운 변화상을 '민주협동제'라고 불렀다.[38]

공산주의 국가의 사회 장악력은 1980년대에 크게 약해졌지만, 1989년 6월 민주화운동이 진압되면서 정치적 억압의 시기가 다시 연장되었다. 베이징에서 인민해방군의 공격이 있은 직후 비밀경찰요원에 의한 대대적인 체포의 광풍이 몰아쳤으며, 여기에 그치지 않고 덩샤오핑 이전의 시기를 연상케 하는 엄격한 정치적 통제와 사상적 정통성의 잣대가 사회 전반에 다시 부여되었다. 지식인·기자·대학생들이 정치경찰의 추적대상이 되었다. 이런 숙청은 당 내부에도 불어 닥쳐 젊은 민주활동가들에게 동정적이라는 의심을 산 수백 명의 간부들이 축출되거나 징계되었다. '베이징의 봄'에 참가한 노동자는 즉결처형이나 장기 수감 등 특별히 잔인하고 전횡적인 방식으로 처벌받았다. 신문·잡지·서적에 대한 엄격한 검열 역시 재개되었다.

1989년 민주화운동과 폭력적인 탄압은 덩샤오핑 시대 말기와 장쩌민의 '집단지도체제' 초기에 극도로 억압적인 정책이 시행된 직접적인 원인이었다. 그리고 이런 억압적 분위기를 낳은 또 하나의 원인은 동유럽과 소련의 공산주의 붕괴가 가져다준 두려움이었다. 소련의 소멸에서 덩샤오핑을 비롯한 중국공산당 지도자들이 얻은 교훈은 레닌주의 국가와 당의 독재권력을 강화할 필요가 있으며 고르바초프가 추구한 것과 같은 민주화정책은 공산당 권력의 생존에 상당히 위험하다는 것이었다. 이들이 끌어낸 또 하나의 교훈은 경제발전을 가속화하기 위해 시장개혁을 '심화'하고 이를 통해 대중의 불만을 누그러뜨릴 필요가 있다는 것이었다. 1989년 이후 중국공산주의 체제의 지도원칙이 된 것은 바로 이런 자본주의적 발전과 정치적 독재의 결합이었다. 이는 어떤 면에서 1980년대 말 적잖은 인텔리겐치아에게 영향을 주었던 신권위주의론에 의해 이미 예시되었던 것이기도 했다. 이것은 또한 혼란에 대한 덩샤오핑의 강박적인 두려움을 없애주는 원칙이었다. 혼란이라는 점에 있어 마오의 문화대혁명과 마오 이후의 민주화운동은 덩샤오핑에게 아무런 차이가 없었다. 어쨌든 덩샤오핑과 그 후계자들이 말하는 '사회주의 제도'에 대한 앞뒤가 맞지 않는 주장들은 1990년대 초기와 중반에 뜻밖에 찾아온 자본주의 경제의 호황에 힘입어 계속 버틸 수 있었다.

1990년대 정치적 탄압의 희생자 수천 명 가운데 단연 두드러진 인물은 덩샤오핑의 오랜 적인 웨이징성(魏京生)이었다. 그는 1979년에 이미 덩샤오핑이 "독재자로 전환"하고 있음을 경고한 바 있었다.[39] 이것을 비롯해서 몇몇 겁 없는 논평 때문에, 웨이징성은 1979년 3월 29일 공안요원에 체포되었다. 이는 '민주의 벽' 운동의 억압을 알리는 신호탄이었다. '반혁명' 범죄행위라는 죄목으로 기소되어 하루 동안의 재판을 받은 뒤 15년의 징역형을 받았다. 정치적 불평분자를 향해 영원히 계속되는 마녀사냥의 수많은 희생자 가운데 그는 첫 번째 희생자였다. 마녀사냥은 공산주의 지도자들의 다양한 정치적 이해관계와 성향에 따라 그 강도를 달리해가며 끊임없이 계속되었다.

웨이징성은 15년형을 다 마치기 6개월 전인 1993년 9월 감옥에서 풀려났다. 그러나 이제 열광적인 자본주의 사회인 중국에서 44세가 된 민주활동가의 '자유'시간은 오래가지 않았다. 또다시 구속될지 모른다는 위협에도 불구하고 웨이징성은 1979년과 마찬가지로 1993년에도 국가의 권위 앞에 무릎을 꿇으려 하지 않았다. 그는 곧바로 정치적 자유와 민주개혁을 주장하는 논문을 출판했다. 그로 인해 웨이징성은 다시 구속되었고 1995년 12월 '국가전복음모죄'로 14년의 징역형을 받았다. 그러나 이 두 번째 판결 이후 웨이징성의 수감생활은 2년을 가지 않았다. 국제사회의 비난이 들끓자 베이징 정부는 1997년 11월 웨이징성을 석방할 수밖에 없었고, 장쩌민이 미국을 공식 방문한 직후 그를 아예 추방해버렸다.

첫 번째 가석방과 재수감 사이의 그 짧은 기간에 웨이징성은 왕단에게 편지를 써 현재 고립되어 있는 중국의 반체제인사들이 "서로 협조할" 것을 제안했다. 검사는 왕단과 웨이징성이 국가 전복음모를 꾀했다는 증거로 이 제안을 읽어 내려갔다. 1989년 민주화운동의 지도자이자 베이징 대학의 학생이었던 왕단 역시 이제 막 감옥에서 풀려난 상태였다. '반혁명 선전죄'로 4년의 징역형을 선고받고 형기를 거의 마칠 무렵에 가석방되었던 것이다. 감옥에서 풀려나자마자 왕단은 다른 정치범들의 가족을 돕는 일에 헌신했다. 동시에 그는 민주개혁을 촉구하는 글을 썼으며, 그 중 몇 편은 홍콩과 타이완에서 출판되기도 했다. 왕단은 "국가 전복 음모를 꾸미기 위해 해외의 적대적 세력들"과 공모한 혐의로 기소되었다.[40] 1995년 5월 '가택연금' 상태에 있던 그는 1996년 '국가전복음모죄'로 정식 기소되기 전까지 1년여 동안 외부와의 연락이 끊긴 채 생활했다. 결국 왕단은 징역 11년의 판결을 받고 수감되었으나, 복역한 지 2년이 채 안되었을 때인 1998년 4월 클린턴 대통령이 중국을 방문하기 바로 직전 석방되어 망명길에 올랐다.

누 번째 박해에서 웨이징성과 왕단은 첫 번째 재판 때처럼 관례적인 죄목인 '반혁명'으로 기소되지는 않았다. 이번에는 그들의 활동이 국가 안전을 위험에 빠뜨렸다는 죄목으로 수감되었다. 이 용어상의 변화는 형법에서 '반혁명죄'를 삭제하려는 정부의 결정에 따른 것이었다. 이는 한편으로는 널리 확산된 국제적 비판여론을 의식하여 정치적 박해라는 인상을 주지 않기 위한 것이었고, 다른 한편으로는 혁명이 이미 오래전에 끝났음을 뒤늦게나마 법적으로 인정했기 때문이다. 이 개정사항은

1997년 3월 전국인민대표대회가 새로운 형법을 공포하면서 정식화되었다. 새 형법에서는 '반혁명죄'가 삭제되고 '국가안전위해죄'라는 새로운 범죄항목이 신설되었다. 이 변화는 어의적인 것 이상을 의미했다. '반혁명죄'로 이미 구속된 사람들은 감옥에 여전히 갇혀 있었다. 신설된 '국가안전위해죄'는 아주 폭넓게 해석되어 예전 같으면 '반혁명죄'로 기소되었을 사람들까지 모두 이 법에 적용시켰다.

형법을 개정하긴 했어도 반체제인사들을 이른바 일반범, 특히 '난동'과 '절도'라는 모호한 죄목으로 구속하던 오랜 관행은 바뀌지 않았다. 또한 '반혁명죄'를 형법에서 삭제했다고 해서 재판의 보호절차를 거치지 않고 행정절차만으로 구속되는 정치범의 수가 줄어든 것도 아니었다. 1989년 6월 4일 이른 아침 5천 명의 학생들이 천안문 광장에서 안전하게 철수할 있도록 인민해방군 장교들과 협상했던 유명한 문학비평가 류샤오보의 운명도 마찬가지였다.[41] 이 일로 해서 그는 '반혁명 고무죄'로 거의 2년 동안 감옥에 갇혀 있었다. 1990년대 중반 류샤오보는 민주개혁, 타이완과의 평화통일, 티베트의 지위에 관한 달라이라마와의 협상개최를 요구하는 청원서와 공개서한을 쓰느라 분주했다. 결국 1996년 10월 7일, 그는 베이징의 자택에서 체포되어 공안국에 의해 '노동교정'(勞動矯正) 3년의 처분을 받았다. 다시 말해 그는 노동수용소로 보내진 것이다.

수많은 반체제인사들이 특히 1989년 이후가 되면 구속을 피해 해외로 망명했다. 왕시저(王希哲)도 그런 망명자 중 하나였다. 그는 거의 20년에 가까운 감옥살이를 견뎌내고 1996년 말 미국으로 탈출했다. 왕시저는 '리이저'(李一哲)라는 집단필명을 사용한 세 명의 젊은 지식인 중 하나였다. 이들이 1970년대 초기에 쓴 「사회주의 민주와 법제에 대하여」라는 대자보는 1978~1981년의 민주화운동에 많은 지적 영감을 주었다. 그러나 운동이 일어나기 전에 대자보를 쓴 세 명의 공동저자는 체포되었다. 1975년 3월 마오 정권 말기에 권모술수로 얼룩진 정치 파벌투쟁에 휩싸여 왕시저와 그의 두 동료는 유형지로 끌려갔다.

1979년 2월 덩샤오핑이 권력을 장악하자 '리이저'는 석방되어 복권되었다. 이 셋 중 두 명은 마오주의 이후의 체제에 순응했으며 덩샤오핑 정권이 제공하는 새로운 기회를 이용했다. 그러나 왕시저는 계속 민주적 마르크스주의자로서 마오와 마오 이후의 시기는 사회주의와 민주주의가 결여되어 있다고 비판하는 많은 글을 쓰면서 자신의 길을 걸어갔다. 웨이징성의 체포 이후 왕시저는 덩샤오핑에게 점점 더 비판적이 되었으며 마침내 중국공산당은 새로운 관료지배계급으로 변했다는 결론에 도달했다. 그의 결론은 덩샤오핑 시대의 사상적 범죄 중에서도 가장 이단적인 것이었다. 그는 1981년 4월 '반혁명죄'로 체포되어 14년의 징역형을 선고받았다. 감옥의 열악한 환경 속에서 건강이 악화되어 1993년 왕시저는 가석방되었다. 비록 왕시저의 주장은 점점 더 비정치화되어가는 중국에서 거의 반응을 얻지 못하고 있었지만, 그는 계속해서 민주적 사회주의 사상을 피력했기 때문에 당국에 다시 체포될 우려가 있었다. 왕시저는 몸을 숨기고 살다가 결국 1996년 말 미국으로 망명했다.

* * *

1989년 이후에 시작된 정치적 탄압은 도시의 노동계급에게 가장 심했다. 1980년대를 통해 중국의 정치지도자들은 '폴란드의 공포,' 즉 공산당 정권을 정치적으로 심각하게 위협하는 노동자와 지식인 사이에 '연대' 형식의 동맹이 일어나지 않을까 하는 공포에 쫓기고 있었다. 이전의 몇몇 지식인이 그런 동맹에 대한 생각을 품은 적이 있지만 정부는 이런 불만과 동요의 흔적이 싹을 보이자마자 신속하게 노동자들을 억압했다. 1989년 민주화운동에 참가했던 노동자들은 학생활동가들보다 훨씬 가혹한 처벌을 받았다. 수많은 노동자가 이른바 폭력을 휘둘렀다는 이유로 1989년 6월 즉석에서 처형되었다.[42] 체포된 노동자는 학생들보다 훨씬 더 많았으며 또한 비슷한 죄목으로 기소된 학생들에 비해서 항상 더 긴 징역형을 선고받았다. 정부의 '수배자' 명단에 올라 있는 학생들조차 비교적 관대한 처벌을 받았다. 예를 들어 널리 공개된 수배자 명단의 맨 앞에 있던 왕단은 4년의 징역형을 선고받았지만 민주화운동 활동가로서 체포된 노동자는 보통 징역 15년형에서 사형까지의 판결이 내려졌다.[43]

민주화운동 기간 동안 노동조합 결성—결국 무산되었지만—에 가담했던 노동자에 대한 국가의 처벌은 특히 가혹했다. 1989년 6월 주동자들은 공개 처형되었으며 평화로운 조합활동에 가담했던 사람들은 폭행죄로 구속되어 중형을 선고받았다. 어떤 경우 조합결성 주동자들은 범죄에 대한 정식 기소 없이 구속되기도 했다. 한둥팡(韓東方)의 경우가 바로 그러한데, 그는 베이징 철도분국의 정비공으로서 베이징 노동자자치연합회의 결성자 중 하나였다. 1989년 6월에 투옥된 한둥팡은 1991년 4월까지 혐의도 없이 옥살이를 했다. 당국이 그를 석방한 것은 결핵을 앓고 있는 그가 옥사할 것을 염려했기 때문이다. 석방 이후에도 한둥팡은 만성적인 질병과 경제적 빈곤으로 고통받고 경찰에 시달렸지만 노동자조직운동을 그만두지 않았다. 그는 자유노조의 설립이 필요한 것은 덩샤오핑의 경제개혁 때문이라고 주장했다. "지금 중국은 온갖 자본주의 조직의 등장을 허용하면서 어째서 노동자의 이익을 보호하기 위해 생겨나는 자유노조를 허용할 수 없다는 것인가? 나는 당의 노동조합이 노동자를 보호해줄 수 있기를 바랐지만, 그들의 행동은 나를 실망시켰다. 그들은 자기의 책무를 다하지 않았다."[44]

1992년 5월, 베이징 정권은 국제적인 비판여론이 빗발치자 한둥팡에게 미국에 유학할 수 있는 출국비자를 발급했다. 그러나 1993년 여름 한둥팡은 중국으로 돌아가려 했지만, 국경을 넘지 못하고 왔던 길을 되돌아와야 했다. 사실상 영구 추방된 것이었다.

중국 공산주의 국가가 기본적 인권의 영역에서 자유노조를 조직하려는(지금까지 모두 실패했지만) 노동운동가를 탄압하는 일보다 더 촉각을 곤두세우며 경계를 철저히 한 영역은 없었다. 비밀경찰과 국가안전기관이 '노동문제'에 이렇게 각별한 관심을 기울인 데는 중요한 정치적·경제적 이유가 있었다. 정치적 관심은 아주 오래된 것으로, 당의 조직적 통제 아래 있지 않은 모든 집단에 대한 레닌주의적 두려움에서 기인한다. 이런 강박적인 불안을 떨쳐내기 위해 공산당 지도자들은 확고한 결심을 했다. 그것은 당의 확실한 통제 아래 있는 관영단체나 마찬가지인 '중화전국총노동조합'이 누리는 독점적 지위에 대한 어떤 잠재적 위협도 분쇄해버린다는 것이었다. 경제적 이해관계는 덩샤오핑의 시장개혁에서 유래하고 있었다. 시장개혁은 공산주의 국가로 하여금 자신이 창조한 관료자본주의 제도의 성공에 의존할 수밖에 없도록 만들었으며, 동시에 중국 자본주의는 풍부한 노동력을 공급하고 임금을 낮게 유지하며 노동자를 통제하는 공산주의 국가에 의존했기 때문이다. 이런 기능들은 국내외 투자가들의 눈에 인민공화국이 매력적으로 보이게 하는(그리고 급속한 경제성장을 더욱 자극하는) '중국적 특색'의 본질이었다. 이 '특색'은 자유롭고 독립적인 노동조합과는 양립할 수 없었다. 따라서 노동운동가는 가장 위험한 정치적 반대자로 간주되었다.

결론적으로 공산주의 국가는 독립적인 노동조합을 불법화하고 현재 막 싹이 트기 시작한 맹아단계의 노동조직을 탄압하며 노동운동가들을 감옥에 보냄으로써(또는 추방함으로써) 중국 자본주의의 이익—그리고 기업가적 관료들의 금전적 이익—에 기여했다.

노동탄압은 중국의 도시 노동계급이 큰 고통을 겪고 있던 바로 그때, 자본주의 경제의 전망과 현실이 더 적은 노동력과 더 낮은 임금의 노동력을 요구하던 때 일어났다. 그리고 국유산업을 일부 민영화하는 정부의 계획으로 이미 급격히 늘어난 실업자 명단에 4천만 명의 이름이 추가될 만큼 불안한 시기였다. 또한 간신히 명맥을 유지하고 있던 과거 마오쩌둥 시대의 사회복지제도 대부분이 '시장'의 도입과 함께 와해되고, 경제성 있는 기업과 정부 모두 실업구제·연금·보건의료에 지원할 재원이 점점 고갈되어가던 시기였다. 아울러 도시 노동계급의 가구당 소득이 줄어들고 있는 시기이기도 했다. 이는 부분적으로 각 가구의 여성, 특히 30세 이상의 여성이 가혹한 일시해고를 당했기 때문이다.[45] 그 밖에도 공립 초등학교에서 수업료를 부과하는 등 전에 없던 새로운 강제징수금이 생겨나 노동계급 가족의 부담이 더욱 커졌다. 현대식 빌딩의 사무실 공간이 공급 과잉을 이루자 대도시에서 건설경기가 침체되었고, 이는 이주노동자의 일자리를 더욱 감소시키는 결과를 낳았으며 '유민'들은 세계역사상 가장 거대한 '노동예비군'으로 성장하고 있다.

도시와 농촌 모두에서 노동인구의 경제적 고통은 필연적인 내수침체로 인해 몇 년 동안 가중되어왔는데, 설사가상으로 20세기의 마지막 몇 년에 걸쳐 세계를 강타한 금융위기는 그 고통을 배가시켰다. 대외무역과 자본이라는 경제적 이득을 얻기 위해 1980년대 초에 세계경제에 합류한 중화인민공화국은 이제 그리 유쾌하지 않은 세계체제의 경기순환 과정을 경험해야 했다. 글로벌 자본주의의 위기는 1997년 봄 태국과 한국에서 제일 먼저 나타났고 곧이어 중국 연안지역에 도달했다. 수출둔화, 외국인 직접투자의 감소, 다른 아시아 국가에서 생산하는 더 값싼 상품과의 경쟁에 직면하여 중국의 경제성장은 1998년 전반기에 연 7%로 떨어졌으며 그 이후 더 낮아졌다.[46] 이는 다른 나라와 비교하면 여전히 높은 성장률이었지만 바로 몇 년 전까지 기록했던 12~14%의 성장률에 비하면 엄청난 감소였다. 그리고 주룽지나 그 밖의 중국지도자들이 실업의 충격을 완화하고 사회적 안정을 유지하는 데 필요한 최소한의 성장률이라고 주장한 8%에도 못 미치는 수준이었다.

이렇게 삼면의 공격—중국의 국내 '시장,' 중국 공산주의 국가, 세계 경제의 동요—을 받으면서 중국의 노동자들은 그들만의 조직을 건설할 자유를 박탈당한 채 사실상 무방비상태에 있을 수밖에 없으며 오직 산발적이고 즉흥적인 저항만을 할 수 있을 뿐이었다. 그런 저항은 1990년대를 통해 급속히 성장했는데, 지방에서의 파업과 태업의 형태로, 그리고 갈수록 늘어나는 실업자와 실직위기에 처한 사람들, 임금을 받지 못한 노동자와 연금을 받지 못한 퇴직자 등에 의한 가두시위의 형태로 나타났다. 따라서 이런 산발적인 불만의 표출이 앞으로 공산주의 국가에 반대하는 조직적인 운동으로 통합될 수 있을지는 두고 봐야 할 일이다. 그러나 분명한 것은 정치권력 독점으로 많은 이익을 얻고 있는 공산당 지도자들에게 가장 심각한 위협이 되는 존재가 바로 도시의 노동계급이라는 사실이다. 아마도 공산당 지도자들은 젊었을 때 읽은, 자본주의는 자신의 무덤을 팔 사람들을 근대 프롤레타리아트라는 형태로 창조한다는 카를 마르크스의 예언을 희미하게 기억할지 모른다. 이제는 시대에 뒤떨어지고 이미 반쯤 잊혀진 듯 보이는 이 예언이 서양의 자본주의 국가가 아닌 중국에서, 그것도 근대산업 노동계급의 이익, 열망, 역사적 사명을 구현한다고 주장하며 통치하고 있는 공산당에 반대하는 가운데 실현된다면 그야말로 엄청난 아이러니가 아닐 수 없다.

지은이 주

17장 문화혁명의 개념
1) 마오쩌둥과 문화대혁명에 대한 중국공산당의 공식 평가는 1981년 6월 27일 중국공산당 11기 6중전회가 채택한 「건국 이래 당의 약간의 역사문제에 관한 결의」에 설명되어 있다. *Beijing Review*, July 6, 1981, pp. 10~39 참조.
2) Harry Harding, "Reappraising the Cultural Revolution," *The Wilson Quarterly*, Autumn 1980, p. 137.
3) Arif Dirlik, "The Predicament of Marxist Revolutionary Consciousness," *Modern China*, 9, No. 2 (April 1983): 188.
4) 1915~1919년의 신문화운동에 대해서는 2장, 특히 pp. 38~42 참조.
5) '문화혁명'의 개념은 1940년 마오의 독창적인 이론이었던 「신민주주의론」에 특별히 강조되어 있다. 이 논문에서 그는 새로운 '혁명문화'의 건설이 혁명의 성공에 필수적이라고 주장했다. *Selected Works of Mao Zedong* (Beijing: Foreign Languages Press, 1967), Vol. II, pp. 339~84. 1966년 문화대혁명의 격언 중 하나인 "파괴 없이 건설 없다"도 이미 이 논문에 나온다. 20세기의 20년대에 천두슈와 그의 신문화운동 추종자들의 명령에 공명하면서, 과거의 문화를 일소할 필요성을 주장하고 있었다는 점에서 그러하다.
6) 레닌과 마오의 개념 사이의 차이를 자세히 다룬 논의로는 Maurice Meisner, "Iconoclasm and Cultural Revolution in China and Russia," in Abbott Gleason, Peter Kenez and Richard Stites (eds.), *Bolshevik Culture* (Bloomington: Indiana University Press, 1985), pp. 279~93. 이 책에서 다루고 있는 논의의 일부는 이 논문에서 따온 것이다.
7) V. I. Lenin, "On Cooperation," in V. I. Lenin, *Selected Works* (Moscow: Progress Publishers, 1967), Vol. III, p. 764.
8) Richard Stites, "Iconoclastic Currents in the Russian Revolution:

Destroying and Preserving the Past," in Gleason, Kenez, and Stites (eds.) *Bolshevik Culture*, p. 17에서 인용. 모든 러시아 마르크스주의자들이 문화적 변화를 위한 경제적 전제조건에 대한 레닌의 견해를 공유하지는 않았다. 알렉산드르 보그다노프와 같은 일부 볼셰비키는 '문화혁명'을 지지했으며 '프롤레타리아 문화' 운동의 지도자들은 '문화'와 '의식'이라는 요소에 최고의 지위를 부여했다. 이는 마오의 후기 개념과 놀라울 정도로 유사하다. 사회경제 발전에서 문화의 역할에 관한 보그다노프의 견해는 James C. McCelland, "Utopianism versus Revolutionary Heroism in Bolshevik Policy: The Proletarian Culture Debate," *Slavic Review*, 39, No. 3(September 1980): 403-25 참조.

9) 문화대혁명이 일어나기 몇 년 전에 쓴, 스탈린식 발전양식에 대한 마오의 비판은 "Reading Notes on the Soviet Union's 'Political Economy,'" *Mao Zedong Sixiang Wansui* (『毛澤東思想萬歲』), p. 182.

10) 사회주의와 후진성과의 관계에 있어 마오는 너무도 명백하게 레닌의 견해, 그리고 일반적으로 이해되는 마르크스주의의 교훈을 인정하지 않았다. 1960년대 초 마오는 이렇게 썼다. "레닌은 '낙후된 나라일수록 자본주의에서 사회주의로의 이행은 훨씬 어렵다'고 했다. 이제 그런 식의 말은 틀린 것 같다. 낙후된 나라일수록 자본주의에서 사회주의로의 이행이 더 어려운 것이 아니라 오히려 더 쉽다." "Reading Notes on the Soviet Union's 'Political Economy,'" *Mao Zedong Sixiang Wansui* (『毛澤東思想萬歲』), pp. 333~34.

11) 볼셰비키 혁명의 관료주의로의 변질에 대한 레닌의 마지막 암울한 견해(레닌은 이를 볼셰비키의 낮은 문화수준과 문화적 역량의 결여에서 기인하는 것이라고 생각했다)에 대한 흥미로운 논문은 Isaac Deutscher, "The Moral Dilemmas of Lenin," in Deutscher, *Ironies of History* (London: Oxford University Press, 1966), pp. 167~73.

12) 『毛澤東思想萬歲』, p. 240.

13) 『紅旗』, 1958년 6월 1일자, pp. 3~4. 영역은 *Peking Review*, June 10, 1958 참고.

14) 유물론적 역사개념의 핵심을 보여주는, 자주 인용되는 마르크스의 구절은 다음과 같다. "인간은 그들 자신의 역사를 만든다. 그러나 그들 마음대로 만드는 것이 아니다. 그들은 자기가 선택한 조건하에서가 아니라, 우연히 마주친, 과거로부터 주어지고 전달된 조건하에서 역사를 만드는 것이다. 죽은 세대의 모든 전통은 악몽처럼 살아 있는 사람들의 뇌를 짓누른다." *The Eighteenth Brumaire of Louis Bonaparte*, Marx and Engels, *Selected Works*, Vol. I, p. 225.

15) André Malraux, *Anti-Memoirs* (New York: Holt, Rinehart & Winston, 1968), pp. 373~74.

16) "On Khrushchev's Phony Communism and Its Historical Lessons for the

World," *Peking Review*, July 17, 1964, pp. 7~28. 중소분쟁의 주요 문건 가운데 하나인 이 논문(마오의 글일 가능성이 높음)은 『人民日報』와 당의 주요 이론지 『紅旗』의 공동사설로 처음 발표되었다.

17) 도시의 실업자와 농촌의 불완전고용 농민으로 구성된 계약노동자는 공장 또는 건설현장 및 다른 대규모 사업장에 일시적으로 고용되었다. 국가에 고용된 정규 노동자와 달리 이들은 고용보장이나 사회적 혜택을 누리지 못했다. 이들은 사실상 룸펜프롤레타리아였고(현재도 그러하다), 마르크스가 말한 '실업예비군'을 형성하는 사람들이었다.

18) John Gardner, "Educated Youth and Urban-Rural Inequalities, 1958-66," in John W. Lewis (ed.), *The City in Communist China* (Stanford, Calif: Stanford University Press, 1971), pp. 235~86.

19) Robert C. Tucker, *The Marxian Revolutionary Idea* (New York: Norton, 1969), p. 187.

20) Liu Shaoqi, "Political Report of the CCP Central Committee," *Eighth National Congress of the Communist Party of China* (Beijing: Foreign Languages Press, 1956), Vol. I, p. 15.

21) Deng Xiaoping, "Report on the Revision of the Constitution of the CCP," Ibid., p. 313.

22) "Resolution on the Political Report of the CCP Central Committee to the Eighth National Congress of the Party," Ibid.

23) 정치적 꼬리표와 계급성분제도와의 관계에 대한 통찰력 있는 논의는 Richard Curt Kraus, *Class Conflict in Chinese Socialism* (New York: Columbia University Press, 1981) 참조.

24) 「프롤레타리아 독재의 역사적 경험에 관하여」는 1956년 12월 29일자 『人民日報』 사설로 처음 발표되었다. 1956년 4월의 연설 「10대 관계론」에서 마오는 계급이나 계급투쟁에 대해 거의 언급하지 않았다. 그러나 몇 년 뒤인 1960년대 초기에 마오는 스탈린이 계급투쟁을 경시했다고 비난하기 시작했다.(스탈린은 정치적 필요에 따라 계급과 계급투쟁에 대해 모순된 의견을 밝혔다.)

25) 리처드 크라우스(Richard Kraus)가 지적하듯이, 대약진은 순수한 마오주의적 표현이었지만, 계급 및 계급투쟁과는 비교적 관계가 없었다. 그것은 아마도 사회주의로부터 계급 없는 공산주의 사회의 이행을 약속하고 있었기 때문일 것이다. Kraus, *Class Conflict in Chinese Socialism*, pp. 65~66 참조. 계급에 대한 마오의 관점과 인민공화국에서 일어난 계급문제 전반에 대한 이론과 현실을 다루고 있는 크라우스의 책은 많은 정보와 통찰력의 보고이다.

26) Mao Zedong, "Talk at an Enlarged Central Work Conference," January 30, 1962; "Speech at the Tenth Plenum of the Eighth Central Committee,"

September 24, 1962, in Stuart R. Schram (ed.), *Mao Zedong Unrehearsed: Talks and Letters, 1956-71* (Harmondsworth, Middlesex, England: 1974): pp. 170~75, 188~96.

27) Mao Zedong, "Twenty Manifestations of Bureaucracy," in "Chairman Mao's Selected Writings," JPRS, No. 49829, February 12, 1970, pp. 42~43.

28) Mao Zedong, "Reading Notes on the Soviet Text 'Political Economy,'" translated by Moss Roberts in Mao Zedong, *A Critique of Soviet Economics* (New York: Monthly Review Press, 1977), p. 71.

29) 1962년 마오는 이렇게 썼다. "스탈린의 책은 처음부터 끝까지 상부구조에 대해서는 전혀 언급하지 않는다. 그것은 사람들에게 관심이 없다. 그것은 사람이 아니라 사물만을 생각한다. ……그들[소련]은 기술이 모든 것을 결정한다고, 간부가 모든 것을 결정한다고 믿으면서 오직 '전'(專)만 말하고 '홍'(紅)에 대해서는 말하지 않는다. 오직 간부에 대해서만 말하고 대중에 대해서는 일절 말하지 않는다." Mao Zedong, "Critique of Stalin's Economic Problems of Socialism in the USSR," in *A Critique of Soviet Economics*, p. 135.

30) Mao, "Selections from Chairman Mao," JPRS, No. 49826, p. 23.

31) Kraus, *Class Conflict in Chinese Socialism*, p. 150 참조.

32) 정치행동을 중심으로 하는 마오의 계급개념과, 그것과 마르크스주의 계급개념의 관계에 대한 자세한 분석은 Kraus, Ibid. Ch. 5, pp. 89~114 참조.

33) '문혁10년'과 그 이후를 지나면서 관료지배계급이라는 개념을 붙들고 이를 이론적으로 설명해보려는 시도는 있었지만, 마오가 이 개념으로 돌아온 것은 그의 삶의 마지막 해(1975~1976)가 되어서였다. 그러나 그때에는 그에게 행동에 옮길 시간이 거의 남아 있지 않았다.

34) 문화대혁명 기간에 계급에 대한 모순된 이론들의 충돌이 실제 정치에 미친 결과에 대한 통찰력 있고 정보가 풍부한 분석으로는 한때 홍위병이었던 린 웨이란이 쓴 논문이 있다. Weiran Lin, "An Abortive Chinese Enlightenment—The Cultural Revolution and Class Theory," Ph.D. dissertation, Department of History, University of Wisconsin-Madison, 1996.

18장 프롤레타리아 문화대혁명, 1966~1969년

1) 베이징 부시장이었던 우한(吳晗) 외에도 가장 잘 알려진 풍자가로서 덩퉈(鄧拓)와 랴오모사(廖沫沙)가 있었는데, 둘 다 베이징 시 당 위원회의 고위 관료였다. 「기억상실증을 위한 특별치료」 같은 덩퉈의 수필은 베이징의 여러 신문에 게재되었다. 그 중 하나인 『前線』은 덩퉈가 편집하는 신문이었다.

2) Mao Zedong, "Speech at the Tenth Plenum of the Eighth Central

Committee," September 24, 1962, in Stuart R. Schram (ed.), *Mao Tse-tung Unrehearsed: Talks and Letters 1956-71* (Harmondsworth, Middlesex, England: Penguin, 1974), p. 195.

3) 姚文元,「評新編歷史劇『海瑞罷官』」, 上海『文匯報』, 1965. 11. 10. 이 글의 영역은 *The Case of P'eng Teh-huai, 1958-68* (HongKong: Union Research Institute, 1968), pp. 235~61.

4) 5·16통지는 1년이 지난 1967년 5월 16일에야 발표되었다. 영역은 *Peking Review*, No. 21(May 19, 1967), pp. 6~9 참조.

5) 이 사건은 Hong Yung Lee, *The Politics of the Chinese Cultural Revolution* (Berkeley: University of California Press, 1978), pp. 215~16 참조. 풍부한 사료를 바탕으로 예리한 분석을 하고 있는 이홍영의 책은, 문화대혁명의 사회계급적 측면을 이해하는 데 있어 현재까지 가장 중요한 연구서이다. 학생운동에서 활동한 당 공작조의 역할에 대해서는 Ibid., Ch. 2, pp. 26~63 참조. 이홍영의 결론에 나오듯이 "특권을 잃은 사회계급의 구성원들은 당 조직이 선택한 희생양이었으며 최고의 특권을 누리고 있던 간부의 자녀들은 당 조직의 주요 협력자가 되었다." Ibid., p. 63.

6) 홍위병의 정치적 파벌주의를 낳은 사회적 기반에 대해 통찰력 있게 상세히 분석한 논문으로는, Stanley Rosen, *Red Guard Factionalism and the Cultural Revolution in Guangzhou* (Boulder Colo.: Westview Press, 1982), in Lee, *The Politics of the Chinese Cultural Revolution*. 급진적 또는 보수적 홍위병의 출신계급에 대한 표본은 로젠의 책, 표 4.2, pp. 148~49 참조.

7) *Decision of the Central Committee of the Chinese Communist Party Concerning the Great Proletarian Cultural Revolution* (Armonk, N.Y.: M.E. Sharpe, 1998)

8) Mao Zedong, "Talks to Leaders of the Centre," July 21, 1966, in Schram (ed.), *Mao Tse-tung Unrehearsed*, p. 253.

9) 류사오치의 정치와 정책에 관한 자세한 설명은 Lowell Dittmer, *Liu Shao-ch'i and the Chinese Cultural Revolution*, 개정판(Armonk, N.Y.: M.E. Sharpe, 1998) 참조.

10) "Long Live the Revolutionary Rebel Spirit of the Proletariat," *Peking Review*, September 9, 1966, pp. 20~21. "구세계를 전복하라"는 명령은 1965년 마오가 쓴 시「두 마리 새: 대화」의 마지막 행에서 따왔을 것이다.

11) 라오서의 시련에 대한 생생한 묘사는 Jonathan D. Spence, *The Gate of Heavenly Peace* (New York: Viking Press, 1981), pp. 343~49 참조.

12) Lee, *The Politics of the Chinese Cultural Revolution*, pp. 54~55.

13) Mao Zedong, "Talk at Central Work Conference," October 25, 1966, in

Schram (ed.), *Mao Tse-tung Unrehearsed*, p. 271.
14) "A Summary of the Last Two Months of Progress in the Cultural Revolution," *Dongfeng Zhanbao* (『東風戰報』), December 11, 1966, JPRS No. 40488, p. 13.
15) 상하이의 문화대혁명에 관한 글 가운데 가장 주목할 만한 것은 Neale Hunter, *Shanghai Journal* (Boston: Beacon Press, 1969); Andrew G. Walder, *Chang Ch'un-ch'iao and Shanghai's January Revolution* (Ann Arbor: Center for Chinese Studies, University of Michigan, 1978); Gerald Tannebaum, "The 1967 Shanghai January Revolution Recounted," *Eastern Horizon*, May-June 1968, pp. 7~25; Parris Chang, "Shanghai and Chinese Politics: Before and After the Cultural Revolution," in Christopher Howe (ed.), *Shanghai: Revolution and Development in an Asian Metropolis* (Cambridge: Cambridge University Press, 1981), pp. 66~90; Lynn T. White III, "Shanghai's Polity in the Cultural Revolution," in John W. Lewis (ed.), *The City in Communist China* (Stanford, Calif: Stanford University Press, 1971), pp. 325~70.
16) 류사오치주의의 경제·교육 정책에 의해 오도된 사회적 이상의 또 다른 예는 젊은 노동자와 학생이 참가한 '반공반독'(半工半讀) 계획에서 찾을 수 있다. 원래 정신노동과 육체노동 사이의 격차를 줄이고 불우한 노동자들에게 교육기회를 제공하기 위해 기획되었던 이 계획은 어느 사이엔가 단순히 값싼 노동력을 산출하는 또 하나의 원천으로 기능했다. 이 계획의 참가자들이 문화대혁명 초기 반란을 일으켰을 때, 당 관료들은 이들을 '인간쓰레기'라고 비난했다. Lee, *The Politics of the Chinese Cultural Revolution*, pp. 132~33.
17) Hunter, *Shanghai Journal*, pp. 139~40에서 인용.
18) 문화대혁명 기간 동안 상하이에서 활동했던 다양한 조반집단에 대한 상세한 정보는 Ibid.를 참조. 18개의 중요한 상하이 조직이 Ibid., pp. 300~01에 열기되어 있다.
19) 1967년 1월과 2월 상하이 혁명운동을 장춘차오가 어떻게 조종했는지에 대한 상세한 설명은 Walder, *Chang Ch'un-ch'iao and Shanghai's January Revolution*, Ch. 7, pp. 51~63 참조.
20) 경진장의 제2병단과 노동자 제3병단(이들은 '노동자총사령부'로부터 분리되어 나옴) 이외에, 장춘차오에게 대항했던 주요한 집단에는 제대군인으로 이루어진 홍기군 그리고 이전에 '노동자총사령부'와 긴밀히 협력했던 가장 큰 학생조직인 '붉은 혁명가'를 포함한 몇 개의 급진적 학생집단이 있었다. 장춘차오의 반대세력에 대해서는 pp. 58~63; Lee, *The Politics of the Chinese Cultural Revolution*, pp. 146~50; Hunter, *Shanghai Journal*, pp. 221~67 참조.

21) '신상하이 인민공사'를 이끌었던 인물은 제2병단의 지도자 경진장이었다. 그는 장춘차오보다 더 많은 대중의 지지와 48개 혁명조직의 지지를 받고 있었다. 상하이 정치에서 경진장의 역할에 대해서는 Hunter, Shanghai Journal, Chs. 11~13 참조.
22) Mao Zedong, "Talks at Three Meetings with Comrades Chang Ch'un-ch'iao and Yao Wen-yuan," in Schram (ed.), *Mao Tse-tung Unrehearsed*, pp. 277~78.
23) *SCMP*, No. 4147.
24) Karl Marx, *The Eighteenth Brumaire of Louis Bonaparte* (Chicago: Kerr, 1919), p. 146.
25) Lee, *The Politics of the Chinese Cultural Revolution*, pp. 189~91. 군대의 일반적인 보수적 역할에 대해서는 pp. 168~203, 234~43 참조.
26) Ibid., p. 183.
27) 광시 성의 예를 들 수 있다. Ibid., p. 160 참조.
28) 베이징·상하이·톈진은 성 정부의 권한 아래 있는 것이 아니라 중앙정부가 직접 관할하는 자치도시이다.
29) 6월과 7월의 투쟁에서 1천 명 이상이 사망했으며 공업생산은 절반으로 줄었다. Thomas W. Robinson, "The Wuhan Incident: Local Strife and Provincial Rebellion During the Cultural Revolution," *The China Quarterly*, No. 47 (July-September 1971), pp. 413~18.
30) Lee, *The Politics of the Chinese Cultural Revolution*, p. 249.
31) 린뱌오의 연설은 베이징의 고위 군사·정치 지도자 회의에서 행해졌다. 연설의 영역은 *SCMP* No. 4036, pp. 1~6 참조. 인민해방군 총참모장인 린뱌오는 문화혁명소조의 급진적 지식인들과 달리 이 기관을 유지해야 할 강한 이해관계가 있었음에 틀림없다.
32) 장칭의 연설문에 대한 영역은, *SCMP* No. 4069, pp. 1~9 참조.
33) 공식 마오주의의 견해는 William Hinton, *Turning Point in China* (New York: Monthly Review Press, 1972), 특히 pp. 71~78 참조.
34) 1970년 천보다의 숙청과 1971년 린뱌오의 몰락은 20장에서 논의한다.
35) 양청우(楊成武) 사건에 대한 모순된, 그리고 종종 터무니없는 설명들이 몇 년 동안 베이징으로부터 흘러나왔다. 그 중에는 양청우가 파렴치한 '5·16' 병단과 함께 마오에 반대하는 음모에 연루되었다는 1972년의 혐의도 들어 있다. 후자에 대해서는 Hinton, *Turning Point in China*, pp. 76~77 그리고 pp. 39~40의 각주 참조. 양청우는 1974년 정계와 군부에 복귀한다.
36) David Milton and Nancy Dall Milton, *The Wind Will Not Subside: Years in Revolutionary China 1964-1969* (New York: Pantheon Books, 1976),

p. 330.
37) 성무련(省無聯)의 「강령」과 「중국은 어디로」 같은 중요한 문건은 Klaus Mehnert, *Peking and the New Left* (Berkeley, Calif.: Center for Chinese Studies, 1969) 참조. 이 조직은 그들의 사상적 영감을 문화혁명소조의 '극좌파' 지식인 가운데 한 사람, 즉 성무련이 진압당할 때인 1968년 2월 숙청당한 치번위(戚本禹)에게서 얻었을 것이다.
38) 광저우에서의 홍위병운동은 *Red Guard Factionalism* 참조.
39) Victor Falkenheim, "The Cultural Revolution in Kwangsi, Yunnan and Fukien," *Asian Survey*, IX, No. 8 (1969): 580-85; Stanley Karnow, *Mao and China: From Revolution to Revolution* (New York: Viking, 1972), pp. 434~35, 438; *Far Eastern Economic Review*, July 4, 1968, p. 13.
40) 녹음된 담화의 원문인 "Dialogue with the Capital Red Guards"는 당시 중국에 널리 퍼져 있었다. 이것의 영역은 JPRS No. 61269-2 (February 20, 1974) 참조. 베이징에서 홍위병 내 '天'과 '地' 두 파벌 사이의 투쟁에 대해서는 Lee, *The Politics of the Chinese Cultural Revolution*, Chs. 7-9; William Hinton, *Hundred Day War: The Cultural Revolution at Tsinghua University* (New York: Monthly Review Press, 1972); Milton and Milton, *The Wind Will Not Subside*, pp. 317~29 참조. 이 탄압이 무대 뒤의 '검은 손'에 의해 조종되었다는 학생들의 항의에 대해 마오는 "그 검은 손이 바로 나"라고 시인했다.(Milton and Milton, p. 321)
41) Milton and Milton, *The Wind Will Not Subside*, p. 335.
42) Lee, *The Politics of the Chinese Cultural Revolution*, p. 291. 이 운동에 대한 설명과 분석은 pp. 287~96 참조.
43) Mao Zedong, "Talks at the First Plenum of the Ninth Central Committee of the Chinese Communist Party," April 28, 1969, in Schram (ed.), *Mao Tse-tung Unrehearsed*, pp. 283~89.
44) 「中國共産黨章程」, 1969년 4월 4일 채택. 원문은 *Peking Review*, April 30, 1969. 방점은 추가.

19장 문화대혁명의 사회적 결과
1) 문화대혁명이 사회적으로 볼 때 실제로 혁명적 결과를 낳았다는 주장 가운데 가장 정밀한 분석으로는 Charles Bettelheim, *Cultural Revolution and Industrial Organization in China* (New York: Monthly Review Press, 1974).
2) '사인방'은 1976년 그들의 보호자인 마오가 죽은 직후 마오의 '급진적' 제자들이라는 이름 아래 체포되어 재판을 받았다. 이에 대한 간략한 논의는 22장을 보라.

3) *Beijing Review*, No. 48 (1980), pp. 9~28.
4) Qi Hao (ed.), *Guanyu Shehuizhuyi de Minzhu yu Fazhi* (HongKong: Bibliothèque Asiatique, 1976), pp. 3, 167; Zi Chuan, "Li Yizhe yu Wo," *Bei Dou*, No. 4 (1977), p. 15. Stanley Rosen, "The Democracy Movement in Guangzhou," 1982년 4월 AAS회의에 제출된 논문, pp. 10~12에서 인용. 광둥 성과 하이난 섬에서 자행된 인민해방군의 홍위병 학살에 대해서는 Stanley Rosen, "Guangzhou's Democracy Movement in Cultural Revolution Perspective," *China Quarterly*, No. 101 (March 1985), p. 5.
5) Agence France Presse, Beijing, February 3, 1979; FBIS-CHI 79-25 (February 5, 1979), p. E2. 또한 Roger Garside, *Coming Alive: China After Mao* (New York: Mentor, 1982) pp. 45n, 47 참조.
6) 난징과 장쑤에서 쉬스유를 억압한 사실에 대해서는 Barrett McCormick, "Political Reform in Post-Mao China: Democracy and Due Process in a Leninist State" (Ph.D. thesis, Department of Political Science, University of Wisconsin-Madison, 1985), pp. 61~63. 쉬스유(許世友) 장군은 1970년대 초 난징에서 전근되어 광저우 군구 사령원에 임명되었다. 쉬스유와 웨이궈칭(韋國淸, 1970년대 광둥 성 당 위원회 제1서기였으며 1968년 광시 성에서 급진적인 홍위병을 군대로 잔인하게 유혈 진압한 것으로 악명 높음)은 덩샤오핑의 강력한 군사적·정치적 동지였으며, 마오 이후의 정권에서 둘 다 고위직에 올랐다. 문화대혁명 기간 동안 난징을 비롯한 여러 지역에서 자행된 인민해방군의 탄압에 대한 정보를 더 얻기를 원하면 Chang Ping and Dennis Bloodsworth, *Heirs Apparent* (London: Secker & Warburg, 1973), p. 94 참조.
7) 윌리엄 힌튼은 이 사건이 산시(陝西) 성의 롱보우 마을에서 일어났다고 전했다. William Hinton, "Village in Transition," in Mark Selden and Victor Lippit (ed.), *The Transition to Socialism in China* (Armonk, N.Y.: M. E. Sharpe, 1982), p. 107. 롱보우 마을에서 일어난 문화대혁명에 대한 자세한 설명은 힌튼의 뛰어난 책인 *Shenfan* (New York: Random House, 1983), 6부에서 9부까지 참조.
8) 1956년 계급에서 카스트로 전환하는 현상에 대해서는 Kraus, *Class Conflict in Chinese Socialism*, chapter 6 참조. 농촌지역에서는 옛 지주와 부농의 자식들과 혼인하기를 꺼리는 현상까지 나타나곤 했다.
9) 다자이 모델과 그 정치적 역사에 대해서는 Tang Tsou, Marc Blecher, and Mitch Meisner, "National Agricultural Policy: The Dazhai Model and Local Change in the Post-Mao Era," in Selden and Lippit (ed.), *The Transition to Socialism in China*, pp. 266~99 참조.
10) 마오가 린뱌오에게 쓴 편지의 영역은 *Current Background*, No. 891, p. 56.

농촌공업화에 대한 논의는 부분적으로 욘 시구르드손(Jon Sigurdson)의 훌륭한 논문 "Rural Industry and the Internal Transfer of Technology," in Stuart R. Schram (ed.), *Authority, Participation and Cultural Change* (Cambridge: Cambridge University Press, 1973), pp. 199~232 참조.

11) Mark Selden, *The People's Republic of China: A Documentary History of Revolutionary Change* (New York: Monthly Review Press, 1979), p. 125. 1975년 여름 농촌공업화에 대한 폭넓은 연구는 Dwight Perkins (ed.), *Rural Small-Scale Industry in the People's Republic of China* (Berkeley: University of California Press, 1977).

12) Mao Zedong, "Reading Notes on the Soviet Union's 'Political Economy,'" *Mao Tse-tung Sixiang Wansui* (『毛澤東思想萬歲』) (Taipei: n.p., 1969), pp. 389~90.

13) Byung-joon Ahn, *Chinese Politics and the Cultural Revolution* (Seattle: University of Washington Press, 1976), p. 155.

14) Mao Zedong, "Directive on Public Health," June 26, 1965, in Stuart R. Schram (ed.), *Mao Tse-tung Unrehearsed: Talks and Letters, 1956-71* (Harmondsworth, Middlesex, England: Penguin, 1974), pp. 232~33.

15) John Gardner, "Educated Youth and Urban-Rural Inequalities, 1958-1966," in John W. Lewis (ed.), *The City in Communist China* (Stanford, Calif.: Stanford University Press, 1971), pp. 235~86.

16) Mao Zedong, "Remarks at the Spring Festival," February 13, 1964, in Stuart R. Schram (ed.), *Mao Tse-tung Unrehearsed*, pp. 197~211.

17) Suzanne Pepper, "Chinese Education After Mao: Two Steps Forward, Two Steps Back, and Begin Again?" *The China Quarterly*, No. 81 (March 1980), pp. 6~7. 초등교육은 6년에서 5년으로 줄었고 2년 과정의 중학교 수업이 농촌마을의 초등학교에 추가되었다. 이는 중학교의 입학률을 급속히 증가시키는 결과를 가져왔다. Ibid., p. 11.

18) 지방에서 학교 운영은 지방의 인민공사와 생산대대가 교육에 필요한 자금을 제공하고, 국가는 교사의 월급을 보조하는 형태로 이루어졌다. Ibid., p. 7. 모든 교육과정에 정치교육, 특히 '마오쩌둥 사상' 학습과 군사훈련, 육체적인 생산노동에의 정기적 참여를 요구하는 국가정책으로 인해 지방의 자율성은 제한되었다. 문화대혁명이 교육정책과 그 실천과정에 미친 영향에 대한 분석은 Stuart R. Schram (ed.), *Authority, Participation and Cultural Change*, pp. 257~89.

19) 1970년대 농촌경제의 문제들에 대해서는 6부에 간략히 논의되어 있다.

20) Bettelheim, *Cultural Revolution and Industrial Organization*, p. 11.

21) 문화대혁명이 낳은 공업정책의 성격과 결과에 대한 세 가지 상이한 해석은 Stephen Andors, *China's Industrial Revolution* (New York: Pantheon Books, 1977), chapters 7-9; Andrew Walder, "Some Ironies of the Maoist Legacy in Industry," in Selden and Lippit (eds.), *The Transition to Socialism in China*, pp. 215~37; Andrew, Watson, "Industrial Management: Experiments in Mass Participation," in Bill Brugger (ed.), *China: The Impact of the Cultural Revolution* (London: Croom Helm, 1978), pp. 171~202 참조.
22) Christopher Howe, "Labor Organization and Incentives in Industry, Before and After the Cultural Revolution," in Stuart R. Schram (ed.), *Authority, Participation and Cultural Change*, p. 242.
23) Bettelheim, *Cultural Revolution and Industrial Organization*, pp. 15~16. 1970년대 초기 다른 지역에 있는 공장들에서도 격차가 이와 비슷하거나 종종 더 벌어지는 현상이 보고되었다.
24) 이러한 경향을 보여주는 구체적인 예는 Howe, "Labor Organization and Incentives in Industry," 특히 pp. 248~50, 그리고 Watson, "Industrial Management: Experiments in Mass Participation," pp. 180~99 참조.
25) Roger Garside, *Coming Alive: China After Mao* (New York: Mentor, 1982), p. 64.
26) 도시청년의 '하향'에 대해서는 Thomas P. Bernstein, *Up to the Mountains and Down to the Villages* (New Haven: Yale University Press, 1977).
27) Edgar Snow, *The Long Revolution* (New York: Random House, 1972). pp. 13~14.
28) 인사에도 별다른 변화가 없었다. 예를 들면 1970년대 중반, 새로운 성(省)혁명위원회의 지도자 가운데 상당수는 문화대혁명 이전 성의 관료였다. 성혁명위원회의 설립·성격·와해에 대해서는 David S. G. Goodman, "The Provincial Revolutionary Committee in the People's Republic of China, 1967-1979: An Obituary," *The China Quarterly*, No. 85 (March 1981), pp. 49~79.

20장 문화대혁명의 여파와 마오주의 시대의 종언, 1969~1976년

1) 예컨대 Franz Schurmann, "What Is Happening in China: An Exchange," *New York Review of Books*, January 12, 1967.
2) Edgar Snow, *The Long Revolution* (New York: Random House, 1972), pp. 17~20.
3) 무장혁명투쟁에 대한 중국의 지지는 대체로 말뿐이었다. 게다가 그것도 아주 선별적이었다. 예컨대 중국언론에서 체 게바라의 사망은 언급조차 하지 않았다.

4) 1967년 여름 마오가 했던 이 논평은 팸플릿 형태로 전국에 널리 퍼졌다. 이 글의 영역은 Jean Daubier, *A History of the Cultural Revolution* (New York: Vintage Books, 1974), Appendix 4, pp. 307~13 참조.
5) Lin Biao, "Report to the Ninth Congress of the Communist Party of China," *Collection of Important Documents of the Great Proletarian Cultural Revolution* (Beijing: Foreign Languages Press, 1970), pp. 94~107.
6) 1970년 12월 에드거 스노에게 한 말. Snow, *The Long Revolution*, p. 174.
7) 린뱌오에 반대하는 저우언라이와 장칭의 제휴에 대해서는 Hong Yung Lee, *The Politics of the Chinese Cultural Revolution* (Berkeley: University of California Press, 1978), 8장과 결론 참조.
8) 「'571공정'기요」에 나오는 바와 같으며, 20장 주18번 참조.
9) William Joseph, *The Critique of Ultra-Leftism in China, 1958-1981* (Stanford, Calf.: Stanford University Press, 1984), p. 145. 그 밖의 린뱌오 몰락에 대한 설명과 해석으로는 Michael Y. M. Kau (ed.), *The Lin Piao Affair: Power Politics and Military Coup* (White Plains, N.Y.: International Arts and Sciences Press, 1975); Jaapvan Ginnekan, *The Rise and Fall of Lin Piao* (New York: Avon Books, 1977); Livio Maitan, *Party, Army, and Masses in China* (London: New Left Books, 1976), Ch. 14; Philip Bridgham, "The Fall of Lin Piao," *The China Quarterly*, No. 55 (1973), pp. 427~49 참조.
10) "Summary of Chairman Mao's Talks with Responsible Comrades at Various Places during his Provincial Tour," August-September 1971, in Stuart R. Schram (ed.), *Mao Tse-tung Unrehearsed: Talks and Letters, 1956-1971* (Harmondsw-orth, Middlesex, England: Penguin, 1974), pp. 292~93.
11) Ibid., p. 293.
12) "Communiqué of the Second Plenary Session of the Ninth Central Committee of the Communist Party of China," *Peking Review*, September 11, 1970.
13) Snow, *The Long Revolution*, pp. 10~12. 1950년대 중반 이래 중국과 미국의 대사들이 바르샤바에서 100회 이상의 회의를 가졌으나 성과 없이 끝났다.
14) Ibid., pp. 171~72.
15) 1971년 4월 초 일본에서 중국 탁구팀이 미국 탁구팀을 인민공화국에 초청함으로써 이런 이름이 붙었다. 미국선수들은 많은 미국기자들과 함께 중국에 왔다.
16) 중국 제트기는 9월 13일 몽골에 추락했다. 그런데 희생자들의 신원에 대해 중국

과 소련의 설명이 달랐다.
17) "Summary of Chairman Mao's Talks with Responsible Comrades at Various Places during his Provincial Tour," August-September 1971, in Stuart R. Schram (ed.), *Mao Tse-tung Unrehearsed*, p. 294. 마오는 중국공산당 역사에서 9개 '대투쟁'에 관련된 주요 인물들을 1927년 천두슈부터 1966년 류사오치까지 열거했다. 물론 린뱌오는 곧이어 그 열 번째 인물이 될 것이었다.
18) New China News Agency, November 17, 1980 (*The New York Times*, November 18, 1980). 대부분의 연구자들이 진실로 수긍할 만한 「'571공정'기요」에 대한 부분적인 영역은 *Issues and Studies*, VIII, No. 8 *(May 1972)*: 79-83 참조.
19) *The New York Times*, October 12, 1972, p. 3.
20) 음모에 가담했다고 하여 체포된 사람들 중에는 인민해방군 참모장 황융성(黃永勝)과 공군사령관 우파셴(吳法憲) 같은 고위 군지도자가 다수 포함되어 있었다.
21) 예를 들어 William Hinton, *Turning Point in China* (New York: Monthly Review Press, 1972), pp. 39~40; Charles Bettelheim, *Cultural Revolution and Industrial Organization in China* (New York: Monthly Review Press, 1974), pp. 118~22 참조.
22) 예를 들면 Parris H. Chang, "Political Rehabilitation of Cadres in China: A Traveller's View," *The China Quarterly*, April-June 1973, p. 333.
23) 1972년 가을 인민공화국을 방문했던 한 사람은 당시 관직에 복귀한 당 서기와 부서기를 최소한 50명은 확인할 수 있었다고 한다. 그 수는 말할 것도 없이 이보다 훨씬 더 많았으며 이후 몇 년 동안 더 늘어났다. Ibid., p. 335의 주11 참조.
24) "Summary of Chairman Mao's Talks with Responsible Comrades at Various Places during his Provincial Tour," in Stuart R. Schram (ed.), *Mao Tse-tung Unrehearsed*, p. 296.
25) Snow, *The Long Revolution*, pp. 18~19, 169~70.
26) 1967~1968년 감소했던 중국의 대외무역이 1968년 말에는 문화대혁명 이전 수준을 회복했다. 그리고 1969~1975년의 대외무역가치는 매년 미화 40억 달러에서 140억 달러씩 증가했다. Joseph Cheng, "Strategy for Economic Development" in Bill Brugger (ed.), *China: The Impact of the Cultural Revolution* (London: Croom Helm, 1978), pp. 140~41. 1972년 말부터 1975년 봄까지 인민공화국은 일본과 서방으로부터 28억 달러 상당의 공업설비를 수입했다. Kojima Reiitsu, "Accumulation, Technology, and China's Economic Development," in Mark Selden and Victor Lippit (eds.), *The Transition to Socialism in China* (Armonk, N.Y.: M. E. Sharpe, 1982), pp. 248~49.

27) Hong Yung Lee, "Deng Xiaoping's Reform of the Chinese Bureaucracy," in *The Limits of Reform in China* (Washington: The Wilson Center, 1982), p.31.
28) Zhou Enlai, "Report to the Tenth National Congress of the Communist Party of China," August 24, 1973, in *The Tenth National Congress of the Communist Party of China* (Documents) (Beijing: Foreign Languages Press, 1973), p.34.
29) Wang Hongwen, "Report on the Revision of the Party Constitution," August 24, 1973, Ibid., pp.48~54.
30) "Constitution of the Communist Party of China," Ibid., p.61.
31) Wang Hongwen, "Report," p.44.
32) Zhou Enlai, "Report," p.21. 당시 마오는 이 표현을 꽤 좋아했다.
33) 린뱌오의 사망이 일반에 알려지기 전 공식 발표에서는 린뱌오와 그의 동료들을 "류사오치와 같은 사기꾼들"이라고 불렀다.
34) Zhou Enlai, "Report," pp.5~20.
35) 1920년대 중반에 황푸군관학교의 강사였던 예젠잉(1898~1986)은 1927년 이후 홍군의 주요 지도자 중 한 명이 되었으며, 옌안 시절에는 야전군 사령관으로서 주더와 펑더화이 밑에서 일했다. 1971년 린뱌오의 몰락 이후 그는 인민공화국의 가장 강력한 군사지도자로 부상했다. 리더성(李德生, 1916~)은 1935년 19세의 나이로 홍군에 참가했다. 직업군인으로서 그는 고속승진하여 혁명 이후에는 사단장이 되었다. 문화대혁명 기간에 흔들림 없이 마오쩌둥을 지지했던 그는 1969년 4월 당중앙정치국 후보위원이 되었으며 1970년 인민해방군 총정치부 주임으로 임명되었다.
36) 「'571공정'기요」에는 마오에 대항하는 린뱌오의 음모가 적혀 있다고 알려져 있다. 이 문건에서 마오는 '현대판 진시황'으로 비난받고 있다. 그러나 마오 주석은 이런 역사적 유비를 오히려 기꺼이 받아들였다.
37) 마오는 1975년과 1976년 초까지 그의 집무실에서 내선외빈을 영접했다. 마오의 건강이 악화되고 있음은 이들 외국 방문객들의 눈에 명백했다. 그는 1974년에 뇌졸중으로 쓰러졌으며 이후 그의 몸의 왼쪽이 마비되었고 언어장애를 겪고 있었다. 그래서 그는 종종 서면으로 의사교환을 했다.
38) 덩샤오핑이 이후에 발표한 이론은 '3개 세계이론'이라 불렸으며, 이는 가끔 마오쩌둥에게서 유래한다고 주장되었다. 이 '이론'에 따르면, 제1세계는 미국과 소련의 두 초강대국으로 이루어지며, 제2세계는 동유럽과 서유럽의 선진국 및 사회주의 국가로 구성되고, 제3세계는 나머지 국가들로서 발전도상국이다. 이 이론은 제2세계와 제3세계가 단합하여 제1세계에 대항할 수 있는 잠재력에 대해 예견하고 있다.

39) 마오는 당 중앙위원회 전체회의에도 전국인민대표대회에도 참석하지 않았다. 건강이 악화되었다고 했지만 대회기간 중에 그는 서독의 야당 지도자인 프란츠 요제프 슈트라우스를 영접했다.
40) Zhou Enlai, "Report on the Work of the Government," January 13, 1975, *Peking Review*, January 24, 1975, pp. 21~25.
41) 마오쩌둥 시대의 경제적 성공과 실패에 대해서는 21장 참조. 대부분의 통계는 1966~1976년 '문혁10년' 동안 공업생산이 매년 10%씩 증가했음을 보여준다.
42) 전국인민대표대회에 헌법을 제안했던 장춘차오의 연설에 이 점이 특별히 강조되어 있다. 그는 "국가기구에 대한 당의 중앙집권적 지도"를 강조했다. 1975년 헌법의 영역(英譯)은 *Peking Review*, January 24, 1975, pp. 28~29 참조.
43) *Peking Review*, January 14, 1977, pp. 28~29.
44) 예를 들면 Roger Garside, *Coming Alive: China After Mao* (New York: Mentor, 1982), p. 57. "문화대혁명 동안 [사인방은] [마오의] 요원으로 행동했지만, 마오의 건강이 악화되자 그들은 자신들의 이익을 위해 마오를 이용하곤 했다. 마오는 의지할 사람이 아무도 없었지만 결코 속고 있었던 것은 아니다."
45) Richard Kraus, *Class Conflict in Chinese Socialism* (New York: Columbia University Press, 1981), p. 163 참조.
46) 이 용어는 Kjeld Erik Brodsgaard, "The Democracy Movement in China, 1978-1979," *Asian Survey*, XXI, No. 7 (July 1981), p. 751에서 사용.
47) 대약진이 정점에 도달한 1958년, 장춘차오는「부르주아 권리 사상과의 결별」이라는 논문을 썼다. 마오가 쓴 짧은 논평에 대해 설명하면서 장춘차오는 혁명 이후의 시대에 도입된 임금차별제도를 혁명기간의 비교적 평등한 보상제도로 대체해야 한다고 주장했으며, 이는 공사의 농민뿐 아니라 관료와 간부에게도 적용되어야 한다고 제안했다. 이 논문과 그 정치적 의미에 대한 논의는 Harry Harding, *Organizing China: The Problem of Bureaucracy, 1949-1976* (Stanford, Calif.: Stanford University Press, 1981), pp. 190~93 참조.
48) 1975년 덩샤오핑의 지시에 따라 작성된 세 문건은「전당·전국의 각 공작의 총강(總綱)에 관하여」,「공업발전을 가속화하는 데 관한 약간의 문제」,「중국과학원의 공작에 관한 보고」이다. 이것의 영역(英譯)은 Chi Hsin, *The Case of the Gang of Four* (HongKong: Cosmos Books, 1977), pp. 203~95 참조.
49) Zhang Chunqiao, "On Exercising All-Round Dictatorship over the Bourgeoisie," *Peking Review*, April 4, 1975, p. 8. 이는 프롤레타리아 독재를 학습하자는 운동에 대한 장춘차오의 중요한 이론문건이다. 4월 1일자『홍기』(紅旗)에 처음 게재되었다. 전문(全文) 영역은 *Peking Review*, pp. 5~11 참조. 야오원위안의 가장 유명한 글인「린뱌오 반당집단의 사회적 기초에 관하여」는 한 달 전『홍기』에 게재되었다. 이 글의 영역은 *Peking Review*, March 7, 1975,

pp. 5~10 참조.
50) Yu Dong, "Programme for Consolidation of the Dictatorship of the Proletariat," *Peking Review*, January 18, 1974, p. 6.
51) 이 소설은 *All Men Are Brothers*란 제목으로 펄벅이 영역하여 서양에 널리 알려졌다.
52) 4월 초 천안문 광장의 사건을 목격한 증인의 감동적이고 상세한 서술은 Garside, *Coming Alive*, pp. 101~26 참조. 가사이드가 쓰고 있듯이, 조금 규모가 작지만 이와 비슷한 저우언라이 추모집회가 전국의 도시와 농촌에서 열렸다.(p. 105).
53) Ibid., pp. 107, 109.
54) '사인방'(장춘차오·야오원위안·왕훙원·장칭) 체포는 화궈펑과 국방부장 예젠잉이 인민해방군의 대다수 사령관들과 제휴하여 이루어졌다. 10월 6일 이른 아침 뛰어난 마오주의자 왕둥싱(汪東興)의 지휘 아래 정예부대인 '8341부대' 병사들은 체포임무를 완수했다.

21장 마오주의 시대의 유산

1) Ma Hong and Sun Shangqing, eds., *Studies in the Problems of China's Economic Structure* (Beijing, 1981), Vol. I, JPRS-CEA-84-064-1(August 3, 1984), pp. 25~26; Nicholas R. Lardy, *Agriculture in China's Modern Economic Development* (Cambridge, England: Cambridge University Press, 1983), p. 3.
2) Y. Y. Kueh, "The Maoist Legacy and China's New Industrialization Strategy," *The China Quarterly*, No. 119 (September 1989), p. 421. 또한 Lardy, *Agriculture in China's Modern Economic Development*, p. 1 참조. 다른 계산방법에 따른 통계들은 마오쩌둥 시대에 공업생산의 비중이 총생산의 30%에서 72%로 커졌음을 보여준다. Ma and Sun, pp. 25~26.
3) Kueh, "The Maoist Legacy," p. 421.
4) U.S. Central Intelligence Agency, *People's Republic of China: Handbook of Economic Indicators* (Washington, D.C., 1976); U.S. Department of Commerce, *The Chinese Economy and Foreign Trade Perspectives* (Washington, D.C., 1977); Joint Economic Committee of Congress, *China: A Reassessment of the Economy* (Washington, D.C., 1975)로부터 나온 자료이다. 이들은 Mark Selden, *The People's Republic of China: A Documentary History* (New York: Monthly Review Press, 1979) 표13과 표14, pp. 135~36에 모두 편집되어 있다.
5) K. C. Yeh, "Macroeconomic Changes in the Chinese Economy During the

Readjustment," *The China Quarterly*, No. 100 (1984. 12.), 表 A2, p. 716.
6) Tong Dalin and Hu ping, "Science and Technology," in Yu Guangyuan, ed., *China's Socialist Modernization* (Beijing: Foreign Languages Press, 1984), p. 644.
7) Lardy, *Agriculture in China's Modern Economic Development*, p. 3.
8) Dong Furen, "On the Relation between Accumulation and Consumption in China's Development." 경제발전의 대안정책에 대한 미중학회(Wisconsin, November 21-24, 1980)에 제출된 논문, p. 26. Carl Riskin, *China's Political Economy: The Quest for Development Since 1949* (New York: Oxford University Press, 1987), p. 271.
9) Lardy, *Agriculture in China's Modern Economic Development*, 표 3-7, p. 130.
10) Ibid., 표 1.1, p. 2.
11) Ibid.
12) Simon Kuznets, *Economic Growth of Nations: Total Output and Production Structure* (Cambridge, Mass.: Harvard University Press, 1971), 표 4, pp. 38~39.
13) Gilbert Rozman, *The Modernization of China* (New York: The Free Press, 1981), 표 10.2, p. 350.
14) 마오쩌둥 시대 경제사에 전형적으로 나타나는 특징이다. 예를 들면 John Burns in *The New York Times*, March 31, 1985, p. E-4.
15) 소득의 집단분배를 나타내는 당시의 통계를 보면 마오쩌둥 시대의 마지막 20년 동안 집단의 소득이 크게 증가했음을 알 수 있다. 그러나 다른 요소들, 특히 1966년 이후 자류지와 자유시장에 대한 제한조치를 감안하면, "한 농장의 실질소득은 1956~1957년과 1977년 사이에 아주 조금 증가했을 뿐이다." 어느 쪽이 진실인지를 밝히는 데 따르는 어려움에 대한 논의는 Lardy, *Agriculture in China's Modern Economic Development*, pp. 160~63 참조.
16) Tarik Ali, ed., *The Stalinist Legacy: Its Impact on Twentieth-Century World Politics* (Harmondsworth, Middlesex, England: Penguin Books, 1984), p. 9.
17) 노동분업에 대한 마오의 견해는 Maurice Meisner, "Marx, Mao and Deng on the Division of Labor in History," in Arif Dirlik and Maurice Meisner, eds., *Marxism and the Chinese Experience* (Armonk, N.Y.: M.E. Sharpe, 1989), pp. 79~116.
18) Riskin, *China's Political Economy*, 표 10.8, p. 241.
19) Matthew Arnold, "Stanzas from the Grand Chartreuse," *The Poems of*

Matthew Arnold, ed. Kenneth Allott (New York: Barnes & Noble, 1965), p. 288.

22장 덩샤오핑의 등장과 마오주의 비판
1) 사인방의 몰락에 대해서는 20장 참조.
2) Hua Guofeng, "Report to the Fifth National People's Congress" (February 26, 1978), *Peking Review*, March 10, 1978, pp. 7~40. 화귀펑의 '보고'는 10년계획의 대강을 그리고 있었다. 좀더 구체적인 목표와 목적에 대해서는 이후에 나오는 정부 발표에 나타난다. 이 계획에 대한 예리하고 상세한 분석은 Chu-yuan Cheng, "The Modernization of Chinese Industry," in Richard Baum, ed., *China's Four Modernizations: The New Technological Revolution* (Boulder, Colorado: Westview Press, 1980), pp. 21~48.
3) 1904년 쓰촨 성의 유복한 가정에서 태어난 덩샤오핑은 유명한 5·4세대에는 속하지 않는다. 1919년 5·4사건 당시 그는 아직 십대였지만 당시의 급진적인 정치적·지적 흐름에 영향을 받았으며, 1923년 근공검학(勤工儉學)으로 프랑스로 건너간다. 그곳에서 그는 저우언라이가 이끌고 있던 중국공산당 프랑스 지부에 가입했다.
4) 20장 참조.
5) 당시 덩샤오핑은 지지자들에게 이렇게 말했다고 한다. "우리가 모두 살육당하고 당과 국가가 붕괴하고, 우리의 전(前) 세대 프롤레타리아 혁명가들의 마음과 정신으로 건설된 국가가 이 네 사람[사인방]에 의해 파괴되는 것을 운명으로 받아들이든가…… 아니면 이들과 싸워야 한다.…… 우리가 이긴다면 모든 문제가 풀릴 것이다. 우리가 진다면 우리의 목숨이 붙어 있는 한 산으로 가거나 또 다른 기회를 기다리며 외국으로 몸을 피해야 한다. 현재 우리는 최소한 광둥 군구, 푸저우(福州) 군구, 난징 군구의 힘을 이용하여 이들과 싸울 수 있다." Roger Garside, *Coming Alive: China After Mao* (New York: Mentor, 1982), p. 130에 인용되어 있다.
6) 17장 참조.
7) 지식인들에 대한 덩샤오핑의 호소를 보여주는 가장 좋은 예는 Deng Xiaoping, "Speech at the Opening Ceremony of the National Science Conference" (March 18, 1978), *Peking Review*, March 24, 1978, pp. 9~18.
8) 이런 희생자 중 꽤 알려진 사람이었던 유명작가 딩링의 고된 경험에 대한 생생한 설명은 Jonathan Spence, *The Gate of Heavenly Peace* (New York: The Viking Press, 1981), 특히 pp. 335~69.
9) 침략의 원인과 결과에 대한 간략하지만 뛰어난 설명은 Daniel Tretiak, "China's Vietnam War and Its Consequences," *The China Quarterly*, No.

80 (December 1979), pp. 740~67 참조.
10) '4대'를 폐지하자는 덩샤오핑의 주장은 1980년 1월 당공작회의 석상에서 행한 연설에 보인다. "The Present Situation and the Tasks Before Us," *Selected Works of Deng Xiaoping*, pp. 224~58. 1980년 8월 제5기 전국인민대표대회는 지체 없이 이를 수행했고 결국 '4대'는 국가헌법에서 삭제되었다. 또한 대회는 거의 행사되고 있지 않았던 또 하나의 헌법적 '권리'인 노동자의 '파업'권을 보장한 조항을 삭제했다. 덩샤오핑은 1980년 12월 25일 당 회의 석상에서 행한 연설을 통해 덩샤오핑은 특권적인 '관료계급'이 중국을 통치한다는 관념을 비난하려고 애썼다. FBIS *Daily Report*, May 4, 1981, p. W8, and *Issues and Studies* (Taipei), July 1981, pp. 115~16.
11) Deng Xiaoping, "Uphold the Four Cardinal Principles"(speech of March 30, 1979), *Selected Works of Deng Xiaoping*, pp. 166~91.
12) 공산주의 혁명의 마지막 10년 동안 홍군의 정치간부로 일했던 자오쯔양(1919년생)은 혁명 이후 관료제의 위계 속에서 고속승진을 거듭하여 1960년대 초에는 광둥 성 당 서기가 되었다. 그는 문화대혁명 때 숙청당했다가 1970년대 초 복귀한 많은 고참 관료 중 하나였다. 1970년대 말 쓰촨 성 당 서기 시절 시행했던 시장지향적인 경제실험들로 인해 그는 덩샤오핑의 눈에 띄었고 결국 덩샤오핑의 부름을 받아 베이징으로 올라왔다.
13) 후야오방(1915~1989)은 1933년 중국공산당에 입당했고 제2야전군에서 덩샤오핑의 지휘 아래 정치간부로 복무했다. 1949년 이후에도 그는 덩샤오핑의 측근으로 남아 있었으며, 따라서 그의 정치경력은 스승인 덩샤오핑의 운명과 궤를 같이했다. 그는 1978년 12월 3중전회에서 중앙정치국위원으로 선출되었다.
14) 덩샤오핑과 오리아나 팔라치(Oriana Fallaci)와의 대담. Oriana Fallaci, *The Washington Post*, August 31, 1980, p. D4.
15) Deng Xiaoping, "Suggestions on the Drafting of the 'Resolution on Certain Questions in the History of Our Party Since the Founding of the People's Republic of China,'" *Beijing Review*, July 25, 1983, p. 18.
16) 중국 공산주의 역사의 이런 중요한 흐름에 대해 탁월한 통찰력을 보여주는 분석으로는 William Joseph, *The Critique of Ultra-Leftism in China, 1958-1981* (Stanford, California: Stanford University Press, 1984)이 있다.
17) "Comrade Ye Jianying's Speech"(September 29, 1979), *Beijing Review*, October 5, 1979, pp. 7~32. 예젠잉은 당 중앙위원회, (그가 상무위원장으로 있는) 전국인민대표대회 상무위원회 그리고 국무원을 대표하여 말했다. 명목상 여전히 당 주석이었던 화궈펑이 아니라 예젠잉이 30주년 기념연설을 했다는 사실은 당시의 정치적 상황을 암시해준다.
18) 기소장은 *Beijing Review*, No. 48 (December 1, 1980), pp. 9~28 참조.

19) 장칭과 장춘차오는 사형을 선고받았지만 재판이 끝나고 얼마 후 무기징역으로 감형되었다. 두 사람은 감옥에서 죽었다. 후두암을 앓았다는 장칭은 1991년 5월 자살한 것으로 전해진다. 왕훙원은 무기징역을 선고받았으나 1992년 간 질환으로 사망했다. 야오원위안은 장기 징역형을 선고받았으며 1996년에 풀려났다.
20) 예컨대 *Beijing Review*, No. 1 (January 5, 1981), p. 4. 이런 차별은 사인방 재판 이전에 이미 주장되고 있었다. Oriana Fallaci, *Washington Post*, August 31, 1980, p. D4에 나오는 덩샤오핑과의 대담 참조.
21) "Resolution on Certain Questions in the History of Our Party Since the Founding of the People's Republic of China"의 원문은 *Beijing Review*, No. 27 (July 6, 1981), pp. 10~39 참조.

23장 시장개혁과 자본주의의 발전

1) Deng Xiaoping, "On the Reform of the System of Party and State Leadership" (August 18, 1980), *Selected Works of Deng Xiaoping* (Beijing: Foreign Languages Press, 1984), p. 308.
2) 19세기 영국 본국에 있어서의 사회사와 사상사에 대해서는 칼 폴라니(Karl Polany)의 고전적 연구인 *The Great Transformation* (Boston: Beacon Press, 1957) 참조.
3) Carl Riskin, "Market, Maoism and Economic Reform in China," in Mark Selden and Victor Lippit, eds., *The Transition to Socialism in China* (Armonk, N.Y.: M. E. Sharpe, 1982), p. 318.
4) 예를 들면 Hu Qiaomu, "Observe Economic Laws, Speed Up the Four Modernizations," *Peking Review*, November 10, 1978, pp. 10~11에서 인용.
5) "Resolution of the Eighth National Congress of the Communist Party of China on the Political Report of the Central Committee" (September 27, 1956), *Eighth National Congress of the Communist Party of China, Vol. I: Documents* (Beijing: Foreign Languages Press, 1956), p. 116.
6) '사회주의 초급단계'의 개념에 대해서는 24장을 보라.
7) Riskin, *China's Political Economy*, 표 14.1, p. 355.
8) 1979년 7월 쉐무차오(薛暮橋)의 라디오 인터뷰. Roger Garside, *Coming Alive*, p. 358에서 인용.
9) Mark Selden, *The Yenan Way in Revolutionary China* (Cambridge, MA: Harvard University Press, 1971) 참조.
10) 인민공화국과 프로이센을 비교한 글로는 볼프강 데커스(Wolfgang Deckers)의 통찰력 있는 논문 "Mao Zedong and Friedrich List on De-Linking,"

Journal of Contemporary Asia, Vol. 24, No. 2 (1994), pp. 217~26을 보라.
11) Riskin, *China's Political Economy*, 표 9.1 "China's foreign trade, 1965-1975," p. 208.
12) 경제특구의 기원과 초기 역사에 대한 뛰어나고 간결한 요약은 Harry Harding, *China's Second Revolution* (Washington, D.C.: Brookings Institution, 1987), pp. 163~71. 특구에 대한 뛰어난 비판은 Suzanne Pepper, "China's Special Economic Zones: The Current Rescue Bid for a Faltering Experiment," 1986 University Field Staff Report. *Bulletin of Concerned Asian Scholars*, Vol. 20, No. 3 (1988), pp. 1~20에 재수록.
13) *China Daily News*, April 21, 1989, p. 1 and January 19, 1995, p. 1. 1996년 외국인 투자는 미화 400억 달러로 늘어났으며 1997년에도 같은 액수를 기록했다. *The Wall Street Journal*, December 15, 1997, p. A10.
14) 1995년 중국의 1인당 외채는 약 1천 달러였다. 이에 비해 멕시코의 외채는 1인당 약 1만 7천 달러, 브라질은 9천 달러, 헝가리는 3만 1천 달러, 폴란드는 1만 1천 달러였다. The World Bank, *Trends in Developing Economies*, 1996 (Washington, D.C.: The World Bank, 1997). 통계숫자는 pp. 60, 109~10, 236~37, 340~41, 430~31에 나오는 도표에 의존.
15) 신중국이 서양 것에 열광하는 현상을 "불건전한 심리"로 특징짓는 사이먼 레이스(Simon Leys)―마오주의의 가장 신랄한 비판자 중 한 사람―는 다음과 같은 결론을 내렸다. "[마오주의] 정권의 가장 긍정적인 업적의 하나가 그런 좌절을 겪는다는 것은 슬픈 일이다." *The New York Times*, op-ed article, January 3, 1979.
16) 마오와 마오 이후의 시대에 진행된 다자이 역사에 대해 많은 뛰어난 체험적인 연구가 있다. Tang Tsou, Mark Blecher and Mitchell Meisner, "Organization, Growth and Equality in Xiyang County," *Modern China*, April 1979, pp. 139~86; Tang Tsou, et al., "National Agricultural Policy: The Dazhai Model and Local Change in the Post-Mao Era," in Mark Selden and Victor Lippit, eds., *The Transition to Socialism in China*, pp. 266~99; Tang Tsou, et al., "The Responsibility System in Agriculture: Its Implementation in Xiyang and Dazhai," *Modern China*, January 1982, pp. 41~103; William Hinton, *Shenfan* (New York: Random House, 1983).
17) Carl Riskin, *China's Political Economy*, p. 288.
18) 개인기업이 고용할 수 있는 노동자의 수를 제한하는 조치는 1987년 모두 폐지되었다.
19) 예를 들면 Anita Chan, Richard Madsen, and Jonathan Unger, *Chen Village: The Recent History of a Peasant Community in Mao's China*

(Berkeley: University of California Press, 1984), pp. 265~84.
20) 탈공사화에 대한 통찰력 있는 분석은 Vivienne Shue, "The Fate of the Commune," *Modern China*, 10, No. 3 (July 1984), pp. 259~83 참조.
21) Kenneth R. Walker, "Chinese Agriculture During the Period of Readjustment, 1979-83," *The China Quarterly*, No. 100(1984. 12.), Table A1, p. 803; Carl Riskin, *China's Political Economy*, Table 12.1, p. 291.
22) 여러 연구자들이 지적하고 있듯이, 1970년대 말과 1980년대 초 농업생산의 증가는 마오쩌둥 시대에 건설된 대규모 관개, 수리시설, 기술적인 인프라 구축 없이는 불가능했을 것이다. Carl Riskin, *China's Political Economy*, p. 296; William Hinton, "A Trip to Fengyang County: Investigating China's New Family Contract System," *Monthly Review*, 35, No. 6 (1983. 11.), p. 14.
23) 향진기업의 사회주의적 잠재력에 대한 가장 명쾌하고 설득력 있는 옹호자 중 하나인 MIT 교수 추이즈위안(崔之元)의 글들을 참조. 예를 들면 "China's Rural Industrialization: Flexible Specialization, Moebius-Strip Ownership and Proudhonian Socialism"(unpublished University of Chicago research paper). 최근 허난 농촌지역에서 나타나는 협동조합의 발전과 민주적 발전에 대한 매우 뛰어난 연구는 Cui Zhiyuan, et al., *Transformation from the Pressurized System to The Democratic System of Cooperation: Reform of Political System at the County and Township Levels* (Beijing: Central Compilation and Translation Press, 1998).
24) 공식 통계에 따르면, 1949년에서 1992년 사이에 가경지가 15% 감소했다. 일부 외국의 연구자들은 감소율을 더 많게 산정한다. Vaclav Smil, *China's Environmental Crisis* (Armond, N.Y.: M. E. Sharpe, 1993), pp. 57~58.
25) 마오쩌둥 시대의 평등주의와 불평등에 대해서는 Riskin, *China's Political Economy*, pp. 223~56 참조.
26) 이 점에서 중국은 세계의 흐름에 참가하고 있다. '농민의 죽음'에 대해서는 에릭 홉스봄(Eric Hobsbawm)이 흥미로운 논의 *The Age of Extremes. A History of the World, 1914-1991* (New York: Pantheon Books, 1994), pp. 289~95를 보라.
27) 당 총서기 후야오방이 예견한 바 있다. 예컨대 1982년 제12차 당대회에서 행한 보고를 보라. *Beijing Review*, 25, No. 37(September 13, 1982), pp. 18~19.
28) 예를 들면 Deng Xiaoping, "Build Socialism with Chinese Characteristics," *Fundamental Issues in Present-Day China* (Beijing: Foreign Languages Press, 1987), pp. 53~58을 보라.
29) 예를 들면 조셉 칸(Joseph Kahn)의 기사, *The Wall Street Journal*, March 10, 1995, pp. A1과 A4를 보라.

30) 산업구조조정에 대한 초기의 노력을 자세히 서술한 것으로는 Edmund Lee, "Economic Reform in Post-Mao China: An Insider's View," *Bulletin of Concer-ned Asian Scholars*, Vol. 15, No. 1 (January-February 1983), pp. 16~25; and Robert Michael Field, "Changes in Chinese Industry since 1978," *The China Quarterly*, No. 100 (December 1984), pp. 742~61.
31) 1979년 도시에서 실업노동자의 수는, 노장군이자 경제계획가인 부총리 리셴녠(李先念)의 연설에서 2천만 명으로 추산되었다. 이 연설은 홍콩 신문『明報』에 1979년 6월 14일에 게재되었다. 1950년대 이래 도시의 실업은 은폐되어왔지만, 이미 만성적인 문제가 되었으며 마오 이후의 시대에는 "하방되었던" 청년들이 도시로 돌아오고 비효율적인 공장이 문을 닫으면서 사정은 더욱 악화되었다.
32) Dorothy J. Solinger, "The Fifth National People's Congress and the Process of Policy Making: Reform, Readjustment, and Opposition," *Asian Survey*, Vol. XXII, No. 12 (December 1982), p. 1263.
33) State Statistical Bureau, "Communique on the Fulfillment of China's 1983 National Economic Plan," *Beijing Review*, Vol. 26, No. 14(April 4, 1983), pp. 20~24.
34) 허베이 성의 한 현에서 볼 수 있듯이, 마오쩌둥과 덩샤오핑 시대에 계약직 공업노동자의 다양한 형태에 대한 명쾌한 논의는 Marc Blecher and Vivienne Shue, *Tethered Deer: Government and Economy in a Chinese County* (Stanford, CA: Stanford University Press, 1996), pp. 109~21 참조.
35) 칼 리스킨(Carl Riskin)이 *China's Political Economy*에서 주장.
36) 전통 중국에서 관료자본주의의 운영에 대한 예리한 논평은 Etienne Balazs, *Chinese Civilization and Bureaucracy* (New Haven: Yale University Press, 1964), 1-4; Frederic Wakeman, *The Fall of Imperial China* (New York: The Free Press, 1975), Ch. 3 참조.
37) 국민당 관료자본주의에 대한 문헌은 엄청나게 많다. 영어로 쓰인 저작 중에서 몇 가지를 고른다면, Lloyd E. Eastman, *The Abortive Revolution: China under Nationalist Rule, 1927-1937* (Cambridge, Mass.: Harvard University Press, 1974); Lloyd E. Eastman, *Seeds of Destruction: Nationalist China in War and Revolution 1937-1949* (Stanford: Stanford University Press, 1984); Parks M. Coble, *The Shanghai Capitalists and the Nationalist Government, 1927-1937* (Cambridge, Mass.: Council on East Asian Studies, Harvard University, 1980); Marie-Claire Bergere, *The Golden Age of the Chinese Bourgeoisie, 1911-1937* (Cambridge: Cambridge University Press, 1989) 등이 있다.
38) 이에 대한 놀라운 예는 광둥 성의 한 마을에 대한 훌륭한 연구에 나타나 있다.

탈집단화 중에 분배된 토지와 농기구 가운데 가장 좋은 것은 해당 지방 당서기가 차지했다. Anita Chan, Richard Madsen, and Jonathan Unger, *Chen Village: The Recent History of a Peasant Community in Mao's China* (Berkeley: University of California Press, 1984), pp. 265~84의 에필로그.
39) 총리로서 그리고 당 총서기로서 자오쯔양의 약력에 대해서는 24장 참조.
40) Eric Hyer, "China's Arms Merchants: Profits in Command," *The China Quarterly*, No. 132 (December 1992), pp. 1101~18. 1998년 당 총서기 장쩌민은 인민해방군에게 사업을 줄이도록 명령했지만, 이 명령이 실제로 이행될지에 대해서는 상당히 회의적이었다. Seth Faison, "China Moving to Untie Its Military-Industrial Knot," *The New York Times*, July 28, 1998, p. A1.
41) Gordon White, *Riding the Tiger: the Politics of Economic Reform in Post-Mao China* (Stanford, CA: Stanford University Press, 1993), p. 256.
42) 이 복잡한 현상에 대한 통찰력 있는 분석은 Ellen Meiksins Wood, *Democracy Against Capitalism* (Cambridge: Cambridge University Press, 1995).
43) Barrington Moore, *Social Origins of the Dictatorship and Democracy* (Boston: Beacon, 1966), 특히 5장과 8장.
44) Ibid., p. 418.

24장 민주주의를 위한 투쟁

1) '리이저'는 1970년대 광둥 성의 민주활동가 세 명의 이름——리정톈(李正天), 천이양(陳一陽), 왕시저(王希哲)——에서 각각 첫째·둘째·셋째 글자를 조합한 것이다. 1974년 11월 광저우 시가의 약 90m에 달하는 벽에 이들의 영향력 있는 논문「사회주의 민주와 법제에 관하여」가 나붙으면서 이름이 널리 알려졌다.
2) 가장 놀라게 한 곳은 하이난 섬이었다. 1983년 타이완과 대적할 만한 시장경제의 본보기로 만들겠다는 자오쯔양의 계획에 따라 이 섬에 상당한 경제적 자치가 주어졌다. 하이난의 관료들은 이 섬에 주어진 특권적 위치에서 나오는 이득을 챙기는 데 재빨랐다. 그의 10만 대의 차와 드릭, 100만 내외 TV와 VCR을 관세 없이 수입하여 구입가격의 3~4배로 다시 본토에 팔아 넘겼다. 이런 장사는 1984년 1월부터 1985년 3월까지 15개월 동안 계속되었다. 하이난 사건에 대한 설명으로는 Suzanne Pepper, "China's Special Economic Zones," *Bulletin of Concerned Asian Scholars*, Vol. 20, No. 3 (1988); Lau Shinghou and Louise de Rosario, "Anatomy of a Scam," *China Trade Report*, October 1985, pp. 8~10.
3) Liu Binyan, *China's Crisis, China's Hope* (Cambridge, Mass.: Harvard University Press, 1990), p. 103.
4) 덩샤오핑은 중국에서는 인기가 떨어지고 있었지만, 서양에서는 그의 시장개혁 덕

분에 계속 찬양받고 있었다. 그는 1985년 연말 두 번째로 *Time*지의 '올해의 인물,' *National Review*지의 '올해의 인물'로 선정되었다. 서양언론의 찬양은 1989년 6월 4일 전야까지 계속되었으며 1990년대 초 조심스럽게 재개되었다.
5) '12·9'운동에 대한 뛰어난 연구로는 John Israel and Donald W. Klein, *Rebels and Bureaucrats: China's December 9ers* (Berkeley: University of California Press, 1976)가 있다.
6) 1987년 류빈옌이 당에서 축출될 때 30년 전 처음 축출당할 때보다 충격을 훨씬 덜 받았다는 것은 당시 공산당의 도덕적 쇠락을 엿보게 한다. Liu, *China's Crisis, China's Hope*, pp. xv-xvi.
7) 자오쯔양과 덩샤오핑은 2050년을 '사회주의 현대화'가 거의 완성단계에 도달할 시기로 종종 언급했다.
8) "Central Document No. 2" (1992), FBIS-CHI-91-063-S.
9) 1980년 11월 루마니아 대표단에게 한 말. *The New York Times*, December 30, 1980, p. 1.
10) 1987년 1월 자오쯔양은 당 총서기 '서리'가 되었다. 제13차 당대회가 그를 공식적으로 총서기에 임명하면서 그의 직함에서 '서리'라는 단어가 사라졌다. 이와 함께 그는 지난 10개월 동안 몸담았던 국무원 총리직을 사임했다. 그리고 리펑이 정식으로 총리에 지명되었다.
11) 이는 대회 기간 동안 덩샤오핑을 찬양하는 주요 내용 가운데 하나였으며, 1987년 5월 13일 자오쯔양의 연설을 통해 사전에 알려졌다. 1987년 7월 10일자 『人民日報』 참조.
12) 1987년 10월 25일 제13차 당대회에서 행한 보고. Zhao Ziyang, "Advance Along the Road of Socialism with Chinese Characteristics," *Documents of the Thirteenth National Congress of the Communist Party of China* (1987) (Beijing: Foreign Languages Press, 1987), p. 70.
13) 제13차 당대회 이후 덩샤오핑은 더 이상 중앙정치국 위원이 아니었으나 계속해서 중앙군사위원회를 지배하겠다는 그의 결정을 존중하기 위해 당헌을 개정해야 했다.
14) 논쟁에 대한 적절한 개관은 Merle Goldman, *Sowing the Seeds of Democracy in China: Political Reform in the Deng Xiaoping Era* (Cambridge, Mass.: Harvard University Press, 1994), pp. 275~82 참조.
15) Su Xiaokang and Wang Luxiang, *Deathsong of the River: A Reader's Guide to the Chinese TV Series Heshang* (Ithaca, N.Y.: Cornell University East Asian Program, 1991), p. 183.
16) Edward Gunn, "The Rhetoric of Heshang: From Cultural Criticism to

Social Act," *Bulletin of Concerned Asian Scholars*, Vol. 23, No. 3 (1991), p. 19.
17) Su Xiaokang and Wang Luxiang, *Deathsong of the River*, p. 218.
18) Liu Binyan, *China's Crisis, China's Hope*, p. xxii.
19) Fang Lizhi, "Letter to Deng Xiaoping"(January 6, 1989), in Fang Lizhi, *Bringing Down the Great Wall*, pp. 242~43.
20) 덩샤오핑의 4월 25일 발언의 영역은 FBIS, May 31, 1989, pp. 35~36 참조.
21) 4월 26일자 사설의 영역은 "Quarterly Chronicle and Documentation," *The China Quarterly*, No. 119 (September 1989), Appendix A, pp. 717~19.
22) 베이징에서 회합을 가진 아시아개발은행 총재들에게 행한 연설. 연설문은 Han Minzhu, ed., *Cries for Democracy: Writings and Speeches from the 1989 Chinese Democracy Movement* (Princeton: Princeton University Press), pp. 132~34 참조.
23) 5월 17일 시위에 대한 생생한 묘사는 Lee Feigon, *China Rising* (Chicago: Ivan Dee, 1990), p. 205 참조. 페이건(Feigon)의 책은 민주화운동의 기원과 과정에 관한 많은 기록 중 가장 훌륭한 것임에 틀림없으며, 12월운동에 대한 내 논의의 상당부분은 이 책에 기초했다.
24) Geremie Barme, "Beijing Days, Beijing Nights," in Jonathan Unger, ed., *The Pro-Democracy Protests in China* (Armonk, N.Y.: M. E. Sharpe 1991), p. 49.
25) Feigon, *China Rising*, pp. 209~10.
26) 민주화운동이 억압된 직후 아니타 찬(Anita Chan)은 간략하게 다음과 같이 평했다. "과거 수년 동안 다양한 정치적 입장에 서 있는 중국지식인들이 쓴 글을 꼼꼼히 살펴보면 노동계급의 고충에 대한 언급은 어디에도 없음에 놀라게 된다." Anita Chan, "China's Long Winter," *Monthly Review*, Vol. 41, No. 8(January 1990), p. 5.
27) 1983년 인민공화국으로 이주한 타이완 사람 허우더젠은 상당히 인기 있는 가수이자 록 뮤직 작곡가이다.
28) 이 진압의 목격자인 윌리엄 힌튼은 이렇게 썼다. "[인민해방군 병사에 의해 부상당한] 사람들은 병원에 머물기를 두려워했다. 그들은 군대가 와서 체포할지 모른다고 생각했기 때문에 약간의 응급조치만 받은 뒤 집으로 돌아갔다. 따라서 많은 사람들이 집에서 죽었다. 첫째 주 수요일[6월 7일] PUMC(베이징조합의학교) 병원에는 100명가량 그리고 푸싱 병원에는 67명의 신원을 알 수 없는 시신이 있었다. 그리고 근처의 다른 병원에도 비슷한 수의 시신이 있었다. 따라서 병원의 시체보관소에 안치된 신원 미상의 시신만 해도 정부가 발표한 총사망자수 이상이었다. 물론 그것은 병원에 치료를 받으러 왔다가 그곳에서 사망한 사람들

만 계산한 숫자였다. 많은 사람들이 거리에서 죽임을 당했으며 그 밖의 사람들은 병원에 들렀다가 집으로 돌아가서 죽었다." William Hinton, *The Great Reversal* (New York: Monthly Review Press, 1990), p. 183.

25장 덩샤오핑 통치의 종말: 1990년대의 중국

1) 가장 유명한 것은 Francis Fukuyama, *The End of History and the Last Man* (New York: The Free Press, 1992).
2) "Speech by Deng Xiaoping, Chairman of the Central Military Commission, delivered in Beijing to commanders above corps level of the martial law enforcement troops on 9 June 1989," Quarterly Chronicle and Documen-tation, *The China Quarterly*, No. 119 (September 1989), p. 726.
3) *Far Eastern Economic Review*, August 10, 1989, p. 13.
4) 1993년 여름에 발표된 IMF 보고에 따르면, 또 '구매력 평가'라는 새로운 기준을 적용하면, 중국경제는 경제총생산고에서 세계 3위였으며 이는 일본에 아주 근접한 수준이지만 미국과는 아직 큰 차이가 있었다. 같은 시기에 작성되어 미의회에 제출된 CIA 연례보고서에 따르면, 중국경제는 1990년 이래 정체된 일본경제와 이미 같은 수준에 있으며, 중국은 일본을 넘어서려 하고 있다. Tim Weiner, "CIA Says Chinese Economy Rivals Japan's," *The New York Times*, August 1, 1993, Section 1, p. 6. 중국경제는 여러 방면에서 세계 2위, 3위, 4위—측정기준과 가설에 따라서 순위에 약간의 변동이 있다—를 기록했다.
5) Deng Xiaoping, "On the Reform of the System of Party and State Leadership"(August 18, 1980), *Selected Works of Deng Xiaoping* (Beijing: Foreign Languages Press, 1984), p. 308. 제14차 당대회의 주요 문건에 대한 영역은 *Beijing Review*, October 26-November 1, 1992 참조.
6) 예를 들면 Seth Feison, "China Economy's Class Act," *The New York Times*, November 14, 1996, p. C18. Craig Smith, "China Expects GDP to Expand 10.5% over Coming Year," *The Wall Street Journal*, December 31, 1996, p. 4. 1997년 중국의 GDP는 실제 8.8% 증가했으며 이는 정부의 기대에 훨씬 미치지 못하는 것이었다.
7) Marcus W. Brauchili, "Foreign Investment in China Still Climbs," *The Wall Street Journal*, January 14, 1997, p. A14.
8) 중국의 국유공업 부문에 대한 통찰력 있고 보기 드물게 균형 잡힌 평가는 Ajit Singh, "The Plan, the Market and Evolutionary Economic Reform in China," UNCTAD Discussion Papers, No. 76 (December 1993).
9) Jiang Zemin, "Upholding The Banner of Deng's Theory," *Beijing Review* (Aug. 25-31, 1997), pp. 10~13.

10) 예를 들면 Liu Binyan, "Jiang's Gain, the CCP's Loss," *China Focus*, Vol. 5, No. 10 (October 1, 1997), p. 1.
11) 클린턴의 중국방문에 대한 간략한 설명은 Maurice Meisner, "Beyond the Rhetoric on China," *Los Angeles Times*, July 5, 1998, p. M1.
12) 1989년 민주화운동에 대한 재평가를 요구하는 자오쯔양의 편지가 제15차 당대회에 전달되었을 때 장쩌민이 이것의 발표를 막았던 것으로 알려졌다. Liu Binyan, "Jiang's Gain, the CCP's Loss," *China Focus*, Vol. 5, No. 10 (Oct. 1, 1997), p. 1.
13) 마오주의와 그 이후 시대의 '사회주의'에 대한 논의는 21장을 보라.
14) 3장과 4장을 보라.
15) 1980년 11월 덩샤오핑이 루마니아 대표단에게 알려주었다. *The New York Times*, December 30, 1980, p. 2.
16) 인종주의는 특히 사회생활과 주거환경에서 분명하게 나타났다. 예컨대 1904년 영국 식민정부는 홍콩에서 거주지 격리를 현실로 받아들였을 뿐 아니라 법제화했다. 이때 선포된 힐 구역 거주제한법령은 중국인이 (아무리 부자라도) '산정,' 즉 홍콩 섬 중앙에 솟은 아름다운 산꼭대기에 거주하는 것을 금지했다.
17) Deng Xiaoping, "One Country, Two Systems," in Deng Xiaoping, *Fundamental Issues in Present-Day China* (Beijing: Foreign Languages Press, 1987), p. 52.
18) 국민당의 강압적 통치는 1주일간 계속된 타이완인의 봉기를 야기했다. 이는 1947년 2월 28일 타이베이에서 시작하여 섬 전체로 확산되었다. 국민당 군대는 유혈진압했으며 그 과정에서 수천 명의 타이완인이 사망하고 수천 명이 투옥되었다. 이때 타이완 중산계급의 지도력이 많은 손상을 입었다. George Kerr, *Formosa Betrayed* (Boston: Houghton Mifflin Co., 1965), 특히 12~16장 참조. Ong Joktki, "A Formosan View of the Formosan Independence Movement," in Mark Mancall, ed., *Formosa Today* (New York: Praeger, 1964), pp. 163~70.
19) 20장 참조.
20) 나는 아주 초기에 다른 정치적 시대를 배경으로 이 문제를 상세히 설명한 적이 있다. Maurice Meisner, "The Development of Formosan Nationalism," in Mark Mancall ed., *Formosa Today*, pp. 147~62.
21) Thomas L. Friedman, "Help Wanted: Deal Makers," *The New York Times*, March 24, 1996, Sect. 1, p. 15.
22) Jackie Calmes and Craig S. Smith, "Clinton Backs China on Taiwan, Loud and Clear," *The Wall Street Journal*, July 1, 1998, p. A13.
23) 최근 수십 년간의 경제발전으로 인간이 본 이득에 대한 통계자료는 UNDP,

China: Human Development Report, 1997 (Beijing, 1998) 참조.
24) 중국의 시장경제가 환경에 미친 영향에 대한 유익하고 예리한 논평은 Richard Smith, "Creative Destruction: Capitalist Development and China's Environment," *New Left Review*, No. 222 (March-April, 1997), pp. 3~41.
25) 1997년 농민저항에 대한 설명은 Cheng Mu, "Peasant Riots Erupt in Hubei and Jiangxi," *China Focus*, Vol. 5, No. 10 (October 1, 1997), p. 1 참조.
26) 직접 목격하고 조사한 것에 기초한 설명으로는 Anita Chan, "Workers Rights are Human Rights," *China Rights Forum* (Summer 1997), pp. 4~7 참조.
27) Amnesty International Report, AP dispatch, *Wisconsin State Journal*, September 4, 1998, p. 8A.
28) 최근 불평등의 급속한 확산에 대해서는 Azizur Rahman Khan and Carl Riskin, "Income and Inequality in China: Composition, Distribution and Growth of Household Income, 1988-1995," *The China Quarterly*, No. 154 (June 1998), pp. 221~51 참조.
29) *The Wall Street Journal*, January 13, 1993, p. A10.
30) Karl Marx and Friedrich Engels, *Manifesto of the Communist Party*, in Robert C. Tucker ed., *The Marx-Engels Reader* (New York: Norton, 1978), p. 476.
31) 1890년대 이래 근대중국 인텔리겐치아의 사상 속에 나타나는 주요 특징 중 하나는 중국이 자본주의 체제의 사회적 고통을 거치지 않고 근대과학과 공업의 과실을 얻을 수 있다는 믿음이었다. 이와 긴밀히 연결된 것이 바로 중국에서 '후진성의 이점'에 대한 믿음이었다. 이러한 지적 경향에 대한 뛰어난 분석은 Wang Yaan-iee, "The Chinese Idea," Ph.D. thesis, Dept. of History, University of Wisconsin-Madison, 1997.
32) '사회주의 초급단계' 이론은 이 책 24장을 보라.
33) 예를 들면 "Build Socialism with Chinese Characteristics" (June 30, 1984), Deng Xiaoping, *Fundamental Issues in Present-Day China* (Beijing: Foreign Languages Press, 1987), pp. 53~58.
34) Jiang Zemin, "Hold High The Great Banner of Deng Xiaoping Theory for an All-Round Advancement of the Cause of Building Socialism with Chinese Characteristics into the 21st Century"(September 12, 1997), *Beijing Review*, (October 6-17, 1997), pp. 10~33.
35) 정치범에 대한 통계는 보통 공개되지 않지만, 한 성(省)의 통계는 극적인 변화가 일어났음을 알려준다. 1959년 말 헤이룽장 성의 경우, 9만 7,332명의 죄수 가운데 5만 7,933명(약 60%)이 '반혁명죄'로 수감되어 있었다. 그러나 1981년에는 그 성의 죄수 2만 3,685명 가운데 577명(3% 이하)만이 '반혁명죄'로 분류되어

있었다. *Heilongjiang Jiancha Zhi* (Harbin: Heilongjiang People's Press, 1988). *Human Rights Watch/Asia*, Vol. 9, No. 4 (April 1997), p. 31.
36) 22장, p. 613 참조.
37) 1980년 선거에 대해서는 Andrew Nathan, *Chinese Democracy* (Berkeley: University of California Press, 1985), pp. 193~223 참조. 1986년 선거에 대해서는 Meisner, *The Deng Xiaoping Era*, pp. 360~61 참조.
38) 허난 성 신미 현에서 일어난 민주적 변화에 대한 자세한 연구는 Rong Jing-ben, Cui Zhiyuan, *et al.*, *Transformation from the Pressurized System to a Democratic System of Cooperation: Reform of the Political System at the County and Township Levels* (Beijing: Central Compilation and Translation Press, 1998). 많은 농촌 공업기업의 모호한 소유권 상태는 특정 부문에서 노동자와 공동체가 경영에 참가할 수 있는 공간을 제공했다.
39) Wei Jingsheng, "*Yao minzhu haishi xin de ducai?*" ("Democracy or New Dictatorship"), JPRS, No. 73421, pp. 28~30.
40) Sub-Procuratorate of Beijing Municipal Procuracy, "Bill of Indictment against Wang Dan"(October 7, 1996), 영역(英譯)은 Appendix I in *Human Rights Watch/Asia*, Vol. 8, No. 10(c), November 1996, pp. 11~13.
41) 24장 참조.
42) 민주화운동에 연루되어 처형된 것으로 알려진 노동자는 60명에 이른다. 그러나 실제로는 이보다 훨씬 많을 것이라는 데 의문의 여지가 없다. *Asia Watch*, Vol. 4, No. 17 (May 28, 1992), p. 2.
43) 예를 들면, 1989년 6월 4일 사건에 연루되어 붙잡혔다가 1994년 당시 베이징 제2교도소에 여전히 수감 중인 것으로 알려진 104명의 죄수 가운데 대다수가 장기복역 중인 노동자로 공식 분류되었다. *Human Rights Watch/Asia*, Vol. 6, No. 11 (October 3, 1994), pp. 7~13.
44) UPI, March 25, 1992. *Asia Watch*, Vol. 4, No. 17 (May 28, 1992), p. 6.
45) 반(半)민영단체인 中華珍國녀성연합회에 따르면 1998년 봄에 여성이 국가부문에서 총노동력의 39%, 일시해고된 국가노동자의 60%(대부분 35세 이상)를 차지했다. Jennifer Lin, "About Face: China's Economic Reforms Hit Hardest against Women," *Chicago Tribune*, April 26, 1998, Section 13, p. 9.
46) *The Wall Street Journal*, July 20, 1998, p. A15.

참고문헌

중국 공산주의와 인민공화국의 역사에 관한 가장 뛰어난 글 중 상당수는 학술잡지에 실려 있다. 그 중 특히 *Asian Survey*; *Asia Watch*; *Australian Journal of Chinese Affairs*; *Bulletin of Concerned Asian Scholars*; *China Quarterly*; *China Focus*; *Contemporary China*; *Far Eastern Economic Review*; *Human Rights Watch/Asia*; *Issues and Studies*; *Journal of Asian Studies*; *Modern China*, *Pacific Affairs*가 주목할 만하다. 이런 잡지나 그 밖의 잡지에 수록된, 이 책에서 다루는 역사와 관련된 논문들을 이 간략한 참고문헌 속에 다 포함시키기는 어렵다. 그 중 다수는 각주에 들어 있다. 아래의 문헌들은 본문에서 인용되었거나 이 책을 준비하는 과정에서 참조한 책들이다. 따라서 참고문헌이 결코 충분하지는 않겠지만 이 책의 주장과 다르게 해석해보려는 독자나, 특정한 주제에 대해 심도 있게 연구해보려는 독자에게 도움이 되기를 바란다.

Ahn, Byung-joon. *Chinese Politics and the Cultural Revolution*. Seattle: University of Washington Press, 1976.

Ali, Tarik, ed. *The Stalinist Legacy*. Harmondrworth, Middlesex, England: Penguin Books, 1984.

Andors, Phyllis. *The Unfinished Liberation of Chinese Women, 1949-1980*. Bloomington: Indiana University Press, 1983.

Andors, Stephen. *China's Industrial Revolution: Politics, Planning, and Management, 1949 to the Present*. New York: Pantheon Books, 1977.

———, ed. *Workers and Workplaces in Revolutionary China*. White Plains, N.Y.: M.E. Sharpe, 1977.

Arkush, R. David. *Fei Xiaotung and Sociology in Revolutionary China*. Cambridge, Mass.: Harvard University Council on East Asian Studies, 1981.

Arnold, Matthew. *The Poems of Matthew Arnold*. Edited by Kenneth Allott. New York: Barnes & Noble, 1965.

Bachman, David M. *Bureaucracy, Economy, and Leadership in China: The Industrial Origins of the Great Leap Forward*. New York: Cambridge University Press, 1991.

———. *Chen Yun and the Chinese Political System*. Berkeley: University of California Press, 1985.

Bahro, Rudolf. *The Alternative in Eastern Europe*. London: Verso, 1981.

Balazs, Etienne. *Chinese Civilization and Bureaucracy*. New Haven: Yale University Press, 1964.

Banister, Judith. *China's Changing Population*. Stanford, Calif.: Stanford University Press, 1987.

Bardenson, R. D. *Half-Work Half-Study Schools in Communist China*. Washington, D.C., 1964.

Barme, Geremie and John Miniford, eds. *Seeds of Fire: Chinese Voices of Conscience*. New York: Hill and Wang, 1989.

Barnett, A. Doak. *Cadres, Bureaucracy and Political Power in China*. New York: Columbia University Press, 1967.

———. *China After Mao*. Princeton, N.J.: Princeton University Press, 1967.

———. *China on the Eve of Communist Takeover*. New York: Praeger, 1963.

———. *Communist China: The Early Years 1949-1955*. New York: Praeger, 1964.

———, ed. *Chinese Communist Politics in Action*. Seattle: University of Washington Press, 1969.

Baum, Richard. *Chinese Politics in the Age of Deng Xiaoping: The Cycles of Reform*. Princeton, N.J. Princeton University Press, 1994.

———. *Prelude to Revolution: Mao, the Party and the Peasant Question*. New York: Columbia University Press, 1975,

———, ed. *China's Four Modernizations: The New Technological Revolution*. Boulder: Westview Press, 1980.

———, and Frederick C. Teiwes. *Ssu-Ch'ing: The Socialist Education Movement of 1962-1966*. Berkeley: University of California Press, 1968.

Becker, Jasper. *Hungry Ghosts: China's Secret Famine*. London: John Murray, 1996.

Bennett, Gordon A. *Huadong: The Story of a Chinese People's Commune*. Boulder: Westview Press, 1978.

———, and Ronald H. Montaperto. *Red Guard: The Political Biography of Dai Hsiao-ai*. New York: Doubleday, 1971.

참고문헌 ‖ 785

Benton, Gregor, ed. *Wild Lilies, Poisonous Weeds: Dissident Voices from People's China.* London: Pluto Press, 1982.

Bergere, Marie-Claire. *The Golden Age of the Chinese Bourgeoisie, 1911-1937.* Cambridge: Cambridge University Press, 1989.

Bernstein, Richard. *From the Center of the Earth: The Search for the Truth About China.* Boston: Little Brown, 1982.

──, and Ross H. Munro. *The Coming Conflict with China.* New York: Knopf, 1997.

Bernstein, Thomas P. *Up to the Mountains and Down to the Villages: The Transfer of Youth from Urban to Rural China.* New Haven: Yale University Press, 1977.

Bettelheim, Charles. *Cultural Revolution and Industrial Organization in China.* New York: Monthly Review Press, 1974.

──, and Neil Burton. *China Since Mao.* New York: Monthly Review Press, 1978.

Bialer, Seweryn. *Stalin's Successors: Leadership, Stability, and Change in the Soviet Union.* New York: Cambridge University Press, 1980.

Blecher, Marc, and Vivienne Shue. *Tethered Deer: Government and Economy in a Chinese County.* Stanford, Calif.: Stanford University Press, 1996.

Bodde, Derk. *Peking Diary.* New York: Henry Schuman, 1950.

Borg, Dorothy, and Waldo Heinrichs, eds. *Uncertain Years: Chinese-American Relations, 1947-1950.* New York: Columbia University Press, 1980.

Bowie, Robert, and John K. Fairbank, eds. *Communist China 1955-1959: Policy Documents with Analysis.* Cambridge, Mass.: Harvard University Press, 1962.

Brandt, Conrad. *Stalin's Failure in China, 1924-1927.* Cambridge, Mass.: Harvard University Press, 1958.

──, Benjamin Schwartz, and John K. Fairbank, eds. *A Documentary History of Chinese Communism.* Cambridge, Mass.: Harvard University Press, 1952.

Brinton, Crane. *The Anatomy of Revolution.* New York: Vintage, 1965.

Brugger, Bill. *China: Liberation and Transformation, 1942-1962.* London: Croom Helm, 1981

──. *China: Radicalism to Revisionism, 1962-1979.* London: Croom Helm, 1980.

──. *Contemporary China.* London: Croom Helm, 1977.

———, ed. *China Since the "Gang of Four."* New York: St. Martin's Press, 1980.
———, and David Kelly. *Chinese Marxism in the Post-Mao Era.* Stanford, Calif.: Stanford University Press, 1990.
Bulletin of Concerned Asian Scholars, ed. *China from Mao to Deng.* Armonk, N.Y.: M.E. Sharpe, 1983.
Butterfield, Fox. *China, Alive in the Bitter Sea.* New York: Times Books, 1982.
Cell, Charles. *Revolution at Work: Mobilization Campaigns in China.* New York: Academic Press, 1977.
Central Committee, *Communist Party of China. Resolution on Certain Questions in the History of Our Party since the Founding of the People's Republic of China.* Beijing: Foreign Languages Press, 1981.
———. *Socialist Upsurge in China's Countryside.* Beijing: Foreign Languages Press, 1957.
Chan, Anita, Richard Madsen, and Jonathan Unger. *Chen Village.* Berkeley: University of California Press, 1984.
———, Stanley Rosen, and Jonathan Unger. *On Socialist Democracy and the Chinese Legal System: The Li Yizhe Debates.* Armonk, N.Y.: M.E. Sharpe, 1985.
Chang, Kuo-t'ao. *The Rise of the Chinese Communist Party.* 2 vols. Lawrence: University of Kansas Press, 1971-72.
Chang, Parris H. *Power and Policy in China.* University Park: State University of Pennsylvania Press, 1978.
———. *Radicals and Radical Ideology in China's Cultural Revolution.* New York: Research Institute on Communist Affairs, Columbia University, 1973.
Chao, Kang. *Agricultural Production in Communist China, 1949-1965.* Madison: University of Wisconsin Press, 1970.
———. *Man and Land in China.* Stanford, Calif.: Stanford University Press, 1986.
Chao, Kuo-chun. *Agrarian Policies of Mainland China: A Documentary Study (1949-1956).* Cambridge, Mass.: Harvard University Press, 1957.
Chen, Erjin. *China: Crossroads Socialism.* London: Verso, 1984.
Ch'en, Jerome. *China and the West.* Bloomington and London: Indiana University Press, 1979.
———. *Mao and the Chinese Revolution.* London: Oxford University Press, 1965.

----, ed. *Mao Papers: Anthology and Bibliography*. London: Oxford University Press, 1970.

Chen, Johsi. *The Execution of Mayor Yin and Other Stories from the Great Proletarian Cultural Revolution*. Bloomington: Indiana University Press, 1978.

Ch'en, Theodore H. E. *Thought Reform of the Chinese Intellectuals*. Hong Kong: Hong Kong University Press, 1960.

Cheng, Chester J. *Documents of Dissent: Chinese Political Thought Since Mao*. Stanford: Hoover Institute Press, 1980.

Cheng, Chu-yuan. *China's Economic Development: Growth and Structural Change*. Boulder: Westview Press, 1982.

----. *Communist China's Economy 1949-1962: Structural Change and Crisis*. South Orange, N.J.: Seton Hall University Press, 1963.

Cheng, Peter. *A Chronology of the People's Republic of China*. Totowa, N.J.: Littlefield, Adams, 1972.

Chesneaux, Jean. *The Chinese Labor Movement, 1919-1927*. Stanford, Calif.: Stanford University Press, 1968.

----. *Peasant Revolts in China, 1840-1949*. London: Thames and Hudson, 1973.

Chi Hsin. *The Case of the Gang of Four*. Hong Kong: Cosmos Books, 1977.

Chow, Tse-tsung. *The May Fourth Movement: Intellectual Revolution in Modern China*. Cambridge, Mass.: Harvard University Press, 1960. [조병한 역, 『5·4운동: 근대중국의 지식혁명』, 광민사, 1980]

Ci, Jiwei. *Dialectic of the Chinese Revolution: From Utopianism to Hedonism*. Stanford, Calif.: Stanford University Press, 1994.

Clark, Anne B., and Donald W. Klein. *Biographic Dictionary of Chinese Communism, 1921-1965*. Cambridge, Mass.: Harvard University Press, 1971.

Coble, Parks M. *The Shanghai Capitalists and the Nationalist Government, 1927-1937*. Cambridge, Mass.: Council on East Asian Studies, Harvard University, 1980.

Cohen, Jerome Alan. *The Criminal Process in the People's Republic of China, 1949-1963*. Cambridge, Mass.: Harvard University Press, 1968.

----, ed. *Contemporary Chinese Law: Research Problems and Perspectives*. Cambridge, Mass.: Harvard University Press, 1968.

Cohen, Warren I. *America's Response to China: A History of Sino-American Relations*. New York: Columbia University Press, 1990.

Collection of Important Documents of the Great Proletarian Cultural

Revolution. Beijing: Foreign Languages Press, 1970.
Committee of Concerned Asian Scholars. *China, Inside the People's Republic.* New York: Bantam, 1972.
Compton, Boyd, ed. *Mao's China: Party Reform Documents, 1942-44.* Seattle: University of Washington Press, 1966.
Croizier, Ralph C., ed. *China's Cultural Legacy and Communism.* New York: Praeger, 1970.
Croll, Elisabeth. *Chinese Women Since Mao.* London: Zed Books, 1983.
──. *Feminism and Socialism in China.* London: Routledge & Kegan Paul, 1978. [김미경·이연주 공역, 『중국여성해방운동』, 사계절, 1985]
──. *The Politics of Marriage in Contemporary China.* Cambridge: Cambridge University Press, 1981.
──, ed. *The Women's Movement in China: A Selection of Readings.* London: Anglo-Chinese Educational Institute, 1974.
Cui, Zhiyuan, Rong Jingben, Wang Shuanzheng, et al. *Transformation from the Pressurized System to a Democractic System if Cooperation: Reform of the Political System at the County and Township Levels.* Beijing: Central Compilation and Translation Press, 1998.
Cumings, Bruce. *Origins of the Korean War.* 2 vols. Princeton, N.J.: Princeton University Press, 1981, 1990.
Davin, Delia. *Woman-Work: Women and Party in Revolutionary China.* London: Oxford University Press, 1976.
Daubier, Jean. *A History of the Chinese Cultural Revolution.* New York: Vintage, 1974.
Decision of the Central Committee of the Communist Party of China Concerning the Great Proletarian Cultural Revolution. Beijing: Foreign Languages Press, 1966.
Deng, Xiaoping. *Fundamental Issues in Present-Day China.* Beijing: Foreign Languages Press, 1987.
──. *Selected Works of Deng Xiaoping (1975-1982).* Beijing: Foreign Languages Press, 1984.
──. *Speeches and Writings.* Oxford: Pergamon Press, 1984.
Dernberger, Robert F., ed. *China's Development Experience in Comparative Perspective.* Cambridge, Mass.: Harvard University Press, 1980.
Deutscher, Isaac. *Ironies of History: Essays on Contemporary Communism.* London: Oxford University Press, 1966.
──. *Marxism in Our Time.* San Francisco: The Ramparts Press, 1971.
──. *The Unfinished Revolution: Russia 1917-1967.* London: Oxford

University Press, 1967.
Dirlik, Arif. *After the Revolution: Waking to Global Capitalism.* Hanover, N.H.: University Press of New England, 1994. [설준규·정남영 공역, 『전지구적 자본주의에 눈뜨기』, 창작과비평사, 1998]
———. *Anarchism in the Chinese Revolution.* Berkeley: University of California Press, 1991.
———. *The Origins of Chinese Communism.* New York: Oxford University Press, 1989.
———. *Revolution and History: The Origins of Marxist Historiography in China.* Berkeley: University of California Press, 1978.
———, and Maurice Meisner, eds. *Marxism and the Chinese Experience.* Armonk, N.Y.: M.E. Sharpe, 1989.
Dittmer, Lowell. *Liu Shaoqi and the Chinese Cultural Revolution*, revised edition. Armonk, N.Y.: M.E. Sharpe, 1998.
Domes, Jurgen, ed. *Chinese Politics After Mao.* Berkeley: University of California Press, 1979.
———. *The Internal Politics of China.* London: C. Hurst, 1973.
———. *Socialism in the Chinese Countryside.* London: C. Hurst, 1980.
Donnithorne, Audrey. *China's Economic System.* London: George Allen & Unwin, 1967.
Draper, Hal. *Karl Marx's Theory of Revolution, Vol. I: State and Bureaucracy.* New York: Monthly Review Press, 1977.
Dreyer, June. *China's Forty Million: Minority Nationalities and National Integration in the People's Republic of China.* Cambridge, Mass.: Harvard University Press, 1976.
Dunayevskaya, Raya. *Philosophy and Revolution.* New York: Dell, 1973.
Dunn, John. *Modern Revolutions.* London: Cambridge University Press, 1972.
Eastman, Lloyd E. *The Abortive Revolution: China under Nationalist Rule, 1927-1937.* Cambridge, Mass.: Harvard University Press, 1974.
———. *Seeds of Destruction: Nationalist China in War and Revolution, 1927-1937.* Stanford, Calif.: Stanford University Press, 1984.
Eckstein, Alexander. *China's Economic Revolution.* Cambridge: Cambridge University Press, 1977.
———. *Quantitative Measures of China's Economic Output.* Ann Arbor: University of Michigan Press, 1980.
———, Walter Galenson, and Ta-chung Liu, eds. *Economic Trends in Communist China.* Edinburgh: Edinburgh University Press, 1968.

The Eighth National Congress of the Communist Party of China (Documents). Beijing: Foreign Languages Press, 1956.

Encausse, Helene Carrere, and Stuart Schram. *Marxism and Asia*. London: Allen Lane, 1969.

Esmein, Jean. *The Chinese Cultural Revolution*. New York: Anchor, 1973.

Fairbank, John K. *China: The People's Middle Kingdom and the U.S.A.* Cambridge, Mass.: Harvard University Press, 1967.

———. *China Perceived: Images and Policies in Chinese-American Relations*. New York: Knopf, 1974.

———. *The United States and China*. Fourth Edition. Cambridge, Mass.: Harvard University Press, 1979.

Fang Lizhi. *Bringing Down the Great Wall*. New York: Norton, 1992.

Fei Hsiao-t'ung (Fei Xiaotong). *China's Gentry: Essays in Urban-Rural Relations*. Chicago: University of Chicago Press, 1953.

———. *Toward a People's Anthropology*. Beijing: New World Press, 1981.

Feigon, Lee. *Chen Duxiu: Founder of the Chinese Communist Party*. Princeton, N.J.: Princeton University Press, 1983.

———. *China Rising*. Chicago: Ivan R. Dee, 1990.

———. *Demystifying Tibet*. Chicago: Ivan R. Dee, 1996.

Feuerwerker, Albert, ed. *History in Communist China*. Cambridge, Mass.: Harvard University Press, 1968.

Fewsmith, Joseph. *Dilemmas of Reform in China: Political Conflict and Economic Debate*. Armonk, N.Y.: M.E. Sharpe, 1994.

Fokkema, D. W. *Literary Doctrine in China and Soviet Influence, 1956-60*. The Hague: Mouton, 1965.

Friedman, Edward. *Backward Toward Revolution: The Chinese Revolutionary Party*. Berkeley: University of California Press, 1974.

———, and Mark Selden, eds. *America's Asia*. New York: Vintage, 1971.

———, Paul Pickowicz, and Mark Selden. *Chinese Village, Socialist State*. New Haven: Yale University Press, 1991.

Frolic, B. Michael. *Mao's People: Sixteen Portraits of Life in Revolutionary China*. Cambridge, Mass.: Harvard University Press, 1980.

Fukuyama, Francis. *The End of History and the Last Man*. New York: The Free Press, 1992. [이상훈 역, 『역사의 종말』, 한마음사, 1992]

Fung, K. K. *Social Needs versus Economic Efficiency: Sun Yefang's Critique of Socialist Economics*. Armonk, N.Y.: M.E. Sharpe, 1982.

Gao Yuan. *Born Red: A Chronicle of the Cultural Revolution*. Stanford, Calif.: Stanford University Press, 1987.

Gardner, John. *Chinese Politics and the Succession to Mao*. London: Macmillan, 1982.
Gargan, Edward A. *China's Fate: A People's Turbulent Struggle with Reform and Repression*. New York: Doubleday, 1991.
Garside, Roger. *Coming Alive: China after Mao*. New York: Mentor, 1982.
Gasster, Michael. *China's Struggle to Modernize*. New York: Knopf, 1983.
Ginnekan, Jaap van. *The Rise and Fall of Lin Biao*. New York: Avon Books, 1977.
Gittings, John. *China Changes Face*. New York: Oxford University Press, 1990.
———. *The Role of the Chinese Army*. New York: Oxford University Press, 1967.
———. *Survey of the Sino-Soviet Dispute, 1963-67*. London: Oxford University Press, 1968.
———. *The World and China, 1922-72*. New York: Harper & Row, 1974.
Gleason, Abbott, Peter Kenez, and Richard Stites, eds. *Bolshevik Culture*. Bloomington: Indiana University Press, 1985.
Goldman, Merle. *China's Intellectuals: Advise and Dissent*. Cambridge, Mass.: Harvard University Press, 1981.
———. *Literary Dissent in Communist China*. Cambridge, Mass.: Harvard University Press, 1967.
———. *Sowing the Seeds of Democracy in China: Political Reform in the Deng Xiaoping Era*. Cambridge, Mass.: Harvard University Press, 1994.
Goodman, David S.G., ed. *Beijing Street Voices*. London, 1981.
Gramsci, Antonio. *Selections from the Prison Notebooks*. New York: International Publishers, 1971. [이상훈 역, 『그람시의 옥중수고 1·2』, 거름, 1993]
Gray, Jack and Patrick Cavendish. *Chinese Communism in Crisis: Maoism and the Cultural Revolution*. London: Pall Mall, 1968.
Gray, Jack and Gordon White, eds. *China's New Developmental Strategy*. London: Academic Press, 1982.
A Great Trial in Chinese History. Beijing: New World Press, 1981.
Grieder, Jerome. *Hu Shih and the Chinese Renaissance: Liberalism in the Chinese Revolution, 1917-1937*. Cambridge, Mass.: Harvard University Press, 1970.
———. *Intellectuals and the State in Modern China: A Narrative History*. New York: The Free Press, 1981.
Greider, William. *One World, Ready or Not: The Manic Logic of Global*

Capitalism. New York: Simon & Schuster, 1997.

Griffith, William E. *The Sino-Soviet Rift.* Cambridge, Mass.: MIT Press, 1964.

Grunfeld, A. Tom. *The Making of Modern Tibet.* Armonk, N.Y.: M.E. Sharpe, 1996.

Guillermaz, Jacques. *The Chinese Communist Party in Power, 1949-1976.* Boulder: Westview Press, 1976.

────. *A History of the Chinese Communist Party, 1921-1949.* New York: Random House, 1972.

Gurley, John G. *China's Economy and the Maoist Strategy.* New York: Monthly Review Press, 1976.

Hamrin, Carol Lee. *China and the Challenge of the Future.* Boulder: Westview Press, 1990.

Han Minzhu, ed. *Cries for Democracy: Writings and Speeches from the 1989 Chinese Democracy Movement.* Princeton, N.J.: Princeton University Press, 1990.

Harding, Harry. *Organizing China: The Problem of Bureaucracy, 1949-1976.* Stanford, Calif.: Stanford University Press, 1981.

────. *China's Second Revolution: Reform After Mao.* Washington, D.C.: Brookings Institution, 1987.

Harris, Nigel. *The Mandate of Heaven: Marx and Mao in Modern China.* London: Quartet Books, 1978.

Harrison, James P. *The Communists and Chinese Peasant Rebellions.* New York: Atheneum, 1969.

────. *The Long March to Power: A History of the Chinese Communist Party, 1921-1972.* New York: Praeger, 1972.

Heilbroner, Robert I. *The Nature and Logic of Capitalism.* New York: Norton, 1985.

Herzen, Alexander. *From the Other Shore.* London: Weidenfeld & Nicolson, 1956.

Hinton, Harold C., ed. *The People's Republic of China, 1949-1979: A Documentary Survey.* Wilmington, Del: Scholarly Resources, 1980.

Hinton, William. *Fanshen: A Documentary of Revolution in a Chinese Village.* New York: Vintage, 1966. 〔강칠성 역, 『번신 I·II』, 풀빛, 1986〕

────. *The Great Reversal.* New York: Monthly Review Press, 1990.

────. *Hundred Day War: The Cultural Revolution at Tsinghua University.* New York Monthly Review Press, 1972.

────. *Shenfan: The Continuing Revolution in a Chinese Village.* New York: Random House, 1983.

_____. *Turning Point in China*. New York: Monthly Review Press, 1972.
Hobsbawm, Eric. *The Age of Extremes: A History of the World, 1914-1991*. New York: Pantheon, 1994. [이용우 역, 『극단의 시대: 20세기 역사』, 까치, 1997]
Hoffman, Charles. *The Chinese Worker*. Albany: State University of New York Press, 1974.
Hofheinz, Roy. *The Broken Wave: The Chinese Communist Peasant Movement, 1922-1928*. Cambridge, Mass.: Harvard University Press, 1977.
Honig, Emily. *Sisters and Strangers: Women in the Shanghai Cotton Mills, 1919-1949*. Stanford, Calif.: Stanford University Press, 1986.
_____, and Gail Hershatter. *Personal Voices: Chinese Women in the 1980s*. Stanford, Calif.: Stanford University Press, 1988.
Hopkins, Terrence K., and Immanuel Wallerstein, eds. *Processes of the World System*. Beverly Hills, Calif.: Sage Publications, 1980.
Horn, Joshua. *Away with All Pests*. New York: Monthly Review Press, 1969.
Houn, Franklin. *To Change a Nation: Propaganda and Indoctrination in Communist China*. Glencoe, Ill.: The Free Press, 1961.
Howe, Christopher. *Employment and Economic Growth in Urban China, 1949-1957*. Cambridge: Cambridge University Press, 1971.
_____, ed. *Shanghai: Revolution and Development in an Asian Metropolis*. Cambridge: Cambridge University Press, 1981.
Hsia, Adrian. *The Chinese Cultural Revolution*. New York: Seabury Press, 1972.
Hsiung, James C. *Ideology and Practice: The Evolution of Chinese Communism*. New York: Praeger, 1970.
Hsu, Immanuel C. Y. *China Without Mao*. New York: Oxford University Press, 1983.
Hsueh, Chun-tu, ed. *Revolutionary Leaders of Modern China*. New York: Oxford University Press, 1971.
Huang, Philip C. C. *The Peasant Family and Rural Development in the Yangzi Delta, 1350-1988*. Stanford, Calif.: Stanford University Press, 1990.
_____, ed. *The Development of Underdevelopment in China: A Symposium*. White Plains, N.Y.: M.E. Sharpe, 1980.
Hunter, Neale. *Shanghai Journal*. Boston: Beacon Press, 1971.
Isaacs, Harold. *The Tragedy of the Chinese Revolution*. Stanford, Calif.: Stanford University Press, 1951.

Israel, John. *Student Nationalism in China.* Stanford, Calif.: Stanford University Press, 1966.
———, and Donald W. Klein. *Rebels and Bureaucrats: China's December 9ers.* Berkeley: University of California Press, 1976.
Joffe, Ellis. *Between Two Plenums: China's Intraleadership Conflict, 1959-62.* Ann Arbor: Center for Chinese Studies, University of Michigan, 1975.
———. *The Chinese Army after Mao.* Cambridge: Harvard University Press, 1987.
———. *Party and Army: Professionalism and Political Control of the Chinese Officer Corps.* Cambridge, Mass.: Harvard University Press, 1965.
Johnson, Chalmers. *Peasant Nationalism and Communist Power.* Stanford, Calif.: Stanford University Press, 1962.
———, ed. *Ideology and Politics in Contemporary China.* Seattle: University of Washington Press, 1973.
Johnson, Kay Ann. *Women, the Family, and Peasant Revolution in China.* Chicago: University of Chicago Press, 1983.
Joint Economic Committee of the U.S. Congress. *An Economic Profile of Mainland China.* Washington, D.C.: Government Printing Office, 1967.
Joseph, William A., ed. *China Briefing 1995-1996.* Armonk, N.Y.: M.E. Sharpe, 1997.
———. *The Critique of Ultra-Leftism in China, 1958-1981.* Stanford, Calif.: Stanford University Press, 1984.
Karnow, Stanley. *Mao and China: From Revolution to Revolution.* New York: Viking, 1972.
Karol, K. S. *China: The Other Communism.* New York: Hill & Wang, 1967.
———. *The Second Chinese Revolution.* New York: Hill & Wang, 1974.
Kau, Michael Ying-mao, ed. *The Lin Piao Affair.* White Plains, N.Y.: International Arts and Science Press, 1975.
———, and Susan H. Marsh, eds. *China in the Era of Deng Xiaoping: A Decade of Reform.* Armonk, N.Y.: M.E. Sharpe, 1993.
Kerr, George H. *Formosa Betrayed.* Boston: Houghton Mifflin Co., 1965.
Klein, Donald W., and Ann B. Clark, eds. *Biographical Dictionary of Chinese Communism.* Cambridge: Harvard University Press, 1971.
Knight, Nick. *Li Da and Marxist Philosophy in China.* Boulder: Westview Press, 1996.
Kraus, Richard Curt. *Brushes with Power: Modern Politics and the Chinese Art of Calligraphy.* Berkeley: University of California Press, 1991.
———. *Class Conflict in Chinese Socialism.* New York: Columbia University

Press, 1981.
──. *Pianos and Politics in China.* New York: Oxford University Press, 1989.
Kung, Chi-keung. *Intellectuals and Masses: The Case of Qu Quibai.* Ph.D. dissertation. University of Wisconsin-Madison, 1995.
Kuznets, Simon. *Economic Growth of Nations: Total Output and Production Structure.* Cambridge, Mass.: Harvard University Press, 1971.
Lardy, Nicholas. *Agriculture in China's Modern Economic Development.* Cambridge: Cambridge University Press, 1983.
──. *Economic Growth and Distribution in China.* Cambridge: Cambridge University Press, 1983.
──, and Kenneth Lieberthal. *Chen Yun's Strategy for China's Development: A Non-Marxist Alternative.* Armonk, N.Y.: M.E. Sharpe, 1983.
Lee, Bennet, and Geremie Barme, eds. *The Wounded: New Stories of the Cultural Revolution.* Hong Kong: Joint Publishing Co., 1979.
Lee, Hong Yung. *From Revolutionary Cadres to Technocrats in Socialist China.* Berkeley: University of California Press, 1991.
──. *The Politics of the Chinese Cultural Revolution.* Berkeley: University of California Press, 1978.
Lee, Leo Ou-fan. *The Romantic Generation of Chinese Writers.* Cambridge, Mass.: Harvard University Press, 1973.
Lenin, V.I. *Collected Works.* 45 vols. Moscow: Foreign Languages Publishing House, 1946-1967.
──. *Selected Works.* 2 vols. Moscow: Foreign Languages Publishing House, 1952.
Levenson, Joseph R. *Confucian China and Its Modern Fate: A Trilogy.* Berkeley: University of California Press, 1968.
──. *Liang Ch'i-ch'ao and the Mind of Modern China.* Cambridge, Mass.: Harvard University Press, 1959.
──. *Revolution and Cosmopolitanism.* Berkeley: University of California Press, 1971.
Levine, Steven I. *Anvil of Victory: The Communist Revolution in Manchuria, 1945-1948.* New York: Columbia University Press, 1987.
Lewis, John W. *Leadership in Communist China.* Ithaca, N.Y.: Cornell University Press, 1963.
──, ed. *The City in Communist China.* Stanford, Calif.: Stanford University Press, 1971.

———, ed. *Party Leadership and Revolutionary Power in China.* Cambridge: Cambridge University Press, 1970.

———, and Litai Xue. *China Builds the Bomb.* Stanford, Calif.: Stanford University Press, 1988.

Leys, Simon. *Broken Images: Essays on Chinese Cultural Politics.* New York: St. Martin's Press, 1980.

———. *The Chairman's New Clothes.* London: Alison & Busby, 1981.

———. *Chinese Shadows.* New York: Viking, 1977.

Li, Choh-ming. *The Economic Development of Communist China.* Berkeley: University of California Press, 1959.

Li, Zhisui. *The Private Life of Chairman Mao.* New York: Random House, 1994.

Liang, Heng, and Judith Shapiro. *Son of the Revolution.* New York: Knopf, 1983.

Lichtheim, George. *Marxism: An Historical and Critical Study.* New York: Praeger, 1961.

Lieberthal, Kenneth. *Governing China.* New York: Norton, 1995.

———, *Revolution and Tradition in Tientsin, 1949-1952.* Stanford, Calif.: Stanford University Press, 1980.

Lifton, Robert Jay. *Revolutionary Immortality.* New York: Random House, 1968.

———, *Thought Reform and the Psychology of Totalism.* New York: Norton, 1961

Lin Chun. *The British New Left.* Edinburgh: Edinburgh University Press, 1993.

———. *Marx's Conception of the Non-Capitalist Route.* Beijing: Institute of Marxism-Leninism-Mao Zedong Thought, 1984.

Lin, Weiran. *An Abortive Chinese Enlightenment—The Cultural Revolution and Class Theory.* Ph.D. dissertation. Madison: Department of History, University of Wisconsin-Madison, 1996.

Lin, Yu-sheng. *The Crisis of Chinese Consciousness: Radical Antitraditionalism in the May Fourth Era.* Madison: University of Wisconsin Press, 1979.

Lindbeck, John, ed. *Management of a Revolutionary Society.* Seattle: University of Washington Press, 1971.

Link, Perry. *Evening Chats in Beijing.* New York: Norton, 1992.

———. *Roses and Thorns: The Second Blooming of the Hundred Flowers in Chinese Fiction, 1979-1980.* Berkeley: University of California Press,

1984.

―――, ed. *Stubborn Weeds: Popular and Controversial Chinese Literature After the Cultural Revolution*. Bloomington, Ind.: Indiana University Press, 1983.

Lippit, Victor. *The Economic Development of China*. Armonk, N.Y.: M.E. Sharpe, 1987.

Liu Binyan. *China's Crisis, China's Hope*. Cambridge, Mass.: Harvard University Press, 1990.

―――. *People or Monsters and Other Stories and Reportage from China After Mao*. Bloomington: Indiana University Press, 1992.

―――, with Ruan Ming and Xu Gang. *Tell the World*. New York: Pantheon, 1989.

Liu Shaoqi. *Collected Works of Liu Shao-ch'i*. 3 vols. Hong Kong: Union Research Institute, 1968-69.

Liu, T. A. and K. C. Yeh. *The Economy of Mainland China: National Income and Economic Development, 1933-1959*. Princeton, N.J.: Princeton University Press, 1965.

Luxemburg, Rosa. *Rosa Luxemburg Speaks*. New York: Pathfinder Press, 1970.

Ma, Hong, and Sun Shangqing, eds. *Studies in the Problems of China's Economic Structure*. Beijing: n.p., 1981.

Macciocchi, Maria Antionietta. *Daily Life in Revolutionary China*. New York: Monthly Review Press, 1972.

MacFarquhar, Roderick. *The Origins of the Cultural Revolution, Vol. I: Contradictions Among the People*. London: Oxford University Press, 1974.

―――. *The Origins of the Cultural Revolution, Vol II: The Great Leap Forward, 1958-1960*. New York: Columbia University Press, 1983.

―――, ed. *China Under Mao: Politics Takes Command*. Cambridge, Mass.: MIT Press, 1966.

―――, ed. *The Hundred Flowers Campaign and the Chinese Intellectuals*. New York: Praeger, 1960.

Madsen, Richard. *Morality and Power in a Chinese Village*. Berkeley: University of California Press, 1984.

Maitan, Livio. *Party, Army and Masses in China*. London: New Left Books, 1976.

Malraux, André. *Anti-Memoirs*. New York: Holt, Rinehart & Winston, 1968.

Mancall, Mark. *China at the Center*. New York: The Free Press, 1984.

---, ed. *Formosa Today*. New York: Praeger, 1964.
Mandell, Ernest. *Power and Money: A Marxist Theory of Bureaucracy*. London: Verso, 1992.
Mao Zedong. *A Critique of Soviet Economics*. Translated by Moss Roberts. New York: Monthly Review Press, 1977.
---. *Mao Papers*. Edited by Jerome Ch'en. London: Oxford University Press, 1970.
---. *Mao's Road to Power: Revolutionary Writings, 1912-1949*. ed. by Stuart R. Schram. Armonk, N.Y.: M.E. Sharpe, 1992.
---. *Mao Zedong sixiang wansui* (Long Live the Thought of Mao Zedong). 2 vols. Taipei: n.p., 1967, 1969.
---. *On the Correct Handling of Contradictions Among the People*. Beijing: Foreign Languages Press, 1957.
---. *Poems of Mao Tse-tung*. Edited by Wong Man. Hong Kong: Eastern Horizon Press, 1966.
---. *Selected Works of Mao Tse-tung*. 4 vols. London: Lawrence & Wishart, 1954.
---. *Selected Works of Mao Tse-tung*. Beijing: Foreign Languages Press, 1961.
---. *Selected Works of Mao Tse-tung*. Vol. V. Beijing: Foreign Languages Press, 1977.
Marks, Robert B. *Rural Revolution in South China: Peasants and the Making of History in Haifeng County, 1570-1930*. Madison: University of Wisconsin Press, 1984.
Martin, Helmut. *Cult and Canon: The Origins and Development of State Maoism*. Armonk, N.Y.: M.E. Sharpe, 1982.
Marx, Karl. *Capital*. Vol. I. Chicago: Kerr, 1906.
---. *Selected Writings in Sociology and Social Philosophy*. Edited by T. B. Bottomore and Maximilien Rubel. London: Watts, 1956.
---. *Writings of the Young Marx on Philosophy and Society*. Edited by Lloyd D. Easton and Kurt H. Guddat. New York: Anchor, 1967.
---, and Frederick Engels. *Selected Correspondence*. Moscow: Foreign Languages Publishing House, 1953.
---. *Selected Works*. 2 vols. Moscow: Foreign Languages Publishing House, 1950.
---. *Werke*. Berlin: Dietz, 1964.
McCormick, Thomas J. *America's Half-Century: United States Foreign Policy in the Cold War and After*. Second Edition. Baltimore: The Johns

Hopkins University Press, 1995.
McCough, James P., ed. *Fei Hsiao-tung: The Dilemma of a Chinese Intellectual* White Plains, N.Y.: M.E. Sharpe, 1979.
McDonald, Angus W., Jr. *The Urban Origins of Rural Revolution: Elites and Masses in Hunan Province, China 1911-27*. Berkeley: University of California Press, 1978.
Mehnert, Klaus. *Peking and Moscow*. London: Weidenfeld & Nicolson, 1963.
———. *Peking and the New Left: At Home and Abroad*. Berkeley: Center for Chinese Studies, 1969.
Meisel, James H. *Counter-Revolution*. New York: Atherton, 1966.
Meisner, Maurice. *The Deng Xiaoping Era: An Inquiry into the Fate of Chinese Socialism*. New York: Hill and Wang, 1996.
———. *Li Ta-chao and the Origins of Chinese Marxism*. Cambridge, Mass.: Harvard University Press, 1967. [권영빈 역, 『李大釗: 중국사회주의의 기원』, 지식산업사, 1992]
———. *Mao's China: A History of the People's Republic*. New York: The Free Press, 1977. [김광린·이원웅 공역, 『毛澤東思想과 마르크스주의』, 남명, 1987]
———. *Marxism, Maoism and Utopianism*. Madison: University of Wisconsin Press, 1982.
Michels, Robert. *Political Parties*. Glencoe, Ill.: The Free Press, 1949.
Milton, David, and Nancy Dall Milton. *The Wind Will Not Subside: Years in Revolutionary China, 1964-1969*. New York: Pantheon, 1976.
Moody, Peter R. *Chinese Politics After Mao: Development and Liberalization, 1976-1983*. New York: Praeger, 1983.
Moore, Barrington. *Social Origins of Dictatorship and Democracy*. Boston: Beacon Press, 1966.
———. *Soviet Politics: The Dilemma of Power*. Cambridge, Mass.: Harvard University Press, 1959.
Mosher, Steven. *Broken Earth: The Rural Chinese*. New York: The Free Press, 1983.
Munro, Donald J. *The Concept of Man in Contemporary China*. Ann Arbor: University of Michigan Press, 1977.
Murphey, Rhoads. *The Fading of the Maoist Vision: City and Countryside in China's Development*. New York: Metheun, 1980.
Myrdal, Jan. *Report from a Chinese Village*. New York: Pantheon, 1965.
———. *Return to a Chinese Village*. New York: Pantheon, 1984.
———, and Gun Kessle. *China: The Revolution Continued*. New York:

Pantheon, 1970.
Nathan, Andrew. *China's Crisis*. New York: Columbia University Press, 1990.
──. *Chinese Democracy*. Berkeley: University of California Press, 1985.
National Program for Agricultural Development, 1956-1965. Beijing: Foreign Languages Press, 1960.
Nee, Victor. *The Cultural Revolution at Peking University*. New York: Monthly Review Press, 1969.
──, and David Mozingo, eds. *State and Society in Contemporary China*. Ithaca, N.Y.: Cornell University Press, 1983.
Oksenberg, Michael, ed. *China's Developmental Experience*. New York: Praeger, 1973.
──, and Robert Oxnam, eds. *Dragon and Eagle: United States-China Relations, Past and Future*. New York: Basic Books, 1978.
On the Historical Experience of the Dictatorship of the Proletariat. Beijing: Foreign Languages Press, 1961.
Orleans, Leo A. *Professional Manpower and Education in Communist China*. Washington, D.C.: Government Printing Office, 1961.
──, ed. *Science in Contemporary China*. Stanford, Calif.: Stanford University Press, 1981.
Peck, James, and Victor Nee, eds. *China's Uninterrupted Revolution: From 1840 to the Present*. New York: Pantheon, 1975.
P'eng Shu-tse. *The Chinese Communist Party in Power*. New York: Monad Press, 1980.
Pepper, Suzanne. *China's Education Reform in the 1980s*. Berkeley: Center for Chinese Studies, University of California, 1990.
──. *China's Universities: Post-Mao Enrollment Policies and Their Impact on the Structure of Secondary Education*. Ann Arbor: Center for Chinese Studies, University of Michigan, 1984.
──, *Civil War in China: The Political Struggle, 1945-1949*. Berkeley: University of California Press, 1978.
Perkins, Dwight H. *Agricultural Development in China, 1368-1969*. Chicago: Aldine, 1969.
──. *Market Control and Planning in Communist China*. Cambridge, Mass.: Harvard University Press, 1966.
──, ed. *China's Modern Economy in Historical Perspective*. Stanford, Calif.: Stanford University Press, 1975.
──, ed. *Rural Small-Scale Industry in the People's Republic of China*.

Berkeley: University of California Press, 1977.
Perry, Elizabeth. *Rebels and Revolutionaries in North China, 1845-1945.* Stanford, Calif.: Stanford University Press, 1980.
──, and Christine Wong, eds. *The Political Economy of Reform in Post-Mao China.* Cambridge, Mass.: Harvard University Press, 1985.
Pickowicz, Paul G. *Marxist Literary Thought in China: The Influence of Ch'u Ch'iu-pai.* Berkeley: University of California Press, 1981.
──. *Marxist Literary Thought and China: A Conceptual Framework.* Berkeley: Center for Chinese Studies, 1980.
Polanyi, Karl. *The Great Transformation.* Boston: Beacon Press, 1957. [박현수 역, 『거대한 변환』, 민음사, 1991]
Price, Don C. *Russia and the Roots of the Chinese Revolution.* Cambridge, Mass.: Harvard University Press, 1974.
Price, R. F. *Education in Communist China.* London: Routledge & Kegan Paul, 1970.
Prybyla, Jan S. *The Political Economy of Communist China.* Scranton, Pa.: International Textbooks, 1970.
Rawski, Thomas G. *China's Transition to Industrialism.* Ann Arbor: University of Michigan Press, 1980.
──. *Economic Growth and Employment in China.* New York: Oxford University Press, 1979.
Rice, Edward. *Mao's Way.* Berkeley: University of California Press, 1972.
Richman, Barry M. *Industrial Society in Communist China.* New York: Random House, 1969.
Riskin, Carl. *China's Political Economy: The Quest for Development since 1949.* New York: Oxford University Press, 1987.
Robinson, Joan. *Economic Management in China.* London: Anglo-Chinese Educational Institute, 1975.
──. *Reports from China.* London: Anglo-Chinese Educational Institute, 1977.
Robinson, Thomas W., ed. *The Cultural Revolution in China.* Berkeley: University of California Press, 1971.
Rosen, Stanley. *Red Guard Factionalism and the Cultural Revolution in Guangzhou (Canton).* Boulder: Westview Press, 1982.
──. *The Role of Sent-Down Youth in the Chinese Cultural Revolution: The Case of Guangzhou.* Berkeley: University of Califomia Press, 1981.
Rosenberg, William G., and Marilyn B. Young. *Transforming Russia and China: Revolutionary Struggle in the Twentieth Century.* New York:

Oxford University Press, 1982.
Rozman, Gilbert, ed. *The Modernization of China*. New York: The Free Press, 1981.
Ruan Ming. *The Empire of Deng*. Boulder: Westview Press, 1994.
Rue, John. *Mao Tse-tung in Opposition, 1927-1935*. Stanford, Calif.: Stanford University Press, 1966.
Saich, Tony, ed. *The Chinese People's Movement: Perspectives on Spring 1989*. Armonk, N.Y.: M.E. Sharpe, 1990.
Salisbury, Harrison. *The Long March: The Untold Story*. New York: Harper and Row, 1985.
Schell, Orville. *Discos and Democracy: China in the Throes of Reform*. New York: Pantheon, 1988.
──── . *To Get Rich Is Glorious*. New York: Pantheon, 1985.
Schiffrin, Harold Z. *Sun Yat-sen and the Origins of the Chinese Revolution*. Berkeley: University of California Press, 1970.
Schram, Stuart R. *Ideology and Policy in China since the Third Plenum, 1978-84*. London: Contemporary China Institute, University of London, 1984.
──── . *Mao Tse-tung*. New York: Simon & Schuster, 1967.
──── . *Mao Tse-tung Unrehearsed: Talks and Letters, 1956-71*. Middlesex: Penguin Books, 1974.
──── . *The Political Thought of Mao Tse-tung*. New York: Praeger, 1969.
──── . *La "revolution permanente" en Chine*. Paris: Mouton, 1963.
──── , ed. *Authority, Participation, and Cultural Change in China*. Cambridge: Cambridge University Press, 1973.
──── , ed. *The Scope of State Power in China*. New York: St. Martin's Press, 1985.
Schurmann, Franz. *Ideology and Organization in Communist China*. 2nd ed, rev. and enl. Berkeley: University of California Press, 1970.
Schwarcz, Vera. *Long Road Home: A China Journal*. New Haven: Yale University Press, 1984.
Schwartz, Benjamin. *Chinese Communism and the Rise of Mao*. Cambridge, Mass.: Harvard University Press, 1951. [권영빈 역, 『중국공산주의운동사』, 형성사, 1983]
──── . *Communism and China: Ideology in Flux*. Cambridge, Mass.: Harvard University Press, 1968.
──── . *In Search of Wealth and Power: Yen Fu and the West*. Cambridge, Mass.: Harvard University Press, 1964.

Selden, Mark. *The Political Economy of Chinese Development*. Armonk, N.Y.: M.E. Sharpe, 1993.
――. *The Yenan Way in Revolutionary China*. Cambridge, Mass.: Harvard University Press, 1971.
――, ed. *The People's Republic of China: A Documentary History of Revolutionary Change*. New York: Monthly Review Press, 1979.
――, and Victor Lippit, eds. *The Transition to Socialism in China*. Armonk, N.Y.: M.E. Sharpe, 1982.
Seybolt, Peter J., ed. *The Rustification of Urban Youth in China*. White Plains, N.Y.: M.E. Sharpe, 1977.
Seymour, James D., ed. *The Fifth Modernization: China's Human Rights Movement, 1978-79*. New York: Human Rights Publishing Group, 1980.
Shaffer, Lynda. *Mao and the Workers*. Armonk, N.Y.: M.E. Sharpe, 1982.
Shanbaugh, David. *The Making of a Premier: Zhao Ziyang's Provincial Career*. Boulder: Westview Press, 1984.
Shanin, Teodor, ed. *Late Marx and the Russian Road*. New York: Monthly Review Press, 1983.
Sheel, Kamal. *Peasant Society and Marxist Intellectuals in China*. Princeton: Princeton University Press, 1989.
Sheridan, James. *China in Disintegration*. New York: The Free Press, 1975.
――. *Chinese Warlord: The Career of Feng Yu-hsiang*. Stanford, Calif.: Stanford University Press, 1966.
Shirk, Susan L. *Competitive Comrades: Career Incentives and Student Strategies in China*. Berkeley: University of Califoriia Press, 1982.
Shue, Vivienne. *Peasant China in Transition: The Dynamics of Development toward Socialism, 1949-1956*. Berkeley: University of California Press, 1980.
――. *The Reach of the State*. Stanford, Calif.: Stanford University Press, 1988.
Sidel, Ruth. *Women and Child Care in China*. New York: Hill & Wang, 1972.
Sidel, Victor W., and Ruth Sidel. *Serve the People: Observations on Medicine in the People's Republic of China*. New York: Josiah Macy, 1973.
Sigurdson, Jon. *Rural Industrialization in China*. Cambridge, Mass.: Harvard East Asian Monographs, 1977.
Singer, Daniel. *The Road to Gdansk*. New York: Monthly Review Press, 1982.
Siu, Bobby. *Women of China: Imperialism and Women's Resistance, 1900-*

1949. London: Zed Press, 1982.
Siu, Helen F., ed. *Furrows: Peasants, Intellectuals and the State*. Stanford, Calif.: Stanford University Press, 1990.
──, and Zelda Stern, eds. *Mao's Harvest*. New York: Oxford University Press, 1983.
Skocpol, Theda. *States and Social Revolutions: A Comparative Analysis of France, Russia, and China*. Cambridge: Cambridge University Press, 1979.
Smedley, Agnes. *The Great Road: The Life and Times of Chu Teh*. New York: Monthly Review Press, 1956.
Smil, Vaclav. *The Bad Earth: Environmental Degradation in China*. Armonk, N.Y.: M.E. Sharpe, 1984.
──. *China's Environmental Crisis*. Armonk, N.Y.: M.E. Sharpe, 1993.
Snow, Edgar. *The Long Revolution*. New York: Random House, 1972.
──. *The Other Side of the River*. New York: Random House, 1961.
──. *Random Notes on Red China, 1936-1945*. Cambridge, Mass.: Harvard University Press, 1957.
──. *Red Star Over China*. New York: Random House, 1938. 〔신홍범 역, 『중국의 붉은 별』, 두레, 1985〕
Solinger, Dorothy J. *From Lathes to Looms: China's Industrial Policy in Comparative Perspective, 1979-1982*. Stanford, Calif.: Stanford University Press, 1991.
──. *Regional Government and Provincial Integration in Southwest China, 1949-1954: A Case Study*. Berkeley: University of California Press, 1977.
Spence, Jonathan D. *The Gate of Heavenly Peace: The Chinese and Their Revolution, 1895-1980*. New York: Viking, 1981. 〔정영무 옮김, 『천안문』, 이산, 1999〕
──. *To Change China: Western Advisers in China, 1620-1960*. Boston: Little Brown and Company, 1969.
──. *The Search for Modern China*. New York: Norton, 1990. 〔김희교 옮김, 『현대중국을 찾아서 1·2』 이산, 1998〕
Stacey, Judith. *Patriarchy and Socialist Revolution in China*. Berkeley: University of California Press, 1983.
Stalin, J.V. *Economic Problems of Socialism in the U.S.S.R.* Moscow: Foreign Languages Press, 1952.
Starr, John Bryan. *Continuing the Revolution: The Political Thought of Mao*. Princeton, N.J.: Princeton University Press, 1979.

State Statistical Bureau, PRC. *Main Indicators, Development of the National Economy of the People's Republic of China (1949-1978)*. Beijing, 1979.

Stavis, Benedict. *The Politics of Agricultural Mechanization in China*. Ithaca: Cornell University Press, 1978.

Strong, Anna Louise. *Tomorrow's China*. New York: Committee for a Democractic Far Eastern Policy, 1948.

Su, Shaozhi. *China and the Making of the New, Socialist Spiritual Civilization*. Beijing: Institute of Marxism-Leninism-Mao Zedong Thought, Chinese Academy of Social Sciences, 1981.

──── . *Develop Marxism Under Contemporary Conditions*. Beijing: Institute of Marxism-Leninism-Mao Zedong Thought, Chinese Academy of Social Sciences, 1983.

──── . *Marxism in China*. London: Spokesman, 1983.

Su, Xiaokang and Wang Luxiang. *Deathsong of the River: A Reader's Guide to the Chinese TV Series Heshang*. Ithaca: Cornell University East Asian Program, 1991.

Sun, Yan. *The Chinese Reassessment of Socialism, 1976-1992*. Princeton, N.J.: Princeton University Press, 1992.

Sweezy, Paul M. *Post-Revolutionary Society*. New York: Monthly Review Press, 1980.

──── , and Charles Bettelheim. *On the Transition to Socialism*. New York: Monthly Review Press, 1971.

Tawney, R. H. *Land and Labour in China*. London: George Allen & Unwin, 1932.

The Tenth National Congress of the Communist Party of China (Documents). Beijing: Foreign Languages Press, 1973.

Terrill, Ross. *800,000,000: The Real China*. Boston: Little, Brown & Co., 1972.

──── . *The Future of China After Mao*. New York: Dell, 1978.

──── . *Mao*. New York: Harper & Row, 1980.

Thaxton, Ralph A. *China Turned Rightside Up: Revolutionary Legitimacy in the Peasant World*. New Haven: Yale University Press, 1983.

The Thirteenth National Congress of the Communist Party of China (Documents). Beijing: Foreign Languages Press, 1987.

Thompson, E. P. *The Making of the English Working Class*. New York: Pantheon, 1964.

Thurston, Anne F. *Enemies of the People*. Cambridge, Mass.: Harvard University Press, 1988.

Tien, Hung-Mao. *Government and Politics in Kuomintang China, 1927-1937.* Stanford, Calif.: Stanford University Press, 1972.
──. *The Great Transition: Political and Social Change in the Republic of China (Taiwan).* Stanford, Calif.: Stanford University Press, 1989.
Tiewes, Frederick C. *Politics at Mao's Court: Gao Gang and Party Factionalism in the Early 1950s.* Armonk, N.Y.: M.E.Sharpe, 1990.
──. *Politics and Purges in China.* White Plains, N.Y.: M.E.Sharpe, 1979.
Townsend, James. *Political Participation in Communist China.* Berkeley: University of Califbmia Press, 1967.
Trotsky, Leon. *Our Revolution.* New York, 1918
──. *The Permanent Revolution and Results and Prospects.* New York: Pathfinder Press, 1974. [정성진 옮김, 『연속혁명 그리고 평가와 전망』, 책갈피, 2003]
──. *Problems of the Chinese Revolution.* New York: Pioneer Publishers, 1932.
Tsou, Tang. *America's Failure in China, 1949-1950.* 2 vols. Chicago: University of Chicago Press, 1963.
──. *The Cultural Revolution and the Post-Mao Reforms.* Chicago: University of Chicago Press, 1986.
Tucker, Robert C. *The Marxian Revolutionary Idea.* New York: Norton, 1969. [김성한·노희상 공역, 『공산주의 급진혁명사상의 본질 비판』, 배영사, 1986]
Twitchett, Dennis and John K. Fairbank, eds. *The Cambridge History of China.* New York: Cambridge University Press, 1978-1991.
Ulam, Adam. *The Unfinished Revolution: An Essay on the Sources and Influence of Marxism and Communism.* New York: Vintage, 1964.
Unger, Jonathan. *Education under Mao: Class and Competition in Canton Schools.* New York: Columbia University Press, 1982.
──, ed. *The Pro-Democracy Protests in China: Reports from the Provinces.* Armonk, N.Y.: M.E.Sharpe, 1991.
Union Research Institute, ed. *The Case of P'eng Teh-huai, 1959-1968.* Hong Kong: Union Research Institute, 1968.
──, ed. *Documents of the Chinese Communist Party Central Committee.* 2 vols. Hong Kong: Union Research Institute, 1971.
──, ed. *Who's Who in Communist China.* 2 vols. Hong Kong: Union Research Institute, 1969-70.
U.S. Central Intelligence Agency. *China: Economic Performance in 1987 and Outlook for 1988.* Washington, D.C.: Directorate of Intelligence, 1988.

——. *The Chinese Economy in 1988 and 1989.* Washington, D.C.: Directorate of Intelligence, 1989.

——. *People's Republic of China: Handbook of Economic Indicators.* Washington, D.C.: Directorate of Intelligence, 1976.

Vogel, Ezra. *Canton under Communism.* Cambridge, Mass.: Harvard University Press, 1969.

——. *One Step Ahead in China: Guangdong under Reform.* Cambridge, Mass.: Harvard University Press, 1989.

Wakeman, Frederic, Jr. *The Fall of Imperial China.* New York: The Free Press, 1975. [김의경 옮김, 『중국제국의 몰락』, 예전사, 1987]

——. *History and Will: Philosophic Perspectives of Mao Tse-tung's Thought.* Berkeley: University of California Press, 1973.

Walder, Andrew G. *Chang Ch'un-ch'iao and Shanghai's January Revolution.* Ann Arbor: Center for Chinese Studies, University of Michigan, 1977.

——. *Communist Neo-Traditionalism: Work and Authority in Chinese Industry.* Berkeley: University of California Press, 1986.

Wales, Nym. *Red Dust: Autobiographies of Chinese Communists.* Stanford, Calif.: Stanford University Press, 1952.

Walicki, A. *The Controversy over Capitalism.* Oxford: The Clarendon Press, 1969.

Waller, Derek J. *The Government and Politics of the People's Republic of China.* London: Hutchinson,1981.

Wallerstein, Immanuel. *The Capitalist World-Economy.* Cambridge: Cambridge University Press, 1979.

Wang, Gungwu. *China and the World since 1949: The Impact of Independence, Modernity and Revolution.* London: Macmillan, 1977.

Wang, Ming. *Mao's Betrayal.* Moscow: Progress Publishers, 1979.

Wang, Xizhe. *Wang Xizhe Lunwen Ji.* (Collected Essays of Wang Xizhe). Hong Kong: The Seventies Magazine Press, 1981.

Wang, Y. C. *Chinese Intellectuals and the West.* Chapel Hill: University of North Carolina Press, 1966.

Wang, Yaan-iee. *The Chinese Idea.* Ph.D. Dissertation. Madison: Department of History, University of Wisconsin-Madison, 1997.

Wasserstrom, Jeffrey and Elizabeth Perry, eds. *Popular Protest and Political Culture in Modern China.* Boulder: Westview Press, 1992.

Watson, James L., ed. *Class and Social Stratification in Post-Revolutionary China.* Cambridge: Cambridge University Press, 1984.

Weber, Max. *The Religion of China.* Glencoe, Ill.: The Free Press, 1951. [이상률 역, 『유교와 도교』, 문예출판사, 1990]
——. *The Theory of Social and Economic Organization.* New York: The Free Press, 1964.
Weil, Robert. *Red Cat, White Cat: China and the Contradictions of "Market Socialism."* New York: Monthly Review Press, 1996.
Wheelwright, E. L. and Bruce McFarlane. *The Chinese Road to Socialism: Economics of the Cultural Revolution.* New York: Monthly Review Press, 1970.
White, Gordon. *Riding the Tiger: The Politics of Economic Reform in Post-Mao China.* Stanford, Calif.: Stanford University Press, 1993.
White, Lynn T. III. *Careers in Shanghai.* Berkeley: University of California Press, 1978.
——. *Policies of Chaos: The Organizational Causes of Violence in China's Cultural Revolution.* Princeton: Princeton University Press, 1989.
Whiting, Allen. *China Crosses the Yalu: The Decision to Enter the Korean War.* New York: Macmillan, 1960.
Whitson, William A. *A History of Chinese Communist Military Politics, 1927-1961.* New York: Praeger, 1973.
Whyte, Martin K. *Small Groups and Political Rituals in China.* Berkeley: University of California Press, 1974.
——, and William Parrish. *Urban Life in Contemporary China.* Chicago: University of Chicago Press, 1984.
Wilson, Dick. *The Long March: The Epic of Chinese Communism's Survival.* London: Hamish Hamilton, 1971.
——. ed. *Mao Tse-tung in the Scales of History.* New York: Cambridge University Press, 1977.
Wilson Center, ed. *The Limits of Reform in China.* Washington, D.C.: Woodrow Wilson Center for International Scholars, 1982.
Witke, Roxanne. *Comrade Chiang Ch'ing.* Boston: Little, Brown, 1977.
Wittfogel, Karl A. *Oriental Despotism.* New Haven: Yale University Press, 1957. [구종서 역, 『동양적 전제주의: 전통적 권력의 비교연구』, 법문사, 1991]
Wolf, Eric. *Europe and the People Without History.* Berkeley: University of California Press, 1982.
Wolf, Margery, and Roxanne Witke, eds. *Women in Chinese Society.* Stanford, Calif.: Stanford University Press, 1975.
Womack, Brantly. *The Foundations of Mao Zedong's Political Thought.* Honolulu: University Press of Hawaii, 1982.

Wong, John. *Land Reform in China: Institutional Transformation of Agriculture.* New York: Praeger, 1973.
Woo, Jung-en. *Race to the Swift: State and Finance in Korea's Industrialization.* New York: Columbia University Press, 1991.
Wood, Ellen Meiskins. *Democracy Against Capitalism.* Cambridge: Cambridge University Press, 1995.
World Bank, *Trends in Developing Economies, 1996.* Washington, D.C.: The World Bank, 1997.
Wright, Mary C. *The Last Stand of Chinese Conservatism: The T'ung Chih Restoration, 1862-1874.* rev. ed. Stanford, Calif.: Stanford University Press, 1966.
―――, ed. *China in Revolution: The First Phase, 1900-1913.* New Haven: Yale University Press, 1968.
Wu, Hongda Harry. *Laogai―The Chinese Gulag.* Boulder: Westview Press, 1992.
Wu, Yuan-Li. *The Economy of China: An Interpretation.* New York: Praeger, 1965.
Wylie, Raymond F. *The Emergence of Maoism: Mao Tse-tung, Ch'en Po-ta and the Search for Chinese Theory, 1935-1945.* Stanford, Calif.: Stanford University Press, 1980.
Xu, Dixin, et. al. *China's Search for Economic Growth.* Beijing: New World Press, 1982.
Xue, Muqiao, ed. *Almanac of China's Economy, 1981.* Hong Kong: Modern Cultural Co., 1982.
Yahuda, Michael. *Towards the End of Isolationism: Chinese Foreign Policy After Mao.* London: Macmillan, 1983.
Yang, C. K. *The Chinese Family in the Communist Revolution.* Cambridge: MIT Press, 1959.
―――. *A Chinese Village in Early Communist Transition.* Cambridge: MIT Press, 1959.
Yao, Wen-yuan. *On the Social Basis of the Lin Piao Anti-Party Clique.* Beijing: Foreign Languages Press, 1975.
Young, Marilyn B. *The Vietnam Wars 1945-1990.* New York: HarperCollins, 1991.
―――, ed. *Women in China.* Ann Arbor: Center for Chinese Studies, University of Michigan, 1973.
―――, and William Rosenberg. *Transforming Russia and China: Revolutionary Struggle in the Twentieth Century.* New York: Oxford

University Press, 1982.
Yu, Guangyuan. *On the Objective Character of Laws of Development.* Beijing: Institute of Marxism-Leninism and Mao Zedong Thought, Chinese Academy of Social Sciences, 1982.
──, ed. *China's Socialist Modernization.* Beijing: Foreign Languages Press, 1984.
Yu, Mok Chiu and J. Frank Harrison, eds. *Voices from Tiananmen Square.* Montreal: Black Rose Books, 1990.
Yue, Daiyun and Carolyn Wakeman. *To the Storm: The Odyssey of a Revolutionary Chinese Woman.* Berkeley: University of California Press, 1985.
Zagoria, Donald S. *The Sino-Soviet Conflict, 1956-61.* Princeton, N.J.: Princeton University Press, 1962.
Zweig, David. *Agrarian Radicalism in China, 1968-1981.* Cambridge, Mass.: Harvard University Press, 1989.

옮긴이의 말

모리스 마이스너 교수의 『마오의 중국과 그 이후』를 번역하게 되어 큰 보람과 더불어 나만의 특별한 감회를 느낀다. 세계적으로 널리 알려진 저명한 역사학자의 대표작을 번역했다는 학문적 성취감과 사회적 공헌감에서 오는 보람은 말할 것도 없고, 10여 년 간 마이스너 교수의 가르침을 받은 유일한 한국인 제자로서 언젠가는 스승의 학문적 결실을 우리말로 번역 소개해야겠다는 오랜 개인적 다짐을 마침내 실천에 옮긴 데서 오는 홀가분함과 감격이 크기 때문이다.

미국 위스콘신 대학교 역사학과 교수였던 모리스 마이스너는 중국 현대지성사 연구분야에 뚜렷한 획을 긋는 명저를 발표해온 학자로서 유명하다. 그의 대표적 저작으로는 『리다자오와 중국 마르크스주의의 기원』, 『마르크스주의·마오주의·유토피아주의』, 『마오의 중국과 그 이후』, 『덩샤오핑 시대—중국사회주의의 운명』 등을 꼽을 수 있다. 이 책들 가운데 마이스너 교수의 학문적 중심이 되는 책을 고르라고 한다면 감히 다음의 두 책을 꼽고 싶다. 그의 박사학위논문이자 첫 책인 『리다자오와 중국 마르크스주의의 기원』(하버드 대학 출판부, 1967) 그리고 1980년대 초 마오쩌둥 시대의 종말을 지켜보면서 중국 사회주의 역사를 총괄하는 통사인 『마오의 중국과 그 이후』를 들 수 있다. 『리다자오와 중국 마르크스주의의 기원』은 초판이 나온 지 반세기가 훨씬 지난 오늘날에도 여전히 중국 현대지성사, 혹은 중국 공산주의역사를 공부하려는 사람이라면 반드시 읽어야 할 고전적 연구로 남아 있다. 그리고 지금 번역을 끝낸 『마오의 중국과 그 이후』는 마이스너 교수가 세 번에 걸쳐 개정판을 낼 만큼 애착을 갖는 책이기도 한데, 이 책은 중국 사회주의 역사를 마오의 사상과 중국 마르크스주의에 대한 마이스너의 독특한 지성사적 시각을 바탕으로 서술되었다는 점에서 각별한 의미를 갖는다.

마오와 그의 시대를 설명하는 책들은 그동안 수없이 출판되어왔다. 그러나 『마오의 중국과 그 이후』는 여타 책들과 근본적으로 다르다. 그것은 마이스너가 정치사나 경제사를 전공한 학자가 아니라 중국지성사를 전공한 학자이기 때문이 아닐까 생각한다. 마르크스주의와 사회주의, 즉 중국의 근대를 만들어온 정신과 자본주의에 내재하는 근본적인 모순에 대해 누구보다도 깊고 예리한 이해와 비판능력을 갖고 있는 그가 서술하는 『마오의 중국과 그 이후』 속에는 타의추종을 불허하는 '지적' 통찰력과 흥미가 가득 담겨 있다.

마이스너 교수의 '역사적' 통찰력을 엿볼 수 있었던 나의 경험을 한 가지 소개하고 싶다. 1985년 겨울 위스콘신 대학에서 마이스너 교수의 시노하에 막 공부를 시작한 때였다. 당시 이 대학의 정치학과 학생들이 주최하는 '마오쩌둥 시대에 대한 평가'라는 작은 학술모임에 한 저명한 정치학과 교수와 역사학과의 마이스너 교수가 초빙되었다. 이 모임에서 두 교수는 적대적이라 할 정도로 팽팽한 의견 차이를 보였고, 이러한 긴장된 모습은 대학원에 갓 입학한 나에게 놀라움 그 자체였다. 그리고 얼마 안 있어 내가 알아낸 사실은 정치학과 교수의 의견이 당시 미국 학계의 주류를 대변하는 것이었고 마이스너 교수의 의견은 극히 소수의 학자들만이 공감하고 있다는 점이었다.

　이 모임이 열릴 당시에는 이미 사인방 재판이 끝나고 마오쩌둥에 대한 중국정부의 공식적인 재평가와 더불어 마오쩌둥 시대가 완전히 막을 내린 후였으며, 덩샤오핑의 개혁정책과 함께 중국이 다시 한번 거대한 변화의 바람을 맞고 있을 때였다. 이러한 배경 아래에서 마오와 그의 시대를 평가하는 책들이 붐을 이루며 쏟아져 나오고 있었는데 앞에서 언급한 정치학과 교수는 이런 책들의 다수 의견을 대변하고 있었다. 이들 출판물은 거의 대부분 마오쩌둥의 대약진운동과 문화대혁명을 신랄하게 비판하는 데 초점을 맞추고 있었다. 대약진은 마오의 비합리적이고 비이성적인 경제정책에 기반하고 있었으며 그의 이런 낭만적인 기질로 인해 중국은 그토록 엄청난 경제적 재앙을 겪었다는 것이었다. 또한 문화대혁명은 마오쩌둥의 불타는 권력욕과 정치적 암투가 야기한 사회적 파괴와 인간적 비극으로 설명되고 있었다. 당시 미국학계의 주류를 이루던 이런 비판과 대조적으로 마이스너는 마오쩌둥의 낭만적 혁명성만큼이나 그의 날카로운 현실감각과 합리성을 강조하고 있었다. 대약진은 소련의 원조마저 끊긴 당시의 적대적인 국제관계와 국내자본이 극도로 빈약한 상황 속에서 마오가 현실적으로 선택할 수밖에 없었던 노동력 위주의 경제정책이었다는 점, 그리고 문화대혁명은 마오쩌둥의 비이성적인 권력욕에 초점을 맞추는 것이 아니라 그토록 비이성적인 운동이 어떻게 수많은 중국인민을 움직일 수 있었는가라는 점에 주목하면서 1949년 이후 새롭게 자라나고 있던 중국사회의 모순을 분석하고 있었다. 대약진과 문화대혁명에 대해서 이런 마이스너의 주장은 사실상 마오쩌둥에 대한 거센 비판의 목소리들 속에서 너무나 작은 소리에 불과해 당시 일반인들의 귀에는 들리지 않았다.

　그 모임에서 두드러졌던 또 다른 의견 차이는 마오쩌둥 시대에 대한 전반적인 평가 및 덩샤오핑 시대에 대한 인식과 관련되어 있었다. 1978

년 덩샤오핑이 자본주의세계에 문호를 개방하기 시작하자 예의 그 모임에 참가했던 정치학과 교수를 비롯한 서양의 학자들 대부분은 사회주의의 종말을 외치며 마오쩌둥 시대, 즉 중국의 사회주의 시기 전체를 부정하고 비판하는 목소리를 높였다. 마오쩌둥 시대는 근대적 산업화에 역류하는 시기였고 따라서 반세기에 걸친 중국의 사회주의 역사는 극복과 거부의 대상일 뿐이었다. 이에 반하여 자본주의 세계에 문호를 개방한 덩샤오핑 시대는 비록 늦었지만 중국 근대화와 산업화의 진정한 출발로 찬양받고 있었다. 이러한 인식과 대조적으로 마이스너 교수는 마오쩌둥 시대에 산업화의 발전속도가 부단없이 고속 성장하고 있었음을 제시하면서 마오쩌둥이 성공을 거둔 것은 사회주의의 실현이 아니라 오히려 근대적 산업화였으며 마오쩌둥은 낭만적 사회주의 혁명가로서가 아니라 중국에 근대적 산업화를 이룩한 지도자로서 역사에 기록될 것이라고 주장했다. 나아가 덩샤오핑식의 근대화는 마오쩌둥식의 근대화가 지양하려 했던 심각한 사회적 모순과 도덕적 문제점을 낳고 있다고 날카롭게 비판했다.

앞서 말했듯이 당시 소수의 의견에 불과했던 마이스너의 주장은 1989년 천안문 사태를 거치면서 현대 중국을 이해하는 데 더욱 효과적이고 통찰력 있는 주장이었음이 입증되기 시작했다. 덩샤오핑 시대의 급속한 경제발전 역시 마오쩌둥 시대에 이루어놓은 경제적 기초가 그 동력이 되었음을 주장하는 글들이 속속 나타나면서 마오쩌둥 시대를 중국 근대화의 기초를 놓은 시대로 재인식하려는 움직임이 학계에서 강하게 일어나기 시작했다. 이런 학계의 인식 변화를 목격하면서 나는 마이스너의 『마오의 중국과 그 이후』를 이전과 다른 큰 호기심과 관심을 갖고 정독하기 시작했던 것으로 기억한다. 그리고 덩샤오핑 시대에 대한 세밀한 분석이 추가된 3판이 출판되었을 때에는 그의 '역사적' 통찰력이 오늘의 중국에 대하여 무엇을 말하는지, 그리고 그런 통찰력이 이번에는 그의 주장을 다른 사람들과 어떻게 구별짓게 하는지에 대한 궁금증과 기대를 갖고 책을 펼쳤던 것이다.

이 자리에서는 내가 대학원 시절 경험했던 한 작은 에피소드를 통해 마이스너 교수의 『마오의 중국과 그 이후』에 담긴 치밀한 분석, 역사적 통찰력을 간접증명하는 것으로 만족하고 싶다. 구체적으로 이 책에서 드러내고자 하는 마이스너 교수의 의도와 관점은 이 책 서문에 너무나 상세하고 분명하게 서술되어 있기 때문에 굳이 내가 그것을 중언부언할 필요는 없을 것 같다.

* * *

『마오의 중국과 그 이후』는 미국의 대학 학부생들의 필수교재로 널리 사용된다. 이 책을 읽은 학생들과 그렇지 않은 학생들 사이에 현대중국에 대한 '지적'인 이해가 (역사적 사실들을 단순히 얼마나 더 많이 습득했는가가 아니라 그러한 사실들을 분류하고 판단할 수 있는 지적 능력에 있어서) 상당한 차이를 보인다는 것은 마이스너 교수의 솔직한 개인적 고백이기도 하거니와 나 역시 한때 그의 조교로서 학생들의 학업능력을 평가하고 상담하면서 그 점을 인정할 수밖에 없었던 경험을 가지고 있다. 이 책이 우리나라의 학생들과 현대중국을 이해하고 싶어 하는 일반독자들에게도 큰 도움이 되기를 바란다.

이 책이 줄 수 있는 또 하나의 즐거움은 바로 그의 유려하고 명쾌한 문장에서 느끼게 되는 지적인 쾌감과 영감이다. 다시 말하면 『마오의 중국과 그 이후』는 중국현대사에 대한 역사서술인 동시에 한 지성인의 아름다운 글쓰기의 측면도 갖고 있다. 그러나 번역이라는 과정을 통과하면서 후자의 측면은 많이 사라져 버릴 수밖에 없었다. 저자의 문체가 번역자의 문체로 바뀌면서, 더구나 언어적 차이에서 오는 번역의 한계 등으로 인해 저자의 문체에서 느낄 수 있는 글맛을 독자들에게 충분히 전달할 수 없었음을 안타깝게 생각한다.

나는 충실한 직역을 원칙으로 삼아 번역에 임했지만, 저자의 의도와 그의 글 속에 내포된 통찰력을 명료하게 드러낼 필요가 있을 경우에는 부분적으로 원칙에서 벗어나기도 했다. 또한 우리말로 번역했을 경우 다소 오해의 소지가 있는 용어——내셔널리즘, 이데올로기 등과 같은 용어——는 원어 그대로 표기했다.

끝으로 독자 여러분이 이 책으로부터 지식과 정보뿐 아니라 독서의 즐거움과 역사의 교훈도 얻게 되기를 바란다.

2004년 11월
김수영

찾아보기

‖ ㄱ ‖

가격개혁 660, 661, 665, 676, 680, 681
가오강(高崗) 174, 324, 399
　—의 숙청 181~84, 186
가오이성 459
개인 숭배 236, 237, 381, 382, 또 마오 숭배를 보라
경진장(耿金章) 476, 478, 758, 759
게릴라 전투 70, 73, 79, 89, 181, 379
게릴라 정신 63, 64
경제특구 638, 639, 658, 663, 672, 773
계급정화 운동(1968~1969) 503
계약노동자 485, 755
고르바초프(Gorbachev, Mikhail)
　1989년 베이징 방문 698~701, 744
고스플랜(Gosplan) 174
『공산당 선언』(마르크스와 엥겔스) 313, 339, 394, 631
공산주의(의 이상): 사회주의 항목의 '—와 공산주의로의 이행'을 보라
공산주의청년단(共産主義靑年團) 385, 549
공업화
　5개년계획 기간의— 162~89, 192
　—와 농업집단화 194~95, 201~02, 205~06
　—와 토지개혁 143, 147, 153, 155
　농촌지역의— 271, 281, 292~94, 296, 303, 313, 314, 362, 365, 441, 513~14, 584, 782
　대약진 이후의 공업정책 362~65

'두 다리로 걷기' 공업정책 294, 302
　마오 시대의— 583~88
　사회적 결과들 138~40, 337, 592~93
공중보건
　—에 대한 마오의 견해 371~72
　사회복지 366
　의료 371, 414, 588
공포정치
　—와 국민당 56~57, 119
　—와 토지개혁 144, 150~52
　1951년의— 116~20
관료
　—에 대한 1955년 숙청 184~87
　—와 레닌주의 107
　—와 문화대혁명의 공격 430, 460, 487
　—와 문화대혁명의 실패 528~33
　—와 사인방 566
　—와 제1차 5개년계획 173~80, 187~89, 225~26
　—윤리 368
　—의 부패 134~37
　—의 사회 지배 532~33
　—의 특권 531
　도시의— 127~29
　혁명 이후 중국에서의— 337~56, 592~93
관료계급 530~32, 612, 748
　—에 대한 마오의 견해 348, 353~56, 367~69, 439, 444~51, 756
　백화운동에서 중국공산당 비판 254~56, 258

관평(關鋒) 494
　—의 체포(1968) 495
광둥(廣東) 53, 54, 118, 150, 507, 670, 672, 680, 761, 770, 771, 776
『광명일보』(光明日報) 261, 720
광저우 코뮌 57
교육
　—과 문화대혁명 458
　—과 화궈펑 600
　—에 대한 마오의 비판 386~87, 517~20
　1970년대 초기의 — 527, 568
　대약진 기간의 —정책 377~83
　대약진 이후 —정책 366, 368~72, 413~14, 758
　마오쩌둥 시대의— 106, 111, 136, 188~89, 257, 588
　문화대혁명 기간의 —정책 517~20, 553, 762
　옌안에서의— 87~89
국가계획위원회 169, 174, 182, 184, 185
『국가와 혁명』(레닌) 95, 96, 107
국공내전(國共內戰) 73, 90, 98, 102, 108, 143, 147, 152, 167
국내총생산(GDP) 711, 714, 717, 719
　1990년대의 성장률 711, 714, 717, 719
국무원(國務院) 104, 174, 199, 492, 561, 564, 569, 574, 575, 601, 602, 604, 671, 701, 731, 771, 777
국민당(國民黨) 65~66, 70, 101, 103, 108~10, 113~14, 127, 128~30, 132, 157~59, 187, 337, 396, 501, 582, 595, 726
　—과 사회계급 29~31
　—에 대한 혐오 122~26
　공산주의자들과의 내전 90, 181
　일본의 침략이 미친 영향 72~77
　중국공산당과의 동맹 49~61
　타이완 통치 728~34
국민당군 54, 60, 65~67, 73, 76, 77, 90, 108, 117, 128, 729, 780
국민당 혁명위원회 102
국제통화기금(IMF) 641, 779
군벌주의 12, 30, 50, 60, 490
궈모뤄(郭沫若) 557
「궈모뤄(郭沫若)에게 답함」(1963) 392
그람시(Gramsci, Antonio) 139

그리스 552
극좌주의 428
　—와 문화혁명 487, 492, 494, 495, 509, 522, 523, 540, 541, 544, 548, 553, 566, 612, 619~22, 760
기근(1960~1962) 327, 330~32, 343, 358, 359
난창 봉기(南昌蜂起, 1927) 544
남부 시찰(南巡講話) 711~21

‖　　　　ㄴ · ㄷ　　　　‖

내셔널리즘(Nationalism)
　—과 국가자본주의 134
　—과 덩샤오핑 718
　—과 마오쩌둥/마오주의 79~81, 83, 96, 724
　—과 반전통주의 35~42
　—과 사회주의 157
　—과 외국인 추방 131~32
　—과 일본의 침략 67, 73~77, 99
　—과 장쩌민 724~28
　—과 중국공산당 43~46, 96, 98~99, 104
　—과 중국의 외교정책 551~52
　—과 한국전쟁 115
　1920년대의— 48~54, 60
　중국 공산국가의 지배 이데올로기로서의— 724~28
네윈(Ne Win) 537
녜위안쯔(聶元梓) 458, 464, 469
노동시장 658, 659, 661, 703
　—과 류사오치 522
　—과 자오쯔양 673, 676
　또 이주노동자를 보라
노동자/노동계급(프롤레타리아트) 26, 27, 64, 126, 339
　—과 1986년 학생시위 675
　—과 1989년 민주화운동 696, 700, 703~08, 744, 782
　—과 덩샤오핑의 개혁 673
　—과 마오주의 85~86, 89
　—과 문화대혁명 431, 469~82, 520~24
　—과 사인방 566
　—과 사회주의로의 이행 226
　—과 제1차 5개년계획 173~78, 188
　—과 중국공산당 139, 178

—에 대한 억압 748~50
　　1920년대 혁명운동 47~61
　　1949년 이후의— 100~03, 133, 171
　　1989년 파업 682
　　1990년대 동요 720, 752
　　공산당 정권에 가장 큰 위협세력 741, 748~49
　　대약진 이후의— 347
　　러시아와 중국의 —혁명 비교 95~96
　　마르크스주의 이론에서— 274~75, 285, 340
　　마오 시대 동안의 성장 584~86
　　마오 이후의 자본주의 735
노동조합 125, 128, 133, 177, 255, 521, 523, 640, 668, 742, 749~52
　　정부산하의— 549
농공민주당(農工民主黨) 253
농민 27, 30, 31, 50, 51~60, 97, 122, 595, 634
　　—과 대약진 299~333
　　—과 마오주의 혁명 63~91
　　—과 문화대혁명 510~20
　　—과 중국공산당 139~40
　　—과 집단화 191~92
　　—과 탈집단화 642~55
　　—과 토지개혁 141~56
　　—의 프롤레타리아화 737, 또 이주노동자를 보라
　　레닌주의에서— 274~75
　　중국혁명과 러시아 혁명과의 비교 97~98, 142, 212
농민 내셔널리즘(Peasant Nationalism) 74
농업의 탈집단화 642~55, 658, 664, 776
　　—의 경제적 결과 647
　　—의 사회적 대가 648~55
농업합작사(農業合作社) 194, 199, 200, 205, 212, 400
농촌기업: 공업화를 보라
닉슨(Nixon, Richard) 539, 545, 551, 552, 610, 638, 729, 731, 733
다롄(大連) 110
다자이(大寨) 대대
　　—에 대한 마오 이후의 비판 644
　　—와 마오주의 모델 512~13, 548, 553, 601, 773
　　—와 화궈펑 599, 601
달라이 라마 747

대약진운동(大躍進運動) 217, 219, 220, 232, 254, 257, 270, 277, 278~80, 339, 342~49, 358, 359, 361~65, 367, 369, 380, 382, 389, 392, 438~40, 514, 519, 552, 585, 587, 589, 619, 623, 632, 642
　　—과 계급투쟁 755
　　—과 공사화 303~18
　　—과 여성 310
　　—의 경제적 결과 325~33
　　—의 경제전략 287~98
　　—의 교육정책 368~70
　　—의 이념적 기원 271~86, 299~301, 428, 446
　　—의 초기 정책들 301~04
　　—의 탈급진화(1960년대) 440~41
　　기근 330~32
　　루산 회의 542, 544~46
　　실패의 원인 330~33
　　우한 회의 318~21
대외개방정책(덩샤오핑) 636~42
대외무역
　　마오쩌둥 시대 말기와 덩샤오핑 시대의— 553, 368, 658, 671, 672, 751
　　4개 주요 원칙(덩샤오핑) 690~91
대장정 65~71, 97, 181, 468, 496, 669
대중노선 81, 87, 204, 232, 237, 269, 341, 352, 378, 416, 518, 531
대처(Thatcher, Margaret) 727
대학의 폭풍(1957) 257~58
덩샤오핑(鄧小平) 349, 506, 590, 685~90, 722, 728, 738, 739~40, 749, 761, 770
　　—과 1978~1981년 민주의 벽 운동 609
　　—과 1989년 민주화운동 691~708
　　—과 1990년대의 자본주의적 경제성장 711~18
　　—과 '3개 세계이론' 766
　　—과 레닌주의 377
　　—과 문화대혁명 453, 464, 603~08
　　—과 사인방 565~75
　　—과 사회주의 교육운동 375~77
　　—과 사회주의 초급단계론 633
　　—과 원로들 567
　　—과 인민해방군 605
　　—과 자본주의의 내셔널리즘적 매력 656, 718

—과 정치개혁 628~30, 673, 715
—과 중국공산당 제8차 당대회 244, 444, 603
 ~05, 633
—과 중국공산당 제13차 당대회 679~80
—과 중국공산당 제14차 당대회 714~16
—과 지식인 605
—과 천원 713
—과 타이완 730
—과 후야오방의 추방 674~76
—숭배 679, 712
—의 마오쩌둥에 대한 견해 595, 617
—의 애국주의 727
—의 이론 740
—의 자녀들 663
—의 질병과 사망 717
1973년의 복귀 561, 564~67
1975년의 정책 문건 567~69, 602
1980년대 초기에 장려된 소자본주의 634~36
1985년 이후의 인기하락 672
과학·기술에 대하여(1975) 526
권좌로부터의 두 번째 실각 573~76
남부 시찰(1992) 711~14, 716
농업개혁 642~55
대외개방정책 636~42
마오 이후의 정치적 등장 603~10
마오주의와 극좌주의 비판 618~26
미국 방문(1979) 722
시장개혁 627~68
자본주의 수용(이데올로기적 합리화) 676~79
자본주의와 레닌주의 비교 709, 744~45
'최고지도자'로서의— 615, 669
덩튀(鄧拓) 756
도급경영책임제 644~48, 664
도시와 농촌 비교 121, 125, 139, 156, 172, 188,
 189, 195~97, 218, 243, 255, 257, 269, 271,
 273, 281, 282, 291, 305, 313, 314, 364, 369~
 72, 440, 510~20, 528, 592, 736
—와 마오쩌둥 731~72
도시의 산업 구조조정 655~61
—의 경제적 결과 660
—의 사회적 결과 660~61
도시주민위원회(城市居民委員會) 128~29
도이처(Deutscher, Issac) 340
도쿄(東京) 46

독일 43, 66, 159, 273, 274
—의 경제성장과 중국 비교 587, 637, 667
『독일 이데올로기』(마르크스) 309
'동시발전' 292~93, 302
두 다리로 걷기(兩條腿走路) 정책 294, 302
둥비우(董必武) 557, 576
둥젠화(董建華) 728
드골(de Gaulle, Charles) 537
딩링(丁玲) 262, 770

‖　　　　ㄹ·ㅁ　　　　‖

라오서(老舍) 757
라오수스(饒漱石) 184, 185
랴오모사(廖沫沙) 756
량치차오(梁啓超) 37
러셀(Russell, Bertrand) 241
러시아 혁명(볼셰비키) 44, 47, 65, 118, 160, 276
—과 중국혁명 비교 99, 340, 391
러일전쟁(1905) 115
레닌/레닌주의 35, 45, 46, 48, 50, 59, 65, 89, 95~
 96, 168, 175, 236, 237, 305, 343~47, 348~
 56, 454, 462, 591, 617, 620, 691, 412, 753
—과 NEP 357~59
—과 사회주의로의 비자본주의적 길 160~61
—과 연속혁명 개념 275
—로부터 마오의 이탈 81~85, 89
—에 대한 강조(마오 이후) 620
경제적·사회적 힘의 관계 168
관료제 107, 340
국가 120
농촌자본주의 199
레닌주의와 제9차 당대회 554
마오주의자들의 모호한— 204, 377~79, 543
문화혁명의 개념(마오주의와 비교) 434~38
자본주의 631~32
제국주의론 45
레이스(Leys, Simon) 641, 773
레이펑(雷鋒) 380
루딩이(陸定一) 238, 239, 240, 349, 391, 456
루마니아 328, 777, 780
루부웨이(呂不韋) 558
루산 회의(1959) 321~26, 332, 333, 348
 두 번째 회의(1970) 542, 544~46

루쉰(魯迅) 186
룩셈부르크(Luxemburg, Rosa) 352
룸펜 프롤레타리아트 126, 654, 661, 682
뤼루이칭(羅瑞卿) 112, 174, 349, 456, 496
뤼룽지(羅隆基) 240, 260, 261
뤼순(旅順) 110, 182
류빈옌(劉賓雁) 670, 690
　『인민일보』에서 해고 675, 777
류사오치(劉少奇) 106, 145, 148, 153, 244, 362,
　365, 366, 381, 384, 390, 399, 440, 506, 542,
　555, 576, 603, 624, 642, 758
　─와 대약진 306, 320, 324, 326, 344
　─와 레닌주의 349, 352, 377, 412, 442
　─와 문화대혁명 453, 459, 461, 464, 485, 493,
　　511, 512, 557
　─와 베트남 전쟁 536
　─와 사회계급 444
　─와 사회주의 교육운동 376~77, 415
　─와 산업정책 521, 522
　─의 백화정책 263
　─의 숙청 501~04, 564
　　레닌의 NEP와 비교 357~59
　　연속혁명 273
류샤오보(劉小波) 706, 747
류제(劉節) 388
류즈단(劉志丹) 70
류화칭(劉華淸) 721
리다자오(李大釗) 40, 46
리더성(李德生) 557, 766
리덩후이(李登輝) 730~32
리셴녠(李先念) 775
리쉐펑(李雪峰) 456
리스트(List, Friedrich) 637
리쓰(李斯) 559
리정톈(李正天) 507, 776
리콴유(李光耀) 690, 725
리펑(李鵬)
　─과 1989년 민주화운동 701, 702
　　국무원 총리 676, 717, 777
　　정치국 상무위원회 선출 679
리푸춘(李富春) 170, 201, 349
린뱌오(林彪) 108, 181, 325, 326, 351, 380, 383,
　483, 490~92, 494, 496, 504, 551, 554, 576,
　619, 620, 759

─와 마오 숭배 548
─와 문화대혁명 428, 456, 457, 464, 468, 503
─의 몰락 535~49, 555~57
　공자의 제자로 묘사 557~60
마르크스(Marx, Karl) 23, 35, 47, 86, 89, 308,
　352, 389, 394, 447, 457, 687, 754
─와 러시아 인민주의자들 160, 397
─와 연속혁명에 대하여(세계혁명) 273
　개인숭배에 대하여 482
　관료제 338~40
　교육에 대하여 314, 370
　농민에 대하여 142
　대약진에서의 ─이용 309, 313, 314
　덩샤오핑주의 이론가들의 ─이용 677
　'부르주아 권리'에 대하여 567~69
　사회주의의 전제 158~62, 592
　소외 개념 673
　자본주의 738
　제국주의 26
　파리 코뮌 315~18, 342, 478~79
　혁명 이후의 국가에 대하여 107
마르크스주의 111, 120
─로부터 마오의 이탈 80~86
─에 대한 신뢰 감소 118
─와 사회주의 전제조건 157~64
─와 옌안 공산주의 89
─의 의례화된 학습 528
─의 중국식 적용과 해석 35, 36, 40, 44~46,
　77~91
「마르크스주의의 인간철학」 673
마오 숭배 69~70, 351, 381~84, 386, 430, 482,
　501~02, 511, 543, 548, 550~51, 593, 617,
　620
─와 린뱌오 548
─의 와해 548, 556, 625
『마오 주석 어록』(붉은 소책자) 383
마오안잉(毛岸英) 115
마오위안신(毛遠新) 416
마오쩌둥(毛澤東) 23, 39, 40, 41, 47, 55, 58, 59, 77
　~91, 116, 181, 599, 600, 606, 669, 699, 726,
　734, 738, 394
─과 4개 현대화 561
─과 관료제 186, 225~26, 342~43, 375~
　76, 595

마오쩌둥(계속)
　─과 농업집단화　156, 194, 202~08, 213~
　　17, 245, 378, 642~44
　─과 대약진　299~333
　─과 대장정　65~70
　─과 레닌의 비교　434~39
　─과 문화대혁명　427~40, 453~504
　─과 반우파투쟁　256, 269~70
　─과 백화운동　228, 233, 223~70, 403~05
　─과 사인방　565~66
　─과 사회주의　223, 225, 558~97
　─과 사회주의 교육운동　373~81
　─과 상하이 공사　479~82
　─과 소련 모델　165~68, 173, 203~06, 225,
　　231~33, 243~44, 256, 295~98, 300, 398
　─과 사적 유물론에 대한 논쟁　387~92
　─과 옌안 공산주의　71~77, 83~91
　─과 인민해방군　379~84
　─과 자발성　305, 344, 352~53, 436, 592
　─과 자본주의로의 후퇴　277
　─과 장시 소비에트　63~65
　─과 중국공산당　237~51, 344, 382, 385, 453
　　~504, 535~76
　─과 중국공산당 제8차 전국대표대회　244,
　　248, 633
　─과 지식인　136, 223~70, 387, 390, 436, 528
　─과 토지개혁　145
　─과 파리 코뮌　315~18, 342, 529
　─숭배　69~70, 351, 381~84, 386, 430, 482,
　　501~02, 511, 543, 548, 550~51, 556, 593,
　　617, 620, 625
　─에 대한 결의(1981)　623~26
　─에 대한 (중국공산당의) 재평가와 비판　615
　　~26
　─에 대한 에드거 스노의 인상　415
　─의 금욕주의　136
　─의 내셔널리즘　79~81, 83, 98
　─의 사망　576
　─의 인민주의　80~83, 86, 164, 203~08,
　　264, 280~83, 343, 435~36
　─이후의 재평가와 비판　615~26
　1960년대 초기의─　348~56
　1969년 이후의 정책과 이념　505~06, 512~
　　33, 535~75

간부에 대하여　178~80
건강악화(1975)　560, 766
계급이론　443~51
공중보건에 대하여　371~72
관료계급에 대한 견해　255, 355~56, 367~70
교육에 대하여　385~87, 517~19
국가기구에 대하여　111~13, 529~30
근대의 시황제　558
근대화주의자로서의─　581~89
급진주의 완화　442
「농업합작화에 관한 문제」　202~08, 218, 232
농촌자본주의에 대하여　196, 199, 362
닉슨과의 회담　545, 551~52, 610, 638
대약진 기간의 기근에 대한 책임　330~32
도시에 대하여　122, 139, 437, 515~16, 528
도시와 농촌의 격차에 대하여　371~72, 413,
　515, 516~17
'동시발전'에 대하여　292~93, 302
레닌·마르크스·트로츠키와의 비교　284~85
류사오치와 중소 동맹에 대한 태도　536
린뱌오와의 갈등　538~39, 553
마르크스주의의 해석　77~86, 273~86
모순론　223, 226
문화혁명(에 대한 인식)　432~39
방법과 목적 사이의 딜레마　189, 271
'빈곤과 백지'론　282~84, 286, 437, 438
사회주의에서 계급투쟁　246~49, 266~68
새로운 국가의 지도자　106
소련 방문　166~67
스탈린과 스탈린주의에 대하여　183, 215, 233
　~37, 259, 278, 300, 301, 331~32, 342,
　407~08, 447, 595, 754~56
「신민수수의론」　99~104, 582, 632
역사적 유비를 통한 비판　453~54
연속혁명론　273~86, 299~300, 435
자본주의에 대하여　146, 164, 196~97, 362,
　435
정치적 숭배에 대한 견해　382~84
중화인민공화국 주석직 사퇴　320
「프롤레타리아 독재의 역사적 경험에 대하여」
　235~37
혁명 이후의 사회계급이론　443~51
후난 보고서　55, 81, 203~04, 401
『마오쩌둥 선집』(毛澤東選集)　383

마오쩌탄(毛澤覃) 66
마쭈도(馬祖島) 316
만리장성 66
만주 110, 114, 123, 170, 174, 256, 263, 305, 508, 526, 538, 672, 680, 702
　소련의 영향 181~84, 399
말로(Malraux, Andre) 438
맥아더(MacArthur, Douglas) 110, 114
몽골 507, 546, 547, 765
무어(Moore, Barrington) 12, 28, 119, 667
무엇이든지파/범시파(凡是派) 600, 607~08
　―의 숙청 609, 614
문화대혁명(1966~1969) 41, 246, 249, 255, 257, 258, 339~42, 357, 373, 379, 383, 437, 438, 442, 447, 535, 542, 548, 549, 553~55, 566, 576, 586, 589, 594, 596, 600, 612, 614, 628, 632, 670, 674, 694, 697, 718, 742, 745
　―과 계급이론 441~51
　―과 그 정치적 실패 529~33
　―과 농촌 510~20
　―과 도시 노동자계급 431, 520~28, 566
　―과 마오 숭배의 이용 550~51
　―과 부정적인 유토피아주의 438~39
　―과 비림비공운동 557~60
　―과 사회주의 431
　―과 외교정책 536~39
　―과 인민해방군 467~68, 478~504, 507~11, 539
　―과 지식인들 431, 440, 460, 503, 524~28
　―에 대한 마오 이후의 비판 617~26
　―에 대한 연대기적 설명(1966~1969) 453~504
　―의 모순과 부조화 427~32
　―의 사회적 결과 505~33
　―의 희생자 506~09
　마오 이후 시대에 남긴 유산 606~09
문화혁명(개념) 39~42, 305
　―과 레닌 434~38
　―과 마오쩌둥 432~39
　레닌과 마오 비교 434~39
　신문화운동의 기원 432, 753
문화혁명소조 455, 468, 470, 475, 487~89, 490, 492, 494~96
　―의 몰락 493~540

미국 115
　―과 중국의 화해 535~39
　―과 한국전쟁 115~16, 151
　1979년 덩샤오핑의 방미 722
　1997년 장쩌민의 방미 722
　국민당 지원 90~91, 109, 167
　동아시아 군사기지 333
　중국과의 관계 409, 551~52, 637, 719
　중화인민공화국과의 외교관계 정상화 610
　타이완에 대한 군사적 보호 728~30, 732
민영학교(民辦學校) 314
민주연맹 102
민주의 벽(1957) 257
민주의 벽 운동(1978~1981) 742, 744
민주주의 42, 49
　5·4시대의― 44
민주화운동(1989) 664, 744, 749
　탄생과 억압 691~708, 709~11, 715

‖　　ㅂ　　‖

반다라나이케(Bandaranaike) 552
반도시주의 122, 436, 528
반우파투쟁 256~63, 268~70, 346, 594, 608, 670, 742
　―과 마오 256
반전통주의(反傳統主義) 23~25, 35~42, 432, 725
　―와 「하상」(河殤) 685~91
　마오의― 438
백색테러(1927~1930) 119, 461
백일유신(百日維新) 36
백화운동(百花運動) 136, 220, 343, 346, 594, 673
　―과 반우파투쟁 257~64, 269~70
　―에 대한 억압 256~70
　―의 과정 228--70
　―의 배경 223~27
　5월과 6월의 제방과 쟁명 249~58
버마 537
베르사유 강화회의 43, 44
베를린 46
베버(Weber, Max) 448
베이다이허(北戴河)
　―에서의 1958년 회의 306~07

베이징 대학 458, 691, 698, 746
베이징 학살(1989) 708, 709, 723
베이징노동자자치연합회(北京工人自治聯合會) 749
베커(Becker, Jasper) 330, 331
베트남
　—과 류사오치 536
　—과 웨이징성 612
　군수품 491
　미국의 간섭 536
　중국의 침략(1979) 610
벨기에 586
변증법적 유물론 83
　—논쟁 387~92
보겔(Vogel, Ezra) 180
보그다노프(Bogdanov, Alexander) 754
보수적 근대화 159, 667
보이보(薄一波) 349
봉건주의 375, 442, 728
　—와 자본주의로의 이행 29
부르주아 권리에 대한 논쟁 567~69, 767
부르주아 민주주의 혁명 50~51, 60, 85, 97~105, 132~34, 136, 157, 164, 274, 563
　—에 대한 트로츠키의 견해 273~75
　도시의— 141~56
　러시아의— 161
　마오주의 중국의— 581~84, 595~96
부르주아적 복귀: 자본주의 항목의 '후퇴에 대한 두려움'을 보라
부르주아지
　—와 민주주의 667~68
　관료— 101, 111, 132~33, 151, 498
　덩샤오핑 시대의 농촌부르주아지 653, 665
　덩샤오핑 시대의 새로운 도시부르주아지 660~62
　러시아의— 274
　새로운— 350, 353~56, 366~69, 442~51, 498, 666
　인민공화국의(마오쩌둥 시대)— 132~38, 145~46, 189, 443, 663
　중국의 (초기)— 26~30, 42, 47, 55~56, 85, 100~02, 114, 126
부쿠레슈티 328
북대서양조약기구(NATO) 552

북벌(北伐) 49, 54, 55, 60
브레즈네프(Brezhnev, Leonid) 537, 538
비림비공(批林批孔) 558~60, 571
비밀경찰 112, 117, 152, 174~75, 445, 456, 478, 498, 569, 570, 574, 666, 708, 721, 743, 744, 750
'비밀서류'(黑色檔案) 472
'빈곤과 백지'론 282~84, 286, 437~38

‖　　　　　ㅅ　　　　　‖

4개 현대화 561, 562, 605, 610, 636, 643, 651, 663
　—와 화궈펑 601, 602
4구(四舊) 430, 463, 465, 466, 510
4대(四大) 613
　—의 폐지 612, 771
4대 자유(농민) 196
사상개조 433, 502, 503
사인방(四人幇) 428, 453, 478, 541, 559, 565~75, 606, 619, 620
　—의 몰락 575, 604, 768
　—의 재판 507, 509, 621~23
　저우언라이와 덩샤오핑을 공격하는 운동 565~75, 604
사적 유물론에 대한 논쟁 389
사청(四淸)운동 374, 379
사회주의 58~59, 60
　—로의 이행 136, 140, 157, 164~69, 189, 202~11, 223~26, 263, 278, 299, 431, 448, 590, 594, 596
　—에 대한 마오 이후 중국공산당의 정의 677~79, 717, 723
　—에 대한 신뢰의 감퇴 189, 723~25
　—와 경제적 후진성 158~62
　—와 공산주의로의 이행 299~301, 303, 304~08, 312~23, 374, 435, 548, 724
　—와 관료제 338
　—와 국가 225
　—와 마르크스 394
　—와 마오주의 77~90, 96, 589~97
　—와 문화대혁명 457
　—와 백화운동 228
　—와 부르주아 혁명의 유산 142

—와 스탈린 234~37
　　—와 제1차 5개년계획 168, 177, 179, 180, 189
　　—와 중국공산당 제8차 당대회 444~45
　　—와 토지개혁 143
　　—의 마르크스주의적 전제 631~33
　　—의 목적과 수단 사이의 딜레마 367, 583, 593
　　—의 연기 187
　　—의 이데올로기적 감퇴 723~25
　　—의 정의 132, 164~66, 223~27, 591, 593, 628, 677~79, 722
　　—의 정치적 전제(前提) 593~94
　　—의 호소력 44~46
　　관료권력에 대한 위협 629
　　중국과 소련의 —혁명 비교 95~99
　　중국에서 —의 미래 740~41
사회주의 교육운동 354, 355, 372, 373~92, 454, 512
　　—과 인민해방군 380~81
사회주의의 유산과 백화운동 253
사회주의의 초급단계 633, 677, 739, 740
사회주의청년단 54
3대 격차 440, 473, 514, 568, 591, 592
3중전회(1978년 12월) 609, 610, 615, 618, 619, 627, 629, 633, 643, 655, 669, 679, 771
삼반(三反)운동 135~37, 252
상하이 인민공사(1967) 469~82, 529, 565, 759
상하이 코뮈니케(1972년 2월) 551
　　—와 타이완 730, 733
상하이노동자혁명조반총사령부(약칭 노동자총사령부) 474~78, 488, 758
서북항일군정대학(西北抗日軍政大學) 74
서태후(西太后) 694
선전(深圳)
　　덩샤오핑의 1984년 방문 659
　　덩샤오핑의 1992년 방문 712, 713
성무련(省無聯) 498, 760
세계은행 641
셰푸즈(謝富治) 488
소련(소련 모델) 48, 49, 51, 54, 57, 60, 83, 99, 110, 115, 142, 162~67, 174~76, 204, 225, 231, 252, 294, 444, 445, 522, 545, 589
　　—과 관료제 337
　　—과 대약진 322~23

　　—과 사회주의 225
　　—에 대한 중국의 비판 256~57, 288, 385, 439
　　—의 제1차 5개년계획(1928~1932) 168~71
공업성장률(중국과 비교) 587
농업집단화 212~15, 291
중국에 대한 경제원조 170~71, 369, 414, 587
중국의 소련 모델 채택 165~68
중국의 소련 모델 포기 270
중화인민공화국과의 관계 181, 185, 328, 333, 367, 410, 535~39, 548, 637
'소외'에 대한 중국 마르크스주의 지식인들의 논쟁 673
『수호전』운동 571~72
숙반(肅反)운동(1955) 184~87, 227, 252
쉬스유(許世友) 509, 761
슈람(Shram, Stuart R.) 90
슈어만(Schurmann, Franz) 129, 176
스노(Snow, Edgar) 66, 69, 381, 384, 536, 545
　　—와 마오 415
　　1970년 마오와의 대담 550
스리랑카 551
스탈린/스탈린주의 51, 55, 67, 95, 137, 174, 185, 340, 384, 591, 617
　　—과 중국의 정치적 유사성 270
　　—에 대한 흐루시초프의 비판 233~36, 244, 257, 382, 617
　　—와 공업화 161, 364
　　—와 농업집단화 142, 161, 291
　　—와 마오쩌둥 165, 183, 184, 214, 234, 259, 342, 754, 755, 756
　　—와 사회계급 446
　　—와 중국 공산주의자 234~37, 301, 또 마오쩌둥을 보라
　　—의 사망 183
일국사회주의론 51, 275
스페인 552
시장경제 347, 510, 512, 590, 671
　　—와 3중전회 610
　　—와 덩샤오핑 시대 626, 627~68, 704, 709
　　—와 화궈펑 601
　　1960년대 초기의— 358~59, 361, 365, 440, 441
신경제정책(NEP) 357~72

레닌과 ― 358
  중국판―(1960년대 초기) 359
신권위주의론 499, 683~85, 690, 745
  자오쯔양의 장려 690~91
신권위주의 비판 684
  ―과 중국 마르크스주의 690~91
신문화운동(新文化運動) 39, 438, 753
  ―과 문화혁명의 개념 432
  마오에게 미친 영향 168
신민주주의(新民主主義) 99, 100, 133, 138, 143, 164, 582, 632
신사-지주층 33, 50, 53, 60, 73, 76~77
  ―의 부패 27~28, 36
  ―의 붕괴 135, 141~56, 445, 581
신자유주의(Neo-liberalism) 629, 703
『신청년』(新青年) 39, 40, 284
  ―과 문화혁명의 개념 432
실천파 607, 609
10년계획(화궈펑) 602, 603, 607, 633, 638, 770
「10대 관계론」(十大關係論, 1956) 243, 404, 405, 413, 755
「16조」(十六條) 462~66, 470, 529
12·9운동(1935) 674
싱가포르 683, 690, 725
쑤사오즈(蘇紹智) 684
쑤샤오캉(蘇曉康) 690
쑨예팡(孫治方) 331
쑨원(孫文) 35, 49, 54, 103, 465, 582
쑨원 대학(모스크바) 67
쑹(宋)씨 가문 114
쑹칭링(宋慶齡) 103, 465

‖ ㅇ ‖

아시아 경제위기
  중국에 미친 영향 723
아옌데(Allende, Salvador) 552
아이젠하워(Eisenhower, Dwight) 328
아편전쟁 28, 74, 130, 726
아프가니스탄 384
안딩(安亭), 농성 475
압록강 110, 114
앙골라 552
야오덩산(姚登山) 490
야오원위안(姚文元) 453~55, 478~80, 559, 565, 767, 768, 772
야오이린(姚依林) 679
양, C. K. 150
양셴전(楊獻珍) 390
양청우(楊成武) 496, 759
엥겔스(Engels, Friedrich) 274, 315
  국가론 120
연속혁명론 271~86, 299, 326, 498, 556, 563, 583
연해주(沿海州) 110
영국 52, 109, 279, 295, 491, 583, 589, 637, 667, 726, 727, 728, 772
예젠잉(葉劍英) 557, 607, 619, 766, 768
『옌산 야화』(燕山夜話) 454
옌안(延安) 136, 181, 204, 232, 314, 354, 373, 381, 434, 576, 637
  ―의 혁명시기 65, 69~71
  ―의 정신 86~91
옌푸(嚴復) 37
5인 소조(小組) 455, 456
오반(五反)운동 135, 137
5·4세대 431, 686, 687
  ―와 덩샤오핑 603, 717, 770
  ―의 퇴장 442, 576
5·4운동 24, 39~42, 43~46, 49, 314, 725
  ―과 1989년 민주화운동 692, 696, 698
  ―과 「하상」 685~91
  ―과 마오 438
  ―과 백화운동 251, 257~58
5·30운동(1925) 52, 54
오스트레일리아 330, 365, 700, 735
5·16병단(兵團) 493~95, 509, 548, 759
「5·16통지」 456, 757
5·7간부학교 499, 531
「'571공정'기요」 547
오키나와 333
왕단(王丹) 691, 698, 746, 749
왕둥싱(汪東興) 570, 614
왕뤄수이(王若水) 670, 673
왕리(王力) 488, 489, 493~95
  ―의 체포(1968) 488
왕시저(王希哲) 747, 748, 776
왕훙원(王洪文) 474, 478, 553, 554, 556, 559, 565,

768, 772
　ー과 중국공산당 제10차 당대회　554
외국인 투자　636, 638, 640, 649, 658, 671, 672, 676, 773
외채　587, 641, 773
우더(吳德)　608
우수리 강에서의 중소전쟁　538
우얼카이시(吾爾開希)　698
우한(武漢)
　ー회의(1958)　308, 319~21, 325
　ー폭동　488~90, 549
우한(吳晗)　453~55, 458, 756
우홍우전(又紅又專)　178, 298, 309, 368, 756
원로방　675, 608
　ー과 민주화운동　697, 701
　ー과「하상」　689
웨이궈칭(韋國淸)　498, 761
웨이징성(魏京生)　612, 627, 692, 745, 746, 748
위안스카이(袁世凱)　30
유고슬라비아의 시장 사회주의 모델　630, 631
유민(游民)　654, 682, 736, 751
유엔(UN)　551, 731
　ー과 한국전쟁　115
　덩샤오핑의 ー연설(1974)　561
유토피아주의(공상주의)　208, 304, 428, 439
의학: 공중보건을 보라
「23조」(二十三條, 1965)　378, 415
28인의 볼셰비키　67
이주노동자　654, 655, 658, 666, 736, 737, 751, 또 유민을 보라
이홍영　484, 757
인구통제　290~91, 588
인도　109, 328, 726
「인민 내부의 모순을 올바르게 처리하는 문제에 대하여」(마오, 1957)　242, 244~45, 289
인민공사(人民公社)　272, 346, 347, 409, 454, 515, 531, 563
　ー와 사회주의 교육운동　374, 377
　ー의 건설　303~18
　ー의 쇠퇴(대약진 이후)　359~62, 440
　ー의 와해　642, 647, 654
　도시의ー　327
「인민공화국 성립 이래 당의 약간의 역사문제에 관한 결의」(1981)　623~26

인민대학
　1989년 민주화운동에서의 역할　693
인민민주독재(개념)　84, 100
「인민민주독재에 대하여」(마오)　96
『인민일보』(人民日報)　235, 250, 258, 263, 456, 458, 670, 673, 675
　1989년 4월 26일의 사설　694, 697
인민전쟁　79, 81, 83, 539
「인민전쟁 승리 만세」(1965)　491, 537
인민정치협상회의　103, 145, 261, 404
인민주의
　ー와 레닌　161
　ー와 마오　80~83, 86, 164, 203, 264~66, 272, 280~83, 343, 378
　러시아와 중국의 ー비교　160
　인민공화국에서의ー　346
인민해방군(PLA)　106, 317, 321~24, 326, 343, 351, 374, 391, 621, 747
　ー과 1989년 민주화운동　697, 702
　ー과 농촌에서의 문화대혁명　510~11
　ー과 덩샤오핑　605, 680
　ー과 문화대혁명　430, 456~57, 467, 478~79, 480
　ー과 민주화운동 탄압　705~08, 711, 715
　ー과 탕산 지진　575
　ー의 보수적 역할　482~504
　ー의 해산　192~93
　1960년대의 친(親)마오주의적인 정치적 역할　379~84
　1970년대 초의 정치적 역할의 축소　549, 555
　농촌지역으로의 이동의료단 파견　517
　문화대혁명 조반파들에 대한 탄압　492~504, 507~09, 539, 761
　베트남 전쟁　610
　자본주의적 기업으로서의ー　667, 776
　혁명위원회의 지배　529
인플레이션　123, 129, 587, 657, 661, 671, 681, 682, 695, 703, 710, 711, 712, 714, 716, 717
1월혁명(1967)　477~78, 480, 482, 485
1인관리제　175, 176
일본　28, 35, 43, 67, 110, 184, 667, 683, 719
　1986년 12월의 반일(反日)시위　674
　중국과 ー의 산업성장률 비교　587
　중국 침략　72~73, 99, 181, 726

임금개혁(1956) 177, 255, 270, 400

ㅈ

자력갱생원칙 436, 513, 575, 586, 587, 600, 641, 726
— 의 폐기 637
자본주의 26~31, 49~50, 58, 60, 146, 708
— 로의 후퇴에 대한 두려움 277, 299, 321, 350, 355, 357, 367, 373, 385, 431, 457, 463, 530~31, 570
— 에 대한 이념적 인식 630~32
— 와 경제성장 734
— 와 덩샤오핑의 시장개혁 627~68, 718
— 와 도시의 공업개혁 655~62
— 와 마르크스 158~62, 738
— 와 마오쩌둥 146, 164, 195~96, 349~50, 435
— 와 민주주의 667~68
— 와 사회주의(마르크스주의 이론) 158~62, 631~33
— 와 스탈린주의 683
— 와 「하상」 685~89
— 의 사회적 대가 734~38
국민당 정권하의 중국에서 — 158~59, 662
농촌자본주의 141~42, 196~97, 358, 361, 362, 365, 440, 512, 645~48, 652~55
마오쩌둥과 레닌의 — 론 비교 435
소규모 상업자본주의 634~36
덩샤오핑 시대의 — 662~68
인민주의자들의 — 160
중국 자본주의(덩샤오핑 시대 말기)와 공산주의 국가 740, 745, 749~52
중화제국의 관료자본주의 662
초기 인민공화국의 — 100~05, 126, 132~40, 582
자오쯔양(趙紫陽) 663, 665, 670, 711, 771
— 과 「하상」(河殤) 685~91
— 과 사회주의 초급단계론 677, 739
— 과 자본주의적 발전 672~73, 676~82
— 과 중국공산당 제13차 당대회 679~81
4월 30일 베이징으로의 귀환 695
국무원 총리로서의 — 614, 711
덩샤오핑과의 정치적 투쟁 695~702

'신권위주의' 지지 690~91
중국공산당 총서기에 임명 676, 679, 776
장귀타오(張國燾) 70
장보권(章伯鈞) 260, 261
장제스(蔣介石) 31, 47, 54, 55, 56, 57, 58, 66, 71, 91, 108, 117, 119, 167, 662, 725, 726, 729, 730
장쩌민(江澤民) 711, 731, 743, 744, 746
— 과 덩샤오핑 이론 740
— 과 마르크스주의적 주장 739, 740
— 과 중국공산당 제15차 당대회 721~23, 739
— 과 지방선거 743
— 의 사회주의론 739~41
국유공업의 시장지향적 개조 719~20, 722~23
권력의 공고화 718, 721
내셔널리즘의 고양 724~25
홍콩 회복 727
장춘차오(張春橋) 475, 477, 478, 479, 480, 481, 542, 557, 559, 565, 568, 570, 572, 758, 759, 767, 768, 772
장칭(江靑) 454, 456, 489, 492, 495, 496, 527, 542, 559, 565, 573
— 의 재판 621, 622, 772
저우양(周揚) 456
저우언라이(周恩來) 71, 104~06, 118, 187, 223, 243, 297, 576, 636, 688
— 와 4개 현대화 561~64, 569, 601
— 와 덩샤오핑 603
— 와 문화대혁명 485~91, 492, 498, 504, 530
— 와 중국공산당 제10차 당대회(1973) 553~57
— 와 중국의 외교정책 551~53
— 의 농업정책 195
— 의 죽음 573
린뱌오와의 갈등 541~45, 548
비림비공운동 559~60
사인방의 공격 565
새로운 부르주아 분자에 대하여 366
지식인 문제에 대하여(1956) 229~32
키신저와의 만남 545, 610
적위대(赤衛隊) 476~78, 758
「전10조」(前十條) 374~77
전국인민대표대회(전인대) 202, 228, 252, 366, 693, 721

선거법 673, 743
제4차 전인대(1975) 561~64, 565, 574
1997년 형법 746~47
전시공산주의 357
제1방면군 65, 69
제1차 5개년계획 162~86, 224, 231, 242~43, 349, 359, 363~66, 398, 602
　　─과 노동계급 172~77
　　─과 농업 192~97, 201, 219
　　─과 스탈린주의 165~68
　　─과 실업 288~90
　　─에 대한 마오주의 비판 296~97
　　─의 경제적 결과 168~72, 398
　　─의 사회적 결과 187~89, 271, 439~40
　　─의 정치적 결과 173~89, 337
　　러시아의─ 163, 169~71
　　소련의 중국 원조 169~71, 369
제2차 세계대전 90, 110, 125, 182, 256, 561, 726, 729
제3세력 113
제4야전군 108
제7함대(미군) 91, 109, 729
제국주의 49, 50, 52, 61, 80, 122, 187
　　레닌의 ─론 45
　　중국에 미친 영향 23~31, 33, 35~43
제한주권론 538
젠보짠(翦伯贊) 250
조지프(Joseph, William) 542
존슨(Johnson, Lindon) 537
주더(朱德) 490, 557, 564, 576, 766
주룽지(朱鎔基) 716, 717, 721, 751
주의주의(主意主義) 41, 67, 78, 79, 83, 86, 90, 279
　　마오의─(집단화운동에서) 203
　　마오주의의─ 272, 281, 284, 285
　　마오주의자들의 이론에서─ 272
중국공산당 24, 31, 39, 40
　　─과 1925~1927년 혁명 47~61
　　─과 1949년 이후의 국가 95~120
　　─과 1978~1981년 민주의 벽 운동 742, 744
　　─과 1989년 민주화운동 691~708
　　─과 대장정 65~71
　　─과 마오쩌둥 236~51, 344, 381~82, 385, 453~504, 535~50
　　─과 옌안 시기 71~91
　　─과 장시(江西) 시대 63~65
　　─에 대한 문화대혁명의 공격 430, 453~91
　　─의 관료화 175~80, 345
　　─의 내셔널리즘적 호소 73~77
　　─의 농업정책 141~56, 191~220, 510~20, 642~55
　　─의 사회적 구성 138~40, 178, 213~15, 394, 399
　　─의 재건(1970년대) 492~504, 535~49
　　─의 정치적 독재 734~52
　　─전국대표대회(당대회)
　　　제8차(1956년 9월) 225, 603
　　　제9차(1969년 4월) 503, 535, 538, 540, 541, 545, 554
　　　제10차(1973년 8월) 553~57, 559, 561, 565, 575
　　　제12차(1982년 9월) 615, 774
　　　제13차(1987년 10월) 675, 676, 679, 680, 689, 777
　　　제14차(1992년 10월) 714, 715, 716
　　　제15차(1997년 9월) 721~23, 739, 743
5·4운동과 ─의 기원 43~46
관료적 효율성 346~48
관료지배계급 253~55, 353~56, 443~51, 530~32, 612, 662~68, 748
덩샤오핑 시대 ─의 레닌주의적 특성 599~626
덩샤오핑 시대 동안 레닌주의자들의 복귀 599~626
중국공산당 12중전회(1968년 10월) 500
중국공산당 제13차 전국대표대회(1987년 10월) 675, 676, 679, 680, 689, 777
　　덩샤오핑 찬양 679
　　자오쯔양을 총서기로 승인함 679
중국과학기술대학 674~75
중국 동부철도 110, 182
중국으로의 반환 725~28
중국인민대학 258
중국인민정치협상회의 103, 145, 261, 404
중국작가협회(中國作家協會) 187
「중소우호동맹상호원조조약」(1950) 167
중앙당학교 390
「중영 공동선언」(1984) 727
중한화(鍾漢華) 549

중화소비에트 공화국 63, 64, 65, 66
중화인민공화국의 유엔 가입(1971) 551
중화전국여성연합회(中華全國婦女聯合會) 128, 253, 782
지방선거 743
지식인 31, 89, 122
—과 1978~1981년 민주화운동 612, 613
—과 1989년 민주화운동 691~92, 704, 778
—과 기술 228
—과 마오 비판 616
—과 문화대혁명 431, 440, 460, 503, 524~28
—과 백화운동 227~70
—과 사인방 570
—과 사회주의 226
—과 중국공산당 47, 74, 178, 227~31
—과 중국에서의 국민당 125~26
—과 「하상」 685, 687~91
—과 화궈펑 601
—과 후야오방 670
—에 대한 마오의 태도 136, 387, 391
—에 대한 탄압 186~87, 259~70, 458~60, 524~59, 710
—의 변절 33~46
1960년대 논쟁과— 387~92
덩샤오핑의 —반대운동(1968~1987) 675
마르크스주의와— 673
신권위주의론과— 685, 745
인민공화국과— 135~36, 139, 189
지펑페이(姬鵬飛) 555
진(秦) 왕조 558, 571
진먼도(金門島) 316
질라스(Djilas, Milovan) 448
집단화(농업) 165, 224, 290, 301, 382
—에 대한 마오 이후의 비판 642~44
—와 공업화 165, 170, 194
—와 마오의 비판 243, 244
—와 스탈린 161, 201
—와 토지개혁 148, 156
—의 경제적·이데올로기적 배경 192~97
—의 경제적·정치적 결과 213~20
1950년대 중반 —정책과 운동들 197~220
중국과 러시아의 —비교 142, 212~15
징강산(井崗山) 63, 64, 322
정궈판(曾國藩) 725

|| ㅊ·ㅌ·ㅍ ||

차오디추(曹荻秋) 471~72
차오스(喬石) 721
　정치국 상무위원에 선출 679
찬(Chan, Anita) 735
1911년 혁명 28, 30, 38, 50
1925~1927년 혁명 51~61
천두슈(陳獨秀) 39, 46, 438, 753, 765
　—의 마르크스주의 40
천보다(陳伯達) 207, 402, 305, 306, 456, 470, 475, 494, 504, 540, 542
　—의 몰락 543, 544, 555
　—의 재판 621
천안문 462, 468, 489, 490, 493, 544, 573, 599, 604, 617, 693, 695, 696, 698, 700, 701, 702, 705~07, 710, 712, 714, 747, 768
　1976년 4월의 —사건 604, 608~09
천윈(陳雲) 106, 349, 602, 672, 713, 715
천융구이(陳永貴) 513, 614
　—의 숙청 644
천이(陳毅) 401, 487
천이양(陳一陽) 776
천짜이다오(陳再道) 448, 449, 549
천치샤(陳企霞) 257
천피셴(陳丕顯) 472
청(淸) 왕조 109, 110, 253, 694, 729
청년/젊은이
　—에 대한 마오의 믿음 284
　—에 대한 믿음 40, 41
청방(靑帮) 56
청일전쟁(1894~1895)
　—과 타이완의 식민지화 729
체코슬로바키아
　소련의 —침공 537~38
추이즈위안(崔之元) 774
취안핑(儲安平) 261
치번위(戚本禹) 494, 760
칠레 552
칭다오(靑島) 269
카(Carr, E. H.) 589
캉성(康生) 112, 455, 498, 504, 544, 556, 570, 576
캉유웨이(康有爲) 35
캐나다 330, 365

케인스 (Keynes, John M.) 241
코민테른 46, 48, 49, 55, 56, 59, 64, 67
　—에 대한 마오의 혐오 79~80
쿵씨 가문(孔家) 114
크라우스(Kraus, Richard) 511
클로치코(Klochko, Mikhail) 328, 329
클린턴(Clinton, William)
　1998년 중화인민공화국 방문 722, 733, 746
　타이완 문제 731, 732, 733
키신저(Kissinger, Henry) 539, 545, 552, 610
타이완 91, 108, 109, 110, 113, 114, 116, 167, 333, 640, 683, 719, 736, 746, 780
　—과 클린턴 대통령 732~33
　—의 역사와 입장 728~34
　1894~1895년 청일전쟁 729
　1945년 이후 국민당 통치 728~34
　리덩후이(李登輝) 730~32
　미국의 군사보호국 729~33
　상하이 코뮈니케 730, 733
　청(淸)의 영토로서의— 728~29
타이완 해협 위기(1958) 117
탈중앙집권화 629~30
탕산(唐山) 지진(1976) 574, 575
태국 571
태평천국운동(太平天國運動) 23, 24, 28
테르미도리엥(Termidorians) 348, 351, 372, 392
　문화혁명의— 492~504
테일러주의(Taylorism) 358
토지개혁 65, 75~76, 114, 118, 120, 132, 138, 139, 141~56, 210, 278, 377, 443, 581
　—운동의 경제적 결과 153~55, 192
　—운동의 사회적·정치적 결과 155~56, 191, 402
토지개혁법(土地改革法, 1950) 145, 146, 147, 151, 397
트로츠키(Trotsky, Leon)/트로츠키주의 45~46, 59, 79, 96, 278, 448
　마오와의 비교 284~86
　마오주의와의 관계 278
　연속혁명론 273~76
트루먼(Truman, Harry) 109, 117
티베트 109, 500, 747
파리 46
파리 코뮌(1871) 116

　—과 문화대혁명 458, 463~64, 483, 498, 529, 570, 594
　—과 상하이 인민공사 478~81
　—에 대한 마르크스의 견해 107, 315~18, 339, 342, 483
파키스탄 551
팡리즈(方勵之) 675, 691, 692
　덩샤오핑에게 보낸 공개서한 692
펑더화이(彭德懷) 322~25, 328, 333, 348, 453, 766
　—의 복권 618~19
펑유란(馮友蘭) 387
펑전(彭眞) 328, 349, 453, 455
　—과 문화대혁명 456
　—의 복권 619
　—의 실각 456
페이샤오퉁(費孝通) 144
프랑스 39, 52, 142, 438, 537, 718, 770
프랑스 혁명 116, 118, 141, 691, 692
『프랑스에서의 내전』(마르크스) 339, 342
프랑코(Franco, Francisco) 552
프롤레타리아 국가 80
프롤레타리아 독재(개념) 235, 274, 275, 281, 308, 312, 317, 454, 456, 464, 474, 479, 481, 490, 496, 498, 508, 555, 556, 563, 568, 570, 593, 613
　학습운동(1975) 565, 567, 568, 571

‖　　　　ㅎ　　　　‖

하딩(Harding, Harry) 429
「하상」(河殤)
　—과 5·4운동 685~88
　—과 반전통주의 685~91
　—과 자본주의 685~91
　—과 자오쯔양 685~91
　—의 지적·정치적 함의 685~91
　지식인에 대한 찬양으로서의— 685, 687~91
『하이루이의 파면』(海瑞罷官) 453
한국
　남한 395, 683, 736, 751
　북한 695
　한국전쟁 109~10, 114~16, 119~20, 131, 151, 192, 256, 321, 395, 729

한국전쟁과 중국의 토지개혁 151~52
한둥팡(韓東方) 749
항미원조(抗美援朝) 운동 115
『해방군보』(解放軍報) 456
향진기업(鄕鎭企業)
   대약진과 문화혁명에서의 기원 313, 513, 649
   마오 이후 시대의— 649, 654, 774
허룽(賀龍) 70
허우더젠(侯德健) 706
험프리(Humphrey, Hubert) 410
헝가리 260, 264, 391, 404, 773
   반스탈린 봉기(1956) 241~42
   시장사회주의 모델 603~31
헤르젠(Herzen, Alexandr) 283
혁명위원회 480~81, 482, 484, 486~87, 491, 497, 498, 500, 522, 523~24, 529, 545, 548, 549, 563, 763
혁명의 후계자(를 양성하는 운동, 1964) 385~87, 431, 443, 468, 533, 556
혈통론(血統論) 460
호조조(互助組) 193, 197, 198, 220, 326, 400
홍군(紅軍) 63~67, 70, 71, 102, 104, 106, 108, 112, 114, 122, 322, 379, 396, 461, 487, 490, 576, 604, 669, 670, 또 인민해방군을 보라
『홍기』(紅旗) 305, 306, 316, 490, 767, 768
   —의 정간 493
홍기군(紅旗軍) 476, 758
홍위병(紅衛兵) 429, 457~69, 471, 472, 475, 485, 487~89, 508, 525, 528, 540, 611
   —과 마오의 만남 499, 533
   —에 대한 인민해방군의 탄압 498~99, 760
   마오 이후 시대의— 605
홍전(紅專)대학 314, 370

홍콩 52, 113, 117, 491, 638, 640, 664, 702, 713, 714, 719, 723, 746, 780
홍콩-광저우 파업위원회 52
화궈펑(華國鋒) 572~74
   —과 문화대혁명의 유산 606~07
   —의 정치적 몰락 606~10
   4개 현대화 600~01
   10년계획 602, 603, 607, 633, 638, 770
   공직 사퇴 615, 669
   교육·문화 개혁 600~01
   마오의 후계자로서의— 576, 599~603
화이트(White, Gordon) 667
황푸군관학교(黃埔軍官學校) 70, 766
「후10조」(後十條) 376~77
「후10조 수정초안」 376~77, 415
후야오방(胡耀邦) 684, 691, 696, 771
   —의 사망과 장례 693~94
   중국공산당 총서기 614, 669~70
   총서기직 사퇴 675~76
후진성의 이점(관념) 142, 158, 272, 281~86, 300, 435~38, 781
후치리(胡啓立) 679
후펑(胡風) 186, 187, 227, 240, 241, 252
홍슈취안(洪秀全) 23
흐루시초프(Khrushchev, Nikita) 183, 264, 322, 323, 328, 384, 410, 456, 699
   —의 스탈린 비판 233~36, 244, 257, 382, 617
   —의 스탈린 비판에 대한 중국인의 반응 234~36
「흐루시초프의 거짓 공산주의와 그것이 세계에 주는 역사적 교훈에 대하여」(1964) 385
힌튼(Hinton, William) 761, 778

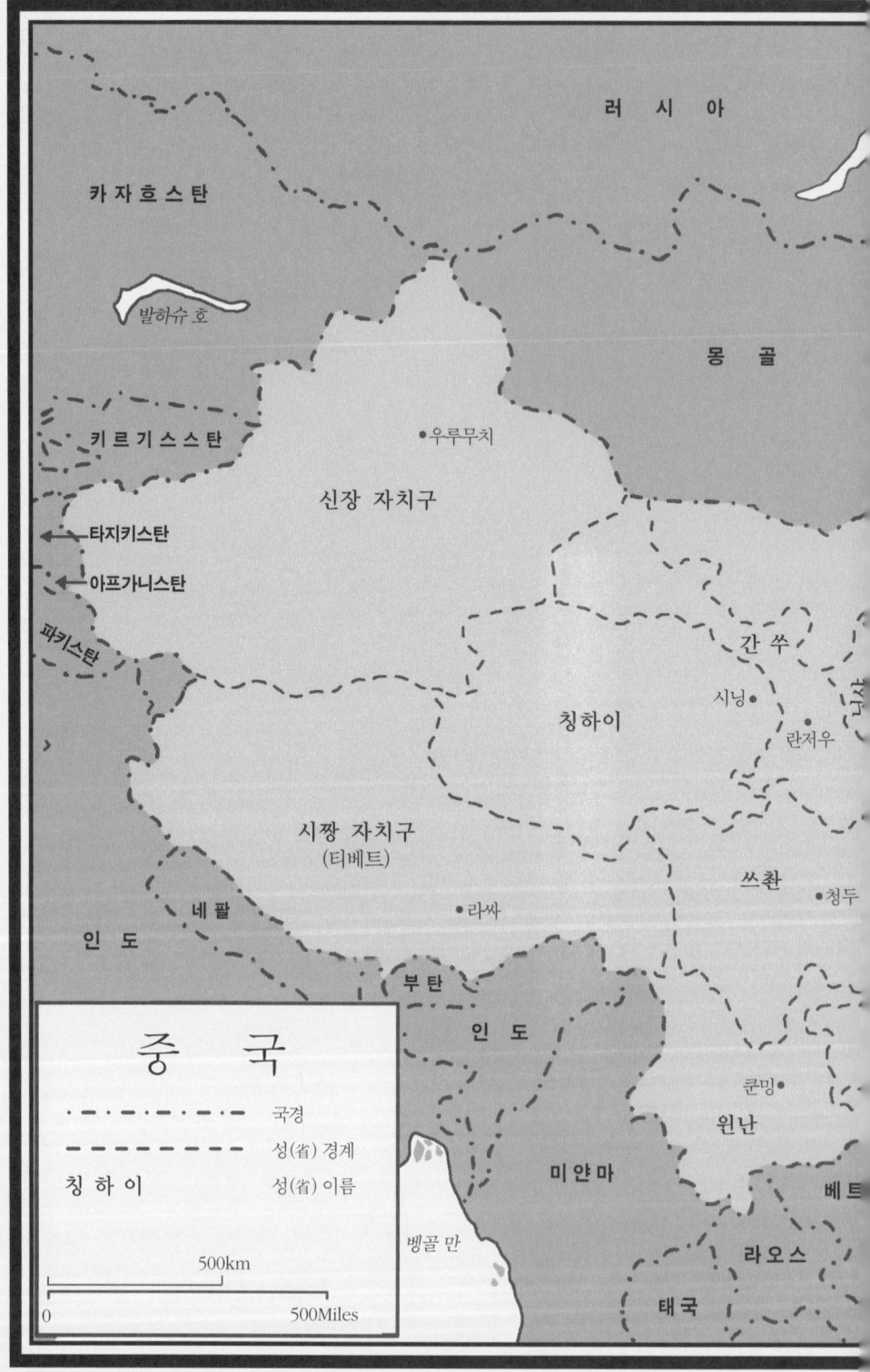